品川区小中一貫教育 市民科

市民科

指導の手引き

目次

●は領域を，■は能力をそれぞれ示す。
★は参考資料を載せている必修単元，◆は選択単元を示す。
白抜き数字は，特別支援学級の市民科学習で扱う指導項目を含む単元。
※は「しっかり学ぶしながわっこ」関連単元。1年生の1学期に指導するとよい。
また，その他の単元についても「小学校入門期の指導のポイント」を参考にすること。

Ⅰ 市民科のねらいについて	10
Ⅱ 市民科の構成と配慮事項について	11
Ⅲ 市民科の指導において育てる資質と身に付けさせる領域・能力について	12
Ⅳ 授業までの流れについて ～自己管理領域・自己管理能力の例～	14
Ⅴ 『市民科 指導の手引き』の活用について	15
Ⅵ 評価について	16

1・2ねんせい …… 17

● 1・2ねんせい単元構成表 …… 18

自己管理

自己管理
- 1 ※あいさつで 気もちの よい 1日 …… 19
- 2 ※大切な 学校の きまり …… 20
- 3 ※正しい ことばや たいど …… 21
- 4 ※つくえの 中は だいじょうぶ …… 22
- 5 いろいろ 食べて けんこうな 体 …… 23

生活適応
- 6 ※学校へ 通う 道 …… 24
- 7 一人に なると あぶないよ …… 25
- 8 火じや 地しんが おきた とき …… 26

責任遂行
- 9 きちんと さい後まで やりぬくって …… 27
- 10 毎日を 気もちよく すごす ために …… 28

人間関係形成

集団適応
- 11 ※みんな なかよく …… 29

自他理解
- 12 よさを 見つけよう …… 30
- 13 思いやりを もって 人と かかわろう …… 31
- 14 あたたかい 気もち 「ありがとう」 …… 32
- ☆ セカンドステップ …… 33

コミュニケーション
- 15 明るく あいさつ 元気に へんじ …… 34
- 16 話し方，聞き方を みに つけよう〈1〉 …… 35
- 17 話し方，聞き方を みに つけよう〈2〉 …… 36

自治的活動	自治的活動	18	みんなの 考えを 生かして よりよい クラスに	37
	道徳実践	19	よい こと わるい こと	38
		20	生きものは 大切	39
		21	正直な たいどで	40
	社会的判断・行動	22	ものを 大切に	41
		23	思いやりの 心を もって	42

文化創造	文化活動	24	きせつと 行じ	43
	企画・表現	25	くふうして 活どうしよう	44
		◇	パソコンを つかおう	45
	自己修養	26	すきな ところ なりたい 自分	46
		27	わたしたちの 先ぱい	47

将来設計	社会的役割遂行	28	みんなの えがおが うれしいね	48
	社会認識	29	お金を つかう ときには	49
	将来志向	30	しょう来の 自分を 考えよう	50

3・4年生 ……… 51

● 3・4年生単元構成表 ……… 52

自己管理

自己管理
1. 「正しい行動」って何だろう ……… 53
2. 時間を守ることの大切さ ……… 54
3. 健康の達人になろう ……… 55

生活適応
4. きそく正しい生活で，心も体も元気に ……… 56
5. 一生けん命が美しい　～達成感を味わおう～ ……… 57
6. そなえあれば，うれいなし　～いざというときには，落ち着いて～ ……… 58

責任遂行
7. 一人はみんなのために，みんなは一人のために
　～もっと気持ちよく生活しよう～ ……… 59
8. 去年とちがう自分になろう
　～自分がのびていくために，今，必要なこと～ ……… 60

人間関係形成

集団適応
9. 明日の自分のために　～決めたことは，やりぬこう～ ……… 61
10. 話し合って，解決しよう ……… 62
11. 「思いやりの心」をもとう ……… 63
12. みんなちがって，みんないい ……… 64

自他理解
13. 心と心をつなげよう ……… 65
14. ありがとう　～あなたの気持ちを伝えよう～ ……… 66
15. ささえられている わたし ……… 67

コミュニケーション
16. 言いたいことは，どんなこと
　～相手の気持ちになって，わかりやすく話したり，聞いたりしよう～ ……… 68
17. ていねいな言葉で話そう　～その言葉づかいでいいかな～ ……… 69
18. みんなに伝えるには？　～わかりやすく話してみよう～ ……… 70
19. いろいろな話し合い方 ……… 71

自治的活動				
	自治的活動	20	「ゴール（目標）」を考え，歩く「道のり」を決めよう	72
		21	学級会を開こう	73
	道徳実践	22	心を伝えるマナー	74
		23	心の分かれ道	75
		24	正直で素直な心	76
		25	自分以外はみな先生	77
	社会的判断・行動	26	どうしてルールを守らなくてはいけないの？	78
		27	みんないっしょに生きている　〜地域の中で生きる〜	79
		28	自分たちでできること	80

文化創造				
	文化活動	29	礼ぎの大切さ	81
		30	食事の作法	82
		31	品川博士への道	83
	企画・表現	32	発表会を開こう　〜ポスターセッションの方法〜	84
		◆	目ざせ発表名人　〜ふさわしい方法で伝えよう〜	85
		33	インターネットの正しい使い方〜インターネットにおけるルールとマナー〜	86
	自己修養	34	命の大切さ	87
		35	見えない努力	88
		◆	けい続は力なり	89

将来設計				
	社会的役割遂行	36	わたしたちにできること	90
		37	かんきょうを守る　〜わたしたちにできること，しなければならないこと〜	91
	社会認識	38	お金はどこからくるの？	92
		39	仕事とわたしたちのつながり	93
	将来志向	40	未来の自分に向かって　〜ゆめに近づくために〜	94
		41	見つけてみよう，わたしの仕事	95

5・6・7年生　＊印は7年生を示す。　……97

- 5・6・7年生単元構成表　……98

自己管理

自己管理
1. 正しい判断力を身につけよう　……99
2. 自分の生活を見つめよう　……100
3. ストレス・なやみの解消方法　……101
4.＊行動についての善悪の判断　……102

生活適応
5. 場に応じた行動の仕方　……103
6. 情報についての正しい理解〈1〉　……104
7.＊情報についての正しい理解〈2〉　……105

責任遂行
8. 社会・生活環境への関心　……106
9. 人権問題について考えよう　……107
10.＊市民としての義務と責任　……108

人間関係形成

集団適応
11. きまりの意味　……109
12. 自分の考えや気持ちを上手に伝えよう　……110
13.＊問題を解決するために　……111

自他理解
14. 信頼関係づくり　……112
15. 障害のある方やお年寄りと接する　……113
16.＊福祉について　……114

コミュニケーション
17. 賛成・反対の立場をはっきりさせよう　……115
18. 情報を正しく伝える
　　〜コミュニケーションを上手にとるルールとマナー〜　……116
19. 説得力を身につけよう　……117
20.＊効果的に話す技術　……118
21.＊さまざまな話し合い方　……119

自治的活動

自治的活動
22. みんなでつくろう学級会　……120
23. 学校における自治的活動　〜児童会活動〜　……121
24. 学校における自治的活動　〜クラブ活動〜　……122
25.＊学校における自治的活動　〜生徒会活動〜　……123
26.＊地域における自治的活動　……124

道徳実践
27. 節度ある行動　……125
28. 相手を認めることの大切さ　……126
29.＊正しい行動をする意志と勇気　……127
30.＊正しい人権感覚　……128

自治的活動

社会的判断・行動
- 31　自分の行動 ……………………………………………… 129
- 32　差別や偏見をなくそう ………………………………… 130
- 33　公正・公平な態度 ……………………………………… 131
- 34＊実社会での法やきまり ………………………………… 132
- 35＊現代社会の問題 ………………………………………… 133

文化創造

文化活動
- 36　自分たちの学校 ………………………………………… 134
- 37　あなたが暮らす日本 …………………………………… 135
- 38　地域と連携した活動計画づくり ……………………… 136
- 39＊文化祭などの具体的な活動計画 ……………………… 137

企画・表現
- 40　楽しい集会の計画を立てよう　～企画立案の手順～ …… 138
- ◆　自己アピールしよう …………………………………… 139
- 41　発表会を開こう ………………………………………… 140
- 42　インターネットの活用 ………………………………… 141
- 43＊プレゼンテーション力をつける ……………………… 142

自己修養
- 44　生き方　～夢に向かって～ …………………………… 143
- ◆　偉人や先人から学ぶ　～偉人伝～ …………………… 144
- 45＊偉大な先輩から学ぶ …………………………………… 145
- 46＊生きていくための道しるべ　～『論語』から学ぶ～ …… 146
- 47＊生き方の手本となる人物を見つける ………………… 147

将来設計

社会的役割遂行
- 48　一人の力が大きな力に ………………………………… 148
- 49　ボランティア活動の体験をしよう …………………… 149
- 50＊集団における役割と責任 ……………………………… 150

社会認識
- 51＊現在の消費における問題 ……………………………… 151
- ☆　スチューデント・シティ・プログラム　～経済体験学習～ …… 152
- ★＊キャップス・プログラム　～経営体験学習～ ……… 153

将来志向
- 52　仕事って何？　働くってどういうこと？ …………… 154
- 53＊仕事を成功させるために必要な力 …………………… 155
- 54　その道の達人に学ぶ〈1〉 …………………………… 156
- 55＊職場訪問をしてみよう ………………………………… 157
- 56＊その道の達人に学ぶ〈2〉 …………………………… 158

8・9年生 ……159

● 8・9年生単元構成表 ……160

自己管理

自己管理
1 自分の生活における課題 ……161
◆ 克服するということ ……162

生活適応
2 社会の現象と自分のかかわり ……163
　～これからの社会の変化の中での生き方～

責任遂行
3 人権についての理解 ……164
4 社会マナーとルール ……165

人間関係形成

集団適応
5 集団の一員として ……166

自他理解
6 信頼し合うということ ……167
7 福祉への取り組み ……168

コミュニケーション
8 互いを尊重した対応 ……169
9 主張する技術 ……170

自治的活動

自治的活動
10 リーダーシップ ……171
11 自治組織 ……172
12 地方自治への施策提案 ……173

道徳実践
13 社会における正義 ……174
14 法やきまりの価値 ……175

社会的判断・行動
15 日本社会の動向への関心 ……176
16 積極的なボランティア・地域活動 ……177
17 異文化理解と尊重 ……178

文化創造

文化活動
- 18 わたしたちのまちの伝統と文化 …… 179
- 19 家庭における伝統文化 …… 180

企画・表現
- 20 企画力と実行力　〜文化祭を企画し，運営してみよう〜 …… 181
- 21 学校をアピールする …… 182
- 22 日本文化を守る …… 183

自己修養
- 23 自己実現のために …… 184
- 24 人生を振り返る …… 185
- ◆ 生き方の座標軸 …… 186

将来設計

社会的役割遂行
- 25 地域社会への貢献 …… 187
- 26 社会の一員としての活動 …… 188
- ◆ 育児に関する理解 …… 189

社会認識
- 27 職場体験〈1〉 …… 190
- 28 職場体験〈2〉 …… 191
- 29 経済と雇用の関係 …… 192

将来志向
- 30 社会が求める資質と能力 …… 193
- 31 進路選択 …… 194
- 32 進路計画 …… 195
- ☆ ファイナンス・パーク・プログラム　〜生活設計体験学習〜 …… 196

巻末資料　市民科学習充実のために …… 197

Ⅰ　市民科のねらいについて

自らの在り方や生き方を自覚し，生きる筋道を見付ける
〜人生観の構築〜

> 自分自身について考えることの大切さを教えてください。
> 物事を正しく判断できる基準を教えてください。
> 望ましい人間関係の築き方を教えてください。
> 集団や社会との主体的なかかわり方を教えてください。
> 自分と社会とのつながりを教えてください。
> 人として学び続ける意義を教えてください。
>
> 確かな知性と豊かな教養を身に付けさせてください。
> 子どもたちに，しっかりとした人生観をもたせてください。

(1)「個の自立」
　主体的な生き方の基盤として，自律的な行為を重視し，基本的生活習慣や自制心を身に付けること。また，家庭や学級・学校など生活の場で直面する課題に適応するとともに，与えられた仕事や役割について理解し，責任をもってやり遂げること。

(2)「他者とのかかわり」
　望ましい人間関係を形成するために，自己理解を深め，自己の個性を発揮しながら他者の個性も尊重する態度をもち，相互に理解し合おうとする気持ちでコミュニケーションを行い，協力・共同しながら物事に取り組むこと。

(3)「集団や社会とのかかわり」
　個性の発揮や自己実現は，集団や社会の中ではじめて行われるものである。そのために，社会の一員としての自覚をもち，望ましい集団やコミュニティの形成に積極的にかかわり，その中での役割を理解しながら協力してよりよい生活を築こうとする自発的・自治的活動を行うこと。

(4)「自己を生かし高める意欲」
　自分の興味・関心を生かしながら，学級や学校・地域の文化活動に積極的に参加し，自分の思いをよりよく表現する力を身に付けること。また，自分のやりたい課題に挑戦したり，先人の生き方や歴史に学んだりしながら個性の伸長を図ること。

(5)「将来に対する意志」
　生活や社会の中で自己の責任ある役割を理解し，社会的に有為な存在になるために自己の進路，将来への方向性をもつこと。そのために，基礎的な社会の仕組みや経済社会の構造と働きについて理解し，生きることと学ぶことの関連付けを図ること。

Ⅱ 市民科の構成と配慮事項について

```
市民科 ─┬─ 市民科学習
        ├─ 児童会・生徒会活動
        ├─ クラブ活動（小学校のみ）
        └─ 学校行事（儀式的，文化的，健康安全・体育的，遠足・旅行・集団宿泊的，
                    勤労生産・奉仕的行事）
```

※児童会・生徒会活動，クラブ活動（小学校のみ），学校行事は，市民科学習で扱う知識・技能と関連させて指導する。ただし，市民科学習の標準授業時数には含まない。

(1) 標準授業時数

学年	1年生	2年生	3年生	4年生	5年生	6年生	7年生	8年生	9年生
時数	85	85	85 (10)	85 (10)	105 (20)	105 (20)	120 (20)	105 (20)	105 (20)

※（ ）は標準授業時数のうち，学校プランとして実施することができる時数を示している。
※学校プランの時数は，教科書の単元について重点的に指導するために配当時数を増やして取り組んだり，教科書の単元以外に各校の特色ある教育活動を実施したりするためのものである。
※スチューデント・シティ並びにファイナンス・パークについては，当日の体験活動として標準授業時数に6時間を加える。（第5学年及び第8学年は，111時間とする。）

(2) 指導に当たっての配慮事項

①全学年において，5領域15能力をすべて指導すること。（教科書で示した5領域の単元からそれぞれ1つは実施するように計画すること。15能力については2年間（5～7年生は3年間）で網羅するように計画すること。）

②各学年段階に示した指導項目については，必要に応じて繰り返し指導したり，いくつかの指導項目を合わせて指導したりするなど，弾力的に扱うようにすること。ただし，常に上下学年との系統性を十分に図ること。

③各学年段階に示した副読本で扱う指導項目については，原則として当該の学年段階で確実に指導すること。ただし，実施学年・時期や配当時数などについては各校の児童・生徒の実態に応じて工夫すること。

④学校プランの実施に当たっては，特色ある教育活動のねらいと，5領域15能力における指導項目との関連を図り，市民科のねらいに基づくように十分に配慮すること。

⑤学校行事と関連を図ったり，体験的な活動，調査・分析，発表・討論など，日常・社会生活の中から課題を発見し，問題解決的な学習を積極的に取り入れたりすること。また，ねらい・内容に応じて家庭や地域の人々との連携，社会教育施設等の活用などを工夫すること。

⑥各教科で学ぶ知識・思考・技能と，市民科の各単元で身に付けた対処方法や技能を相互に関連させ，学習・生活場面で具体的に役立てるように工夫すること。

⑦市民科学習の実施については，保護者や地域に学習のねらいや内容などを伝え，協力体制のもとで進めること。

⑧単元のねらいに応じて，保護者や地域の授業参加・参画を積極的に取り入れること。

Ⅲ 市民科の指導において育てる資質と身に付けさせる領域・能力について

7つの資質

個と内面	主体性	自分の考えや立場をはっきりもつさま
	積極性	他者や集団・地域社会などの対象に進んで働きかけるさま
個と集団	適応性	様々な場面や状況，条件，環境にうまく合わせるさま
	公徳性	規範など社会生活の中で守るべき行為の善悪を判断するさま
個と社会	論理性	問題の本質をとらえ，筋道をたてながら考え解決するさま
	実行性	目的に向かって，正しい方法を選択し実行するさま
	創造性	自分の力で，よりよいものを創り出すさま

5領域・15能力

	領域	能力
個の自立に関すること	**自己管理領域** 基本的な生活習慣や社会的マナーを身に付け，個と環境との調和的関係を構築しながら，自らの義務と責任を果たすことなど，自主・自律に基づく生活行動管理をする資質と能力を伸ばす。	**自己管理能力** 基本的な生活習慣・行動様式を身に付け，自らの目標達成に向けて，自立的な判断と責任ある行動を行うために，自分の生活・行動管理ができる能力
		生活適応能力 様々な環境や状況，条件において，正しい情報を収集・選択し，適切に活用しながら柔軟に対応するとともに，日々の生活改善を図ることができる能力
		責任遂行能力 日常・学校生活の課題を解決するために，自分で役割や仕事を選び，最後までやり遂げるとともに，結果に対しても責任をもち自己改善を図ることができる能力
個と集団・社会の関係をつなぐこと	**人間関係形成領域** 自己理解を深め，他者の多様な個性を尊重し，他者や集団の中で相互の信頼関係を築き，自己の個性を発揮しながら，様々な人々とよりよい人間関係を構築し，共存・共生を実現する資質と能力を伸ばす。	**集団適応能力** 学校や学級，地域社会などにおける多様な集団や組織に主体的にかかわり，その中で自己の立場を理解し，よさを発揮することができる能力
		自他理解能力 自己を正しく理解するとともに他者の多様な個性を尊重し，互いに認め合ったり高め合ったりしながら共によりよい生活ができる能力
		コミュニケーション能力 様々な場面や状況のもと，自分の考えや判断を効果的に相手に伝えたり，相手の考えを理解したりしながら望ましい人間関係を築くことができる能力

		自治的活動能力	
個と集団・社会の関係をつなぐこと	自治的活動領域　社会的集団や組織において，社会規範に基づき，自己の意思と責任で自治的活動に参加し，目標に向けた自己の果たす役割など，民主的なコミュニティを形成する資質と能力を伸ばす。	自治的活動能力	自分が所属する集団や組織などにおいて，責任と義務を果たすとともに自分の意志を集団に反映させ，自治的な活動を推進することができる能力
		道徳実践能力	社会の一員としての自覚と規範意識を高め，日常生活で直面する様々な場面や状況において，道徳性に基づく行動ができる能力
		社会的判断・行動能力	現代社会で起きている様々な情勢や課題などに対して，正しい判断に基づく自分の考えをもち，必要に応じて社会的な行動ができる能力
社会にかかわること	文化創造領域　伝統文化に対して興味・関心をもち，文化的行事に進んでかかわりながら自分なりの構想や表現方法を身に付けるとともに，先人の生き方などから人生観を高め，普遍的な文化価値を継承・発展させる資質と能力を伸ばす。	文化活動能力	学校や地域，我が国並びに諸外国の伝統・文化についての理解を深めるとともに，積極的な参加を通して，豊かな教養をはぐくむことができる能力
		企画・表現能力	様々な行事や活動などにおいて，協同的な企画・立案，運営に取り組むとともに，自分や自分たちの思いや願い・考えを適切かつ効果的に表現・発信することができる能力
		自己修養能力	自分自身の在り方や生き方の意義や価値について考え，先人の人生観などを学びながら，常に自己の精神を鍛えていくことができる能力
	将来設計領域　現代社会における経済や金融の仕組みについて認識を深め，自己が果たすべき役割を自覚するとともに将来の生き方や職業などについての目標を立て，自らの人生を設計できる資質と能力を伸ばす。	社会的役割遂行能力	よりよい社会の実現のために，自分の果たすべき役割を正しく認識し，相互協力のもとで進んで社会貢献に取り組むことができる能力
		社会認識能力	望ましい職業観や経済・金融の仕組みと社会とのかかわりについて，体験などを通して理解するとともに，自分の将来設計に生かすことができる能力
		将来志向能力	自己実現に向けた将来への希望や目標をもち，自らの意思と責任による選択・決定を行い，これからの進路計画や人生設計を立てることができる能力

Ⅳ 授業までの流れについて ～自己管理領域・自己管理能力の例～

(1) 教科書の単元（指導項目）の計画
　　○授業時数・実施時期
　　○関連させる生活指導，学校行事などの確認

(2) 自校の児童・生徒の実態確認　　※学年始め・学年末に調査し，意識・行動の変容を把握する。
　　意識・行動調査項目（5年生）4月実施

1. とてもあてはまる／2. あてはまる／3. あまりあてはまらない／4. あてはまらない

自己管理領域 （自己管理能力）	①	一週間を計画的に過ごすよう心がけている	1	2	3	4
	②	だれにでも，あいさつ・返事は自分からしている	1	2	3	4
	③	自分の健康のために食事・運動・睡眠に気を付けている	1	2	3	4
	④	善悪を自分で正しく判断し，行動することができる	1	2	3	4
	⑤	ストレスや悩み，心配なことはだれかに相談している	1	2	3	4

(3) 調査結果の分析と課題
　　○質問⑤について

　　　| ⑤ | ストレスや悩み，心配なことはだれかに相談している |

　　○結果（例）学年集計

	1		2		3		4		無回答	
	人数	割合	人数	割合	人数	割合	人数	割合	人数	割合
	8	10%	17	22%	33	43%	18	23%	1	1%

　　○実態　　・問題を自分で抱えこんでいる児童が約7割いる。
　　○課題　　・お互いに相談できる人間関係を築くこと。
　　　　　　　・悩みや不安の解決方法を身に付けさせること。
　　　　　　　・家庭でのコミュニケーションを促進させること。

(4) 指導のねらいの重点化

　①課題の確認　　　　→　・児童・生徒の意識・行動の実態を認識させる。
　　（ステップ1）　　　　・今の悩みや感じているストレスと，その解決・解消について

　②正しい知識や価値　→　・自分の心と向き合い，解決したり，軽減させたりすることが大切であること
　　（ステップ2）　　　　　を理解させる。
　　　　　　　　　　　　・ストレスについての正しい知識

　③具体的な技能　　　→　・悩みやストレスの具体的な解決方法を身に付けさせる。
　　（ステップ3）　　　　・ストレスマネジメント

(5) 教科書（ステップ1～5の流れ），指導の手引き，補助資料の活用
　　・単元，ステップのねらいと活用方法の確認，効果的な教材教具，関連資料の準備を行う。

(6) 評価（必要な正しい知識・認識と技能について，具体的な評価規準を設定する）
　　・日常化・習慣化を図るようにする（p.16を参照）。

(7) 個別指導（評価結果に基づき，必要に応じて様々な場面で個別に指導を繰り返す）

Ⅴ 『市民科 指導の手引き』の活用について

1. 『市民科 指導の手引き』の上部には，教科書ページの資料の説明や各ステップでの指導の留意点等を記載している。下部には，単元のねらい，授業時数，ステップ1～5（1・2年生ではステップの呼び名が異なる）の指導内容（「●」はステップのねらい，「※」は手だてを原則として示す），単元設定の意図や指導計画作成の留意点などを示した解説，評価の観点，参考情報等を記載している。
2. 時数はめやすである。学年・学級の実態・課題に応じて設定すること。
3. 各ステップのねらいと手だては原則として示している。学年・学級の実態・課題に応じて設定することができる。
   ※実態に応じてステップのねらいを設定する際には，領域や能力，指導項目を十分に考慮すること。
4. 参考情報は，主に教材研究・授業づくりに活用するためのものを記載している。
5. ステップ4は「日常生活の実践」のため，通常は授業時数に含まない。
6. ステップ5の評価の観点は，「知識・理解」と「技能・行動・態度」の2点で提示している。評価規準は各校で設定すること。

ステップ1　課題発見・把握　※社会事象・日常生活における実態と課題
　[認知] 心情 技能 実践 評価
　自己を振り返らせる
　気付く，考える，調べる，話し合う

ステップ2　正しい知識・認識／価値／道徳的心情　※意味付け，価値付け
　認知 [心情] 技能 実践 評価
　事実を認識し，その背景や要因を探究する
　正しい判断基準・価値観を認識する

ステップ3　スキルトレーニング／体験活動　※具体的な対処方法，技能
　認知 心情 [技能] 実践 評価
　行為・行動，態度を育成する　体験的活動を行う
　対処の方法で手だてを習得する

ステップ4　日常実践／活用　※正しい知識・理解に基づく行為・行動
　認知 心情 技能 [実践] 評価
　学校や家庭，地域で実践・活用する
　正しい知識と習得した技能を試す

ステップ5　まとめ／評価　※自己改善，課題解決への知識・技能の活用
　認知 心情 技能 実践 [評価]
　自分の考え方，行為・行動を改善する
　学習・生活場面で知識・技能を生かす

Ⅵ 評価について

　市民科では，計画，実践，評価，改善の一連の教育活動を積み重ねていくことが必要である。
　評価においては，児童・生徒の日常生活での態度や行動を確認するとともに，学習方法（順序・形態・教材）などの改善に生かすようにする。

（1）評価規準の設定

　評価規準には，「単元の評価規準」「学習活動に即した評価規準」があり，「おおむね満足できる」状況を（B）となる学習の具体的な状況がわかるように設定する。
　市民科学習の評価規準は，「知識・認識」と「技能・行動・態度」の2観点について評価する。この規準（B）を適切に設定し，指導者の指導の重点やポイントを明確にすることが必要である。
　また，（B）を設定することで，「（A）十分満足できる」並びに「（C）努力を要する」児童・生徒への手だてを考えておくことも大切である。
　※各レベルの特徴を評価規準として「言語表現」で示すとともに，このレベルに該当する児童・生徒の学習事例を集めた「評価事例集」で言語表現を補完すると適正な評価をすることができる。

〈手順〉
1. 単元の「領域」と「能力」のねらいを確認する。
2. 教科書の「学習のねらい」を踏まえ，児童・生徒の実態から考えられる『課題』を明確にする。
3. 指導の手引きの「評価の観点」を踏まえ，『課題』を解決するための「単元のねらい」を設定する。
　※評価の観点は，基本的に「知識・認識」と「技能・行動」の2観点で書かれている。
4. 「単元のねらい」に対する評価規準を設定する。
5. 単元の評価規準を達成するために，各ステップのねらいに基づく評価規準を設定する。
　※単元および各ステップの評価規準「言語表現」に対し，該当する児童・生徒の学習事例（評価事例集）を作成するとよい。

（2）評価方法

- 児童・生徒による自己評価　　「目標・計画・実施・改善についての評価」
- 教師による評価　　　　　　　「ねらいに対する習得状況を確認するための評価」
　　　　　　　　　　　　　　　「指導内容・方法・形態などの工夫・改善を図るための評価」
- 児童・生徒による相互評価　　「自己の取り組みに対する支援のための評価」
- 保護者による評価　　　　　　「家庭における実践・活用に対する評価」

評価の観点例

- 行動観察による評価
　・集団場面でのかかわり　・具体的な活動場面　・中長期における行動の変容
- 質問紙や面接による評価
　・質問紙に対する回答　・個人やグループでの面接（対話）による回答
- 学習活動などで作成したものによる評価
　・ワークシートや振り返りカードの記述内容　・学習のまとめの内容
- 自己の活動やまとめ・反省の内容による評価
　・作成した文章や作品による評価　・日常実践に対する評価　・目標設定に対する自己評価

※「何がどこまでわかっているか」「何ができるようになっているか」という質的な評価規準を明確にすることが大切である。
※単元のねらい並びに活動内容・方法・形態に適した，複数の観点別評価を組み合わせるなどの評価の工夫を行い，個に応じた指導に生かす。

1・2 ねんせい

●1・2ねんせいの目標

〔基本的生活習慣と規範意識〕

①学校や学級生活を通して生活適応や集団適応などについて学び，基本的生活習慣や行動規範の基礎を確実に身に付ける。

②セルフ・コントロールや対人関係の方法の基礎を習得し，自己と集団，自己と地域社会などとのかかわりについての理解を深めるとともに，よりよい生活を築こうとする態度を身に付ける。

1・2ねんせい単元構成表

★は参考資料を載せている必修単元，◆は選択単元を示す。

　　　　　は特別支援学級の市民科学習で扱う指導項目を含む単元。

※は「しっかり学ぶしながわっこ」関連単元。1年生の1学期に指導するとよい。また，その他の単元についても「小学校入門期の指導のポイント」を参考にすること。

領域	能力	教科書ページ	単元番号・単元名	指導項目
自己管理	自己管理	p.2～3	1 ※あいさつで 気もちの よい 1日	あいさつ，返事の徹底
		p.4～5	2 ※大切な 学校の きまり	学習規律／時間，きまりを守る
		p.6～7	3 ※正しい ことばや たいど	場に応じた言葉の遣い方
		p.8～9	4 ※つくえの 中は だいじょうぶ	整理整とんの仕方
		p.10～11	5 いろいろ 食べて けんこうな 体	食に関する事項
	生活適応	p.12～13	6 ※学校へ 通う 道	登下校(通学路)の交通安全
		p.14～15	7 一人に なると あぶないよ	親への連絡の大切さ／不審者への対処方法／防犯ブザーの着用
		p.16～17	8 火じや 地しんが おきた とき	安全な避難の方法
	責任遂行	p.18～19	9 きちんと さい後まで やりぬくって	自分の係・当番(仕事)の内容と役割／クラス，家庭での仕事を進んで見付ける／達成感，責任感を味わえる目標づくり
		p.20～21	10 毎日を 気もちよく すごす ために	学校，学級のきまりを守る
人間関係形成	集団適応	p.22～23	11 ※みんな なかよく	相手への気持ちの伝え方
	自他理解	p.24～25	12 よさを 見つけよう	自分のよさと，友達のよさの見付け方
		p.26～27	13 思いやりを もって 人と かかわろう	いろいろな人とのかかわり方
		p.28～29	14 あたたかい 気もち 「ありがとう」	相手を思いやる言葉や態度／周りの人の自分に対する思いや願い
		p.30～31	★ セカンドステップ	暴力行為の禁止／友達とのかかわり方(集団適応能力)／生活や遊びの中のルールづくり(集団適応能力)
	コミュニケーション	p.32～33	15 明るく あいさつ 元気に へんじ	人との基本的なかかわり方
		p.34～35	16 話し方，聞き方を みに つけよう〈1〉	話す技術・聞く技術
		p.36～37	17 話し方，聞き方を みに つけよう〈2〉	話す技術・聞く技術
自治的活動	自治的活動	p.38～39	18 みんなの 考えを 生かして よりよい クラスに	話合いⅠ「話し合う意味」
	道徳実践	p.40～41	19 よい こと わるい こと	正しい行動／家庭における正しい行動
		p.42～43	20 生きものは 大切	動物や植物の生命の大切さ
		p.44～45	21 正直な たいどで	間違いや失敗に対する正直な態度
	判断・行動 社会的	p.46～47	22 ものを 大切に	物や道具の正しい使い方／学校の物や道具と私物の区別
		p.48～49	23 思いやりの 心を もって	だれかのために役立つこと／校外での正しい行動
文化創造	文化活動	p.50～51	24 きせつと 行じ	季節や文化と関係する学校行事や地域行事を知る
	企画・表現	p.52～53	25 くふうして 活どうしよう	学級や学校行事などでの発表方法
		p.54～55	◆ パソコンを つかおう	パソコンの基本操作
	自己修養	p.56～57	26 すきな ところ なりたい 自分	自分のよさを知り，自信をもつ
		p.58～59	27 わたしたちの 先ぱい	人生の先輩から学ぶ
将来設計	社会的役割遂行	p.60～61	28 みんなの えがおが うれしいね	家庭の中における自分の役割／家庭で自分ができること
	社会認識	p.62～63	29 お金を つかう ときには	正しいお金の使い方
	将来志向	p.64	30 しょう来の 自分を 考えよう	将来なりたい自分／自分の得意なことをもつ(自信)

教科書 p.2〜3　　　　　　　　　　　　　　　　　　　　　　　　　　　自己管理領域　●自己管理能力

1　あいさつで 気もちの よい 1日　あいさつ，返事の徹底

【やってみよう】
あいさつをする時は，相手の目を見て，相手に聞こえる大きさの声ですることが大切であることに気付かせる。
「あいさつを練習して，どんな気持ちになりましたか。」

「あいさつをすると気持ちがよい」「もっと大きな声であいさつしたいが恥ずかしい」など，子どもによって個人差が見られるだろう。その時，声が小さくなってしまう子どもについては，出せる大きさの声であいさつするように指導し，できたことを認めながら伸ばしていく。

各学校で学習規律の一つとして，始業・終業のあいさつを統一しておきたい。
ただし，低学年の児童の発達段階を考慮する必要がある。

朝起きてから夜寝るまでに，たくさんのあいさつがあることに気付かせる。
「1日を通して，たくさんのあいさつがあります。どんなあいさつを知っていますか。」

【どうしているかな】
様々なあいさつについて，
・いつするのか
・どんな言葉か
・何のためにするのか
といったことについても考えさせる。

【大切なこと】
あいさつをするには，他者が必要である。人は一人では生きていけない，様々な人とのかかわりが大切であることにも気付かせる。

授業中に挙手を指名されたらどのように答えるかも統一しておく。例えば，
①「はい。」と返事。
②立つ。
③文末を〜です，と丁寧な言い方をする。
以上のような発言のルールも決めておくと，学習をスムーズに進めることができる。

【まとめよう】
以下のようなワークシートで，あいさつできたかを振り返らせる。

1・2年生

学校探検の学習の際，職員室や事務室などに入室することがある。入室や退室ルールについては，どのようにするか理解できるよう，言葉を確認する。また，入室の際の姿勢についても，実際に行いながら身に付けさせる。

ねらい▶▶▶ 自分からあいさつや返事ができる。

4時間扱い

どうして いるかな 【課題発見・把握】
① ●子どものあいさつの実態や課題を把握させる。
※イラストを見て，自分のあいさつを振り返り，自由に発表させる。

大切な こと 【正しい知識・認識／価値／道徳的心情】
① ●1日には，たくさんのあいさつがあることを理解させる。
※あいさつの絵本等を活用し，1日にはたくさんのあいさつがあることを理解させる。あいさつがないとどんな気持ちになるかを考えさせる。

やって みよう 【スキルトレーニング／体験活動】
① ●気持ちのよいあいさつの仕方を身に付けさせる。
※2人1組やグループ，先生とあいさつの練習をさせる。

やって いこう 【日常実践／活用】
① ●自分から進んであいさつできるようにさせる。
※あいさつができたら，ワークシートに色を塗るなどし，自分のあいさつについて振り返らせる。

まとめよう 【まとめ／評価】
① ●ワークシート等を活用し，単元を始める前と後の，自分のあいさつの変容に気付かせる。
※ワークシートを見ながら，自分で進んであいさつできたかを振り返る。できなかったのはなぜか，考えられるようにする。

解 説
★朝起きてから夜寝るまで，いろいろな場面で様々な人とするあいさつがある。あいさつをすると気持ちがよいことや，あいさつをして返事が返ってこない時の気持ちを考えることが大切である。
★みんなでするあいさつの代表的なものとして，朝の会や帰りの会のあいさつ，始業時・終業時のあいさつなどがある。一人でやる時とは違い，みんなで声を合わせる必要がある。大きな声で，他の子どもと気持ちを合わせて，気持ちのよいあいさつができるようにしたい。
★学校探検をし，学校にある部屋の名前を覚えるだけでなく，入退室の仕方も覚えさせたい。職員室に入る時は，時によって入室できないこともあることを指導する。

評価の観点
◆1日のあいさつが理解できたか。
◆自分から進んであいさつすることができたか。

参考情報
○「しっかり学ぶしながわっこ」
かかわる力「規範意識」(p.26)
○「挨拶絵本」(五味太郎　岩崎書店)
○「あいさつしましょう」(ヒロナガ　シンイチ　くもん出版)
○「あいさつの絵本シリーズ」(川端　誠　理論社)

●はねらい，※は学習活動・手だてを示す。

教科書 p.4〜5

自己管理領域　●自己管理能力

2　大切な 学校の きまり　学習規律／時間，きまりを守る

【どうしているかな】
挿絵を拡大して黒板に掲示する。

各校のきまりはたくさんある。特に低学年の間は，休み時間の遊びのきまり，教室移動の時の廊下歩行，トイレや水飲み場，靴箱の使い方など，生活をするうえで大切だと思われる，必要最低限のきまりをしっかり確認し，徹底させる。

【やってみよう】
立位の姿勢や学習準備など，入学間もない1年生の時に身に付けることが重要である。座り方などは，「足はぺったん，背中はぴん，おなかと背中にぐぅ一つ。」など声を出して，しっかりと覚えられるようにする。

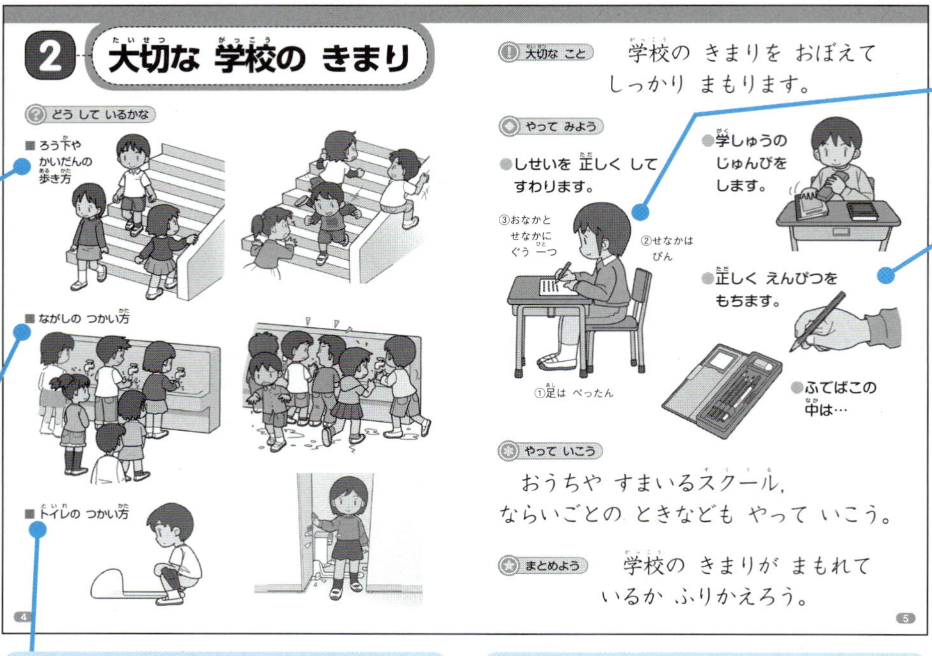

特に座っている時の姿勢が悪くなる子どもが多い。姿勢が悪くなったまま授業をするのではなく，正しい姿勢に直して学習に取り組ませるようにしたい。子どもが集中して授業を受けている時には，背中に手を置いて気付かせるなど，注意の仕方も工夫が必要である。

【どうしているかな】
きまりを守っているよい例と，そうでない悪い例を比較することで，悪い例から起こりそうなことを想起させる。

「廊下や階段の歩き方はどうかな。」
・左の子たちは，右側通行している。しっかり歩いている。
・右の子たちは，走っている。手すりを滑っていて，とても危ない。

「流しの使い方はどうかな。」
・左の子たちは，ちゃんと並んでいる。
・右の子たちは，押し合っている。床が濡れてしまっている。濡れた床は滑るので危ない。

必要な学習用品とその数についても，家庭の協力を得ながら整える。

【やっていこう】
特に家庭では，食事中の姿勢が悪くなるという場面が多く見られるようである。
給食時間の様子を見ながら，姿勢正しく食べることができるように指導する。

【やっていこう】
低学年はすまいるスクールを利用する子どもが多い。すまいるスクールの教員とも連携し，遊びや利用時のルールを守ることができるよう指導することが重要である。

それぞれの正しい使い方について，具体的な行動を示し，指導すること。

入学してすぐに，トイレの使い方を確認したい。特に和式トイレに慣れていない子どもが多く見られるので，1歩前へ出るなど使い方を具体的に示すこと。自動で流れるトイレも多いが，手動で流す必要がある場合は，必ず流すよう指導する。

【まとめよう】
特に守ることが難しい，廊下歩行・チャイム着席などについては，全体で振り返り，守るための取り組みを考えさせたい。必要に応じて，代表委員会などを活用し，学校全体で改善を図るようにする。

ねらい▶▶▶ 約束やきまりの大切さを理解し，きまりを守ることができる。

5時間扱い

どうして いるかな　【課題発見・把握】
① ●学校にはたくさんのきまりがあることに気付かせる。
　※子ども向けに掲示しているきまりを活用し，守れているきまりや守れていないきまりを把握させる。

大切な こと　【正しい知識・認識／価値／道徳的心情】
① ●みんなが安全に生活するために，約束やきまりを守らなければならないことを理解させる。
　※きまりを守らないとどのようなことが起きるかを想像し，きまりを守ることが重要であることをおさえる。

やって みよう　【スキルトレーニング／体験活動】
② ●約束やきまりを守ることができるようにさせる。
　※ロールプレイを通して，廊下や階段の歩き方，列の並び方，立位や座位の姿勢保持の練習をさせる。

やって いこう　【日常実践／活用】
●具体的な約束やきまりを意識して生活し，実践させる。
　※学習中，休み時間，給食や清掃時間，登下校時や放課後に実践させる。家庭での実践については，保護者にも協力を依頼する。

まとめよう　【まとめ／評価】
① ●自分の決めた約束について振り返り，きまりを守る習慣を身に付けさせる。
　※決めた約束を守ることができたら，教室の掲示物に印を付ける。

解説
★ 1年生の子どもにとって，教室での授業スタイルは，就学前の活動とは大きな違いがあるだろう。自分の机といすがあり，そこでの学習が中心になるので，入学後の子どもにとっては大きなストレスになるに違いない。学習が苦痛なものというイメージをもたせないよう，変化をつけた学習形態で授業を進めたい。いすに座る際には，よい姿勢になるというけじめを重視した指導が大切である。

★ たくさんある学校のきまりをすべて理解するのは，低学年の子どもにとっては難しいだろう。遊びのルールや，きまりの基本的な内容について確実に理解させ，繰り返し指導しながら守ることができるようにする。

評価の観点
◆みんなが安全に生活するために，約束やきまりを守らなければならないことが理解できたか。
◆約束やきまりを守って生活することができたか。

参考情報
○「しっかり学ぶしながわっこ」
　かかわる力「規範意識」(p.26)
○「一年　書写」(学校図書)
○「みんなのためのルールブック」(ロン・クラーク　草思社)
○「子どものためのハッピールール」(齋藤 孝　PHP)

20　●はねらい，※は学習活動・手だてを示す。

教科書 p.6〜7　　　　　　　　　　　　　　　　　　　　　　自己管理領域　●自己管理能力

3　正しい ことばや たいど　場に応じた言葉の遣い方

【どうしているかな】
挿絵を拡大して黒板に掲示する。

【単元について】
単元1で身に付けた，入室，退室の言葉などについても引き続き気を付けさせる。

【やってみよう】
時や場，相手によって，話し方も変わってくる。様々な場面を用意し，子どもが適切な言葉を考え，話すことができるよう練習させたい。

【どうしているかな】
「どうしているかなを見て，おかしいな，と思うことを発表しましょう。」
・先生に紙を渡す時
「先生，この紙をお願いします。」
・友達に道をあけてほしい時
「ごめんね。ちょっとどいてくれる？」
・廊下を走っている友達に注意する時
「走ったら危ないよ。歩こうよ。」

【大切なこと】
正しい言葉とは，～です，～ますのように文末までしっかり話すこと。相手の名前には～さんをつけ，敬称で呼ぶことをおさえる。

正しい態度とは，相手の人を思いやり，目を見て話す態度である。また，よい姿勢で向き合う態度のことである。

【やってみよう】
教室以外の場での言葉遣いは，本人が強く意識しないと改善は難しい。それぞれの場での言葉遣いはどうだったか，事後の指導になるが，学校で必ず振り返らせ，自分の言葉遣いをよくしようという気持ちを高めたい。

【やっていこう】
行事や学習を通して校外の方と接する機会は多い。
保幼小の交流，地域の方との交流，ゲストティーチャーを招いた際など，機会をとらえて取り組ませる。

1・2年生

【まとめよう】
自分ではできているつもりでも，他の人から見た時に，課題が見られることがある。必ず自分はどうだったか，友達や家の人に聞き，よいところを教えてもらったり，アドバイスをもらったりできるようにしたい。

ねらい▶▶▶ 丁寧な言葉遣いや態度の大切さを理解し，場や相手に応じた言葉遣いで話すことができる。

4時間扱い

どうしているかな　【課題発見・把握】
① ●日常生活の中で，自分の言葉遣いについて振り返らせ，課題を把握させる。
※イラストをもとにし，学級の実態に合った態度や言葉遣いを例にして考えさせる。

大切なこと　【正しい知識・認識／価値／道徳的心情】
① ●正しい言葉遣いや態度の大切さを理解させる。
※丁寧な言葉遣い「～です」「～ます」で話す。顔を見て，はっきりと最後まで話す，などをおさえる。
※友達同士，先生や友達のお父さん，地域の人などの大人の人と話す場合，授業中や休み時間との違いを考えさせる。

やってみよう　【スキルトレーニング／体験活動】
① ●正しい言葉遣いを理解し，正しい言い方や言葉の遣い方を練習させる。
※「やってみよう」のイラストをもとに，どのように言えばよいか，スキルトレーニングをさせる。

やっていこう　【日常実践／活用】
●日常的に，練習した言葉遣いや態度で生活させる。
※校内の用務主事など，あまり話したことのない大人と話す機会を設定するなどし，練習した言葉遣いで話せるようにする。

まとめよう　【まとめ／評価】
① ●自分の言葉遣いを振り返り，日常生活で改善に向けて取り組ませる。
※録音された自分たちの言葉遣いを聞き，よさや課題を見付け，今後のめあてを立てる。

●はねらい，※は学習活動・手だてを示す。

解説
★イラストを見て，先生や友達に対する間違った言葉遣いに気付かせると同時に，自分の言葉遣いについても振り返らせる。よくない言葉や，間違った言葉を遣った場合は，必ず言い直しをし，正しい適切な言葉で話すまで，根気強く指導することが大切である。
★授業中や休み時間など，丁寧な言葉で話した子どもを取り上げ，正しい適切な言葉で話すことのよさを理解させたい。
★音声言語は，その場その場で確認することが重要であるが，ボイスレコーダー等を利用し，記録を振り返るのも効果的である。自分たちのふだんの言葉遣いが録音されたものを聞き，自分たちの言葉遣いのよさや，課題を把握することで，正しい言葉遣いの大切さをより実感できる。
★生活科「がっこうたんけん」の学習と関連指導し，時と場に応じた正しい言葉遣いや態度ができるようにする。

評価の観点
◆話し相手が友達，先生，地域の大人の人など，相手によって話し方や言葉遣いの違いがあることが理解できたか。
◆場や相手に応じた言葉遣いや態度で生活できたか。

参考情報
○「しっかり学ぶしながわっこ」
　かかわる力「聞く・話す・伝え合う」(p.27)
○「小学生のための『正しい日本語』トレーニング」
　(生越嘉治　あすなろ書房)
○「イラストで学ぶ『話しことば』あいさつ敬語」
　(日本話しことば協会　汐文社)

教科書 p.8〜9　　　　　自己管理領域　●自己管理能力

4　つくえの 中は だいじょうぶ　整理整とんの仕方

【どうしているかな】
「イラストや自分の机の中を見て，どう思いますか。」
・汚い。
・ぐちゃぐちゃだ。
・危ない。

「これで，必要なものはすぐに取り出せるかな。」
・取り出せない。

「どうしたらよいでしょうか。」
・整理整頓する。

「整理整頓の仕方は分かりますか。」
・よく使うものは，手前に入れる。
・同じ大きさのものはそろえる。
・向きをそろえる。取り出しやすい方向にしまう。

【大切なこと】
家では，家の人が片付けをしてくれていることが多いが，学校では，自分の物は自分で片付けなくてはならないことをおさえる。

【やってみよう】
どのように片付ければ取り出しやすいか考えさせる。よく使うものは，手前に入れておくと使いやすいことを確認する。

【やってみよう】
学校によっては，自分専用の収納場所があるところもあれば，複数で共有する場合もある。限られた場所を，友達と協力して，きれいに使用できるようにさせたい。

【やっていこう】
チェック表を活用し，ある一定期間それぞれの場所の使用状況を確認する。保護者にも子どもの様子を見てもらい，アドバイスをもらう。

子どもは，自分では片付けることができていると思っていても，実際には片付けられていないこともある。保護者の評価を紹介しながら，自己評価と他者評価の差にも気付かせたい。

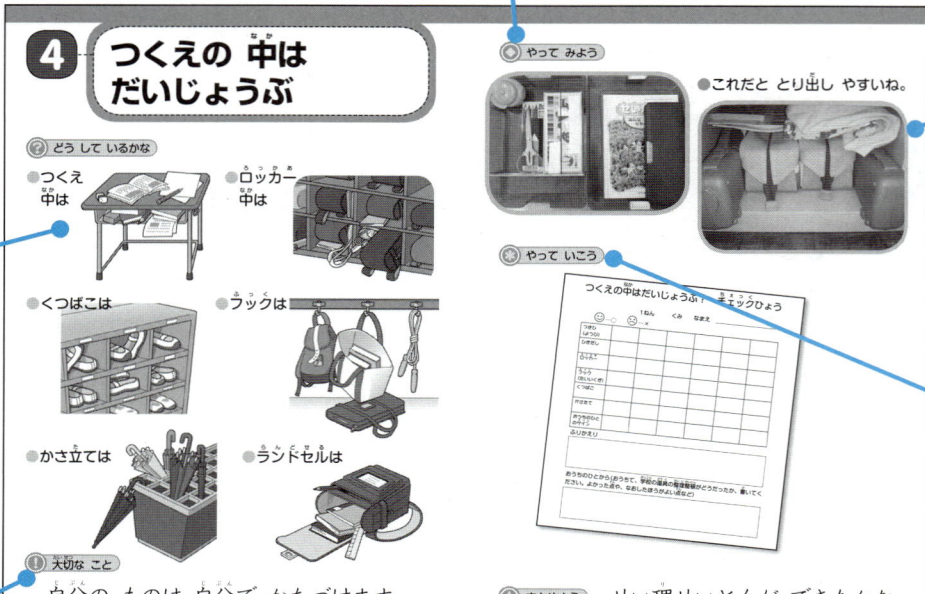

【大切なこと】
・整理整頓は自分ですること。
・収納場所や入れる方向，片付け方には適切な方法があることを理解させる。

【まとめよう】
整理整頓をしておくと，「気持ちがよい」「便利で使いやすい」といったよい気持ちになるだろう。一度片付けても，すぐに散らかってしまうので，常に片付ける習慣を身に付ける必要がある。

1・2年生

ねらい ▶▶▶ 整理整とんの大切さや方法を理解し，身の回りの物の整理整とんができる。

4時間扱い

① **どう しているかな**【課題発見・把握】
●自分の筆箱や道具箱，イラストや提示された写真等を見て，整理整頓ができていたかを振り返り，課題を把握させる。
※自分の身の回りの物が，どのような状態かを把握させる。整理整頓ができていないと，必要な物がすぐに取り出せない不便さに気付かせる。

大切な こと【正しい知識・認識／価値／道徳的心情】
●整理整頓のよさを理解させる。整理整頓は，自分で行うことが大切であることを理解させる。
※片付け方を図や言葉で説明した資料を掲示するなどし，子どもにやり方が見て分かるようにさせる。

② **やって みよう**【スキルトレーニング／体験活動】
●整理整頓の仕方を身に付けさせる。
※道具箱やロッカーの中，フック等を実際に整理整頓をさせる。短時間で上手にやれている子を紹介しながら，物に合った整理整頓の仕方について徹底させる。

やって いこう【日常実践／活用】
●チェック表などを活用し，学校や家庭で整理整頓を実践させる。
※配付物や洋服の整理など，場に応じて整理整頓させる。

③ **まとめよう**【まとめ／評価】
●チェック表を活用し，自分の整理整頓の状況を振り返らせる。
※1週間の記録がされているチェック表を見ながら，自分のよさや課題を振り返らせる。

解説
★低学年の子どもは，保護者が片付けを行っていることが多い。そのため，必要な物を準備する時も，自分で用意していないことも考えられる。ここでは，保護者の協力を得て，確実に自分の力で整理整頓する力を身に付けさせることが重要である。

★記名のない落とし物が多い場合は，自分の物に学年・組・名前を忘れずに書くことを指導したい。そして，自分の物をしっかり管理し，落とさないよう指導したい。

評価の観点
◆身の回りの物について，正しい整理整頓の仕方が理解できたか。
◆道具箱の中や連絡袋の中など，身の回りの物の整理整頓ができたか。

参考情報
○「しっかり学ぶしながわっこ」
　生活する力「身の回りの始末」（p.24）
○「まかせておてつだい2　わくわく　そうじ　かたづけ」
　（きりんキッズクラブ　文研出版）

●はねらい，※は学習活動・手だてを示す。

教科書 p.10〜11　　　　　　　　　　　　　　　　　　　　自己管理領域　●自己管理能力

5　いろいろ 食べて けんこうな 体　食に関する事項

【どうしているかな】
　好き嫌いが多く、甘いものなどお菓子が好きな子どもを取り上げている。
「このような食べ方をしていると、どんなことが起きるでしょうか。」
・虫歯だらけになる。
・大きくなれない。
・病気にかかりやすい。
・太りすぎちゃう。

【やってみよう】
　給食時間は、25分程度と大変短い。子どもは友達と楽しく会話をしながら食べたいという気持ちが強いが、よく噛んで食べるためには、おしゃべりは控えめにする必要がある。話に夢中にならず、よく噛んで食べることの重要性を繰り返し指導したい。

【やっていこう】
　給食の献立表を見ると、3つのグループの食べ物が必ず入っていることに気付く。これらの食べ物を残さずしっかり食べることで、大きく成長したり、元気に活動したりできることを理解させたい。

【大切なこと】
　食べ物にはそれぞれ役割がある。低学年でおさえたいこととして、3つの栄養のグループがある。

①体を動かすエネルギーになる
②体を作る
③体の調子を整える

　以上の3つのグループの食べ物を、毎日バランスよく食べる必要があることを理解させる。

【まとめよう】
　チェック表などを活用して、毎日3つのグループの食べ物を食べることができたか振り返らせたい。

　米や野菜、果物の生産者や、家畜を育てている人々の苦労についても触れ、食べ物を粗末にすることはよくないことを理解させたい。

1・2年生

5　いろいろ 食べて けんこうな 体

◎ どうしているかな

◎ やってみよう
　いろいろな 食べものを のこさず、よくかんで 食べて けんこうな 体に なろう。

◎ やっていこう
　きゅう食では、3つの グループの 食べものが バランスよく 作られて いる。毎日 のこさず 食べよう。

◎ 大切な こと
　食べものには 3つの えいようの グループが あります。

◎ まとめよう
　3つの グループの 食べものを のこさず 食べられたかな。

青　体を うごかす エネルギーに なる

コーンフレーク／ごはん／パン／じゃがいも／めん／あぶら／さとう／さつまいも／バター

赤　体を つくる
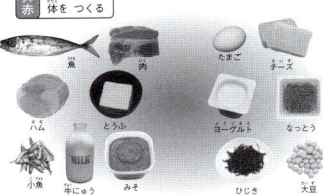
魚／肉／たまご／チーズ／ハム／とうふ／ヨーグルト／なっとう／小魚／牛にゅう／みそ

みどり　体の ちょうしを ととのえる

キャベツ／にら／いちご／ブロッコリー／ピーマン／ミニトマト／ほうれんそう／白さい／かぼちゃ／玉ねぎ／にんじん／ひじき／大豆

食べ物の色と、3つのグループの食べ物の色は一緒ではないので、3つのグループ別の写真を掲示するなどして、理解を深めたい。

ねらい▶▶▶ いろいろな食べ物には栄養があり、バランスよく食べることが大切であることを理解し、好き嫌いなく食べることができる。

4時間扱い

どうしているかな　【課題発見・把握】
① ●イラストを見て、自分の食生活の実態を把握させる。
　※偏食・過食・少食などの課題を挙げ、自分は望ましい食べ方をしているか思い起こさせる。

大切なこと　【正しい知識・認識／価値／道徳的心情】
① ●食べ物には、それぞれの食べ物の栄養があることを理解させる。
　※同じ食べ物ばかり食べていても、自分の成長や生活をするのに、栄養が不足してしまうことを理解させる。

やってみよう　【スキルトレーニング／体験活動】
① ●いろいろな食べ物を残さずよく噛んで食べる習慣を身に付けさせる。
　※よく噛んで食べるとよいことについて、例を挙げる。
　・胃腸の調子がよくなる・肥満を防ぐ・口の中がきれいになる・脳の働きがよくなる・歯やあごが丈夫になる

やっていこう　【日常実践／活用】
① ●給食を残さず食べさせる。家で出された食事は、残さず食べるようにさせる。
　※給食の残菜チェックを行い、学級の摂食状況を把握する。

まとめよう　【まとめ／評価】
① ●自分の食生活を振り返らせる。
　※自分は3色の食べ物を、バランスよく食べることができたかを振り返らせる。

解説
★食べることは生きることに直結している。食べ物は命であり、自分が生きるために、様々な命をいただいていることにも気付かせたい。
★偏食は、幼少期の不快感や食わず嫌いにより発生していることが多いといわれている。家庭と連携しながら、子どもが少しずつ苦手な食材を減らしていけるよう、取り組みを続けることが大切である。
★栄養教諭とのティームティーチングを行ったり、エプロンシアターなどを行ったりしながら、子どもが楽しく食べることへの興味・関心を高め、正しい知識をもって食事することができるようにしたい。

評価の観点
◆食べ物によって栄養が違っていることが理解できたか。
◆好き嫌いなく食べることができたか。

参考情報
○「品川区の食育－小中一貫教育における食育－」（品川区教育委員会）
○食生活学習教材〈小学校低学年用〉（文部科学省）
○「なぜ食べるの!?」（山崎文雄　健学社）
○平成21年度栄養教諭による「食に関する指導」研究報告書（東京都教育委員会）

●はねらい、※は学習活動・手だてを示す。

教科書 p.12〜13　　　　　　　　　　　　　　　　　　　　自己管理領域　●生活適応能力

6　学校へ 通う 道　登下校（通学路）の交通安全

【よい例】 横断歩道を渡る時は，手を挙げて渡ると，運転席からもよく見えるよさがある。必ず手を挙げて渡るよう指導する。

【どうしているかな】 絵を見て気付いたことを発表させるとともに，自分の行動と比較させ，課題をつかませる。

左右の安全確認をしている。

縦一列に歩いている。

工事現場では，いつもはないはずの物やトラック，大きな車が出てくることに気付かせる。

【やってみよう】 声に出して練習させることで，意識を強化させる。実際の場で一人でも実践できるようにする。

センターラインとは何か説明する。

【やっていこう】 友達同士でいる時に，お互いに気を付け合えることが大切である。重点週間を設定し，朝の会議で報告させ，よいことを十分に称賛する。

ガードレールはなぜあるのかを考えさせる。ガードレールを乗り越えると，大変危険であることを確認する。

下校時，友達と話しながら歩いたり，走ったりすると，思わぬけがをすることがある。

飛ばされた帽子を取ろうとし，赤信号なのに飛び出ようとしている子を見て，どうなるか想像させる。

歩道に座り込み，道をふさぐと，他の人に迷惑がかかることを知る。

【まとめよう】
①壁があり，見通しが悪い。
②工事現場入口。車が出入りする。
③信号はないが，車やバイク等の出入りがある。
④大通り。車の通行が多い。
⑤踏み切り近く。電車が通る時など注意が必要。

【まとめよう】 学区域について，何が危険なのか，どのようにしなければならないのか，具体的な行動で考えさせる。

歩道で横一列になって歩くと，他の人に迷惑がかかることを知る。

実際に傘をさして歩くと，晴れの日とは全く異なることが分かる。雨の日にも練習を経験させたい。

【まとめよう】「危険な思いをした経験はありませんか。」「どんな気持ちになりましたか。」「次はどうしようと思いますか。」

【大切なこと】 教科書の場面について，「やってみよう」のトレーニング前にシミュレーションし，行動を通して安全に気を付けることの大切さを理解させる。

板書例
あんぜんな どうろの あるきかた
めあて
あんぜんな どうろの あるきかたを かんがえよう
学区域の地図

ねらい▶▶▶ 交通安全のルールを理解し，安全な登下校の仕方を身に付けることができる。

4時間扱い

① どうしているかな 【課題発見・把握】
●子どもの登下校時の実態と課題を把握させる。
※イラストを見て，気付いたことを自由に発表させる。
※自分の行動と比較させる。

① 大切な こと 【正しい知識・認識／価値／道徳的心情】
●交通安全のルールを守ることの重要性を理解させる。
※イラストの危険な場面を拡大し，この場面ではどう行動すべきかを，言葉での理解だけでなく行動として理解させる。スキルトレーニングの前段階として，実際にやってみる。

② やって みよう 【スキルトレーニング／体験活動】
●交通安全教室などで，学校の周辺の通学路を実際に歩くことで，安全な道路歩行を身に付けさせる。
※信号のない交差点や細い道の歩行，駐車場の出入り口等の危険箇所の確認をしながら，安全な歩行の練習を行う。

やって いこう 【日常実践／活用】
●交通安全のルールを守って，登下校させる。
※朝の会や帰りの会で，自分の登下校の様子を振り返る。

① まとめよう 【まとめ／評価】
●日常実践を振り返り，交通安全の意識を高める。
※交通安全を呼びかけるポスターや標語を見て，自分たちなりに交通安全を呼びかける作品を作り，交通安全の意識を高める。

解説
★「青信号で渡る」「飛び出さない」「歩道を歩く」など，交通安全ルールについて，頭では分かっていても，行動することができなかったり，忘れてしまったりすることにより，交通事故は起きる。知識だけでなく，具体的に行動するにはどうすればよいか，子どもの交通安全に対する意識を高めることが重要である。
★理解を深めたり，意識を高めたりするには，以下の工夫が考えられる。
・通学路の地図や写真で，危険な箇所を把握する。
・交番の掲示板「交通事故発生件数」を紹介し，交通事故は身近に起こりうることに気付かせるなど，視覚に訴える教材を用意する。
・警察に交通安全教室実施を依頼するなど，関係諸機関と連携する。
★生活科「あんぜんにあるこう」での歩行の練習や交通安全の学習と関連させて指導するとよい。

評価の観点
◆交通安全のルールを理解できたか。
◆場面に応じた安全な登下校の仕方が身に付いているか。

参考情報
○「しっかり学ぶしながわっこ」かかわる力「規範意識」（p.26）
○「わたしたちの生活と安全」
○交通安全週間の取り組み
○警視庁より出される交通事故関連のデータ

●はねらい，※は学習活動・手だてを示す。

教科書 p.14〜15　　　　　　　　　　　　　　　　　　　　　自己管理領域　●生活適応能力

7　一人に なると あぶないよ
親への連絡の大切さ／不審者への対処方法／防犯ブザーの着用

【どうしているかな】
イラストを見て、なぜ危ない場面なのか、気付いたことを発表させる。
・一人で行動することが少ない子どもにとっては、あまり実感がわかない可能性もあるので、恐怖心をあおらない程度に、危険な出来事について説明する。

「おうちの人が心配している様子を見て、感じたことを話し合いましょう。」
・何かあったのかと不安がっている。

・一人で遊んでいるときに、女性が話しかけている。
・知っている人なのかな？　優しそうだけど…。
・おもちゃを貸してもらっているのかな。

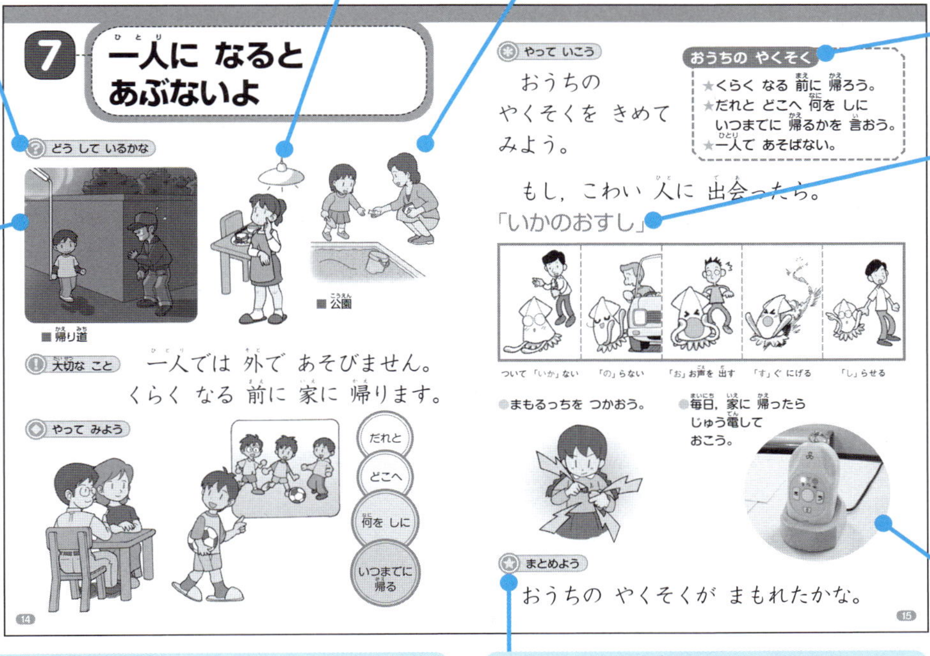

【やっていこう】
保護者にも、保護者会や学年便りを通して、周知徹底する。

「帰り道の様子を見て、気付いたことを話し合いましょう。」
・街灯がついているくらい、暗くなっている。
・悪い人が待ち伏せをしている。

【大切なこと】
季節や天候によっては、時刻と明るさに差があることがある。明るいからといって遅くまで遊んだり、まだ5時前だからといって、暗くなっているのに遊んだりすることがないよう、暗くなる前に帰宅するよう指導を徹底したい。

声に出して、しっかりと覚えさせる。

【まもるっち】
・入学後すぐ、防犯教室等でまもるっちの使用方法を学ぶ。
・防犯教室では、危険を感じた時はいつでも使用してよいことを、繰り返し指導する。
・まもるっちセンターの人と話す時は、口からマイクを30cmほど離して話すよう指導する。
・毎日充電するよう、家庭でも置き場所を定位置にするなど、子どもが自分で充電する習慣を身に付けさせたい。

【やってみよう】
2人1組になり、保護者役と子ども役になり、練習をする。
「だれと、どこへ、何をしに、いつまでに帰ります。」
保護者役の子は、子ども役の子がきちんとすべて言えているか聞き、言えていない場合は、必ず言うようにする。

【まとめよう】
この約束は、期限を決めて取り組むものではなく、常に守る必要がある。毎日帰りの会で週末の過ごし方を指導し、自分の身は自分で守るという子どもの意識を高めたい。

1・2年生

ねらい▶▶▶ 不審者に会ったときの対処方法を知り、いざというときに実行することができる。

4時間扱い

どうしているかな【課題発見・把握】
① ●日常の危険に気付かせる。
※イラストを見て、なぜ危ない場面なのか気付いたことを発表させる。
※行き慣れた場所でも、一人の時や時間帯によっては危ないことに気付かせる。
※一人で行動することが少ない子どもにとっては、あまり実感がわかない可能性もあるので、恐怖心をあおらない程度に、危険な出来事について説明する。

大切なこと【正しい知識・認識／価値／道徳的心情】
① ●自分の身を危険から守るための予防と対処方法を理解させる。
※「いかのおすし」の意味・交番や子ども110番の場所の確認・人通りの多い道を歩く・まもるっちの携帯といった学習内容をおさえる。

やってみよう【スキルトレーニング／体験活動】
① ●自分の身を危険から守るための予防と対処方法を身に付けさせる。
※不審者に会った時や、遊びに行く時の約束を徹底させる。
※「いかのおすし」を具体的に実践する。まもるっちを鳴らす練習をする。
※「だれと」「どこへ」「何をしに」「何時までに帰る」ということを伝える練習をする。

やっていこう【日常実践／活用】
① ●放課後出かける時や、一人で留守番をする時の約束を確認し、実践させる。
※保護者にも留守番時の約束を確認するよう依頼する。

まとめよう【まとめ／評価】
① ●日常実践を振り返り、今後の実践意欲を高める。
※「遊びに行く前に伝えることができたか」「暗くなる前に帰宅したか」「一人では遊ばないようにしたか」など、具体的に振り返る。

●はねらい、※は学習活動・手だてを示す。

解説
★危険な場面や不審者について、子どもたちの認識を確かめる。この学習は、市民科地区公開講座等で、保護者にも授業に参加してもらうことが望ましい。
★「ぼくは、大丈夫」という気持ちを、「もしかしたら」という意識に変える必要がある。また、大声を出すこと・まもるっちの使用・電話の応対など、いろいろな場面を想定して行動できるようにさせることが大切である。
★万が一危険な場面に遭遇しても、慌てず以下のような行動がとれるようにしたい。
・まずはその場を離れる。（逃げる）
・まもるっちを鳴らす。
・子ども110番の家や店などに入り、近くの大人に助けを求める。

評価の観点
◆通学路や身の回りには、いろいろな危険があることが理解できたか。
◆「いかのおすし」のルールを実践しているか。まもるっちを必ず携帯し、適切に使用できるか。

参考情報
○防犯教室
○子ども防犯ニュース(少年写真新聞社)
○CAP（3年と5年で実施）
○子ども110番

教科書 p.16〜17　　自己管理領域　●生活適応能力

8　火じや 地しんが おきた とき　安全な避難の方法

1・2年生

【どうしているかな】
休み時間に火事が起きた場合を取り上げている。

大人が近くにいないこのような場合，どのように行動すべきかを考える必要がある。
①まず，防災頭巾を被り，口にハンカチ等を当てる。
②次に，近くの教員に知らせる。
③姿勢を低くし，避難場所へ移動する。

この間に，校内放送が流れることが予想されるので，静かに指示を聞き取るようにする。

【どうしているかな】
実際の地震や火事で避難した経験はない子どもばかりである。イラストをもとに，地震や火事の場面を想像させ，避難の方法を学習するという単元の見通しをもたせる。

【やってみよう】
いすに付けた防災頭巾を速やかに取り，被ることができるよう練習することが大切である。また，火事の際は，ハンカチを身に付け，口に当てて煙を吸わないように避難させる。

【やってみよう】
緊急地震速報への対応についても，学校全体で統一した指導が必要である。

・火事の時，被害の一番の原因は，煙を吸うことにある。
・できるかぎり，低い姿勢で歩く。
・口にはハンカチを当てる。（できれば濡らすと効果が高い）
・前が見えないことが多いので，壁伝いに這って進むようにする。

【大切なこと】
「おかしも」の約束は，繰り返し声を出し唱え，しっかりと覚えさせる。

避難訓練の際，特に「しゃべらない」という約束が守れないことが多いので，事前・事後の指導を徹底したい。

【大切なこと】
実際に災害に遭った場合は，残してしまったものを取りに行こうとすることが多くなるだろう。「もどらない」については，事例を挙げ，その危険性を十分に理解させる必要がある。

【まとめよう】
火事や地震などの災害発生時は，平常心を失ってしまいがちである。落ち着いて行動するためには，学校では教師の話，家庭では家の人の話をよく聞いて行動するよう指導する。

【やっていこう】
いつ，どこで，どんな状況で災害に遭うか分からない。帰宅できない場合，どこで会うのかなど決めておくとよい。
また，家庭用の避難グッズの置き場所も決めて，避難する時は何を持って出るのかを確認するようにしたい。

ねらい▶▶▶火事や地震の危険を正しく理解し，安全に避難することができる。

4時間扱い

どうしているかな　【課題発見・把握】
①
●単元の学習について見通しをもたせる。
※火事や地震などの災害が起きた時の様子を想像させる。
※イラストを見たり，今までの経験を思い出したりしながら，火事や地震が起きた時，どのようなことが起きるか想像させる。

大切な こと　【正しい知識・認識／価値／道徳的心情】
①
●災害の危険性と，生命の大切さを理解させる。
●地震や火事などの災害時の安全な避難方法，約束を理解させる。
※災害時は「おかしも」の言葉で，おさない，かけない，しゃべらない，もどらない，という言葉を守ることや，教師の指示に従うことを徹底させる。

やって みよう　【スキルトレーニング／体験活動】
①
●安全な避難方法や，「大切なこと」で取り上げた，「おかしも」の行動を具体的に身に付けさせる。
※火事の場合は，ハンカチを口に当て，防災頭巾を被り，低い姿勢で壁に沿って進む。教師はカーテンを開け，窓を閉める。
※地震の場合は，防災頭巾を被り，机の下にもぐる。教師はカーテンを閉め，窓を開ける。

やって いこう　【日常実践／活用】
●安全な避難方法が身に付くよう，避難訓練等で実践力を高める。
※家庭でも災害時の約束を決めておくよう，保護者に協力を求める。

まとめよう　【まとめ／評価】
①
●避難訓練を行うことで，災害時に落ち着いて行動できることを振り返らせる。
※単元の後や避難訓練後など，随時振り返りを行う。

解 説

★災害は，生命を危険にさらすことにつながることを理解させる。火事や地震は，いつ起こるか予測が不可能である。そのため，日ごろから「おかしも」の約束を徹底し，避難訓練で安全な避難方法を身に付けさせることが，この単元の大きな目的である。1年生は，4月に最初の避難訓練を経験することになるが，その前に避難訓練の約束を指導しておきたい。

★「おかしも」の約束は，避難訓練だけでなく，毎月の安全指導日にも繰り返し確認したい。

評価の観点

◆生命を守るための，安全な避難方法や約束を理解できたか。
◆訓練もしくは実際の災害時では，「おかしも」の約束を守り，安全第一に避難することができたか。

参考情報

○「わたしたちの生活と安全」
○火災の紙芝居
　「だいちゃんの　おかしな　ひなんくんれん」（童心社）
○地震の絵本
　「ベルがならない」（都丸つや子　童心社）

教科書 p.18〜19　　　自己管理領域　●責任遂行能力

9　きちんと さい後まで やりぬくって

自分の係・当番(仕事)の内容と役割／クラス，家庭での仕事を進んで見付ける／達成感，責任感を味わえる目標づくり

【どうしているかな】
当番活動と係活動の違いもおさえる。
・当番活動とは，毎日同じ手順で繰り返される学級全体に奉仕される活動である。
・一方，係活動とは，子どもたちの創意工夫が生かされ，クラス全体の文化が高められる活動である。
・清掃活動は，学級全体で割り当てられた場所を清掃する。
・給食当番は，決められた子どもが代表で配膳をする。

【大切なこと】
係活動は，学級全体で，自分のやりたい係をやる。学期初めは，意欲もあり，自主的に活動すると思われるが，学期末に近付くにつれ，意欲も低下し，活動も受け身になりがちである。
学期を通して，子どもの自主性を高めるためにも，時折係活動をする時間を設定したり，リーダーに係活動の報告をさせたりするなどの工夫をしたい。

【どうしているかな】
自分たちの活動を振り返らせる際には，よさを中心に相互評価させる。できていないところを出させて，あら探しにならないように配慮する。

【やってみよう】
雑巾の絞り方・ほうきを使って掃く方法などは，やり方を一斉指導することが大切である。また，頭では分かっていても，実際に自力でできるかは別なので，必要に応じて個別に指導することが必要である。上手にできる子どもを紹介し，どの子も清掃用具が使いこなせるようにしたい。

【大切なこと】
当番や係の仕事をやらないと，自分を含めた多くの人が困ることに気付かせる。
決められた仕事は，最後まで責任をもってやり抜くことが大切であることをおさえる。

【まとめよう】
学期途中や学期末に，自分や友達は最後まで やり抜くことができたか，係カード等を使用して振り返らせる。

自分から進んでやっている子ども，一生懸命取り組んでいる子どもなど，よい子どもの行動を全体の場で紹介し，子どもが進んで係活動ができるように指導していく。

【やっていこう】
家では，たくさんの家事があることにも目を向けさせる。
家の人が病気になった時など，洗濯物がたまってしまったり，食事を作ってもらえなかったりしたことはなかっただろうか。
いつもあたりまえにやっていただいていることだが，やらないままにすると，困ることに気付かせたい。
数多くの家事の中から，自分にも毎日できそうなものを選ばせ，毎日欠かさずやれるようにする。

1・2年生

ねらい▶▶▶ 進んで仕事を行うことの大切さを知り，最後までやり遂げることができる。

5時間扱い

どうしているかな【課題発見・把握】
① ●当番や係の活動についての，自分の実態と課題を確認させる。
※イラストを見て，当番や係の活動を振り返らせる。

大切なこと【正しい知識・認識／価値／道徳的心情】
② ●自分の役割に責任をもち，みんなで力を合わせて取り組むことの大切さを理解させる。
※当番や係が中途で終わっている現状などがあった際は，それを写真に撮るなどして問題点に気付かせ，最後までやり遂げることの意義を理解させる。

やってみよう【スキルトレーニング／体験活動】
② ●具体的に係活動の仕事内容を書いたり，自分の役割を果たすための目標と方法を書いたりできるようにさせる。
※カードや当番表は，1・2年生でも書けるものや，見て分かるものにする。
※係で目標を話し合い，他の子どもにもその目標を伝え，係活動の取り組みを他者にも見えるようにする。

やっていこう【日常実践／活用】
●係や当番活動を実践させる。
※家庭でも，自分の役割をもたせ，実践できるよう，保護者に呼びかける。

まとめよう【まとめ／評価】
① ●自分の係や当番の活動を再認識させ，日常的に継続できるよう振り返らせる。
※カードに記入させたり，全体の場で振り返りをさせたりする。

解説
★入学直後は，清掃当番は6年生がやってくれていたことを思い出させ，今は自分たちで力を合わせ清掃していることに気付かせる。みんなで協力しないと時間内に終わらないことや，係活動をやらない係があると困ることなどに気付かせたい。
★清掃活動で雑巾を絞ったり，ほうきで掃いたりする際，やり方が分からない子どもや，使い方が身に付いていない子どもについては，個別に指導し，自分の力で清掃活動に取り組むことができるようにする。
★入学直後の1年生は，5名程度の当番活動は難しいと思われる。そのため，1名か2名程度で「電気をつける」など，活動内容が分かりやすいものを係にするようにして，どの子も自分の活動が分かり，人任せにすることがないようにさせる必要がある。
★「やっていこう」で家庭での実践をさせる際には，生活科の「わたしのかぞく」と関連させるとよい。

評価の観点
◆みんなで協力して取り組むことや，最後まで取り組むことの大切さを理解することができたか。
◆進んで仕事を見付け，責任をもって行うことができているか。

参考情報
○「イラスト版 子どものお手伝い 子どもとマスターする生活技術」（子どもの生活科学研究会　合同出版）

●はねらい，※は学習活動・手だてを示す。

教科書 p.20〜21　　　　　　　　　　　　　　　　　　　　　　　　　　　　自己管理領域　●責任遂行能力

10　毎日を 気もちよく すごす ために　学校，学級のきまりを守る

【どうしているかな】
　学校生活でのきまりやマナーについて，イラストをもとに気付かせるとともに，自分の行動についても振り返らせる。

【やってみよう】
　たくさんあるきまりであるが，守ることややることがあたりまえのように習慣化されれば，子どもの負担感は減るだろう。習慣化するまで，継続して声をかけたり，子どもが自ら意識できるよう，きまりを言葉にしたり，掲示したりするなど工夫したい。

【どうしているかな】
「絵を見て気付いたことを発表しましょう。」

〈授業態度について〉
・授業中に邪魔をされて，困っている。
・鉛筆が刺さったら危ない。

〈学習準備について〉
・机の上がぐちゃぐちゃだ。
・右の机の上はとってもきれいだよ。

〈危険な行為について〉
・急に友達を押したら危ない。
・関係のない子が，けがをしてしまう。

〈給食時について〉
・いすがひっくり返ったら危ない。
・食器が落ちて壊れてしまいそう。

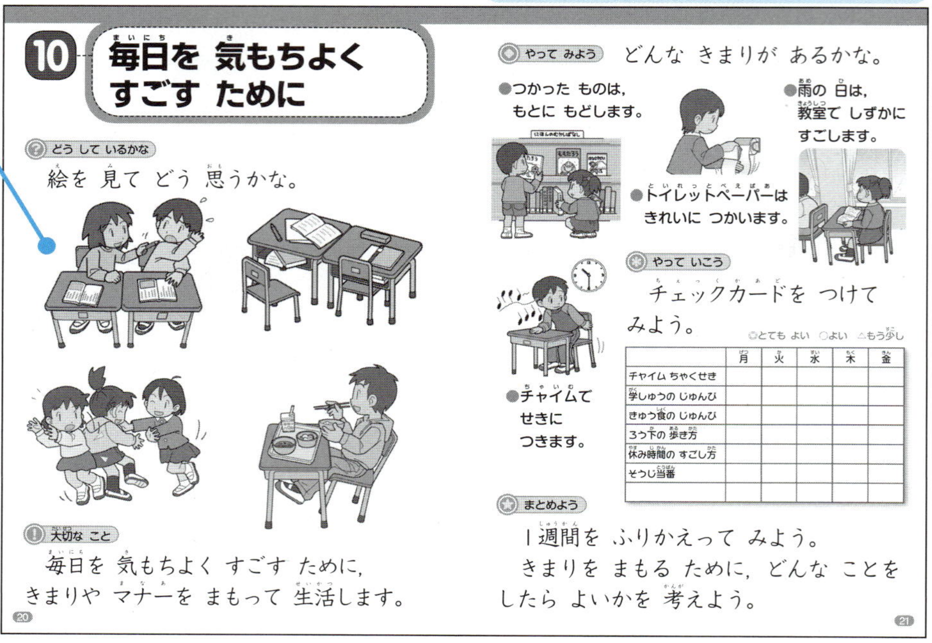

1・2年生

【やっていこう】
　「やってみよう」やチェックカードにあるきまりにかぎらず，学年・学級や子どもの実態に応じて，取り上げるきまりを変えるとよい。
　特に守ることができていないきまりについて，1週間ほど期間を決めて取り組ませたい。楽しく取り組めるよう，色を塗ったり，シールを貼ったりするなどの工夫をしたい。

【まとめよう】
　きまりを守ることができた子どもがいれば，なぜ守ることができたのか理由を言わせる。
　その子なりの工夫を認め，他の子どもにも取り組みを広げていくことが大切である。

10 毎日を 気もちよく すごす ために

どう して いるかな
絵を 見て どう 思うかな。

大切な こと
毎日を 気もちよく すごす ために，きまりや マナーを まもって 生活します。

やって みよう　どんな きまりが あるかな。
●つかった ものは，もとに もどします。
●雨の 日は，教室で しずかに すごします。
●トイレットペーパーは きれいに つかいます。
●チャイムで せきに つきます。

やって いこう
チェックカードを つけて みよう。
　　　　　　　　　　○とても よい　よい　△もう少し

	月	火	水	木	金
チャイム ちゃくせき					
学しゅうの じゅんび					
きゅう食の じゅんび					
ろう下の 歩き方					
休み時間の すごし方					
そうじ当番					

まとめよう
1週間を ふりかえって みよう。
きまりを まもる ために，どんな ことを したら よいかを 考えよう。

【大切なこと】
　きまりとマナーの違いについても簡単におさえる。
・きまりとは，守らなければならない規則。
・マナーとは，規則ではないが，他人と接する際に他人を不快にしないために気遣うことである。
　きまりもマナーも，人々が気持ちよく生活するうえで大切であり，一人一人が守ろうと心がけることが必要であることをしっかりとおさえたい。

ねらい▶▶▶ 学校や学級のきまりやマナーの大切さを理解し，守り，自分に責任をもって生活することができる。

4時間扱い

どう して いるかな　【課題発見・把握】
●自分の生活におけるきまりやマナーについて，課題をもたせる。
※教科書のイラストを見て，いろいろな場所や場面でのきまりやマナーについて話し合わせる。
※きまりやマナーを守らないとどのようなことが起きるか想像させる。

大切な こと　【正しい知識・認識／価値／道徳的心情】
① ●学校や学級のきまりやマナーは，自分たちの生活をよりよくするためにあることを理解させる。
※様々な場面について，よりよい行動とは何か考えさせ，善悪の判断基準は自分の感覚ではなく，相手や周りの人にあることに気付かせる。
※周囲への心遣いを全員がしていく必要性を教える。

やって みよう　【スキルトレーニング／体験活動】
② ●きまりやマナーを守った行動を具体的に身に付けさせる。
※学級のきまりやマナーについて，いろいろな場面を想像して，話し合って決めさせる。
※授業中や休み時間，給食，清掃時のきまりを考えさせる。

やって いこう　【日常実践／活用】
●様々なきまりを，あらゆる場面で守ることができるようにさせる。
※きまりやマナーを守って生活するよう，チェックカードに記入する。

まとめよう　【まとめ／評価】
① ●きまりやマナーを守ることの意義を確認させ，自分の実践したことを振り返らせる。
※自分だけでなく，周りの友達のきまりやマナーを守っているよい場面を紹介し，カードに書く。

解説

★学校や学級のきまりが守られないと，どのようなことが起きるだろうか。けんかになったり，けがをしたり，学習が遅れたりと，様々な問題が起きることを子どもは体験から知っている。問題が起きることが分かっていても，守ることが難しいきまりがある。これらのきまりについては，繰り返し守るよう指導し，守れない場合は，なぜ守ることができないのか，理由を考え，改善策を考えることが重要である。

★家庭では，食事のマナーや言葉遣いなどに課題が見られることが多い。「親しき仲にも礼儀あり」ということわざを紹介し，家庭でもマナーを意識して生活するようにしたい。保護者会等で食事中の子どもの様子を紹介してもらい，各家庭の工夫なども共有できるとよい。

評価の観点

◆学校や学級のきまりやマナーの大切さを理解できたか。
◆きまりやマナーを守って生活できているか。

参考情報

○「みんなのためのルールブック〜あたりまえだけどとても大切なこと」（ロン・クラーク　草思社）
○「子どものためのハッピールール」（齋藤　孝　PHP）

●はねらい，※は学習活動・手だてを示す。

教科書 p.22〜23　　　　　　　　　　　　　　　　　　　　　　　　　　人間関係形成領域　●集団適応能力

11　みんな なかよく　相手への気持ちの伝え方

【どうしているかな】
写真を見て、友達とのかかわりの意義に気付かせる。
「写真の2人の男の子はどのようなお話をしているのでしょう。」
「写真の女の子たちは楽しそうですね。何をしているのでしょうか、気付いたことを発表しましょう。」

【どうしているかな】
挿絵を見て、友達と仲よくするためにどのような言葉かけが必要か考えさせる。
・ハンカチを落としたよ。
・わたしも手伝うわ。
「そんなふうに声をかけてもらったら、どうするかな。」

【大切なこと】
場面設定をして、ロールプレイをさせる。子どもたちのやりとりのなかで、「ありがとう」などの言葉が出てくるであろう。また、ロールプレイをした子どもに、どんな気持ちがしたのか確認させる。
・目を見てありがとうと言ってくれたので、うれしかった。
・優しく声をかけてもらえてうれしかった。

【単元について】
人と人との出会いは、そのあいさつの仕方で大きく印象が異なってくる。仲よくする初めの一歩があいさつであることを意識させるようにする。明るいあいさつをすること、明るいあいさつを返すこと、けんかをした翌日のあいさつの大切さなども考えさせたい。

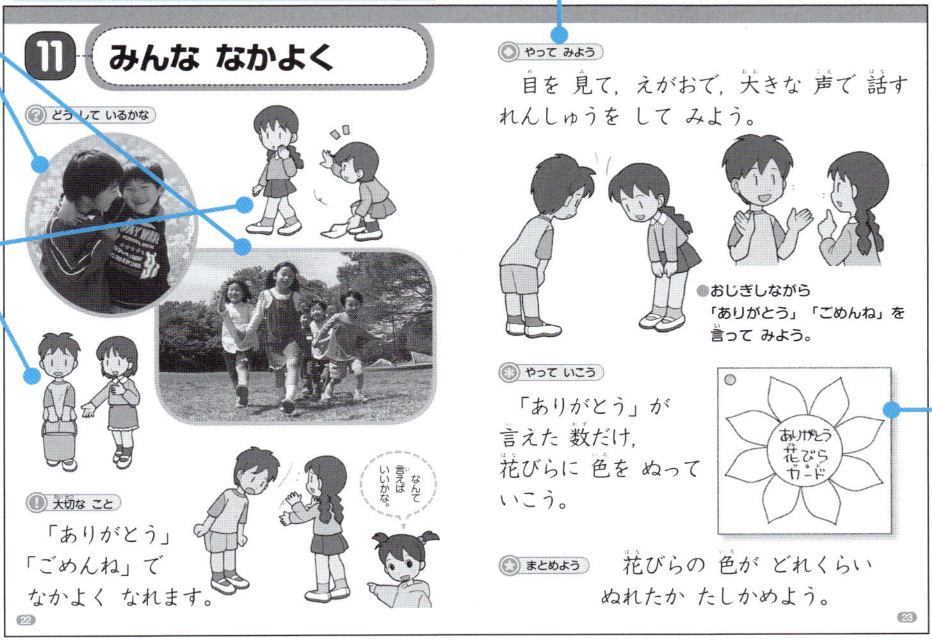

【大切なこと】
「ありがとう」と「ごめんね」の気持ちをしっかりと言葉で相手に伝える大切さをおさえる。
・気持ちを込めて、声に出して伝える意味
・気持ちを伝えるために、相手の目をきちんと見ることの大切さ

様々な場面を設定して、よりよい会話を身に付けさせる。その場やその時間だけの取り組みにならないように、ふだんの生活の中で習慣化するまで、継続して声をかけたり、子どもが自ら意識できるよう、帰りの会などの時間を使って確認したりするなど工夫する。

【まとめよう】
「ごめんね」や「ありがとう」が素直に伝えられなかったときのことを思い出し、なぜ言えなかったのか、どんな葛藤があったのかを思い出させたい。そして、言えたときの成功体験や、そのときの気持ちも振り返らせる。

【やっていこう】
仲よくすることの意欲を継続させるために、ありがとうが言えたら、花を完成させる。
それができたら次の段階として、色画用紙で作成した花びらを用意し、どのようなとき、誰に言えたのか、具体的な場面を記入した花びらを貼っていき、新しい花を作る。
日常の様々な場面に相手への気持ちよい言葉かけがあることを実感させる。
＊その時の自分の気持ちを加えさせると、より相手に気持ちが伝わるようになる。
＊「ありがとう」のほかに、「ごめんね」を言えた場面も記入させる。
〈例〉
「○○さん、えんぴつをひろってくれてありがとう。なくしたと思っていたから、とてもうれしかったよ。」
「○○くん、けんかしたときなぐさめてくれてありがとう。こんどいっしょにあそぼうね。」
「○○くん、おそうじきちんとできなくてごめんね。ぞうきんがけがんばるよ。」

1・2年生

4時間扱い

ねらい▶▶▶ 感謝や謝りの気持ちの伝え方を知り、場面に応じて伝えることができる。

どうしているかな　【課題発見・把握】
① ●自分の思いを正しく相手に伝えているか、実態と課題を確認させる。
　※イラストを見て、どのような言葉をかければよいかを考えさせる。
　※気持ちの伝え方について学習していくことを知らせる。

大切なこと　【正しい知識・認識／価値／道徳的心情】
① ●言葉で気持ちを伝えることの大切さ、気持ちを込める大切さを理解させる。
　※ロールプレイなどを通して、「ありがとう」「ごめんね」の大切さや、より気持ちを伝えるためには、相手の方をきちんと見ることの大切さを考えさせる。

やってみよう　【スキルトレーニング／体験活動】
① ●「ありがとう」「ごめんね」の言い方や態度を身に付けさせる。
　※表情・相手に伝わる声の大きさ・おじぎなど意識させる。
　※登校や下校で一緒になったとき、公園で会ったとき、わざとではなくぶつかってしまったとき、困っていて助けてもらったときなど、様々な場面を想定して、よりよいあいさつの仕方を身に付けさせる。

やっていこう　【日常実践／活用】
① ●「ありがとう」「ごめんね」が適切な場面で自然に言えるように実践させる。
　※「花びらカード」を活用し、自己評価をしながら実践させる。

まとめよう　【まとめ／評価】
① ●ワークシート等を活用し、学習の意義や、単元を始める前と後の自分の成果や気付きを振り返らせる。
　※言葉や表情・仕草で気持ちを伝えることの大切さを感じさせる。

●はねらい、※は学習活動・手だてを示す。

解説
★あいさつの指導は就学前から行われているが、形からの指導が主である場合が多い。学校のきまりなど指導内容も多岐にわたるこの時期に、感謝の気持ちや素直に謝る気持ちを上手に伝えていくことが大切であり、そうすることで、集団の中でのかかわりも深めていくことができることをおさえたい。
★人前で話すことが恥ずかしい、あるいは、ありがとうと返事をしても相手が無反応であったことが不快な経験として残り、「ありがとう」「ごめんなさい」が素直に言えない子どももいる。心情面の深まりを大切にして実践につなげたい。
★ふだんの生活で生かしていくために、教師の継続的な評価がポイントとなる。
★教師が率先して明るいあいさつの範を示すことが、何よりも大切である。

評価の観点
◆人や集団とのかかわりの中で、言葉や態度で気持ちを伝えることの意味を理解できたか。
◆「ありがとう」「ごめんね」を声に出して相手に伝えることができたか。

参考情報
○「しっかり学ぶしながわっこ」かかわる力「友達との関係づくり」（p.28）
○「あのときすきになったよ」（薫くみこ　教育画劇）
○「ごめんね　ともだち」（内田　麟太郎　偕成社）
○「ありがとう　ともだち」（内田　麟太郎　偕成社）

教科書 p.24〜25

人間関係形成領域　●自他理解能力

12　よさを 見つけよう　自分のよさと，友達のよさの見付け方

【どうしているかな】
　イラストを見て，どのようなよさがあるか考えさせ，発表させる。
　行動だけでなく，そのときの態度や気持ちについて，気付いたよさを付け加えることができるようにする。

「どうしているかな」では「よさ」も定義しておくこと。
・学習，運動，芸術面での特技や個性　・豊かな感性
・基本的な生活習慣　　・明朗快活な態度
・協力できる優しい心，温かい心　・地道な努力家
・責任感，公共心，公徳心　・創意工夫ある活動　など

自分や友達を客観的に見る機会を意図的につくることが大切である。日常的に教師が子どものよさに目を向けていると，学級は明るい受容的な雰囲気になる。

【やってみよう】
　友達のよさを見付ける活動で，よさをたくさん見付けることも自分のよさの一つであることにも気付かせたい。

【予想される反応例】
・野球が上手です。毎日一生懸命練習しているからだと思います。

・一輪車を小さい子に取ってあげています。優しいお姉さんだと思います。取ってもらった子もきちんと「ありがとう」が言えたと思います。

・ハムスターにえさをやっています。生き物係だから責任をもってしているのだと思います。誰も気が付かなくても，しっかりできる人だと思います。

・1年生と手をつないで学校に行っています。弟の面倒をしっかりみることのできるお兄さんです。

・近所のおばさんに笑顔であいさつをしています。

【やっていこう】
　帰りの会などで，今日のピカピカさんなどという友達のよいところを紹介するコーナーを設けたい。

「きみはほんとうにステキだね」（宮西達也　ポプラ社）を読み，「うまれて はじめて『ありがとう』と いいました。・・・こころの なかが ポッと あたたかくなるのを かんじました。」「ぼくの たった ひとりの ステキな もだちさ」などの表現から，友達とのかかわりのなかで心が温かくなる経験を想起させ，よさを見付けるようにするとよい。

【大切なこと】「みんなのよいところを教えてね。」
・係の仕事を頑張っている。
・兄弟の面倒をよくみている。
・字を丁寧に書く。　・ピアノが得意。
・掃除をいつも頑張っている。

【大切なこと】
　子どもから出てきたよさを分類して掲示する。
　日常の生活体験や友達との遊びのなかで，困ったときにしてもらってうれしかったことなどを想起させ，様々なよさのあることに気付かせる。

【まとめよう】
　教師や保護者からの「よいところカード」も準備し，よいところを見てもらえる喜びを感じさせたい。

1・2年生

⑫　よさを 見つけよう

？どうして いるかな

大切な こと
　あなたの よい ところは，だれかが 見て くれて います。

やって みよう
　友だちの よい ところを 見つけて みよう。

まとめよう
　自分や 友だちの よさを たくさん 見つけたかな。

6時間扱い

ねらい▶▶▶ 自分のよいところに気付くことができる。友達や周りの人のよいところを見付けることができる。

どうして いるかな【課題発見・把握】
① ●自分のよさの自覚について確認し，課題を把握させる。
　※イラストを見て，どうしてよいところなのかを考えさせる。
　※自分のよさについて考えさせる。

大切な こと【正しい知識・認識／価値／道徳的心情】
① ●友達には様々なよさがあることを理解させる。
　●自分のよさは，周りの人が認めてくれていることを理解させる。
　※自分や友達のよさをあげさせ，様々な見方があり，それを見てくれていることに気付かせる。

やって みよう【スキルトレーニング／体験活動】
③ ●自分や友達のよさの見付け方を身に付けさせる。
　※「どうしているかな」「大切なこと」での学習を生かし，実際に友達のよさをカードに記入させる。

やって いこう【日常実践／活用】
① ●日常の活動の中でよいところを見付けさせる。
　※カードなどにまとめさせるとよい。
　※周りの人にも友達のよさを伝えるようにさせる。

まとめよう【まとめ／評価】
① ●学習の意義と成果を振り返らせる。
　※進んでよいことを行うことの大切さや，自分や友達のよさ，自分のよいところの伸長に気付かせる。

解説

★友達との関係を見直してみると，友達の範囲が限定されている子や，友達の欠点ばかりに目を向け，教師への告げ口が多くなっている子も出てくる。そこで，人は誰にでもよい面があることに気付かせることにより，学級内における人間関係を深めるとともに，集団としての凝集性を高めたい。

★子どもにとって，自分のよさに気付き，理解することは，難しいものである。また，人のために行動できるよさを自覚することは，より実感しづらいものである。そのために，相互評価を活用し，友達に自分のよさを見付けてもらうことで気付かせたい。

★自分の価値に気付けば，積極的に生きる勇気も，他の人を思いやる豊かな心も，美しいものへの素直な感動も，おのずと生まれてくるものである。

★自分が人のために進んで行っていることは，よいことであるということを，様々な体験を通して理解させたい。

★生活科「できるようになったよ」の学習の際に本単元で身に付けたことを活用し，お互いによさや成長を認め合うようにするとよい。

評価の観点

◆よさを認め合うことの大切さを理解できたか。
◆自分や友達のよいところを見付け，認めることができたか。

参考情報

○「きみはほんとうにステキだね」（宮西達也　ポプラ社）
○「あのときすきになったよ」（薫くみこ　教育画劇）

教科書 p.26〜27　　　人間関係形成領域　●自他理解能力

13　思いやりを もって 人と かかわろう　いろいろな人とのかかわり方

【どうしているかな】
　イラストの子どもたちは，どのようなことを言っているか考えさせる。言われた相手はどのように感じているか，想像したことを加えて発表させる。

【予想される反応例】
○：ねえ，ぼく，一緒に遊ばないか。
●：う〜ん。楽しそうだな。
●：よかったわね。○○ちゃん。一緒に遊んでもらったら。
○：どうぞ通ってください。
●：いや〜，ありがとう。
○：大丈夫？けがはなかった？保健室に連れていってあげるね。
●：ありがとう。

　役割演技するなかで具体性をもたせ，かかわることの意義を意識させる。
　このイラストのほかにも，各校の取り組みのなかで見られる場面を提示してもよい。

【大切なこと】
　小さい子とかかわるときに大切なことは何か考える。その際，1年生の場合は，幼稚園や保育園の時の小学生との交流，2年生の場合は，1年生の時を振り返り，上級生にしてもらってうれしかったことを思い出させる。

〈小さい子とかかわるときのポイント〉
・手をつないでペースを合わせて歩く。
・目の高さを合わせてゆっくり話す。
・笑顔でしっかり話を聞く。

【やってみよう】
　保幼小での交流で一緒にしたいことを考え，準備をする。
　自分たちが楽しむのではなく，小さい子に寄り添い，楽しんでもらえるような活動になるよう，めあてをもたせて活動させる。相手の立場に立って考えさせる。
　お年寄りとの交流では，昔の遊びを教えてもらう活動や，気持ちを込めた交流ができるように話し合う。

【実践例】
・運動会(学芸会)の招待状を作ろう。
・給食を一緒に食べよう。
・おじいさん，おばあさんに，読み聞かせや演奏，合唱を発表し，楽しんでもらおう。
＊学校の取り組みとして行う行事だが，低学年なりに歓迎の催しや話題を考えさせるようにしたい。

1・2年生

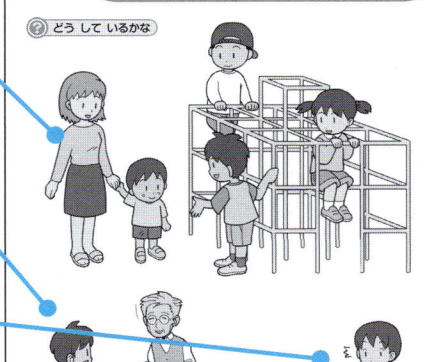

【やっていこう】
　近所の方，下級生とのかかわりなど，実践場面を具体的に示しておくようにする。

【まとめよう】
　相手の立場に立って活動することができたか振り返る。特に，小さい子どもとのかかわりでは，大変と感じたことも感想として出てくると思うが，よさを評価し，達成感や次の活動への意欲をもたせたい。

ねらい ▶▶▶ 思いやりをもって進んで人と接することができる。

4時間扱い

① **どうしているかな**【課題発見・把握】
●小さい子やお年寄りとかかわった経験から，今までどのように接してきたかを振り返り，課題を把握させる。
※イラストの子どもたちは，どのようなことを言っているのかを想像させる。
※小さい子どもやお年寄りとのかかわり方を学習していくことを伝える。

　大切なこと【正しい知識・認識／価値／道徳的心情】
●小さい子どもやお年寄りには，相手の立場に立って接することが大切であることを理解させる。
※相手の気持ちに気付くにはどうすればよいか考えさせる。

② **やってみよう**【スキルトレーニング／体験活動】
●小さい子どもやお年寄りとの望ましいかかわり方を身に付けさせる。
※どのようなかかわり方があるかを考えさせる。また，小さい子どもやお年寄りと接するときの言葉遣いや態度について教える。

　やっていこう【日常実践／活用】
●生活科でのお年寄りとの昔遊びや，地域の保育園などの訪問を通して，望ましいかかわり方を実践させる。
※学校行事や地域施設との連携を生かして取り組ませるとよい。

① **まとめよう**【まとめ／評価】
●学習の成果を振り返り，今後の意欲を高める。
※小さい子どもやお年寄りとの交流を振り返り，思いやりの気持ちをもって接することができたか考えさせる。

解説
★子どもの実態として，自分より小さな子やお年寄りと接する機会が少ないために，どのように接していいか分からない子どもが多い。また，まだ周囲の人の気持ちよりも自分の気持ちを優先させてしまう場面も見られる。
★かかわる機会を多く設定し，自分中心に考えてしまう気持ちを抑えて，周囲のことを考えていく力を身に付けさせたい。
★小さい子どもやお年寄りとのかかわり方を身に付けさせることがねらいである。その体験を通して，いろいろな人の立場に立って考えたり共感したりする資質や心情が育成できると考える。
★生活科「ともだちになろうよ」の学習と関連を図り，保幼小の交流活動の位置付けを明確にして指導する。

評価の観点
◆小さい子どもやお年寄りとの望ましいかかわり方を理解できたか。
◆誰に対しても思いやりの気持ちをもって接することができたか。

参考情報
○保幼小連携の具体例
・プール体験　・校舎案内　・読み聞かせ　・学校紹介
・小学校の特別授業内容例　「傘のたたみ方」「鉛筆の持ち方」「清掃・給食当番体験」「手の洗い方」「教科書・筆箱の置き方」「整列の仕方」「合唱や演奏の発表」

●はねらい，※は学習活動・手だてを示す。

教科書 p.28〜29　　　　　　　　　　　　　　　　　　　　人間関係形成領域　●自他理解能力

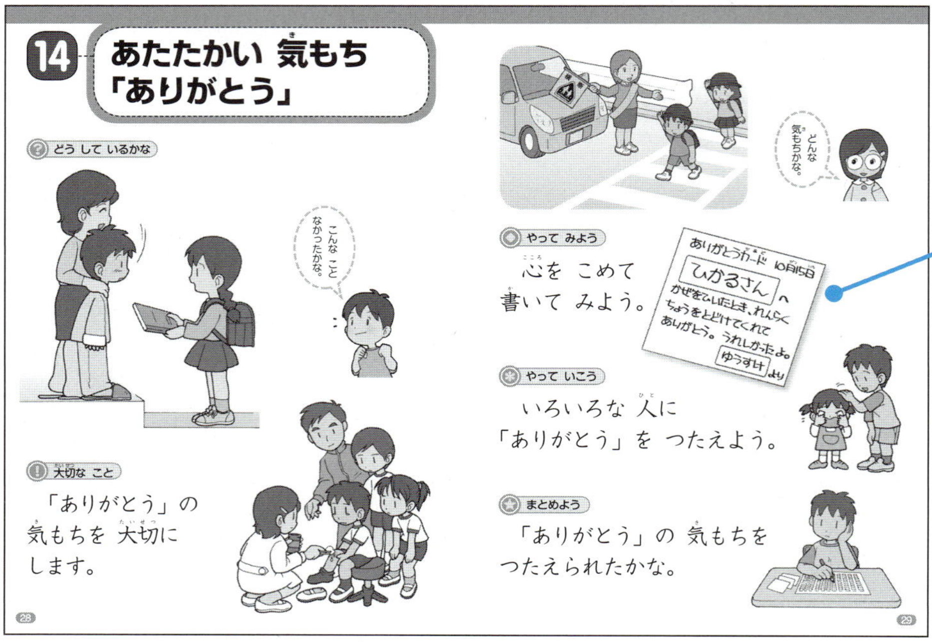

14　あたたかい 気もち「ありがとう」
相手を思いやる言葉や態度／周りの人の自分に対する思いや願い

【どうしているかな・大切なこと】
　板書を工夫し，たくさんの方に支えられていることに気付かせる。お世話になった人たちに感謝の気持ちを伝えたいという気持ちをもたせる。

【やってみよう】
　学校でお世話になっていることについても考えさせ，実践の場面で多くの人に感謝の気持ちが伝えられるようにする。

【どうしているかな】
　イラストから，自分のことを心配し，大事に思ってくれている人がいることに気付かせる。

【やってみよう】
　感謝の気持ちを「ありがとうカード」に書かせる。
　どのようなことをしてもらってうれしかったのかなど具体的に書く。
　会える人には，直接渡しに行き，言葉でも伝えられるとよい。
　「ありがとうカード」は一例である。ほかの感謝の気持ちの伝え方を考えさせる。話し合って子どもたちからいろいろな活動が出てくることを期待したい。

1・2年生

今まで自分は，誰にどのようなことでお世話になったことがあるか振り返らせる。
【予想される反応例】
・おうちの人がご飯を作ってくれる。
・お母さんが忘れ物を届けてくれた。
・けがをしたとき，保健の先生が手当てをしてくれた。
・朝，スクールゾーンで旗を持って安全を守ってくれる人がいる。
・栄養士さんが給食を考えてくれた。
・友達が，困ったとき慰めてくれた。
・6年生が一緒に遊んでくれた。
・用務主事さんが，汚してしまったところをすぐきれいにしてくれた。
・PTAで計画した学校のお祭りに参加し，楽しく過ごせた。

【やっていこう】
　実際にお世話になった方々に，感謝の気持ちを伝えさせる。言葉やカードで感謝の気持ちをしっかり伝えることが，お互いに気持ちのよいことであることを実感させる。

【どうしているかな】
　委員会活動等で作成した学校紹介ビデオなども活用し，日常の生活の中で，たくさんの人に支えられ，大切にされていることに気付かせるようにする。

【まとめよう】
　継続して取り組ませることで，感謝の気持ちをその場ですぐに表現できるようにさせたい。

ねらい▶▶▶ 自分も人にも思いやりの気持ちをもって接することができる。周りの人の自分に対する思いを知り，相手に対する気持ちを伝えることができる。

4時間扱い

① **どうして いるかな**【課題発見・把握】
● 多くの人に支えられていることに気付かせる。
● 感謝の気持ちを表現することに対する自己の課題に気付かせる。
※自分のために何かしてくれた周りの人の存在や行動を振り返らせる。

大切な こと【正しい知識・認識／価値／道徳的心情】
● 周りの人が自分のことを大切に思っていることに気付かせ，感謝の気持ちをもつことの大切さを理解させる。
※感謝の言葉を伝えるときに大切なことを考えさせ，気持ちを込めることの大切さに気付かせる。

② **やって みよう**【スキルトレーニング／体験活動】
●「ありがとう」の言葉に感謝の気持ちを込める方法を身に付けさせる。
※自分がどんな気持ちになったかということを「ありがとうカード」に書かせる。
※「大切なこと」で取り組ませ，気持ちを込める大切さを考えさせてもよい。

やって いこう【日常実践／活用】
● 日常で気持ちを込めて感謝の言葉を伝えさせる。
※自分の気持ちを伝えながら，「ありがとう」などの感謝の言葉を伝えさせる。

① **まとめよう**【まとめ／評価】
● 学習したことのよさを振り返り，今後の実践意欲を高める。
※感謝を伝えたときの相手の様子，自分の気持ちを振り返らせる。
※まとめとして，自分を支えてくれる人へ感謝することの大切さについて作文を書かせる。

解説
★保護者や上級生，友達や先生など，自分を大切に思ってくれている人がいることは，分かっている子どもが多い。自分たちの生活が多くの人々の働きに支えられていることに気付かせ，感謝の気持ちをもたせるとともに，「ありがとう」を素直に表す態度を育てる場にしたい。
★日常生活の中で，多くの人にお世話になっていることに改めて気付き，感謝の気持ちを表現していく機会や場を設定することが必要である。

評価の観点
◆自分が周りの人から大切に思われていることに気付き，感謝の気持ちをもつことの大切さが理解できたか。
◆周りの人に「ありがとう」などの感謝の気持ちを伝えることができているか。

板書例　○子どもから出た事例を短冊に書き，分類できるようにする。

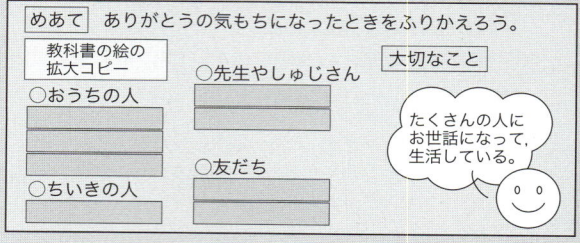

●はねらい，※は学習活動・手だてを示す。

教科書 p.30～31　　　　　　　　　　　　　　　　　　　　　　　　人間関係形成領域　●自他理解能力

★ セカンドステップ
（衝動的・攻撃的行動を和らげ，社会への適応力を高める予防的教育プログラム）

暴力行為の禁止／友達とのかかわり方（集団適応能力）／生活や遊びの中のルールづくり（集団適応能力）

【第1章（1年生）10時間】
「相互の理解」
○第1章で扱う共感スキルは，第2章の「問題解決」と第3章「怒りの扱い」の基礎となる。

《共感スキル》
共感の3つの側面
①自分と相手の気持ちを感じて表現する。
②相手の立場に立つ。
③相手を思いやる。
に焦点を当てる。

《具体的なスキル》
○自分の抱いた感情に名前を付けて表現し，相手の感情を的確に読み取ることを重視する。

《6つの基本感情》
「うれしい」「悲しい」「怒った」「驚いた」「怖い」「嫌な」

これらの感情に関連した非言語的（特に顔の表情）・言語的手がかりや周りの状況を理解させる。

★ロールプレイ
ロールプレイで練習するときには，教師や友達のモデルをまねしたり，自分でやってみたりする。

【第2章（2年生）4時間】「問題解決」
○第2章では，対人関係の問題に直面したときの強い感情に対する衝動コントロールを学ぶ。
○人間関係を円滑にする問題解決のスキルを学ぶ。

《具体的なスキル》
①落ち着くステップを学ぶ。②中立的な問題の理解の仕方を学ぶ。③たくさんの解決策を考える。④円滑な関係を目指す解決策を選択できる。⑤解決策をどのような姿勢とせりふで実行するか練習をする。

【第3章（2年生）6時間】
「怒りの扱い」
○第3章では，怒りの扱いに焦点を当てる。
○自分の抱える怒りにどのように対処するかを学ぶことが大切である。怒りの感情と行動を区別する。怒りの感情自体は悪いことではない。大切なことは，怒りの感情を自覚し，怒りを和らげる方法を身に付けることである。そのうえで，相手を傷付けない行動を問題解決の方法で考えていく。

《具体的なスキル》
○怒りを自覚するためには，①怒った時の身体的な手がかり（体が熱くなる，緊張する，手を握る，涙が出るなど）に気付くことが大切である。次に，②落ち着くステップを使うことが大切である。その後，③落ち着いたら問題解決のステップを使って人間関係を円滑にする解決策を探る。④それでもうまくいかなかったら，人に助けを求めるなど新たな解決策を考える。

1・2年生

★ セカンドステップ

（1）わかり合う（1年生）
●あい手の 気もちを かんじよう。
●あい手の ことや 考え方を わかろう。
●思いやる 気もちを つたえよう。

ロールプレイ
●その 人に なった つもりで えんぎを して みよう。
●先生の 手本を まねして みよう。

（2）もんだいの かいけつ（2年生）
●こまった ことが おこったら まず おちつこう！
●かいけつの し方を 学ぼう。

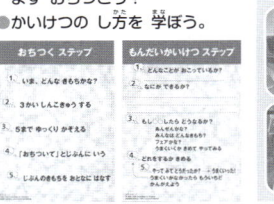

おちつく ステップ ／ もんだいかいけつ ステップ

（3）いかりの あつかい（2年生）
●自分の 気もちに 気が つこう。
●もんだいかいけつの ステップを つかおう。

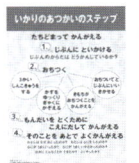 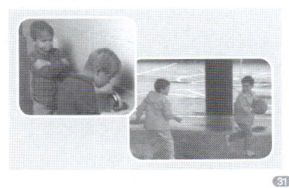

いかりのあつかいのステップ

「セカンドステップ」著作権　NPO法人 日本子どものための委員会

★話をする。
　写真についての話をするときには，はっきりした声で適切な速さを心がける。

★日常への展開
○朝の会で練習したスキルの活用場面を想像する。
○スキルを使っているときに気付くように行動を強化する。
○帰りの会で振り返り，今後の活用を促す。

| ねらい ▶▶▶ 人間関係づくりのために，相互の理解（1年生），問題解決，怒りの扱い（2年生）ができる。|

10時間扱い

どうしているかな　【課題発見・把握】　＊コース2　レッスン2・3の例
●学習内容を知り，自分の課題を把握させる。
※人とよい関係を築くために学習をすることを伝え，自分の友達とのかかわり方を振り返らせる。

大切なこと　【正しい知識・認識／価値／道徳的心情】
●自分と相手の気持ちを理解するには，自分と相手の表情や体の状態などから，その時の気持ちや周りで起こっていることを感じ取る大切さを理解させる。
※写真の人物の表情から，気持ちやその人に起こっていることを想像させる。

やってみよう　【スキルトレーニング／体験活動】
●自分や相手の気持ちや，周りで起きていることを感じ取る練習をさせる。
※自分で場面設定して，その時の気持ちを表情で表す。（ロールプレイ）
※友達のロールプレイを見て，どのようなことが起こり，どんな気持ちになったかを考えさせる。
※ロールプレイをさせる前に，教師が見本を示す。（モデリング）
※「うれしい」「悲しい」「悔しい」など感情に名前を付ける。

やっていこう　【日常実践／活用】
●学習したことを日常で実践させる。
※自分と相手の気持ちを考えて，日常生活をさせる。気が付いた気持ちを発表させ，感情語のリストを増やしていく。
★レッスンごとに，課題把握，大切なこと，トレーニング，日常実践を行う。

まとめよう　【まとめ／評価】
●学習の成果を振り返り，使い続ける意欲をもたせる。
※実践してよかったこと，練習したことが生かされた場面を具体的に振り返らせ，その効果を確認する。

解説
★セカンドステップのプログラムは，スキルを向上するように作られており，3つの章に分かれている。第1章「相互の理解」のねらいは，自分の気持ちを表現し，相手の気持ちに共感して，お互いに理解し合い，思いやりのある関係をつくること。そのために必要な共感スキルを学ぶ。第2章「衝動コントロールと問題の解決」のねらいは，困難な状況に前向きに取り組み，問題を柔軟に解決する力を養って円滑な関係をつくること。そのために中立的な対応をする問題解決ステップを学ぶ。第3章「怒りの扱い」のねらいは，怒りの感情を自覚し，自分でコントロールする力を養い，怒りの行動を和らげること。そのため落ち着くステップを学び，自分の怒りの扱い方を学ぶ。

評価の観点
【1年生　相互の理解】
◆自分の気持ちを表現し，相手の気持ちに共感して，お互いに理解し合い，思いやりのある関係をつくることの大切さが理解できたか。
◆相手の気持ちに共感したかかわり方をすることができたか。

【2年生　問題解決，怒りの扱い】
◆困難な状況に前向きに取り組み，問題を柔軟に解決する力を養って円滑な関係をつくることの大切さが理解できたか。
◆落ち着くステップ，問題解決のステップ，怒りの扱いのステップを使って，自分の気持ちや行動をコントロールすることができたか。

●はねらい，※は学習活動・手だてを示す。

教科書 p.32〜33

人間関係形成領域　●コミュニケーション能力

15　明るく あいさつ 元気に へんじ　人との基本的なかかわり方

「1　あいさつで気もちのよい1日」で，自分からあいさつすることを学習している。それを受けて，今までの取り組みを振り返り，あいさつや返事は，コミュニケーションの基本であることを価値付ける。

【やってみよう・やっていこう】
「いただきます」「こんにちは」「おやすみなさい」など，家庭での習慣も大切であることを，授業記録を含めて学年通信等で発信し，保護者への啓発も図るようにする。

学習規律の一つとしての始業・終業のあいさつも，先生と子どもとのコミュニケーションの始まりとして重要であることを教えたい。
＊低学年の児童の発達段階を考慮し，意欲を高めながら徹底させる。

【学校で統一する例】
①始業
・起立。
・気を付け。
・3時間目の○○の勉強を始めます。
・礼。
・よろしくお願いします。
・着席。
②終業
・起立。
・気を付け。
・これで3時間目の○○の勉強を終わります。
・礼。
・ありがとうございました。
③返事や発言の仕方
・手の挙げ方
・返事の仕方
・発言の仕方

【どうしているかな】
イラストから，どのようなあいさつをしているのか考えさせる。

先生に朝のあいさつをしている。きちんと相手の方を向いてあいさつしている。

近所の人にもおじぎをしながらあいさつしている。

マンションの下から，上に向かって「行ってきます」「行ってらっしゃい」

異学年の子ども同士であいさつをしながら，楽しそうに話している。

【大切なこと】
人と人との触れ合い，会話はあいさつから始まっていることに気付かせ，コミュニケーションの基本として重要な役割があることを教える。

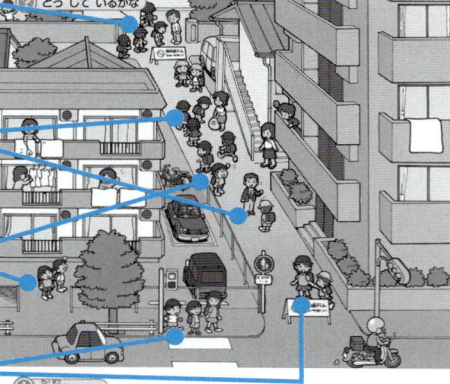

【まとめよう】
あいさつし合うことができたかを振り返るとともに，相手の反応がどうであったかを振り返らせる。

【やっていこう】
朝の会や帰りの会を活用して，友達や教師からの評価をしていくようにする。コミュニケーションの基本であることを繰り返して指導していく。

1・2年生

4時間扱い

ねらい▶▶▶コミュニケーションの基本としてのあいさつを自分からすることができる。

どうしているかな　【課題発見・把握】
●あいさつや返事について，実態や課題を確認させる。
※イラストの中にどのようなあいさつがあるかを考えさせる。
※日ごろ誰に，どのようにあいさつをしているか発表させる。

① 大切な こと　【正しい知識・認識／価値／道徳的心情】
●あいさつや返事は，コミュニケーションの基本であることを理解させる。
※人と人との触れ合い，会話はあいさつから始まっていることに気付かせ，コミュニケーションの基本として重要な役割があることを教える。

② やって みよう　【スキルトレーニング／体験活動】
●場面や相手に応じたあいさつの仕方を身に付けさせる。
※明るい声で，自分から，相手の目を見て，の3つを意識して練習させる。

やって いこう　【日常実践／活用】
●日常生活の中であいさつや返事を実践させる。
※あいさつカレンダーを作り，学校・家庭で取り組む。
※あいさつ運動などに取り組ませる。

① まとめよう　【まとめ／評価】
●学習したよさを振り返り，今後の意欲を高める。
※あいさつカレンダーへの記入などをもとに自己評価させる。
※あいさつを交わした人とのかかわりの変化を振り返らせる。
（項目については，実態に応じて変更してよい。）

解説
★あいさつの大切さは，ほとんどの子どもたちが知っていることであるが，その大切さを正しく理解し，進んで行うことができるようにしていくのがこの単元のねらいである。
★あいさつや返事が生活の基本であることを理解し，あいさつを通して進んでコミュニケーションをとろうとする力を身に付けさせたい。
★「明るい声で，いつも自分から，相手を見て」あいさつすることがなぜ大切なのか理解させ，学校生活だけでなく家庭にも呼びかけ，習慣化させていきたい。
★生活科「町たんけん」の学習と関連指導し，探検の際に町の人に気持ちのよいあいさつができるようにする。

評価の観点
◆あいさつや返事が生活の基本であることを理解できたか。
◆進んであいさつすることができているか。

参考情報
○「挨拶絵本」（五味　太郎　岩崎書店）
○「あいさつしましょう」（ヒロナガ　シンイチ　くもん出版）
○「あいさつの絵本シリーズ」（川端　誠　理論社）
○「イラスト版　子どもとマスターする49の生活技術3」
　（子どもの生活科学研究会　合同出版）

●はねらい，※は学習活動・手だてを示す。

教科書 p.34～35　　人間関係形成領域　●コミュニケーション能力

16　話し方，聞き方を みに つけよう〈1〉　話す技術・聞く技術

話すことは　○発表・スピーチ　○報告・説明　○自己紹介・人物紹介・読書紹介　など様々にあるが，基本的には「みんなの前で話す」ことの積み重ねである。場を工夫し，よりよく話したいという意欲をもたせる。

【大切なこと】
話したいことを伝えるために必要であることをしっかり教える。話し方上手1，2，3ができたら，理由や動機，感想や考えたことなども加えて，話すことができるようにさせる。

【やってみよう・やっていこう】
【「話す」ことの指導上の留意点】
〈発表〉
　自分の考えや意見を大勢に正しく分かるように伝えること。
　生活経験や読書経験，研究や調査のまとめ，紙芝居，朗読などがあり，学習発表会や校内放送などで話す場所を設定する。

〈スピーチ〉
　楽しかったこと，心に残ったこと，新たに体験したこと，興味をもって調べたことなどを伝えること。
　話し手は話の組み立てを考えて，資料なども活用し，聞き手の心に残るような話をさせる。活動を通して話す・聞く力を高め，人間関係を深める場にできるようにする。

　原稿を準備するときは，決められた時間内に話ができるような分量でまとめるように指導する。また，自信をもって話せるように練習させる。

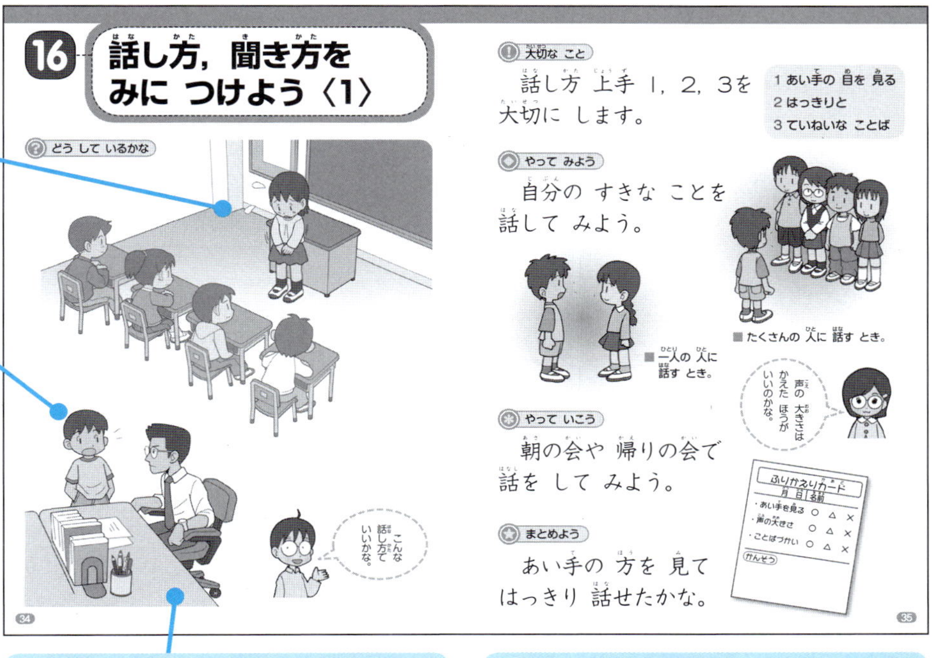

1・2年生

「絵を見て考えましょう。女の子が困っているようです。どうしてだと思いますか。」
・大勢の前で話すので緊張している。
・肘をついて聞いている友達がいるから，なんとなく話しづらくて困っている。
・話すことを考えていなかったから，話すことが分からず話せずにいる。

「下の絵の男の子の話し方に困ったことはありませんか。」
・ポケットに手を入れて話している。
・職員室に来て，自分のことばかり言っているのかもしれない。

「同じような経験はありますか。」
「そんなときは，どうすればよかったのでしょうか。」
　人前でも困らないようにするためにはどうすればよいか，正しく話すためにはどのようなことが大切か考えさせる。

話す内容だけでなく，態度にも着目させる。職員室への入り方，話すときの正しい姿勢についても指導する。

【まとめよう】
「やっていこう」の実践の場で，教師が毎回評価し，モデルを示すことで，子どもに評価規準をもたせておくことが大切である。

ねらい ▶▶▶ 正しい話し方を身に付けることができる。

5時間扱い

① **どうして いるかな**　【課題発見・把握】
●自分の話し方を振り返らせる。
※イラストを見て，「このようなことが自分になかったかな」と振り返らせる。
●正しい話し方を身に付けることは，人と上手にかかわるために大切であることに気付かせる。

① **大切な こと**　【正しい知識・認識／価値／道徳的心情】
●相手に伝えるために正しい話し方が大切であることを理解させる。
※相手に伝えるために気を付けることはどんなことがあるのか考えさせ，特に大切にしたい3つを例示する。
　①相手の目を見て　②はっきりと　③丁寧な言葉で

② **やって みよう**　【スキルトレーニング／体験活動】
●相手に上手に伝えるための話し方を身に付けさせる。
●声の大きさ，言葉遣い，表情，姿勢に注意して，自己紹介など相手に自分のことを伝える話す練習をさせる。
※正しい態度で聞くことは，話し手の安心感につながることに気付かせる。

やって いこう　【日常実践／活用】
●身に付けた話し方を日常で実践させる。
※朝の会や帰りの会などで，みんなの前で話す経験をさせる。
※よい話し方を称賛することで，モデルを示す。

① **まとめよう**　【まとめ／評価】
●学習の意義と成果を振り返らせる。
※正しい話し方ができていたか，自己評価，相互評価させる。

●はねらい，※は学習活動・手だてを示す。

解説
★本単元は，話すことに重点を置いているが，聞く側の正しい聞き方に触れることにより，次単元へスムーズに展開できる。
★自由に楽しく話すことのできる雰囲気を大事にしながら，改まった場で話す能力を高めるようにする。たくさんの人の前で緊張をもって話すことに慣れることは，成長するうえでの大切な経験になり，自信につながっていく。
★国語の指導事項である「姿勢や口形」と「声の大きさや速さ」とも関連させて指導すること。日常の「話す場面」を大切にし，繰り返し指導していくことが大切である。
★生活科「町たんけん」の学習と関連指導し，町の人に上手にインタビューできるようにする。

評価の観点
◆正しい話し方の必要性を理解することができたか。
◆自分の伝えたいことを相手によく分かるように話すことができたか。

参考情報
○「国語」小学校学習指導要領解説
　第1・2学年　「話すことに関する指導事項」

教科書 p.36〜37

人間関係形成領域 ●コミュニケーション能力

17 話し方，聞き方を みに つけよう〈2〉 話す技術・聞く技術

【どうしているかな】
イラストをもとに，話の聞き方についてよい例と悪い例をあげさせ，自分の課題を振り返る際の規準とする。

「絵を見て，よい聞き方だと思うところを発表しましょう。」
・話し手に体と目を向けている。
・よい姿勢で聞いている。

「お話ししている子は，どんなことで困っていると思いますか。それはどうしてですか。」
・みんな聞いてくれないので，がっかりする。
・一生懸命説明しても，おしゃべりしている人がいると，話す気がなくなる。

【どうしているかな】
「聞く」ことは相手を大切にすることであり，相手のものの見方や考え方を学ぶ場でもあることを教え，本単元を学習する必要性を認識させる。

【やってみよう】
対話は，自分と相手とが話題や内容について共有することによって成立する。分からないことやさらに詳しく知りたいことなどを質問できるようにさせたい。

【やってみよう】
聞き手が質問を積み重ね，話し手が説明しているものを当てるコミュニケーションゲームを活用してもよい。聞く目的をしっかりともたせたトレーニングをすることが大切である。

〈主体的な聞き手を育てる〉
①相手に心を向けるために，顔と体を向ける。耳を澄まし，聞く姿勢をつくる。
②相手の話を終わりまで聞く。うなずきながら聞く。
③疑問に思ったことを積極的に質問する。質問は，話し手が言い忘れたり，自分でも気付かなかったりしたところをはっきりさせることができ，内容をより深めることができる。

【やっていこう】
朝や帰りの会でスピーチの時間を設定する。「集中して聞こう」「静かに聞こう」などの抽象的な目標提示に終わらず，「何についての話か」「新しく分かったことは何か」など，聞く視点を明確にする。

【どうしているかな】
自分たちの聞き方について振り返らせる。

【大切なこと】
聞いてくれる相手がどんな態度だと安心するのか，しっかり聞いてもらえないとどんな気持ちがするのか考えさせたり，ロールプレイをさせたりする。

【まとめよう】
「やっていこう」の実践の場で，教師が毎回評価し，よいモデルを示すことで，子どもに評価規準をもたせておくことが大切である。

ねらい ▶▶▶ 正しい聞き方を身に付けることができる。

5時間扱い

① **どうしているかな** 【課題発見・把握】
●友達や先生の話を聞くときの聞き方について，実態と課題を把握させる。
※イラストを見て，聞き方について気付いたことを発表させる。
※自分たちの聞き方について振り返らせる。

① **大切なこと** 【正しい知識・認識／価値／道徳的心情】
●正しい聞き方の大切さを理解させる。
※聞いてくれる相手がどんな態度だと安心するのか，しっかり聞いてもらえないとどんな気持ちがするのか，考えさせたり，ロールプレイをさせたりする。
①相手の目を見る ②うなずく(最後まで聞く) ③質問する

② **やってみよう** 【スキルトレーニング／体験活動】
●正しい聞き方を身に付けさせる。
※1対1や1対複数で話を聞く練習をさせる。

やっていこう 【日常実践／活用】
●身に付けた聞き方を日常で実践させる。
※朝の会や帰りの会などで，先生や友達の話を聞く場面で実践させる。

① **まとめよう** 【まとめ／評価】
●学習の意義と成果を振り返らせる。
※正しい聞き方ができていたか，自己評価，相互評価させる。

解説
★気持ちや感情は，言葉だけでなく，声の調子や顔の表情，身ぶりや仕草などでも表していることに気付くとともに，相手の気持ちや立場を考えながら聞くことの大切さが分かるように，授業展開することが必要である。
★正しい聞き方を身に付けることは，学び合い，伝え合う授業の土台であることを常に意識することが大切である。
★国語の指導事項である「事柄の順序」を聞き取ることも関連させて指導すること。日常の「聞く場面」を大切にし，繰り返し指導していくことが大切である。
★生活科「町たんけん」の学習と関連指導し，町の人に上手にインタビューできるようにする。

評価の観点
◆正しい聞き方の大切さを理解できたか。
◆聞き方上手1，2，3を身に付けて話を聞くことができているか。

参考情報
○「国語」小学校学習指導要領解説
　第1・2学年 「聞くことに関する指導事項」

教科書 p.38～39　　　　　　　　　　　　　　　　　　　　　　　　　　自治的活動領域　●自治的活動能力

18　みんなの 考えを 生かして よりよい クラスに　話合いⅠ「話し合う意味」

【単元について】
　低学年は，自分の意見を主張するだけでなく，お互いの意見をよく聞いたり気遣ったりして，仲よく助け合って話合いを進めるよう指導する。学校生活を楽しくするためにという前向きな課題設定になるように指導する。

【やってみよう】
　議題に対する自分の考えを事前にまとめておくことで，安心して発言できるようにする。

【やっていこう】
　「司会」「記録」「議題」「提案」など，話合いにかかわる用語について理解させる。
　以下のような内容で，司会の言葉を入れた「話合いの進め方カード」を作るとよい。
①はじめのことば・司会等の紹介
②議題の発表
③提案理由の発表
④話合い
⑤決まったことの確認
⑥先生のお話
⑦終わりのことば

【どうしているかな】
「話合いをしている様子です。気が付いたことはありますか。」
・机の向きを変え，互いの顔が見えるようにしていることに気付かせる。話している人を見て聞くということを意識させる。

クラスのことをみんなで話し合うことの意味について考えさせる。

話合いのルールを確認させ，徹底させたい。
【発言者】
・指名されたら返事をし，立って意見を言う。
【聞く人】
・発言している人の目を見て最後まで聞く。

子どもに任せることのできない条件を明確にして話合いをする。
・個人情報にかかわること　・相手を傷付けることが予想されること
・教育課程の変更にかかわること　・校内のきまりや施設の利用にかかわること
・金銭にかかわること　・健康，安全にかかわること

【まとめよう】
　「ふりかえりカード」に記入して，振り返りを行う。

ふりかえりカード
話合いをふりかえって，できたら□に色をぬりましょう。
□話合いのやくわりのしごとがわかった。
□い見の言い方に気をつけて，自分からい見を言えた。
□友だちのい見をしっかり聞けた。

1・2年生

ねらい▶▶▶ 話合いの基本ルールを知り，きちんと意見を言うことができる。

6時間扱い

どうしているかな【課題発見・把握】
①　●話合い活動について，実態と課題を確認させる。
　※今までの話合いの内容や様子，自分たちの発言などについて振り返らせる。
　※話合いの目的を全員に確認させる。

大切なこと【正しい知識・認識／価値／道徳的心情】
①　●自分の意見をもつことや，話し合うことの意味や大切さを理解させる。
　●意見を言う時のきまりを理解させ，身に付けさせる。
　※話合いの意義を考えさせ，意見を交流する大切さに気付かせる。
　※「挙手をし，指名されてから発言する」「意見は最後まできちんと聞く」など，基本的なルールや発言の際の話型について理解させる。

やってみよう【スキルトレーニング／体験活動】
③　●話合いの進め方を理解させ，方法を身に付けさせる。
　※話合いに必要な役割や，話合いの流れを理解させる。
　※「自分の考えカード」を書かせ，主体的，意欲的に取り組めるようにする。

やっていこう【日常実践／活用】
　●話合いの議題を出し，話合いをさせる。
　※議題として取り上げられる内容について理解させる。
　※「話合いの進め方カード」を活用して，実際に話合いをさせる。

まとめよう【まとめ／評価】
①　●学習の意義と成果を振り返らせる。
　※話合いのルールを確認させる。
　※「ふりかえりカード」に記入させる。

解説
★みんなで話し合うことの意味や，その必要性に気付かせることが大切である。一人一人の考えは，同じではない。たくさんの異なる考えを出し合うことで，よりよい考えが生まれたり，引き出されたりすることをおさえる。そして，実際に話合いによって課題が解決したときに，そのよさをしっかりと実感させる。
★初めは司会や記録等の役割を教師が行い，その後，役割の一部を子どもに任せ，教師が助言しながら話合いの進め方を身に付けさせる。
★市民科以外の授業や，生活の様々な場面でも気付いたことが言えるように，どの子でも気持ちよく意見を言える環境づくりを日ごろから心がける。

評価の観点
◆自分の意見をもつことや，話し合うことの意味や大切さを理解できたか。
◆話合いのルールを守り，自分の考えを言うことができたか。

参考情報
○「小学校学習指導要領解説　特別活動編」（文部科学省）
　p.51　ウ　発達の課題を踏まえる
　「発達段階に即した指導のめやす」
○「国語」小学校学習指導要領解説
　第1・2学年「話し合うことに関する指導事項」

●はねらい，※は学習活動・手だてを示す。

教科書 p.40～41

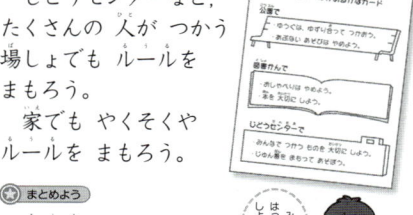

自治的活動領域　●道徳実践能力

19　よい こと わるい こと　正しい行動／家庭における正しい行動

【どうしているかな】
イラストから子どもたちが遊んでいる様子に着目させ，危険な行動やよくない行動に気付かせる。
「公園で遊んだことはありますか。」
「どのようなことをして遊びましたか。」
・楽しいところであることをおさえ，楽しむために自分本位になり，他人に迷惑をかけていないか考えさせるような授業展開にするとよい。

「困ったことはありませんか。」
「絵を見て，『これはよくないな』と気が付いたことはありますか。」
・木登りをしている。
・ボールを蹴って遊んで，ほかの子のじゃまになっている。
・水を出しっぱなしにしている。
・花壇の花を抜いている。
・フェンスに登っている。

いつも自分たちが公園で遊んでいるときのことを振り返らせ，ルールを意識していたか，守れていたかについて考えさせる。

【単元について】
自己管理領域で学校のきまりについて学習している。この単元では公共の場でのルールを中心に学習する。
また，「やっていこう」に入る前に，家庭にもルールがあることに気付かせ，家庭でも実践させる。

【大切なこと】
「なぜ公園にはルールがあるのでしょう。」
これらの場所は，みんなで使う場所であるということ，みんなが気持ちよく使えるようにするためにルールがあることに気付かせる。

【やってみよう】
〈公園〉
・周りの人に迷惑になる遊びや，危険な遊びはしない。
・遊具は譲り合う。
・トイレや水飲み場など，みんなで使う物や，花壇の花や木々などは大切にする。
・ボール遊びは公園ごとのルールを守る。
〈図書館〉
・おしゃべりをせずに，静かに本を読む。
・本を大切に扱う。
・本の返却期限を守る。
・「この本を借ります。」「返します。」「ありがとうございます。」など，図書館スタッフの方に丁寧に話す。

【やっていこう】
下のようなカードを使い，自分がよく利用する公共の場所について，守りたいルールを決め，取り組ませる。

ルールをまもろうカード
○よくつかう場しょ　（　えき　）
○まもりたいルール（できたら☆に色をぬろう）
①大きな声でおしゃべりをしない。 　　　　☆☆☆☆☆
②電車からおりる人がおりたあとに，じゅんばんをまもってのる。 　　　　☆☆☆☆☆

1・2年生

●公園で あそんで いる とき，ルールを まもって いるかな。

【やっていこう】
駅やスーパーなど，教科書に載っている場所以外の公共の場所についても，それぞれのルールがあること，家庭においても約束事やルールがあることに気付かせ，日常で実践させる。

【まとめよう】
子どもたちや家庭からの情報を集めておき，よさを十分に評価することで今後の意欲を高める。
友達の発表を聞いて取り入れたいことを記入させ，今後の実践につなげていく。

ねらい▶▶▶公共の場所のルールを守って行動することができる。

4時間扱い

どうして いるかな　【課題発見・把握】
①
●公園などの公共の場でのルールについて，実態と課題を認識させる。
※イラストを見て，危ない行動や遊び方について気付いたことを発表させる。
※自分の行動や意義について振り返らせる。

大切な こと　【正しい知識・認識／価値／道徳的心情】
●公共の場所でのルールを守ることの大切さを理解させる。
※公共の場所のルールの存在意義について話し合わせる。

やって みよう　【スキルトレーニング／体験活動】
②
●公共の場所のルールについて考えさせ，具体的な行動様式を身に付けさせる。
※公園などの公共の場所のルールにはどんなものがあるか考えさせる。

やって いこう　【日常実践／活用】
●公共の場でルールを守って行動させる。
※「ルールをまもろうカード」に記入し，自分のめあてを守って行動させる。
※家庭でのルールにも目を向けさせ，実践させる。

まとめよう　【まとめ／評価】
①
●学習の意義と成果を振り返らせる。
※「ルールをまもろうカード」を見ながら自分の行動について振り返らせ，できたこと，まだ課題として残っていることについて話し合わせ，日常生活に生かせるようにする。

解説

★まずはふだんの自分たちの生活を振り返って，公共の場所の使い方のルールが守れているか確認させたい。イラストを見ながら客観的に問題をとらえることで，子どもたちが自己の行動を振り返るようにする。

★「やっていこう」では，自分にとって身近な場所を選んで取り組ませ，徹底させることが大切である。学校の外での活動になるので，家庭の協力が不可欠である。保護者会や学年便りなどを通して，学習のねらいや内容を伝え，協力を呼びかける。

★この単元では公共の場でのルールを中心に学習するが，「やっていこう」の前に家庭にもルールがあることに触れ，家庭での正しい行動にも目を向けさせる。

★学習が終わってもルールを守った行動を徹底させていくため，日常的に指導を継続していくことが大切である。

評価の観点

◆公共の場所でルールを守ることの大切さを理解できたか。
◆それぞれの場所でのルールを守り，行動できているか。

参考情報

○「イラスト版　子どもとマスターする49の生活技術3」（子どもの生活科学研究会　合同出版）
○「子どものためのハッピールール」（齋藤　孝　PHP）

教科書 p.42〜43

自治的活動領域　●道徳実践能力

20　生きものは 大切　動物や植物の生命の大切さ

【どうしているかな】
　身近な生き物を挙げる。
「皆さんの身の回りには，どんな生き物がいますか。」
「生き物を飼ったり，世話をしたりするときに，気を付けていることは何ですか。」
・アサガオには毎日水やりをする。
・飼っている動物にはやさしくする。
・犬は毎日散歩に連れていく。

【大切なこと】
　この時期の子どもは，小さな生き物や虫などに，軽い気持ちでいたずらなどをしてしまうことも多い。
「みんなぜんぶいろんな」を読み，どんな生き物にもたった一つしかない大切な生命があることに気付かせる。

【やってみよう】
　クラスで育てる生き物を決め，育てるためにはどんなものが必要か考えたり，図鑑などで調べたりさせる。
　仕事の分担や当番を決め，無理なく確実に世話ができるように計画する。

【大切なこと】
　命の大切さを実感させるのは難しい。すべての命は大切という価値観を教え込んでいくことも必要である。

【まとめよう】
　「生きもののせわをがんばろうカード」を見ながら，振り返りをさせる。
　実践したよさを十分に評価し，今後の意欲を高める。

　動物は，具合が悪くなっても，自分で訴えることができない。世話をする人がよく様子を見ながら，世話をする必要があることに気付かせたい。

【やっていこう】
　学校で飼っている動物の世話をさせる場合，飼育委員会との連携を図り，仕事の分担や活動時間の調整を行う。飼育委員に，世話をするうえで日ごろから気を付けていることをインタビューさせてもよい。

　自分で世話を続ける生き物を決め，下のようなカードに記入させ，取り組ませる。

1・2年生

●ねらい▶▶▶　動物や植物などの生き物を大切にすることができる。

4時間扱い

① **どうしているかな**【課題発見・把握】
●動物や植物を大切にしているか，実態と課題を把握させる。
※イラストから，身の回りの生き物とかかわるときに大切なことを発表させる。
※生活科などで育てている草花の世話について振り返らせる。

① **大切なこと**【正しい知識・認識／価値／道徳的心情】
●生命の大切さを理解させる。
※絵本の読み聞かせなどを通して，生命の大切さに気付かせる。
※生き物を育てるには，責任をもって世話をしなければならないことを理解させる。

① **やってみよう**【スキルトレーニング／体験活動】
●動物や植物を大切に育てるとはどうすることなのか考えさせる。
※クラスのみんなや，個々で育てる生き物を決め，必要なものや世話の仕方について話し合わせる。

① **やっていこう**【日常実践／活用】
●生きものを大切にする気持ちをもち，世話をさせる。
※世話をしながら生き物を観察したり，気付いたことや感じたことをカードに記入したりする。

① **まとめよう**【まとめ／評価】
●学習の意義と成果を振り返らせる。
※カードを見て，自分の行動について振り返らせる。
※生きものに触れることによって気付いたこと，感じたことについて話し合い，命の大切さや愛しさを再認識させ，日常化につなげられるようにする。

解説

★生命の愛しさ，不思議さ，大切さに触れさせるために，学級で生き物を育てることが望ましい。しかし，動物アレルギーや衛生面を考慮して，何を育てるか決める必要がある。動物の飼育が難しい場合は，植物を育てたり，学校で飼っている動物の世話を行ったりするなど，無理のないように活動させる。

★生活科の飼育・栽培の学習との関連を図り，日常実践で植物の水やりや小動物の世話などを継続して行うことの大切さを指導する。

★動植物を大切にしている大人の姿を見せることが大切である。家庭での教育が重要であることを保護者に伝えておく。

評価の観点

◆生命の大切さと，生命を育てることの責任を理解できたか。
◆動物や植物の世話を進んで行うことができたか。

参考情報

○「みんなぜんぶいろんな」（中川ひろたか　ブロンズ新社）
○「はちうえはぼくにまかせて」（ジーン・ジオン　ペンギン社）
○「飼い方観察完全ガイド」（木村義志　学研マーケティング）
○「学校・園での動物飼育の成果」
　（全国学校飼育動物研究会　緑書房）

●はねらい，※は学習活動・手だてを示す。

教科書 p.44〜45

自治的活動領域　●道徳実践能力

21　正直な たいどで　間違いや失敗に対する正直な態度

【どうしているかな】
　イラストを見ながら，男の子の状況をとらえる。（友達と遊んだ帰り道に寄り道をして，家に帰るのが遅くなってしまった。）
　この後，この男の子がどのように行動するか考えさせ，ワークシートに書かせる。また，そうする理由も考えさせる。

「お母さんに『どうして遅くなったのか』と聞かれた時，この男の子は何と言ったか考えてみましょう。」
A 寄り道をしてしまった。ごめんなさい。
（お母さんを心配させてしまったから。時間の約束を守れなかったから。）
B ○○君にもっと遊んでいこうと言われたから，遅くなった。
（寄り道のことを言うと，もっと怒られてしまうかもしれないから。）

自分の行動を振り返らせる。
「今までの皆さんは，AとBのどちらでしょうか。」
挙手はさせなくてもよい。

【やってみよう】
　正直に話せたときの気持ちと，失敗を隠してごまかしたときの気持ちを比較し，正直な態度のよさを感じさせる。

【やってみよう】
　間違いや失敗をしてしまった場面のシミュレーションをさせる。
　2つの場面について，正直な態度，ごまかしてしまう態度の両方を考えさせる。

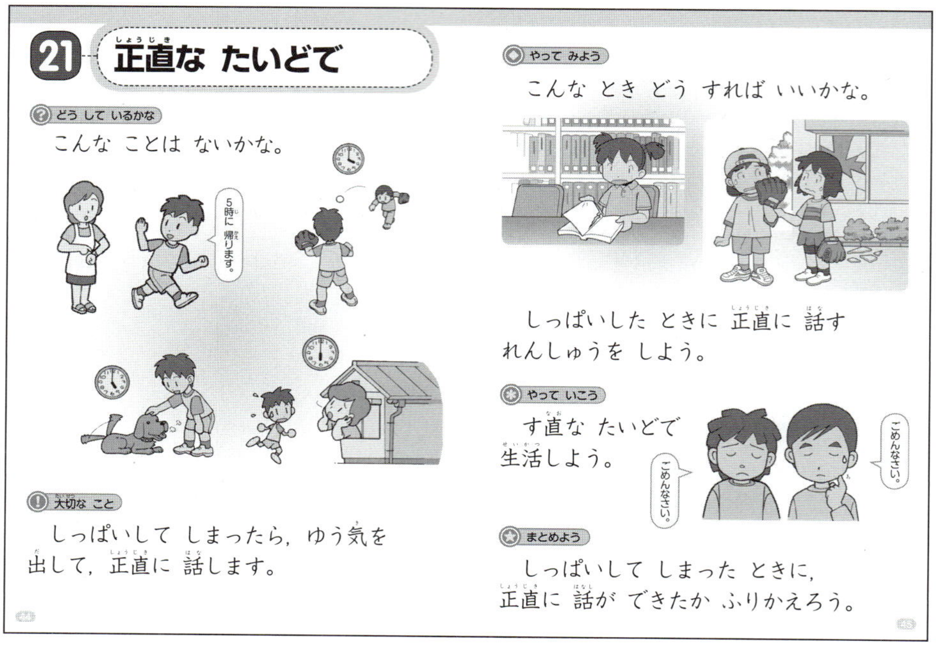

【大切なこと】
　失敗したときは言い訳をし，自己の責任を軽くしたいと思うものである。失敗を正直に認め，謝る必要があるときにはきちんとした態度で謝ること。そして，その失敗を次の行動に生かすことが大切であることを理解させる。

【まとめよう】
　正直に行動できたことを発表し合わせる。できたことをほめ，認めてやり，学級全体へ広げる。
　「ありがとう」「ごめんなさい」が素直に言える学級の雰囲気づくりを大事にする。

《図書館の本を破ってしまったとき》
〈子どもの反応例〉
・スタッフの方に伝え，謝る。
・自分でテープを貼って直す。
・気が付いたら破れていたことにする。
・そのまま本棚にしまう。

《ガラスを割ってしまったとき》
〈子どもの反応例〉
・その家の人に正直に伝え，謝る。
・友達と一緒に謝りに行く。
・そのままにして帰る。

《教科書以外の場面例》
・友達から借りたものをなくした。
・係の仕事を忘れて帰ってしまった。

＊正直に自分の間違いや失敗を話した方が，自分も気持ちよく過ごせることに気付かせる。

【やっていこう】
　朝，帰りの会を使って，正直な行動を評価する。

ねらい ▶▶▶ 正直な態度で生活することができる。

4時間扱い

どうしているかな　【課題発見・把握】
① ●間違いや失敗に対する行動について，実態と課題を確認させる。
　※イラストを見ながら，男の子のその後の行動を考えさせる。
　※今までの自分の行動を振り返らせる。

大切なこと　【正しい知識・認識／価値／道徳的心情】
① ●失敗を正直に認めることの大切さについて理解させる。
　※間違いや失敗をしてしまったときに，どのように行動すればよいかを考えさせる。また，逆の立場でどうしてほしいか考えさせる。

やってみよう　【スキルトレーニング／体験活動】
① ●正直な態度の具体的な行動様式を身に付けさせる。
　※失敗してしまった場面を想定し，どのように行動すればよいか考えさせ，練習させる。

やっていこう　【日常実践／活用】
① ●学校や家庭で，正直な態度で行動することに取り組ませる。
　※帰りの会などで，正直に行動できたか振り返りをさせる。

まとめよう　【まとめ／評価】
① ●学習の意義と成果を振り返らせる。
　※正直に失敗を認め，勇気を出して伝えることができた体験について話し合い，そのときの気持ちを考えさせる。
　※改めて正直な行動のよさについて価値付け，日常化を図る。

解説
★正直に間違いや失敗を認め，注意されたことを素直に聞く態度を育てたい。子どもの間違いや失敗を指導するときには，間違いや失敗を責めるのではなく，正直に話せたことを認めることが大切である。このことは，家庭にも伝え，共通理解を図るようにする。
★3・4年生「24　正直で素直な心」では，お互いの人間関係づくりにも目を向けさせ，正直な態度が信頼関係を築くために大切であることを教える。本単元では，正直であることが自分や相手にとって心地よいということを十分に感じさせることが大切である。

評価の観点
◆間違いを素直に認め，正直な態度で生活することのよさを理解することができたか。
◆正直な態度で生活することができたか。

参考情報
○「いじわるなないしょオバケ」
　（ティエリー・ロブレヒト作　野坂悦子訳　文渓堂）

1・2年生

教科書 p.46〜47　　　　　　　　　　　　　　　　　　　　　　　　自治的活動領域　●社会的判断・行動能力

22　ものを 大切に　物や道具の正しい使い方／学校の物や道具と私物の区別

【どうしているかな】
「絵を見て，物の使い方について，気が付いたことを話し合いましょう。」
・教科書が破れて，テープでとめてある。
・本棚から本が落ちたままになっている。
・筆箱の物が減っている。鉛筆を落としてしまったのかな。
・ノートに足跡が付いている。
・一輪車が置きっぱなしになっている。

自分の道具箱を開かせ，次のような視点で自分の物の使い方を確認させる。
・色鉛筆やクレヨンで紛失した物はないか。
・壊れたり，汚れたりしている物はないか。
・すべての持ち物に記名してあるか。

イラストを提示し，一輪車の気持ちを考えさせる。
「一輪車くんになったつもりで，どんな気持ちか，お話ししてみましょう。」
・使った後は，ちゃんと元の場所に戻してほしいよ。
・ありがとう。ちゃんと片付けてくれてうれしいな。

たとえ落としてしまっても，記名をしておくことで持ち主の元へ戻ることを伝え，記名を徹底させたい。また，自分の物がないか，落とし物箱を確かめるよう習慣付けたい。

イラストを提示し，クレヨンの気持ちを考えさせる。
「クレヨンさんの気持ちはどうでしょうか。」
・おうちに戻りたいよ。
・一人ぼっちでさみしいよ。
・誰かに踏まれてしまうよ。
・ああよかった。みんなそろったね。
・次に使うときも便利だよ。

落ちている物は，自分の物でなくても拾って届ける習慣を身に付けさせたい。落とし物箱に入れる前に，持ち主がいないか呼びかけることも，落とし物を減らすことにつながることをおさえる。

【大切なこと】
「物を大切にする」ということは，自分の物も，他人の物も，みんなで使う物も，すべて同じように大切に使うということをおさえる。

【まとめよう】
物を大切にできたことや，そのために工夫したことなどを振り返り，発表させる。できたこと，努力したことを認め，よい取り組みを学級全体に広げていく。

1・2年生

ねらい▶▶▶ 物や道具を大切に使うことができる。

4時間扱い

① **どうしているかな**　【課題発見・把握】
●物や道具を大切に扱っているか，実態と課題を確認させる。
※イラストを見て，物の使い方について気付いたことを話し合い，自分の行動を振り返らせる。

① **大切なこと**　【正しい知識・認識／価値／道徳的心情】
●自分の物や公共物は，大切に扱わなければならないという認識をもたせる。
※自分の物や公共物等，身の回りの物を大切にしない集団のことを想像させ，なぜ大切にすべきなのか考えさせる。

① **やって みよう**　【スキルトレーニング／体験活動】
●物を大切にしている具体的な行動を身に付けさせる。
※イラストを見ながら，物の立場になって気持ちを考えさせる。
※物を大切にするためにできることを考えさせ，ポイントを整理する。

① **やって いこう**　【日常実践／活用】
●自分の物や公共物を大切に扱うことに日常的に取り組ませる。
※自分の学習用具を点検し，なくしたり落としたりしていないか確認させる。
※帰りの会で自分たちの行動を振り返らせ，評価する。

① **まとめよう**　【まとめ／評価】
●学習の成果を確かめ，継続していく意欲を高める。
※「やっていこう」での自分の行動について振り返り，成果と課題を整理して日常化を図る。

解説
★物があふれる現代社会において，子どもたちの物を大切にしようとする心が希薄化している。物をなくしてもまた買えばよい，とするのではなく，一つ一つの物を大切にすることのよさを子どもたちに伝え，徹底させたい。また，自分の物は大事にできても，他人の物や公共物を丁寧に扱うことができないという実態があるとすれば，それも改善していく必要がある。
★使った物は元の場所に戻す，落ちている物は拾って持ち主を探す，といった小さなことの積み重ねが，物を大切にする意識を高めていく。

評価の観点
◆自分の物や公共物は大切に扱わなければならないことが理解できたか。
◆自分の物やみんなで使う物も，大切に使うことができているか。

参考情報
○雑然とした教室の画像や，実際の自分たちの教室の画像を示し，課題意識をもたせ，意識を高める。

●はねらい，※は学習活動・手だてを示す。

教科書 p.48〜49

自治的活動領域 ●社会的判断・行動能力

23 思いやりの 心を もって だれかのために役立つこと／校外での正しい行動

「19 よいことわるいこと」とも関連させて指導する。

【単元について】
思いやりの心が行動につながらないのは，内面化が不十分なことが考えられる。ほめられることを意識した行動ではなく，人とのかかわりがあるからこそ生きていくことができる，という意識をもたせて行動化を図りたい。

人の迷惑にならないようにということを強調すると，人との接触を避けるようになる。周りの人に優しく接する気持ちを積極的に表現することの大切さを指導していく。

「どうしているかな」では触れなかったマナーについても，ここで確認させたい。
・降りる人を先に通してから乗る。
・席はつめて座る。
・お年寄りや体の不自由な人，妊婦には席を譲る。
・大きな声でおしゃべりをしない。
・走ったり，ふざけたりしない。
・飲食はしない。
など
また，学校や家庭，乗り物以外の公共の場など，場面を広げて考えさせてもよい。他の単元と関連することもあるが，実態に合わせて扱う内容を吟味する必要がある。

1・2年生

「電車に乗っている子どもたちの様子を見て，よいと思うことや，よくないと思うことについて話し合いましょう。」
〈よい〉
・席が空いているが，後から乗ってくる人のために立っている。
・リュックを前に抱えている。
・手すりにつかまっている。
〈よくない〉
・大きな声でおしゃべりをしている。
・つり革で遊んでいる。
・優先席に座っているのに，おじいさんに席を譲っていない。
・靴を履いたまま後ろを向いて座っている。
＊理由を添えて発言させる。

【大切なこと】
上のイラストの周りの人たちの気持ちを考えさせ，「自分(たち)さえよければ」という思いではなく，みんなのことを思いやれることの大切さを理解させる。

【まとめよう】
思いやりの心をもち，行動に移すことができたことをほめ，認める。自分にもできる，と意欲をもたせることが，次の行動につながる。

それぞれの場所で，できることに取り組ませる。
〈学校・すまいるスクール〉
・遊具や道具の片付け ・ごみ拾い など
〈家庭〉
・靴をそろえる ・ごみ捨て ・花の水やり など

【やっていこう】
校外での正しい行動を扱う単元であり，家庭への理解・啓発を図ることが必要である。学年便り，学校公開などを活用するとよい。

ねらい▶▶▶ 周りの人のことを考えて，正しく行動することができる。

4時間扱い

どうして いるかな 【課題発見・把握】
① ●学校外での行動について，実態と課題を確認させる。
※イラストから，電車の中での行動について話し合う。
※自分の行動について振り返らせる。

大切な こと 【正しい知識・認識／価値／道徳的心情】
① ●周りの人のことを思いやって行動することの大切さを理解させる。
※迷惑にならないようにすることはもちろん，喜んでもらえることを進んでできるようにすることの大切さを教える。

やって みよう 【スキルトレーニング／体験活動】
① ●周りの人のことを考えた行動を具体的な行動様式として身に付けさせる。
※具体的な場面での行動を考えさせる。
※「リュックサックを背負っていて電車が混んできたとき」「自分が座っているときにお年寄りが乗ってきたとき」「電車に乗るとき」など，様々な場面のイラストを見ながら，とるべき行動について，グループで話し合う。

やって いこう 【日常実践／活用】
① ●それぞれの場所で周りの人を思いやった行動をさせる。
※遠足でのめあてを立てさせるなど，具体的に目標をもって取り組ませる。

まとめよう 【まとめ／評価】
① ●学習の意義と成果について振り返らせる。
※周りの人のことを考えて行動できたことを発表させ，よい行動を全体に広げる。

解説

★社会生活のあらゆる場面で，周りの人のことを考えて行動する力が必要になる。電車やバスなどを利用する際，大人のマナーの悪さに落胆することがある。目の前の子どもたちをそのような大人にしないためにも，この時期にしっかりと社会の一員としての判断力と行動力の素地を養いたい。そのために，できるだけ具体的によい行動とよくない行動を整理し，示すことが大切である。それらをしっかりと身に付けていくことで，異なる状況においても自分なりに判断することができるようになっていくであろう。

★周りの人を思いやって行動する力を日常的に育てていくことが大切である。学習が終わっても，帰りの会でその日のクラスの友達の親切な行動を紹介するなど，互いのよい行動を認め合い，広げていく活動を継続させていくとよい。

★生活科「みんなで行ってみよう」の学習で公共の乗り物に乗る活動を設定するときには，本単元と関連付けて事前指導するとよい。

評価の観点
◆周りの人を思いやって行動する大切さを理解できたか。
◆様々な場面で周りの人を思いやって行動しているか。

参考情報
○「子どものためのハッピールール」（齋藤 孝 PHP）
○「イラスト版子どもとマスターする49の生活技術3」
（子どもの生活科学研究会 合同出版）

●はねらい，※は学習活動・手だてを示す。

教科書 p.50〜51

文化創造領域　●文化活動能力

24　きせつと 行じ　季節や文化と関係する学校行事や地域行事を知る

【どうしているかな】
発表させると，様々な種類の行事が出てくることが予想されるが，動機付けとしては自由に出させてよい。整理して板書するなど工夫する。

＊分類例
〈予想される反応〉
【日本の文化】
お正月　節分
ひな祭り　花見
こどもの日　七夕
花火　お月見
七五三　もちつき
【地域の行事】
節分　ひな祭り
花見　こどもの日
花火大会　祭り
【家庭の行事】
誕生日　七五三
クリスマス
【学校の行事】
入学式
1年生を迎える会
運動会　遠足
七夕　卒業式

【大切なこと】
行事に参加したときの気持ちを振り返らせる。生活を豊かにしてくれる行事を，みんなが大切に受け継いできたことを教える。

【どうしているかな】
写真を参考に，身近な行事について想起させる。
「写真の行事に参加したことがあるかな。」
「ほかにはどんな行事があるかな。」

【やってみよう】
地域の行事については，あらかじめ調べておく。地域の方に協力してもらえるように声をかけておくとよい。

【やっていこう】
学年便りや保護者会等で，家庭の協力を求める。家庭の考えを尊重し，無理のない範囲で参加させるようにする。

【まとめよう】
・来年のカレンダーを用意しておく。
・グループで取り組ませたり，2か月で1枚のカレンダーにしたり，数字の部分は印刷したものを使うなどの工夫をするとよい。

【やっていこう】
正月，節分など日本文化に触れさせる場として，家庭で有効に活用してもらいたい。
日本特有の文化として，作法や歴史に触れることが大切である。
学年便りや学級通信で情報を提供することで，多くの家庭で話題にできるようにしていくとよい。

【まとめよう】
〈カレンダーの作り方〉
・絵をかく
・貼り絵
・スタンプ
（野菜などでスタンしてもよい）
・折り紙
・写真のコラージュ
＊国語，図工，生活科等と合科的に扱うようにする。

1・2年生

ねらい▶▶▶ 季節や文化に応じた行事の意味を理解することができる。

4時間扱い

① どうしているかな　【課題発見・把握】
●身近に行われている行事について認識させる。
※それぞれの季節で行われている行事を発表させる。
※季節と行事のつながりについて説明する。写真資料以外にも，季節と地域や学校の行事とのつながりについても気付かせる。

大切な こと　【正しい知識・認識／価値／道徳的心情】
●昔から国や地域で受け継がれている行事には，人々の様々な思いや願いが込められていることを理解させる。
※日本の文化と昔からある伝統行事や学校行事とのつながりを説明する。

① やって みよう　【スキルトレーニング／体験活動】
●行事に参加する意欲と参加の仕方を理解させる。
※家族や地域の人に聞くなどして，季節ごとの行事について調べさせる。
※必要に応じて，地域の行事の情報を提示する。

やって いこう　【日常実践／活用】
●地域や家庭の行事を大切にする気持ちをもち，参加させる。
※家庭に呼びかけて実践させる。
※生活科と関連させ，地域にちなんだ行事に取り組ませる。

② まとめよう　【まとめ／評価】
●学習を振り返り，行事に参加していく意欲を高める。
※カレンダー作りを通して，1年間の行事についてまとめる。

解説
★地域の行事に参加したり，家庭で行事を行ったりしている経験の有無については，個人差が大きいので配慮が必要である。
★季節に応じて地域や学校などには様々な行事があることや，その行事を支えている人々がいることに気付かせたい。また，行事について，見たり，参加したりしたことを振り返らせたい。
★行事に参加するだけでなく，その行事に込められた思いや願いを感じ取ることができるようにする。
★低学年の発達段階では，伝統的な文化に触れる機会を多くもたせたい。家庭で話題になるように啓発していくことが大切である。
★宗教上の理由で参加しない子どもがいるなど，行事ごとに配慮が必要である。
★生活科「ふゆをたのしもう」の学習と関連を図る。実施時期により本単元の導入で生活科の学習を想起させるなど工夫するとよい。

評価の観点
◆季節や文化と行事が関係していることが理解できたか。
◆多くの人々の思いや願いを大切にし，様々な行事に参加したり，取り組んだりすることができたか。

参考情報
○「季節行事とマナーの基本」
（クレア編　毎日コミュニケーションズ）

●はねらい，※は学習活動・手だてを示す。

教科書 p.52〜53　　　　　　　　　　　　　　　　　　　　　　文化創造領域　●企画・表現能力

25　くふうして 活どうしよう　学級や学校行事などでの発表方法

【大切なこと】
　みんなで活動するときに決めておくべきことをあげさせることで、めあてや方法、手順をはっきりさせておく必要性に気付かせていく。

【やってみよう】
　どのようにすれば協力して進められるか、イラストを参考に考えさせる。みんなでつくったポイントは、いつでも使える資料として教室に掲示する。

【やってみよう】
　失敗から学ぶことも大切である。
「みんなで活動して困ったことはありませんか。」
〈子どもの反応例〉
・自分は意見を一生懸命言っているのに、みんな何も言ってくれない。
・自分の意見を聞いてくれない。
・どうしたらよいか分からない。
　上のような苦情は、子どもたちがどのようにすればよいか考え行動していくうえで、大事なヒントになるものである。
　具体的な題材として取り上げ、一つ一つ解決していく。

【どうしているかな】
　集団で物事を決めていくときに大切にすることをあげさせ、ポイントを確認する。
・自分の意見を言う。
・友達の考えを聞く。
・賛成か反対かを考える。
・理由を含めて発言する。
・めあてを考えて発言する。

　自分たちの話合いの仕方を振り返り、できていること、課題を把握させる。
　話合いのポイントと規律面でのルールを分けてとらえさせるようにする。
〈規律面〉
・意見は手をあげて、1人ずつ発表する。
・話している人の方に体を向けて聞く。
・正しい言葉で最後までしっかり話す。

1・2年生

【大切なこと】
　学校行事の前に設定し、具体的に活動しながら、意見の出し方、めあての立て方など、集団で協力するときに大切なことに気付かせていく。

【まとめよう】
　よくできたことを発表させる。
　みんなで協力することの大切さに気付かせる。
　協力できたことを評価し、次の活動への意欲を高める。

【やっていこう】
　いろいろな行事を提示する。
・運動会
・子ども祭り
・学級お楽しみ会
・学年スポーツ大会
・学習発表会
・遠足
　行事だけでなく、生活班での活動などにも活用していくようにさせる。

ねらい ▶▶▶ 行事に進んで参画し、自分たちの考えを伝えることができる。

4時間扱い

■ どうしているかな　【課題発見・把握】
①
●集団生活において物事を決定していく方法について認識させる。
※みんなで学校生活を工夫していくために、どうしたらよいか考えさせる。
※自分たちで活動を計画したり、実現させたりするための方法を考えさせる。

■ 大切な こと　【正しい知識・認識／価値／道徳的心情】
①
●集団で活動するときには、意見を出し合い、めあてや方法を明確にしながら進めていくことが大切であることを理解させる。
※集団で活動するときに決めるべきことを出させ、話合いのポイントをつかませる。

■ やって みよう　【スキルトレーニング／体験活動】
②
●集団活動を成功させるための方法や手順を身に付けさせる。
※教師がリードしながら実際に話し合い、方法や手順などのポイントを確認しながら活動を進める。

■ やって いこう　【日常実践／活用】
●身に付けた方法や手順を実践の場で活用して確かめさせる。
※学校行事や係活動の場を設定し、集団活動に取り組ませる。

■ まとめよう　【まとめ／評価】
①
●活動を振り返り、方法や手順をまとめさせる。
※実際に行った方法や手順を振り返らせ、そのよさを確かめる。

解説
★今まで経験していない行事を扱う場合は、子どもたちがイメージをもてるように、場面設定などを具体的に行う。1・2年生では、教師が何をどのようにすればよいのかを分かりやすく説明しながら進めることが望ましい。
★自分たちで企画して実行していく基礎を培うため、本単元では、活動を進めていく方法や手順を分かりやすく伝えていく必要がある。手順表を作成して掲示し、様々な場面で活用できるようにし、単元後の日常でより多くの経験を積ませる必要がある。
★日常の生活班での当番活動を工夫させたり、掃除の仕方を工夫させたりするなど、計画的に場面設定をしていくことが大切である。

評価の観点
◆集団で活動するときには、意見を出し合い、めあてや方法を明確にしながら進めていくことが大切であることを理解できたか。
◆集団活動を成功させるために、自分の意見を伝えたり、役割を確認しながら進めたりすることができたか。

教科書 p.54〜55　　　　　　　　　　　　　　　　　　　　　文化創造領域　●企画・表現能力

◆ パソコンを つかおう　パソコンの基本操作

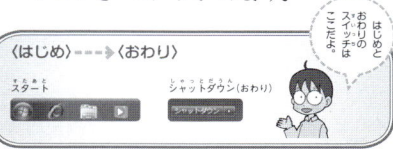

【どうしているかな】
学校探検の時に見付けたパソコン室、家庭のパソコンなどを想起させる。
「パソコンを見たり、動かしたりしたことがあるかな。」
・家の人と一緒にインターネットをしたことがある。
・家の人が仕事で使っているよ。
・ゲームをしたことがある。
・学校探検で見付けたよ。
・あまり触ったことがないよ。
・よく分からないよ。

【やってみよう】
スタートとシャットダウンは、どの子も自力で正しくできるように指導する。
パソコンに慣れている子どもも、スタートやシャットダウンは勝手に行わず、きまりを守ることを教える。

【やってみよう】
実際にパソコンを使って、便利さや楽しさを感じさせる。
〈低学年の子どもが楽しめる機能〉
・スタンプ（絵、模様、文字）
・自由な線や絵
・色塗り　など

【やってみよう】
〈ランチョンマットの作り方〉
作品をプリントアウトして、ラミネーターにかける。下に色画用紙を敷いてラミネーターにかけると、色もきれいに仕上がる。

【文字の扱い】
文字入力が難しい場合は、マウスで絵を描いたり、スタンプ機能を使ったりさせるとよい。キーを操作して入力できる子どもには、個別に対応する。

【2人組を作る時の配慮事項】
＊一人だけで進めることがないように、教え合いながら進めることを徹底する。
＊個別指導が必要と思われる子どもたちは、教師から直接目の届く位置で活動させる。

【やっていこう】
学習した内容を家庭やすまいるスクールに伝え、活用の場の設定を依頼する。

【まとめよう】
〈作品発表の仕方〉
・掲示する。
・「○○会」のようにお客さんを招待し、給食でランチョンマットをプレゼントするなど、作品を活用したり、プレゼントしたりする。

1・2年生

【大切なこと】
パソコンでできる作品の提示をし、簡単にきれいなものを作ることができることを感じさせる。
・ポスター、はがき、絵　など

【まとめよう】
作品を発表し合い、今後の実践意欲を高める。

ねらい▶▶▶ パソコンの基本操作が分かり、親しむことができる。

4時間扱い

① **どう して いるかな**　【課題発見・把握】
●パソコンでできることについて気付かせる。
※パソコンについて知っていることや経験などを出させ、パソコンでできることについて認識を広げる。

① **大切な こと**　【正しい知識・認識／価値／道徳的心情】
●パソコンを使うと、いろいろなものを作ることができることを理解させる。
※具体的にパソコンを使った作品などを提示し、その利便性に気付かせ、パソコンの操作に興味をもたせる。

② **やって みよう**　【スキルトレーニング／体験活動】
●電源の入れ方、切り方、簡単な操作方法を身に付けさせる。
※簡単な作品の制作を通して、基本的な操作方法を身に付ける。
※守らなければならない約束事を明確にし、徹底させる。

やって いこう　【日常実践／活用】
●学習を生かし、日常場面で実践させる。
※パソコンルームで作品を作らせる。（休み時間等の活用など、時間設定を工夫する。）
※すまいるスクールや家庭へも学習内容を伝え、実践の場を設定するように依頼する。

① **まとめよう**　【まとめ／評価】
●学習を振り返り、今後の意欲をもたせる。
※互いに作品を発表し合う。

解 説

★パソコンが身近なものである子どもとそうでない子どもとがいるので、どちらも安心し、約束を守ってパソコンの操作ができるように、約束事を決めたり、個別に声をかけたりすることが大切である。

★2人1組で教え合いながら進められるように指導し、平等に経験できるようにする。

★操作しているうちに発見したことは、互いに交流できるようにする。

★パソコンの利便性に気付かせるために、パソコンでできることを教師がいくつか紹介し、子どもが自主的にその機能を試すことができるようにする。また、手書きで作るよさにも触れ、比較するとよい。

★パソコンルームの休み時間の使用計画を作成し、実践を多く積ませることが大切である。

評価の観点

◆パソコンの利便性に気付き、簡単な使い方が理解できたか。
◆パソコンの基礎的な操作方法を身に付けることができたか。

●はねらい、※は学習活動・手だてを示す。

教科書 p.56〜57　　文化創造領域　●自己修養能力

26　すきな ところ なりたい 自分　自分のよさを知り，自信をもつ

【どうしているかな】
友達のよさを見付ける活動の前に，よさの見付け方を指導しておく必要がある。
・好きなこと
・得意なこと
・努力していること
・行動
・考え方
など，分類して具体例を示しておくとよい。

【単元について】
自分を高めていく力を付けることが本単元のねらいである。やる前から「無理，できない。」と言わない子どもになってほしい。そのためには，伸びていくことができる自分を実感させる必要がある。自己評価活動を日常のあらゆる場面で行っていくことが大切である。

【やってみよう】
よさの見付け方，友達からの評価，家族からのコメントなど，多くの材料を準備し，自分のよさを書き出せるようにする。

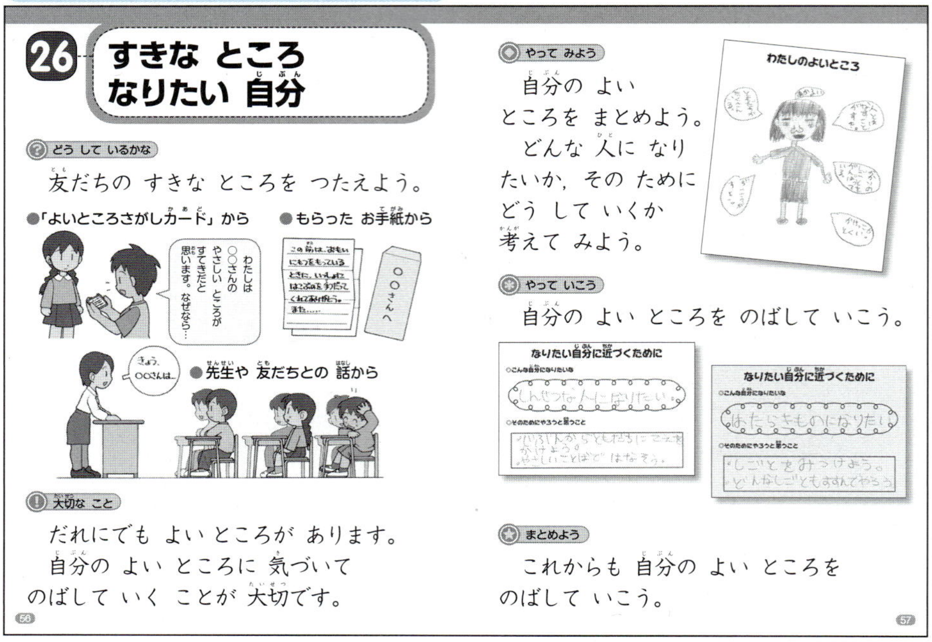

【やっていこう】
なりたい自分のためにしていくことは，日常で取り組めること，少し頑張ればできることという視点で設定させる。日々振り返り，努力を続けられる自分に気付かせる。

「なりたい自分に近づくために」のカードはたくさん用意し，1人で何枚も使えるようにしておく。
評価については，このカードに書いた内容を見て評価するとよい。カードを家や学校に掲示して意欲を高めさせる。

【友達のよいところを伝える活動の仕方】
○「よいところさがしカード」の活用
カードなので，気軽にたくさん書くことができる。
たくさん書かれる子どもとそうでない子もいるかもしれない。1枚ももらえない子どもがいないように配慮するとともに，もらったカードの数を競うようなことがないように事前に指導しておく。
学習班や生活班の子には必ず書かせるようにする。また，必ず返事を書くようにすると，書けばもらえることになるので，全員がもらえるようにすることができる。

【大切なこと】
この段階では，自分のよさに気付くようにさせる。単元を通して，目標を立て，よさを伸ばしていく大切さを理解させていく。

【まとめよう】
これからどのようにしていきたいか，文章に書かせることで，長期的な目標をもたせるのもよい。

【やっていこう】
帰りの会などを活用し，日々振り返らせる。その際には，努力を継続していることを十分にほめる。

【まとめよう】
努力を続けられたことを評価する。伸びようとすること自体に大きな価値があることを教える。
課題に対し，まずは取り組んでみようとする態度を育てたい。

ねらい ▶▶▶ 自分のよいところを伸ばすために，進んで努力することができる。

4時間扱い

どうしているかな　【課題発見・把握】
●よさの見付け方を理解し，自分のよいところに気付かせる。
※よいところの見付け方を教え，友達のよさを見付けさせる。
※友達の評価をもとに，自分のよさに気付かせる。

① **大切なこと　【正しい知識・認識／価値／道徳的心情】**
●自分のよさを見付け，伸ばしていくことが大切だということを理解させる。
※この段階では，よいところに気付くまででよい。単元を通して，目標をもたせながら伸ばしていこうとする気持ちを高めていく。

② **やってみよう　【スキルトレーニング／体験活動】**
●自分のよさから，なりたい自分を考えさせ，日常の目標をもたせる。
※よさの見付け方や友達からの言葉をもとに，自分のよさを考えさせる。
※家族からの言葉を集め，参考にさせる。

やっていこう　【日常実践／活用】
●なりたい自分に近付くために，目標をもって実践させる。
※学校だけでなく，家庭生活も範囲として取り組ませる。

① **まとめよう　【まとめ／評価】**
●学習の成果を振り返り，今後の意欲を高める。
※取り組み状況を振り返り，努力しているよさを評価する。
※自分のよさに気付き，今後も様々な課題に取り組んでいこうとする意欲を高める。

解説
★いろいろなことがすぐにできるようになる子もいれば，思うようにできずに自信を失う子もいる。「できる」「できない」だけではなく，性格等の内面のよさにも触れられるようにすることが大切である。
★低学年の児童は，自己を客観視することが難しいので，教師や友達からのひと言で，自分のよさに気付くことができる。
★家庭にも呼びかけて，子どものよいところ見付けをするとよい。日ごろ，悪いことの指摘に偏りがちな家庭もなかにはある。わが子の見方を変えたり，親子関係をよりよくしたりするきっかけにもなる。
★自尊心を高めるには，自己評価活動が重要である。伸びた自分，伸びていくことができる自分に気付かせることで，何事にもまずは取り組んでみようとする態度を育てる。
★年齢に伴い自己評価が厳しくなり，自信を失うこともある。自己評価が厳しくなることは成長の一つである。自分を知ることで高めていく道筋も見付けることができる。
★生活科「大きくなったよ」の単元と関連指導し，成長を振り返りながら自分のよさに気付かせていくとよい。

評価の観点
◆よさの見付け方を知り，自分のよさに気付き，伸ばしていくことの大切さを理解できたか。
◆自分のよさに気付き，それを伸ばしていこうとすることができたか。

教科書 p.58〜59　　　　　　　　　　　　　　　　　　　　　　　　　文化創造領域　●自己修養能力

27　わたしたちの 先ぱい　人生の先輩から学ぶ

【どうしているかな】
　先輩の定義は、年齢・地位・経験や学問・技芸などで、自分より上の人である。
　周りから謙虚に学ぶ姿勢をもたせたいと考えると、自分より年上の人はすべて先輩とおさえてよい。

　本単元では、その先輩からアドバイスをもらったり、経験を話してもらったりして、学んだことを自分に生かすことをねらっている。

【どうしているかな】
　謙虚に学ぶ姿勢の大切さをおさえたうえで、学びたいと思わせる具体的な人物をあげ、その人のよさをイメージさせることで、自分を成長させてくれる身近な人の存在に気付かせていく。
・菊作り名人
・交通安全を守ってくれる○○さん
・校長先生
・中学校のお兄さん、お姉さん（卒業生）

【やってみよう】
　先輩として子どもたちにかかわる方々には、子どもたちが学んだことを自分たちの生活に生かしていくという学習の流れを伝えておく。

【やってみよう】
　先輩の話から自分の生活に生かすことを考えさせるのは、低学年には難しい。生活にどう生かすか、アドバイスをもらうようにさせるとよい。

【大切なこと】
　先輩たちの経験したことを聞いたり、手本にしたりすることが、自分を成長させることにつながることを教える。また、その存在を大切にすることを教える。

【まとめよう】
　頑張ったことは、手紙で先輩に知らせる方法もある。お世話になった方にお礼の手紙を書くことも大切である。

【やっていこう】
〈先輩の素晴らしさの例〉
・植物や動物を大事に育てている。
・みんなのために働いている。
・本校を卒業している。
（現在の生活）
・得意なことがある。

〈自分が頑張れることの例〉
・植物の水やり
・動物の世話
・家の手伝い
・係活動
・特技
・学習
・あいさつ　など

【まとめよう】
　先輩から学んだことで、やり方が分かったり、上手にできるようになったり、やる気が出てきたりしたことを振り返らせ、先輩から学ぶことのよさをまとめさせる。

1・2年生

ねらい▶▶▶ 先輩の話に関心をもち、自分の生活に生かすことができる。

4時間扱い

どうしているかな【課題発見・把握】
●自分たちの周りには、自分を成長させてくれる人がいることに気付かせる。
※自分たちの周りにどんな先輩がいるか発表し合う。
※先輩のよさを考えさせる。

① **大切なこと**【正しい知識・認識／価値／道徳的心情】
●先輩から学ぼうとする気持ちをもつことの大切さを理解させる。
※先輩は、自分たちの知らないことを知っていて教えてくれたり、できないことを教えてくれたりする存在だということを知る。
※先輩から学んだり、手本としたりすることが、自分のためになることを教える。

② **やってみよう**【スキルトレーニング／体験活動】
●実際にかかわったり、話を聞いたりして先輩から学ぶ姿勢を身に付けさせる。
※先輩の経験や、低学年のことを振り返ったときのアドバイスなどをインタビューさせる。

やっていこう【日常実践／活用】
●先輩から学んだことを実践させる。
※学んだことを生かして実践することを、カードなどに書かせておく。

① **まとめよう**【まとめ／評価】
●学習の成果を振り返り、今後の意欲を高める。
※学んだことのよさを振り返らせ、先輩から学ぶ姿勢の大切さを価値付ける。

解説
★大人の社会でも、自分を指導する先輩を自分の考えと合わないと安易に批判し受け入れない人、自分の成長に結び付け、まずは謙虚に受け入れる人では、成長に大きな差が出る。学ぶ姿勢を体験させながら教えていくことが大切である。
★家族や学校の友達では得られない、先輩の行動の様子を低学年なりにとらえて、自分の生き方に生かす単元である。子どもたちの中には、日ごろこのような先輩とのかかわりがほとんどない子どもも多い。本単元を通して、直接、話を聞き、触れ合う場をつくるようにしたい。
★身近な人の中から子どもたちが先輩として理解しやすい人材を選ぶようにする。

評価の観点
◆先輩から学ぼうとする気持ちをもつことの大切さが理解できたか。
◆先輩の話や行動を自分の生活に生かすことができたか。

参考情報
○3・4年「◆ けい続は力なり」の学習につながる。伝記を紹介しておくとよい。

●はねらい、※は学習活動・手だてを示す。

教科書 p.60〜61

将来設計領域 ●社会的役割遂行能力

28 みんなの えがおが うれしいね
家庭の中における自分の役割／家庭で自分ができること

【どうしているかな】
家庭での仕事、役割について、自分の課題を把握させる。

○自分は家庭の仕事に役割をもっているか。
○家庭で自分の役割をもとうと考えていたか。

＊家族がそれぞれ家庭の仕事を受けもっていることに気付かせる。

「みんなの家では、家族がどんな仕事をしていますか。」
・布団を敷いたり、たたんだりする。
・洗濯物の片付けをしている。
・犬の散歩をする。
・ごみ出し
・新聞を取る。 など

○イラストを参考に、具体的に発表させる。

○家族はそれぞれ役割を分担し、協力して生活していることに気付かせる。

【どうしているかな】〈配慮事項〉
家庭での仕事を発表させると、お父さんなのに、お母さんなのに、という発言も考えられる。家庭の仕事分担はそれぞれの家庭で決まっていることであり、男女の違いは関係ないことをおさえる。

【やってみよう】
役割をもって仕事ができるようにさせる。
○具体的な役割、仕事を考える。発表させてイメージをもたせる。
＊一人でできるもの、継続して取り組めるもの。

【やってみよう】
自分のことを自分でするということも大切なことであるが、それ以外に家族全員のためになることを考えさせる。
○いつ、どのようにするのか具体的にさせ、カードに書かせる。

〈担当する家事について〉
・毎日続けられる。
・家族の役に立つ。
・自分の力でできる。
・安全にできる。
の条件で考えさせる。

＊子どもたちは、家族の役に立ちたい、自分はできるという気持ちから、自分の力ではできないことも自分の仕事としてあげることが考えられる。料理等の危険が伴うものについては、家庭で相談してから決めることは徹底する。

【大切なこと】
家族みんなが仕事をもっていることに気付かせ、自分も家族の一員として役割をもって仕事をしたいという意欲を高める。

【やっていこう・まとめよう】
家庭では「ありがとう。助かったよ。」が大切。「まとめよう」では、役割を果たせた自分を振り返らせる。自己肯定感を高め、今後の意欲をもたせたい。

ねらい▶▶▶ 家庭における自分の役割をもち、責任を果たすことができる。

4時間扱い

どうしているかな 【課題発見・把握】
①
●家庭での仕事、自分の役割について課題を把握させる。
※自分が手伝ったことのある家事を振り返り、発表させる。
※自分の仕事として決められていて、いつもやっていることを発表させる。

大切なこと 【正しい知識・認識／価値／道徳的心情】
①
●家族の一員として役割をもち、責任をもって取り組むことが大切であることを理解させる。
※家族が生活するために、家族一人一人が行っていることを考えさせる。
※自分も家族の一員であることに気付かせ、自分も役割をもち、責任を果たしていこうとする意欲をもたせる。

やってみよう 【スキルトレーニング／体験活動】
①
●家庭における自分の仕事を責任をもって実施できるように計画させる。
※実践できるものを考えさせ、いつ、どのように取り組むかを考えさせる。
※一人でできること、継続して取り組めるものにさせる。

やっていこう 【日常実践／活用】
①
●自分で決めたことを責任もって実践させる。
※家庭へ学習のねらいを伝え、継続して実践できるようにさせる。
※「おしごとカード」の記入と評価を家庭に依頼する。

まとめよう 【まとめ／評価】
①
●学習の意義と成果を振り返らせる。
※自分の役割として家事をやってみて感じたことを振り返る。
※役割に責任をもってできたことを振り返り、自分の成長を確かめる。

解説

★「どうしているかな」では、家族がそれぞれ様々な家事を受けもっていることに気付かせる。自分も家族の一員であることを自覚させ、自分にもできることを考えるきっかけにさせる。

★家事の中で一つでも自分の役割があるということは、子どもにとって自立への第一歩となる。子どもに受けもたせる仕事は、自分一人でできるもの、かつ継続して取り組めるものであることが条件である。

★子どもが「できた！ 終わった！」と言っても、大人から見ると不備があったり、雑なところがあったりするものである。子どもは家族のために仕事をしようと一生懸命である。家族は「ありがとう。助かったよ。」と感謝の気持ちを伝えることを大切にしたい。感謝の気持ちを伝える前に不備を指摘したり、大人がやり直したりすることが、人の役に立ちたいという意欲を潰してしまうことがある。このことを家庭に伝え、配慮をお願いしたい。

★生活科「わたしにもできるよ おうちのしごと」の学習と関連を図る。長期休業中などにも実践ができるように計画するとよい。

評価の観点

◆家族の一員として役割をもち、責任をもって取り組むことが大切であることを理解できたか。
◆家庭での仕事を決め、責任をもって実行できているか。

1・2年生

●はねらい、※は学習活動・手だてを示す。

教科書 p.62～63　　　　　　　　　　　　　　　　　　　　　　　　　　　将来設計領域　●社会認識能力

29　お金を つかう ときには　正しいお金の使い方

【どうしているかな】
お金を使ったり，もらったりする機会を思い出させる。

・おやつを買った。
・おつかいを頼まれた。
・貯金した。
・使ったことがない。

自分がお金を使うときに考えることを発表させる。
・無駄遣いをしない。

「無駄遣いをしないためにしていることを書いてみましょう。」

【単元について】
お金を使った経験は，家庭によって大きく違う。単元前に「身の回りにあるものの値段テスト」を実施し，子どもたちの金銭感覚を把握しておくのもよい。

【やってみよう】
「ほしいもの・ひつようなものカード」の使い方を教える。
①欲しいものを書き出す，②順番を付ける，③必要なものかどうか考える。
＊必要なものが一番先に買うものになる。

【やってみよう】
欲しいものを自由に出させる方法と，イラストカードなどを用意して選ばせる方法が考えられる。

＊自分の欲しいものを出させれば，必要なものか吟味するときに考えやすいが，子どもの買い物のイメージからかけ離れた高価なものまで出てくる可能性がある。
＊イラストカードを用いて物を制限した場合は，現実的な範囲に収められるが，自分で考えていないぶん，必要なものかどうかは判断しにくくなる。

【大切なこと】
「無駄遣いとは，どういうことでしょう。」
・いらないものを買う。
・持っているのに，同じようなものを買う。

無駄遣いとは，「よく考えずに使ってしまい，後悔するような使い方」のことである。

お金は大切なものであり，無駄遣いはよくない。正しい使い方を身に付ける必要があることを教える。

【大切なこと】
教師が無駄遣いをして後悔した経験を話し，正しく使う必要性を価値付けてもよい。

【まとめよう】
お金を使うときに考えることを書かせ，「どうしているかな」のときと比較させ，変容を確かめる。

【やってみよう】
「お買いものカード」の使い方を指導。
○家庭にも学習内容とカードの使い方を伝え，できるかぎり自分で判断して買う機会を設けてもらうように依頼する。

【やっていこう】
カードを使って買い物をして，記録を付けさせる。自分で判断して買い物をすることが大切であるが，家庭の実態を考慮し，無理はさせない。

1・2年生

ねらい ▶▶▶ お金を大切に使うことができる。

4時間扱い

① **どうしているかな**【課題発見・把握】
●お金の使い方や買い物の経験について，実態と課題を把握させる。
※イラストを参考に，お金を使ったりもらったりする場面を発表させる。
※自分がお金を使うときに考えることを発表させ，課題を把握させる。

① **大切なこと**【正しい知識・認識／価値／道徳的心情】
●お金を正しく使うことの大切さを理解させる。
※お金の無駄遣いとは，何にお金を使うことなのか考えさせる。
※お金の無駄遣いとは，よく考えずに使ってしまい，後悔するような使い方のことであることを教える。

① **やってみよう**【スキルトレーニング／体験活動】
●無駄遣いを防ぐ正しいお金の使い方を身に付けさせる。
※買いたいものをカードに書き出し，買いたい順番に番号を付けさせる。次に，選んだ理由(必要なものか，欲しいものか)を考えさせる。

① **やっていこう**【日常実践／活用】
●身に付けたことを日常で実践させる。
※「ほしいもの・ひつようなものカード」「お買いものカード」を使用させる。
※保護者に協力を依頼する。

① **まとめよう**【まとめ／評価】
●学習の意義と成果を振り返らせる。
※カードを使って，よく考えながら買い物をしたときのよさを振り返らせる。
※お金を使うときに考えることを書かせ，「どうしているかな」のときと比較させ，変容を確かめる。

●はねらい，※は学習活動・手だてを示す。

解説

★本単元の学習では，お金を大切に使う気持ちを高め，無駄遣いを防ぐ吟味の方法を身に付けさせる。
★吟味の方法として，欲しいもの，必要なものをあげて，順番を付けることを教える。カードを使って手順を繰り返させることで，意識化を図る。
★自分の判断でお金を使った経験がない子どもが多くいる実態が考えられる。お金の使い方を系統的に学んでいくために，自分の判断で買い物をさせることが必要な経験であることを家庭に伝えていく。
★3・4年生では，生活費に目を向けさせ，自分のために使われるお金が生活費から捻出されていることに気付かせる。また，お小遣い帳の実践を行う。指導の系統を含めて保護者に学習内容を伝え，協力を依頼するとよい。

評価の観点

◆お金を正しく使うことの大切さが理解できたか。
◆カードを使い，よく考えてから大切にお金を使うことができたか。

教科書 p.64　　　　　　　　　　　　　　　　　　　　　　　　　　　　　将来設計領域　●将来志向能力

30　しょう来の 自分を 考えよう　将来なりたい自分／自分の得意なことをもつ（自信）

【どうしているかな】
市民科の学習を振り返り、学んできたことを確かめさせる。

・市民科の学習を振り返ることで、自分の生き方について、日常生活で大切にすることについて確かめる。

各単元で学んだことをキーワードでまとめたものがあるとよい。または、「市民科ノート」として1冊にまとめてある場合は、それを活用するとよい。

〈キーワード〉
「9　きちんとさい後までやりぬくって」
→あなたの仕事は何ですか？

「16　話し方，聞き方をみにつけよう〈1〉」
→目を見て，はっきり丁寧に　など

＊各単元を実施するときに，キーワードを合言葉にして日常化を図る手だてをとっているとよい。

1・2年生

【大切なこと】
自分のよさを自覚し、将来の理想をもつことの大切さを理解させる。
・単元12，26が「よさ見付け」に関する単元。

理想とは：考えうるかぎり最も素晴らしい状態。最も望ましい姿。行動の目的となって現実に意味を与える。
・行動の目的となるという意味に着目し，理想をもつことのよさ，大切さを教える。

【やってみよう】
〈イメージマップ〉
新聞作りの前段階として，自分のよさと理想像をつなげる。理想像のイメージをもたせることがねらい。
作品として仕上げる必要はない。

①自分を中心に描く。
②その周りに自分のよさや好きなことを描く。
③そこからつながる理想的な大人を描く。
＊イラストや言葉などで表現させ，イメージを広げる。

〈大人になった自分新聞〉
イメージマップを参考に，新聞作りを行う。職業を書くことをルールにはしない。人物としての理想像で考えさせてよい。
＊職業を書く場合でも，どんな人物か，周りの人との関係はどうか，どんなことを考えているか，など生き方に触れるものになるようにしたい。

【やっていこう】
家庭で新聞を材料に，将来について語り合う機会をつくってもらう。学習内容を伝え，職業だけではなく，人物としての理想について話せるようにする。

【まとめよう】
将来の理想をもつことのよさを確かめる。
「大人になった自分新聞」を作成した感想，日常生活で努力できるようになったこと，家の人と話したことについて意見交流する。

ねらい ▶▶▶ 自分の理想の将来像をもつことができる。

4時間扱い

どうしているかな　【課題発見・把握】
●市民科の学習を振り返り，学んできたことを確かめさせる。
※各単元で学んだキーワードを並べたリストをもとに，市民科で学んできたことを思い出させる。

① **大切なこと**　【正しい知識・認識／価値／道徳的心情】
●自分のよさを自覚し，将来の理想をもつことの大切さを理解させる。
※「12　よさを見つけよう」「26　すきなところ　なりたい自分」の内容を振り返り，自分のよさについて想起させる。
※「理想」の意味を教え，自分の行動の目標，活力になることを教える。

② **やってみよう**　【スキルトレーニング／体験活動】
●自分のよさ，理想の自分のイメージをもたせる。
※自分のイメージマップを描き，自分のよさとそれにつながる将来の理想像をイメージさせる。
※「大人になった自分新聞」を作成する。

やっていこう　【日常実践／活用】
●理想の自分になることをイメージしながら生活をさせる。
※「大人になった自分新聞」について家庭で話題にし，日常生活での目標をもたせる。

① **まとめよう**　【まとめ／評価】
●学習の意義と成果を振り返らせる。
※「大人になった自分新聞」を作成した感想，日常生活で努力できるようになったこと，家の人と話したことについて意見交流し，将来の理想をもつことのよさを確かめる。

解説

★本単元は市民科学習のまとめとして扱う。各単元で学んできたことをキーワードで示し，各領域で教えてきた生き方に関することを思い出させる。各単元を学習するときに，ポイントとなるキーワードを合言葉にして日常化を図るなどの手だてがされているとよい。

★将来の理想をもつことのよさを感じさせることをねらいとしている。市民科学習を振り返るときには，「きまりをやぶらない」「人が話している時にはしゃべらない」などの自分の行動を禁止する表現は避ける。

★「自分を中心に描く，よさや好きなことを周りに描く，そのよさからつながる理想の大人像を描く」の手順でイメージマップを作成し，自分のよさと将来の理想像をつなげる。
将来の職業ということだけではなく，理想の大人というイメージを広げさせればよい。

★生活科「大きくなったよ」の学習と関連指導し，自分ができるようになったことを振り返りながら，将来の自分について考えさせていくとよい。

評価の観点

◆将来の理想をもつことのよさを理解できたか。
◆将来の理想をもつことで，前向きで気持ちのよい生活を送ることができたか。

●はねらい，※は学習活動・手だてを示す。

3・4年生

● 3・4年生の目標

〔よりよい生活への態度育成〕

> ①学校や学級生活を通して生活適応や集団適応などについて学び，基本的生活習慣や行動規範の基礎を確実に身に付ける。
> ②セルフ・コントロールや対人関係の能力の基礎を習得し，自己と集団，自己と地域社会などとのかかわりについての理解を深めるとともに，よりよい生活を築こうとする態度を身に付ける。

3・4 年生単元構成表

◆は選択単元を示す。
　　　は特別支援学級の市民科学習で扱う指導項目を含む単元。

領域	能力	教科書ページ	単元番号・単元名	指導項目
自己管理	自己管理	p. 2 ～ 3	1 「正しい行動」って何だろう	相手や場に応じた善悪の判断の仕方／よい行動としてはいけない行動
		p. 4 ～ 5	2 時間を守ることの大切さ	学習規律(時間を守って行動する)
		p. 6 ～ 7	3 健康の達人になろう	生活目標の立て方と実践／生活習慣病の予防
	生活適応	p. 8 ～ 9	4 きそく正しい生活で，心も体も元気に	一日の規則正しい生活の計画づくり
		p. 10 ～ 11	5 一生けん命が美しい　～達成感を味わおう～	行事等の態度とめあて
		p. 12 ～ 13	6 そなえあれば，うれいなし　～いざというときには，落ち着いて～	地震，火災に対する適切な対処方法と準備
	責任遂行	p. 14 ～ 15	7 一人はみんなのために，みんなは一人のために　～もっと気持ちよく生活しよう～	係，当番の目標と計画の立て方／役割や仕事に対する自己責任
		p. 16 ～ 17	8 去年とちがう自分になろう　～自分がのびていくために，今，必要なこと～	家庭，学校生活における行動
人間関係形成	集団適応	p. 18 ～ 19	9 明日の自分のために　～決めたことは，やりぬこう～	学校や学級生活の向上の取り組み
		p. 20 ～ 21	10 話し合って，解決しよう	話合いの大切さ
		p. 22 ～ 23	11 「思いやりの心」をもとう	集団での活動の意義
		p. 24 ～ 25	12 みんなちがって，みんないい	望ましい集団づくり
	自他理解	p. 26 ～ 27	13 心と心をつなげよう	人に対する礼儀をわきまえた接し方
		p. 28 ～ 29	14 ありがとう　～あなたの気持ちを伝えよう～	相手や場に応じた感謝の気持ちの表し方
		p. 30 ～ 31	15 ささえられている わたし	いろいろな人への感謝の気持ち
	コミュニケーション	p. 32 ～ 33	16 言いたいことは，どんなこと　～相手の気持ちになって，わかりやすく話したり，聞いたりしよう～	話す技術
		p. 34 ～ 35	17 ていねいな言葉で話そう　～その言葉づかいでいいかな～	日常会話での丁寧語・尊敬語・謙譲語
		p. 36 ～ 37	18 みんなに伝えるには？　～わかりやすく話してみよう～	伝える目的
		p. 38 ～ 39	19 いろいろな話し合い方	意見交換の手法
自治的活動	自治的活動	p. 40 ～ 41	20 「ゴール(目標)」を考え，歩く「道のり」を決めよう	学校や学級の目標理解
		p. 42 ～ 43	21 学級会を開こう	学級における議題／話合いⅡ「議事進行の基礎・基本」「議長団の役割」
	道徳実践	p. 44 ～ 45	22 心を伝えるマナー	生活の中にあるマナーの理解
		p. 46 ～ 47	23 心の分かれ道	勇気ある行動
		p. 48 ～ 49	24 正直で素直な心	真面目で謙虚な姿勢
		p. 50 ～ 51	25 自分以外はみな先生	真摯な態度
	社会的判断・行動	p. 52 ～ 53	26 どうしてルールを守らなくてはいけないの？	学校生活の問題と解決方法
		p. 54	27 みんないっしょに生きている　～地域の中で生きる～	公共の意味
		p. 55	28 自分たちでできること	自分たちでできる取り組み
文化創造	文化活動	p. 56 ～ 57	29 礼ぎの大切さ	日本文化の礼儀作法を知る
		p. 58 ～ 59	30 食事の作法	食文化についての理解
		p. 60 ～ 61	31 品川博士への道	地域行事への参加の意味／郷土の文化伝統を人から学び継承する
	企画・表現	p. 62 ～ 63	32 発表会を開こう　～ポスターセッションの方法～	発表会の方法を学ぶ
		p. 64 ～ 65	◆ 目ざせ発表名人　～ふさわしい方法で伝えよう～	効果的な表現方法を学ぶ
		p. 66 ～ 67	33 インターネットの正しい使い方　～インターネットにおけるルールとマナー～	パソコン，インターネット利用のルール
	自己修養	p. 68 ～ 69	34 命の大切さ	人間が生きていくということ
		p. 70 ～ 71	35 見えない努力	人間の強さと弱さを乗り越えること
		p. 72 ～ 73	◆ けい続は力なり	先人から学ぶ／偉人や先人の生き方
将来設計	社会的役割遂行	p. 74 ～ 75	36 わたしたちにできること	ボランティア活動の意味／各種の募金活動の意義
		p. 76 ～ 77	37 かんきょうを守る　～わたしたちにできること，しなければならないこと～	学校や学級集団における役割と責任
	社会認識	p. 78 ～ 79	38 お金はどこからくるの？	家庭生活と家計費／お小遣い帳の実践
		p. 80 ～ 81	39 仕事とわたしたちのつながり	興味のある職業と自分の生活とのつながり
	将来志向	p. 82 ～ 83	40 未来の自分に向かって　～ゆめに近づくために～	自分の未来予想／仕事と学習のつながり
		p. 84	41 見つけてみよう，わたしの仕事	自分の特徴と将来の仕事

教科書 p.2～3　　　　　　　　　　　　　　　　　　　　　　　　　　　　　自己管理領域　●自己管理能力

1　「正しい行動」って何だろう
相手や場に応じた善悪の判断の仕方／よい行動としてはいけない行動

【ステップ1】
　正しい行動の理解と、自分の判断と行動を振り返り、課題をもつことの2つがねらいになる。

　教科書の事例について、「正しい行動」と「正しくない行動」について、根拠をあげて発表させる。
　上2枚の挿絵は「正しくない行動」で、下2枚の挿絵は「正しい行動」例である。

【予想される反応】
・授業中に、立ち歩いている。
・全校朝会で先生が話をしているのに、友達とおしゃべりをしている。
・職員室に入るとき、ノックをして、しっかりとあいさつをしている。
・避難訓練で、全員が防災頭巾を被り、ハンカチで口を押さえて、「お・か・し・も」を守っている。

【ステップ1】
　学校のきまりについて、どれだけ知っているかアンケートをとり、学校のきまりに対する意識をグラフに表し、自分たちの実態を把握させてもよい。

　イラストの状況について、正しい判断と行動については頭では理解できている。分かっていてもできていない行動をしっかり振り返らせて、課題意識をもたせることが大切である。

【ステップ2】
　判断は自分の責任であることを教える。「追いかけられたから廊下を走る」のは、追いかける方がよくないが、走るという判断をしたのは自分である。

　場面や相手を考えて判断・行動できたことを振り返り、自分の成長を確かめる。
　学校や学級のきまりに対する自分の意識の変化を確かめさせる。

【ステップ2】
　「正しくない行動」のどのような点がよくないのかを話し合い、どうすることが「正しい行動」なのか、善悪の判断基準をもってできるようにさせる。

【ステップ3】
・挿絵の場面だけでなく、階段や廊下での正しい行動について、役割を決めて演技させる。
・「正しくない行動」を演じて、どのようなところが正しくないか明らかにさせる。
・小グループに分かれ、グループごとに場面設定を行い、役割演技をさせるのもよい。
・役割演技の体験をもとに、人に迷惑をかけない「正しい行動」について話合いをさせる。
・教室や学校内での「正しい行動」に限定することで、より具体的な話合いができる。

【ステップ4】
　「ステップ3」で行った例や生活目標など、具体的な場面を意識させて取り組ませる。
　帰りの会で日常的に振り返りを行うとよい。

3・4年生

ねらい▶▶▶ 自分で正しく判断し、場面や相手に応じた、正しい行動をとることができる。

4時間扱い

ステップ1　【課題発見・把握】
●正しい判断や行動について、実態と課題を把握させる。
※イラストから、判断や行動について問題点をあげさせる。
※イラストの場面について、自分の判断と行動を振り返る。

① **ステップ2　【正しい知識・認識／価値／道徳的心情】**
●場面や相手を考えて、自分で判断・行動しなくてはならないことを理解させる。
※行動を決めるのは自分であり、判断するときには相手や場面をよく考えることが大切であることを教える。

② **ステップ3　【スキルトレーニング／体験活動】**
●場面や相手に応じた判断と、正しい行動の仕方を身に付けさせる。
※日常生活の具体的な場面を設定し、「正しい判断・行動」を考えさせる。
※考えた判断と行動について、ロールプレイを行う。

ステップ4　【日常実践／活用】
●場面や相手に応じた「正しい判断と行動」を実践させる。
※「ステップ3」で設定した場面などについて、意識して実践させる。
※学校やクラスの生活目標を意識して実践させる。

① **ステップ5　【まとめ／評価】**
●学習の意義と成果を振り返らせる。
※場面や相手を考えて判断・行動できたことを振り返り、自分の成長を確かめる。

●はねらい，※は学習活動・手だてを示す。

解説
★3・4年生では、批判意識も芽生え始めるため、善悪の判断の基準を正しくもたせることが大切である。イラストの各場面から善悪を判断させる。大事なことは、「なぜその行為がいけないのか」「誰とどのような行為をしなければならないのか」である。自分の行動を意識して、適切な行動ができるようにさせる。

★1・2年生では、学校や学級のきまりを守ることの大切さを教える。3・4年生では、自分で正しく判断するということが加わる。5～7年生では、社会のきまりに目を向けさせる。本単元では「判断」ということがポイントになる。「ステップ3」での判断の練習、日常での自分の判断の振り返りが大切になる。

評価の観点
◆場面や相手を考えて、自分で判断・行動しなくてはならないことが理解できたか。
◆場面や相手に応じて自分で判断し、正しい行動ができているか。

53

教科書 p.4〜5　　　　　　　　　　　　　　　　　　　　　　　　　　　　　　自己管理領域　●自己管理能力

2　時間を守ることの大切さ　学習規律（時間を守って行動する）

【ステップ1】
〈左絵〉
遠足の集合時間に遅れている子がいる。

〈右絵〉
授業が始まっているにもかかわらず，私語をやめない子どもたちがいる。

2枚の挿絵の場面がどのような場面なのか話し合わせる。
特に右絵は，私語をしていることが悪いということだけではなく，授業が始まっているのに私語をやめないことで，どのようなことが起こるのか考えさせたい。
決まった始業時間に授業を始められないことで，後々の授業の進度が遅くなり，大切な学習時間が減るということを考えさせたい。

・これまでの自分たちの経験を発表し合いながら，時間を守ることの大切さに気付かせるとよい。

指導項目は，学習規律に関することであるが，時間を守ることは基本的なことであり，あらゆる場面で徹底させたいことであるため，家庭での生活についても意識させるようにしている。

【ステップ3】
《予想される目標》
・時計を見て行動する。
・始業のチャイムが鳴ったら，授業を始められるようにする。

【ステップ3】
目標達成のための具体的な行動
〈例〉
○「始業のチャイムが鳴ったら，授業を始められるようにする。」という目標
◎チャイムが鳴ったら教室へ移動する。
◎チャイムが鳴り終わるまでに着席する。

目標を達成するためにどのような行動に努めるのか，十分に話し合う必要がある。「チャイム着席」といっても，上のどちらの方法で実践するのかで，子どもたちの心の準備が大きく変わってくる。
この点を十分に考慮し，取り組みがあいまいにならないようにしていく必要がある。

【ステップ2】
資料を読み，時間を守ることの大切さについて考えさせる。時間を守ることは約束を守ることと考える人もいるほど，基本的なマナーであることを教える。

【ステップ5】
・学習前と変容したことがあるか。
・時間を守って生活することの大切さを感じたことがあるか。
などを話し合わせ，さらに実践しようとする意欲をもたせる。

【ステップ4】
学習カードなどを作成し，1週間の生活の計画を考えて，スケジュール表にまとめてから，どの部分を中心に取り組んでいくのか考えさせてもよい。

3・4年生

ねらい▶▶▶ 時間を守って行動することの大切さを知り，時間を守って生活することができる。

3時間扱い

ステップ1　【課題発見・把握】
①
●時間を守ることについての課題を把握させる。
※教科書のイラストから，「時間を守らない」人がいることで，どのようなことが起きてしまうのか考えさせる。
※時間を守ることについて，自分の意識と実態を振り返る。

ステップ2　【正しい知識・認識／価値／道徳的心情】
●時間を守ることは生活の基本であることを理解させる。
※資料を読み，時間を守ることの重大さを感じさせる。

ステップ3　【スキルトレーニング／体験活動】
①
●時間を守るための工夫を身に付けさせる。
※学校生活で「時間を守る」ための目標を話し合う。
※目標を達成するための具体的な行動を決める。

ステップ4　【日常実践／活用】
●学校や家庭で時間を守って行動させる。
※学校や家庭で，目標の達成を目指して実践させる。

ステップ5　【まとめ／評価】
①
●学習の成果を振り返り，日常実践の意欲をもたせる。
※学校や家庭での実践を通して，分かったことや考えたことを話し合う。
※実践する前と後ではどのようなことが変わったか話し合わせ，さらに工夫する点があれば改善して，実践を続けられるようにする。

解　説

★時間を守って行動するためには，「けじめ」のある行動がとれなければならない。また，一人でも「時間を守らない」「けじめ」のない行動をとることで，多くの人たちに迷惑をかけるということが，3・4年生の発達段階では理解が不十分な子もいる。本単元の学習を通して，「時間を守る」ことの大切さを理解させる。

★「ステップ2」の学習では，時間を守ることが社会ではどれだけ重要なことであり，基本的なことであるかを感じさせたい。
学校や学級のルールは，先生と子どもたちとの約束でもあるととらえさせ，守ろうとする意識を高めたい。

★学校生活の目標をクラスや学年で話し合い，共通した行動目標を立てたり，学習カードを活用したりして，継続して実践できるようにしていく。

★本単元の指導項目は，「学習規律（時間を守って行動する）」であるが，生活の基本として学習時間以外も扱う。チャイム着席は，学校全体で徹底して取り組むことが大切である。

評価の観点

◆時間を守ることは生活の基本であることを理解できたか。
◆準備をしておく等の工夫をし，時間を守って行動することができているか。

●はねらい，※は学習活動・手だてを示す。

教科書 p.6〜7　　　　　　　　　　　　　　　　　　　　　　　　　　　　　自己管理領域　●自己管理能力

3　健康の達人になろう　生活目標の立て方と実践／生活習慣病の予防

【ステップ1】
保護者の世代が子どものころと、現在との比較資料である。昭和60年と比較し、身長が伸び体重が増えているにもかかわらず、体力が低下していることに着目し、原因を考えさせたい。
【予想される反応】
・テレビゲームなど室内で遊ぶことが増え、外で遊ぶことが少なくなった。
・習い事や塾で遊ぶ時間が少なくなった。
・公園や広場など遊ぶ場所がない。
【関連調査結果】
運動頻度ほとんど毎日（週に3日以上）群の割合が減少しており、特に女子において大きな減少が見られる。
（「平成19年度体力・運動能力調査」報告書より）
昭和60年と比較し、運動頻度が減少していることも原因の一つとして考えることもできる。
＊「睡眠」に関する資料を「ステップ1」で取り上げていない。教師が、睡眠は健康な生活に関係しているのか問いかけ、考えさせることで、「ステップ2・3」につなげていく。

【ステップ1・2】
好き嫌いをしないで食事をしている男の子と、嫌いなものを食べようとしない女の子。好き嫌いをせずに多くの品目を摂取することが、健康につながることをおさえる。

【ステップ2】
「好き嫌いをしないで食べる」「よく運動する」「規則正しい生活時間で過ごす」「よく寝る」のような基本的な生活習慣を身に付けることの大切さを教える。

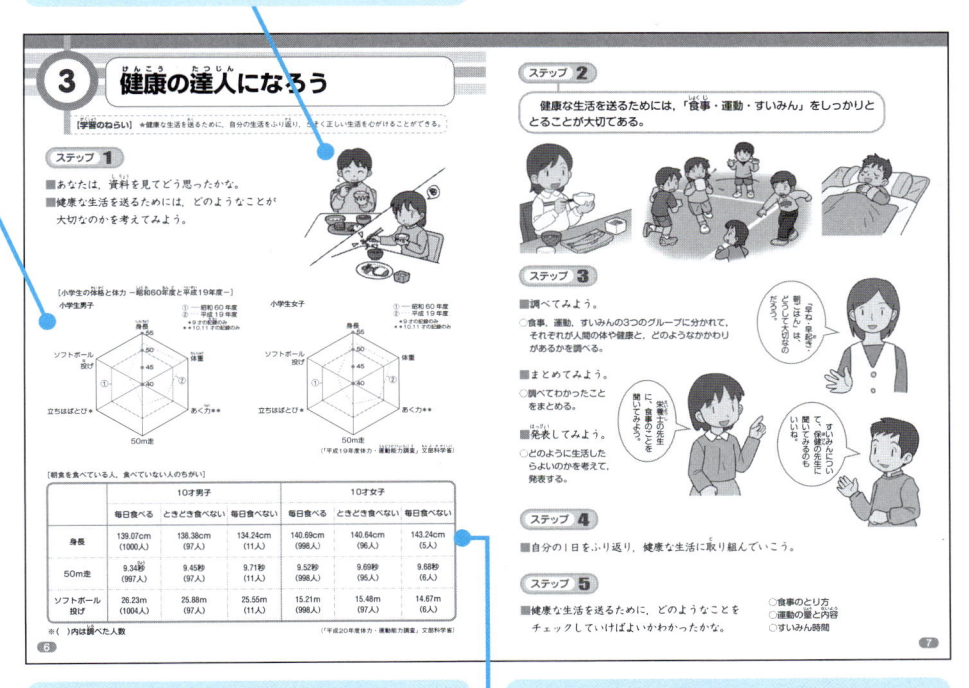

【ステップ3】
「食事」については、好き嫌いしないで食べることの大切さと、朝食をとることの大切さの2つを取り上げている。「食事」について調べ学習をする際は、子どもの実態に応じて、「食事」について幅広い視野から考えさせることもできる。
【発表】
調べたことを発表させる際、自分がどのように生活したらよいのか、自分なりの考えや実践目標も含めて発表させる。

【ステップ4】
この学習は保護者の協力が不可欠である。家庭環境によっては、子どもの思いや目標を達成することが難しいこともある。
子どもの実態や家庭状況を踏まえて、実践させるようにする。

10才女子のデータで、「朝食を毎日食べない子」の身長が「毎日食べる子」のそれより高い。この点については、サンプル数が5人と少ない数なので、このような結果もありうるということをおさえ、身長は高いが体力は低いということもおさえる。

【ステップ5】
健康な生活を送るためにすべきことで、分かったこと、日常で実践できたことを振り返らせる。

3・4年生

ねらい ▶▶▶ 健康な生活を送るために、自分の生活を振り返り、規則正しい生活を心がけることができる。

3時間扱い

① **ステップ1**　【課題発見・把握】
●生活習慣についての実態と課題を把握させる。
※挿絵やグラフから、健康な生活のために必要なことに気付かせる。
※食事・運動・睡眠について、これまでの自分の生活習慣を振り返る。

① **ステップ2**　【正しい知識・認識／価値／道徳的心情】
●食事・運動・睡眠が、健康な生活や成長のために大切であることを理解させる。
※食事・運動・睡眠が体に与える影響について教え、そのバランスが健康づくりに必要であることを教える。

① **ステップ3**　【スキルトレーニング／体験活動】
●健康な生活の仕方を身に付けさせる。
※食事・運動・睡眠の3つについて、健康へのかかわりを調べさせる。

ステップ4　【日常実践／活用】
●食事・運動・睡眠を意識して、自分の健康づくりに取り組ませる。
※生活調べカードなどを用意し、確認しながら取り組ませる。
※家庭への協力を依頼し、実践させる。

① **ステップ5**　【まとめ／評価】
●学習の成果を振り返り、日常実践への意欲をもたせる。
※健康な生活を送るためにすべきことで、分かったことを振り返る。
※実践できたことを振り返らせる。

解説

★栄養職員や養護教諭と連携して学習を進めていくことが重要である。また、家庭への啓発が欠かせない単元でもある。保護者会、学年便りなど具体的に啓発する方法を計画の中に含めていくことで、効果を上げることができる。

★本単元は、体育科「保健」『毎日の生活と健康』と関連が深い。関連を図り、一つの単元として学習を進めていくことも可能である。
（例）市民科で実態を把握し、課題意識と必要性をおさえる。保健の学習で知識理解をおさえる。「ステップ3」では、調べ学習のかわりに日常実践の振り返りを行いながら、目標を具体的にしていく。具体的になった目標に向かって、「ステップ4」で実践する。「ステップ5」で最終の振り返りを行い、継続する意欲を高める。

評価の観点

◆食事・運動・睡眠が、健康な生活や成長のために大切であることが理解できたか。
◆食事・運動・睡眠のバランスを心がけ、生活を改善することができているか。

●はねらい、※は学習活動・手だてを示す。

55

教科書 p.8〜9

自己管理領域　●生活適応能力

4　きそく正しい生活で，心も体も元気に　―一日の規則正しい生活の計画づくり

【ステップ1】
《男の子》
規則正しい生活を送っていることで，授業にも集中して取り組み，積極的に発表している。心も体も健康的な生活を送っている。
《女の子》
(15:00) 学校から帰ると，家の中でテレビゲームを始める。
(17:00) そのまま，お菓子を食べながらテレビを見ている。
(18:00) お菓子を食べたばかりなので，夕食が食べられない。
(23:00) 夜更かしをしている。
(8:05) 朝寝坊をしてしまう。
(8:10) 朝食もとらずに，慌てて登校する。
(10:00) 授業に集中できない。

2人の生活のリズムを比較させ，自分の生活を振り返らせ，気が付いたことを話し合わせる。

＊表情に注目させ，規則正しい生活が，心と体に影響することに着目させる。

【ステップ1】
事前に生活リズム調べを実施し，教科書のイラストと比較して，自分の課題を把握させてもよい。また，保健の学習で実施することもできる。

【ステップ2】
「ステップ1」の活動を通して，生活リズムの乱れが生活全般の不調を生み，健康にも悪影響を与えることを教える。

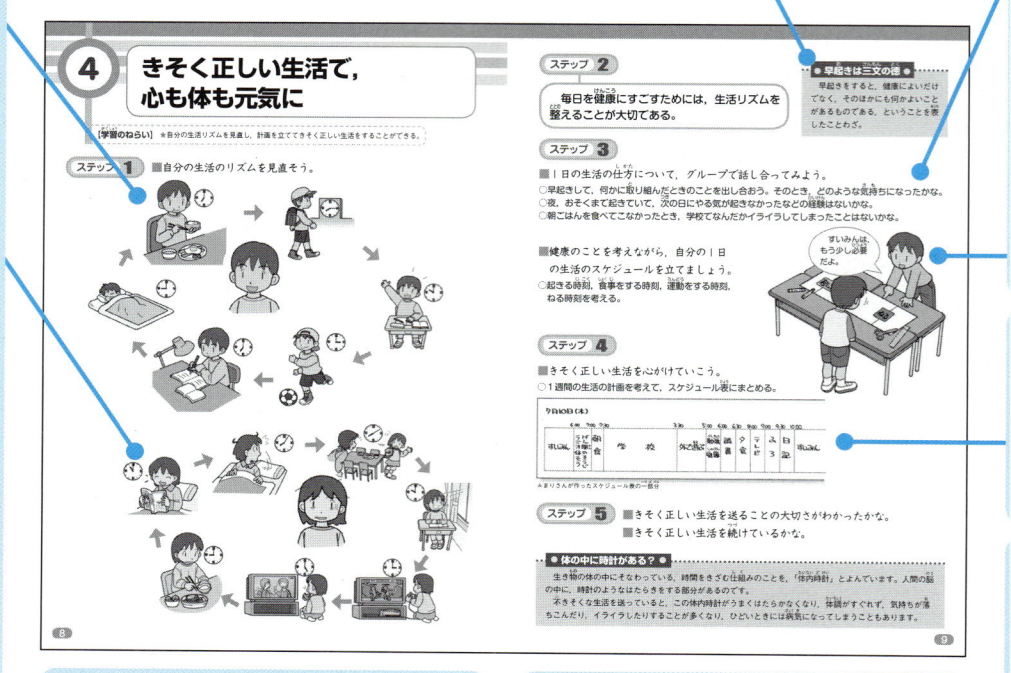

【ステップ3】
単元前もしくは保健の学習で，生活リズム調べを実施しておき，それをもとにして計画を立てる。
子どもたちの生活改善のポイントは，早寝早起きにある。早寝早起きを実現するために，それ以外の時間の使い方を考えさせるとよい。
就寝時刻は22時を越えないこと，起床時刻は6時〜6時半ぐらいが望ましい。
休日でもリズムは変えないこと。

【ステップ4】
規則正しい生活を実践するためには，保護者の協力が必要である。保護者会や学年便りなどで，保護者への啓発を行うことが重要である。

【ステップ5】
計画どおり実践できたこと，実践してよかったことを振り返らせる。実践してよかったことについては，朝の時間的なゆとり，夜の寝付きがよいなどの体感を振り返らせる。

【ステップ1・2】
「ステップ3」の計画づくりの前に，養護教諭に睡眠時間に関して，専門的な知識や具体的なデータをもとに指導してもらうとよい。

早寝よりも早起きを先に習慣付ける。起きていられないので，早く眠るようになる。学校でもたくさん体を動かし，1日のエネルギーを出しきり，ぐっすり眠るのが理想。この繰り返しで体力の器が大きくなっていく。

3・4年生

ねらい ▶▶▶ 自分の生活リズムを見直し，計画を立てて規則正しい生活をすることができる。

3時間扱い

ステップ1　【課題発見・把握】
●自分の生活リズムについて，課題を把握させる。
※イラストの2人の生活の違いをとらえさせ，これまでの自分の生活と比較させて課題をつかませる。

① **ステップ2**　【正しい知識・認識／価値／道徳的心情】
●健康づくりのために，生活の仕方が深くかかわっていることを理解させる。
※「ステップ1」のイラストをもとに，生活リズムの悪さが生活全般の不調を生み，健康にまで影響していることに気付かせる。

ステップ3　【スキルトレーニング／体験活動】
●健康的な生活リズムについて考え，自分に適したスケジュールを立てさせる。
① ※健康にとって好ましくない生活の仕方をした経験を発表し合い，その生活をした結果，体と心はどのような状態であったか，またそうなった理由は何かを考える。
※早寝・早起きを基本とした健康的な生活リズムについて考え，1日のスケジュール表を作る。

ステップ4　【日常実践／活用】
●スケジュール表に従って，生活リズムを守った生活を送らせる。
※生活リズムを整えるため，保護者にも協力を依頼する。

① **ステップ5**　【まとめ／評価】
●学習の成果を振り返り，日常実践への意欲をもたせる。
※作成したスケジュールをもとに，実践できたことや実践してよかったことを振り返る。

解　説

★本単元は，生活適応能力に設定されている単元である。情報を収集・選択し，適切に活用する能力の育成を目指している。生活スケジュールを立てるときには，食事，睡眠などにかける理想的な時間はどのくらいか，その時間を確保するために友達がどのように工夫しているか，などの情報をもとに作成させるとよい。

★体育科「保健」『毎日の生活と健康』と関連が深い単元である。保健では事前に生活リズム調べを行い，それを振り返りながら，生活リズムの大切さを教えるのが一般的である。本単元では，「ステップ3」でスケジュールを立てる活動を行う。保健学習で学んだ知識を生かして，生活改善のための計画を立てさせることもできる。

★自分の健康は自分で築いていくということを理解させる。そのためには，自分の毎日の生活を見直し，どこをどのように改善していくとよいのか考えさせながら学習に臨ませる。

評価の観点

◆健康づくりに，生活の仕方が深くかかわっていることが理解できたか。
◆生活のスケジュールを作成し，規則正しい生活を送ることができているか。

●はねらい，※は学習活動・手だてを示す。

教科書 p.10〜11　　　　　　　　　　　　　　　　　　　　　　　　　　　自己管理領域　●生活適応能力

5　一生けん命が美しい　行事等の態度とめあて

【ステップ1】
集団での活動における自分の協力の仕方，目標のもち方について，課題を把握させる。

＊運動会などの学校行事において，集団の目標は何だったか，自分の目標は何だったか，達成することができたかを振り返らせる。

・1，2年生のころの運動会などの学校行事を振り返らせる。

集団の目標を意識させながら振り返らせることがポイントとなる。集団の目標に向かって努力したことを発表させる。

＊自分たちの学校行事の写真を活用し，その時の取り組みに対する振り返りをさせるとよい。

【単元について】
この単元では，集団の目標を意識して，それに適応していく，協力していくことをねらいとしている。生活適応能力としての設定を意識して指導する。

【ステップ3】
運動会の結果を予想して，達成目標を決めさせる。どのような結果，達成を得たいか考えさせる。そうなった理由，ならなかった理由を想像させ，自分の行動目標を決定させる。

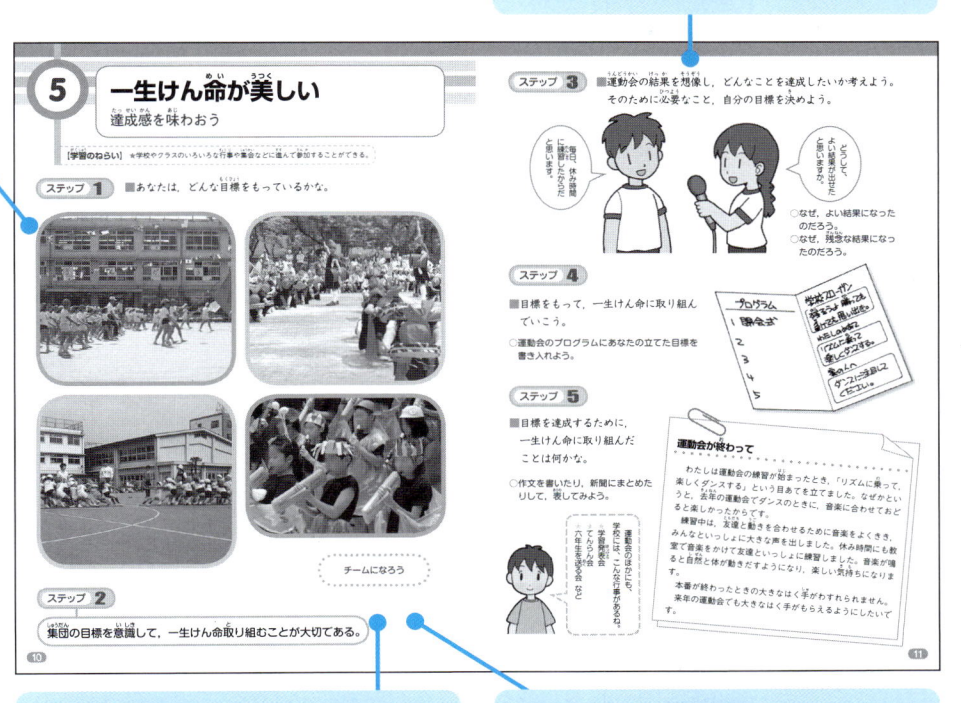

グループ…共通する性質によってまとめられた集団。
パーティー…仲間，行動を共にするグループ。
チーム…共通の目的をもち，共同で仕事をする人々の集まり。

★学級でチームになることの大切さを教える。
・集団の目標を意識し，共有すること。各自が全力を尽くすことが大切であることを教える。

【ステップ3】
①集団の達成目標，自分の取り組み目標を明確にして活動すること。
②本単元で身に付けさせる力のために必要な活動であること。
③その力に対して自己評価活動を行い，高めていくこと。
これらが十分に考慮されれば，運動会の練習を市民科の時間数（「ステップ3」）で実施することも可能である。
しかし，安易な読み替えにならないように，学校長の責任のもと教育課程，年間計画に位置づけて実施すること。

【ステップ4】
運動会や学校行事のプログラムに，自分の目標を記入する欄や，家族や応援に来てくれる人に抱負を書く欄などを設けることで，本番での取り組みが充実したものになる。

【ステップ5】
まとめの活動として自分の取り組みを振り返り，作文や新聞を書かせてもよい。

3・4年生

ねらい ▶▶▶ 学校やクラスのいろいろな行事や集会などに進んで参加することができる。

3時間扱い

ステップ1　【課題発見・把握】
●集団での活動における自分の協力の仕方，目標のもち方について，課題を把握させる。
※運動会などの学校行事において，集団の目標は何だったか，自分の目標は何だったか，達成することができたかを振り返らせる。

ステップ2　【正しい知識・認識／価値／道徳的心情】
●集団の目標を意識して，一人一人が全力で取り組むことが大切であることを理解させる。
※グループ，パーティー，チームの意味を提示し，学級でチームになることの大切さ，目標の共有の大切さを教える。

ステップ3　【スキルトレーニング／体験活動】
●集団での目標を意識し，自分の行動目標を決めさせる。
※運動会等の行事に向けたクラスでの達成目標を決め，それに対する自分の目標，取り組みを決める。

ステップ4　【日常実践／活用】
●集団の目標，それに対する個人の目標を意識して実践させる。
※運動会等の行事において，常に集団の目標を意識して取り組ませる。

ステップ5　【まとめ／評価】
●学習の成果を振り返り，日常実践への意欲をもたせる。
※集団の目標を意識して取り組んだことのよさを振り返る。
※集団活動への協力の仕方や目標のもち方について，自分の変容を確かめる。

●はねらい，※は学習活動・手だてを示す。

解説

★本単元は，生活適応能力として設定している。「集団のきまりやその場の状況を判断することができる。」が根底の目標になっている。集団が目標に向かって努力している状況において，集団の一員として全力で取り組むことができるようにすることをねらっている。つまり，集団の状況を把握し，目標を共有すること，自分も協力すること，一緒に達成感を味わうことを学習内容としている。

★ここでは運動会への取り組みを題材としている。それは，3・4年生にとって，一人一人が目標をもち，そのために努力することのすばらしさに気付かせるためには，最もふさわしい行事であるからである。
しかし，学校の特色に応じて，様々な学校行事を題材として，ねらいに迫る手だても考えられる。

評価の観点

◆集団の目標を意識して，一人一人が全力で取り組むことが大切であることが理解できたか。
◆集団の目標を意識して努力することができていたか。

教科書 p.12〜13

自己管理領域 ●生活適応能力

6 そなえあれば，うれいなし　地震，火災に対する適切な対処方法と準備

3・4年生

【単元について】
9月1日に避難訓練（東海地震に伴う警戒宣言発令時の児童引き取り訓練）を実施予定の場合は，その前後に扱い，家庭との協力・連携を前提に学習を進めるとよい。

【ステップ3】
防災用品一覧表を示し，考えさせるようにするとよい。（消防庁ホームページや品川広報誌等を参照）

【ステップ1】
学習直前の避難訓練での自分の行動を思い出させる。
「○月の避難訓練の時，本当の災害が起こった時のことを真剣に考えて行動しただろうか。」
また，起震車や煙体験，救助袋体験を想起させることも考えられる。

教科書の写真や資料のほかに，阪神・淡路大震災当時の新聞記事等を示し，災害の恐ろしさについて考えさせる。

阪神・淡路大震災で死傷した人とその原因について関連づけて，10のポイントを示すと分かりやすい。

【ステップ3】
各学校の避難所としての役割（備蓄倉庫の見学）や，地域や町会の避難訓練の参加などで学習を進めることもできる。

【ステップ4】
各家庭で準備しておくこと，家庭で話し合っておく内容を決め，それについて家庭で相談していくように勧める。（相談内容が分かるように，ワークシートを作成しておくとよい。）
＊消防庁ホームページ／品川区広報を参考にする。
ワークシートとあわせて，学級通信や学年便り等で学習内容とねらいを伝えるようにする。

【ステップ2】
大きな地震の時は，被害が広範囲になるため，一人一人が自分の身を守っていかなければならないことに気付かせる。その際，阪神・淡路大震災での人々の行動から理解させる。

【ステップ5】
次回の避難訓練で，学習したことが生かされるように意識付けをする。

ねらい▶▶▶ 地震や火事が起きたときに，慌てないで安全に避難することができる。

3時間扱い

ステップ1 【課題発見・把握】
①
●地震が起きた時の自分の行動を振り返るとともに，資料から巨大地震が起きた時の人々の様子をつかませる。
※巨大地震を体験した人の行動や心情について話し合う。
※写真資料や作文から，地震や火事などの災害の恐ろしさについて考える。
※グラフから，地震の時に人々がどのように行動したかを知る。

ステップ2 【正しい知識・認識／価値／道徳的心情】
●地震の時，自分の身の安全は，まず自分で守らなければならないことを理解させる。
※日ごろから災害に対する意識をもつことの大切さを理解させる。特に，自宅に一人でいる時の行動について理解させる。

ステップ3 【スキルトレーニング／体験活動】
①
●地震の時の被害を予想し，自分の行動を想定し，備えや約束について確かめさせる。
※防災用品でいちばん大切だと思われる物を選び，それを選んだ理由を考えさせる。また，様々な場面を想定し，災害時の安全な行動を考えさせる。さらに，どのような被害が予想されるのか，自分の身を守る方法を考えさせる。

ステップ4 【日常実践／活用】
●日常においても，自分の行動を想定し，備えや約束について確かめさせる。
※家族で災害時の行動の約束を決め，防災用品のチェック，家具の配置などについて話し合う。

ステップ5 【まとめ／評価】
①
●地震の時の備え，約束，具体的な行動について，学習したことを振り返らせる。
※地震に対する自分の備え（心がまえ）について発表する。

解説
★いざという時に正しく行動するためには，日ごろの備えが大切である。様々な想定をもとに準備しておくことの重要性に気付かせる。
　家族で災害時の話合いをできるようにすることが大きな課題である。通信などを配付し，家族で災害への備えや災害時の行動の仕方を話し合うように依頼する。
　以上のことを踏まえ，災害を想定して避難訓練を行うことができるかどうかがポイントになる。

評価の観点
◆災害に対する備えや正しい行動について理解できたか。
◆避難訓練で正しい避難行動をとることができているか。

参考情報
○消防庁ホームページ／品川区広報
・防災マニュアル
・備蓄品チェックシート
・常時携行品チェックシート
・避難カード
・非常用持ち出し品チェックシート
・「地震に対する10の備え」

●はねらい，※は学習活動・手だてを示す。

教科書 p.14〜15　　　　　　　　　　　　　　　　　　　　　　　　自己管理領域　●責任遂行能力

7　一人はみんなのために，みんなは一人のために
係，当番の目標と計画の立て方／役割や仕事に対する自己責任

【ステップ1】
学校生活を円滑にするために多くの係があること，それぞれの役割が大切であることを知る。
自分の係活動への参加意識，仕事を遂行する意識を振り返らせる。
＊イラストでは役割の遂行について振り返らせるため，当番活動を載せている。

3・4年生の子どもは，「当番活動」と「係活動」の違いが十分に認識できているとはかぎらない。「係活動」「当番活動」の違いを教え，「ステップ2」では，どちらも自分で決めたことは最後まで責任をもって遂行することをおさえる。

〈当番活動〉
毎日行う，学級生活を運営していくための奉仕活動。
〈係活動〉
クラス全体にかかわることで，自分たちで創意工夫をしながら取り組む活動。

【ステップ2】
係活動が学校生活に必要であることに気付かせる。その仕事・役割を果たさないと，学校生活がどうなってしまうか想像させる。

【ステップ3】
「係活動」と「当番活動」は，しっかり区別して考えさせる。全員が両方の役割をもてるようにすることが望ましい。また，1人で行う係がないようにする。

【ステップ3】
係活動は，「自分が選んだ係である」という自主性が大切である。また，集団の所属員として責任があるということを指導する。

＊当番活動は，クラスに対する奉仕活動であるため，全員が何かを行うことは当然であることを指導する。

〈係の決め方例〉
①「当番活動」としてクラスに必要だと思うものについて話し合う。
②「係活動」としてクラスにあると，よりよい学級づくりにつながると思う仕事について話し合う。
③分担する。
④計画書・係カードを作成する。

＊係活動については，グループを形成し，グループごとに
○クラス全体にかかわるもの
○クラスをよりよくするもの
○工夫ができるものの
条件について考えさせた後，クラス全体の協議の場にあげる方法もある。

3・4年生

【ステップ4】
「係活動カード」などを作成し，教室内に掲示し，常に一人一人がクラスにおける自分の役割を意識できるようにする。
＊役割の表記では，社長，副社長，平社員など人権にかかわる記載に注意する。

【単元後】
時間が経過するにつれ，活動があいまいになる。帰りの会などを活用し，定期的な振り返りと教師からの評価を行う必要がある。

ねらい▶▶▶ 自分の係や当番の仕事を，友達と力を合わせて，最後までやり遂げることができる。

4時間扱い

ステップ1　【課題発見・把握】
●係や当番の活動についての実態と課題を把握させる。
※当番活動と係活動の違いを教える。
※学級の中には様々な仕事があり，その一つ一つが大切であることを知る。
※係や当番活動の目的について話し合う。

①

ステップ2　【正しい知識・認識／価値／道徳的心情】
●係や当番の活動での自分の仕事に責任をもつことの大切さを理解させる。
※「ステップ1」の活用から，係活動が学校生活に必要であることに気付かせる。
※役割を果たさないでいると，学校生活がどうなってしまうか考えさせる。

ステップ3　【スキルトレーニング／体験活動】
●集団生活をよりよいものにするために，自分たちにできる具体的な行動を身に付けさせる。
※自分たちの集団生活に必要な係や当番を決める。
※活動の目的，目標，仕事内容，工夫について考えながら活動計画を立てる。

②

ステップ4　【日常実践／活用】
●計画に従い，係や当番の活動を遂行させる。
※日常の取り組みについて，定期的に振り返り，報告させる。
※家庭においても自分の役割を決め，責任をもって生活するようにする。

ステップ5　【まとめ／評価】
●学習の成果を振り返り，日常実践への意欲をもたせる。
※計画に基づいて実施できたこと，自分の役割を遂行することについての意識の変容を確かめる。

①

解説

★1・2年生でも「係活動」や「当番活動」は経験しているが，本単元では，これまでの経験を踏まえたうえで，さらに一人一人が学級の一員として自覚と責任をもち，様々な活動に積極的に取り組めるようにすることをねらいとしている。
たくさんある仕事や役割も，分担したり，交代したりして取り組むことで，気持ちのよい生活が送れることに気付き，全員がよりよいクラスを目指そうとする意欲を高めていく。
★「係活動」「当番活動」の目的を明確にし，子どもに違いを理解させて話合いをさせる。
★ふだんの学校生活を見つめ直し，身の回りには様々な役割や仕事があることに気付かせていく。
★本単元については，各学期に実施を計画する学校が多くある。その場合には，1学期に単元として実施する。2・3学期には「ステップ5」を1時間設定し，振り返りと，改善・分担を行うことも可能である。また，学級をよくするための活動については，グループごとに企画をさせ，朝の会や帰りの会で提案・承認を得るなどの方法もある。学級で話合いを実施する場合には，「21　学級会を開こう」と関連させてもよい。

評価の観点

◆係や当番活動が，集団生活において大切であることが理解できたか。
◆責任をもって自分の仕事をすることができているか。

●はねらい，※は学習活動・手だてを示す。

教科書 p.16〜17

自己管理領域 ●責任遂行能力

8 去年とちがう自分になろう　家庭，学校生活における行動

【ステップ1】
　自分の成長のために，目標をもっているか，常に意識できているかを振り返らせ，自己認識させる。

　「健康カード」をもとに，自分の身長の伸びを確かめさせる。また，できなかったことができるようになった経験を想起させ，努力したことを振り返らせる。
〈例〉
・1年生の時と比べ，10cm以上，身長が伸びた。
・サッカーのリフティングが15回できるようになった。
・一輪車に乗れるようになった。　など

【ステップ2】
　努力することで力が身に付き，そのためには，目標をもち続けることが大切であることを，体験に基づいた話合いから理解させる。

　できるようになったことは，必ず目標をもって取り組んでいるはずである。そのことに気付かせる。

【実施時期について】
　年度当初または学期初めに扱うことが望ましい。前学期の反省を踏まえ，見直しをして目標を立てるということが効果的である。

【ステップ3】
　前学期の学習目標・生活目標を想起させ，それが達成できたのか，できなかったのか，分析させる（「目標カード」等を保管しておく）。その分析をもとに，新しい目標を立てる（「目標カード」の用意）。

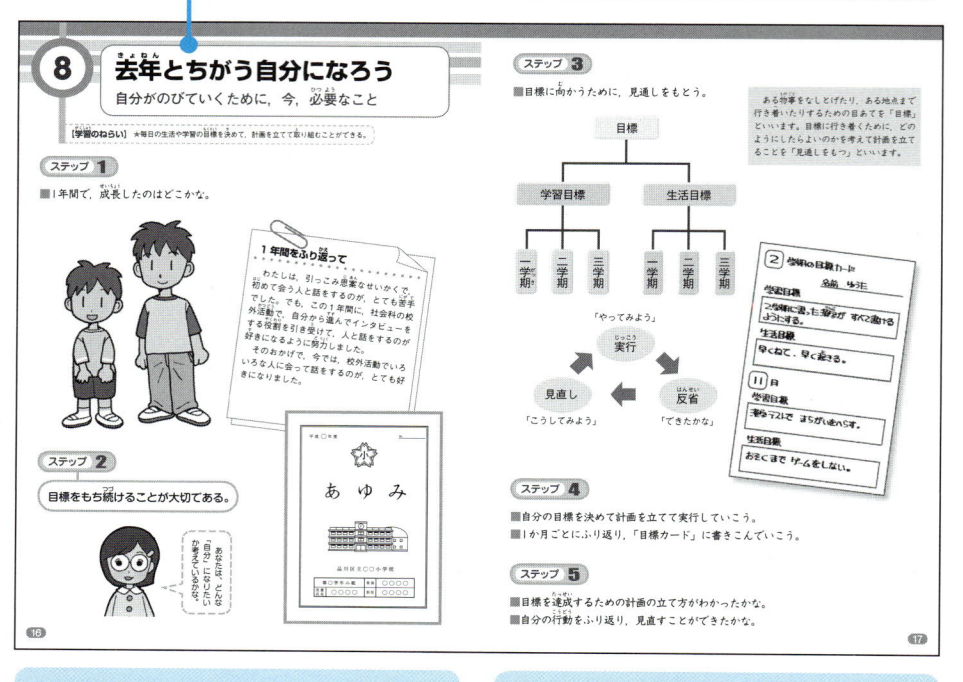

【ステップ2】
　具体的な短期目標を設定すると，できるようになったことを短いスパンで実感することができる。そのことが継続に有効であることも触れる。

【ステップ5】
　自分の行動を振り返り，目標を達成するためのサイクルについて理解させ，その後の生活にも生かすようにさせる。

【ステップ3】
　目標設定，実行，見直しのサイクルを身に付けさせる。

　子どもたちの学期目標は，「○○をがんばる」というような意識するだけの目標が多くなっています。
　何をできるようにするのかを具体的にもたせる必要がある。
　それをおさえたうえで，サイクルについて教える。

　「○○しない」という目標よりは，「○○する」の目標の方が積極的な行動につながることも，教科書の例をもとに考えさせる。
〈例〉
　「悪口を言わない」では，コミュニケーションそのものをとらないということも目標達成になってしまうので，「毎日，おはようと声をかける」の方が望ましい。

【ステップ4】
　作成した「目標カード」にそって実行し，1か月ごと（1週間ごと）に見直して，書きこんでいくようにする。

ねらい▶▶▶ 毎日の生活や学習の目標を決めて，計画を立てて取り組むことができる。

3時間扱い

ステップ1　【課題発見・把握】
①●生活や学習の目標についての実態と課題を確認させる。
※目標を立てて取り組んだことについて話し合う。（うまくいった例，うまくいかなかった例）
※身長は目標に関係なく伸びるが，学力や能力を伸ばすために，目標の有無がどのように影響するかを考えさせる。

ステップ2　【正しい知識・認識／価値／道徳的心情】
●学力や能力を伸ばすためには，目標を立てて努力することが大切であることを理解させる。
※目標をもって努力したことで，できるようになったことを振り返らせる。

ステップ3　【スキルトレーニング／体験活動】
●目標に向かうための，実行・反省・見直しの方法を身に付けさせる。
①※学期当初の目標について，うまくいった例といかなかった例で，実行⇒反省⇒見直しのサイクルを確かめさせる。
※サイクルを確かめるなかで，短期目標の大切さをおさえるようにする。

ステップ4　【日常実践／活用】
●日常生活での目標を立て，実行・反省・見直しのサイクルを活用させる。
※学習や生活について短期目標を立て，実行・反省・見直しのサイクルを実行する。

ステップ5　【まとめ／評価】
①●学習の意義や成果を振り返らせる。
※目標の達成度や計画作りと見直しなどの視点で，目標に向かって取り組んでいる自分の行動を振り返る。

解説

★この単元では，生活や学習における目標の大切さについて学ばせることをねらいとしている。
★子どもの身長が1年間でどれくらい伸びたか，できるようになったことはどのようなことか，などを振り返らせる。
★目標達成のために目標をより具体的にしたり，実行・反省・見直しのサイクルを理解したりすることが大切であることに気付かせる。
★目標をもち続けるためには，そこに近づいている実感がなければくじけてしまうのは当然である。くじけない心を育てることも大切だが，くじけないための方法（短いスパンで達成感を味わえる目標設定）を教えたい。また，教師の評価が達成感につながるため，意識して認めていくことが大切である。

評価の観点

◆目標を立て，実行・反省・見直しのサイクルの必要性を理解できたか。
◆サイクルを踏まえて，生活や学習に取り組むことができたか。

参考情報

○関連単元
「20『ゴール（目標）』を考え，歩く『道のり』を決めよう」

●はねらい，※は学習活動・手だてを示す。

3・4年生

教科書 p.18〜19　　　　　　　　　　　　　　　人間関係形成領域　●集団適応能力

9　明日の自分のために　学校や学級生活の向上の取り組み

グループ，チームで協力して活動するときに学習すると効果的。

【ステップ1】
力を合わせてやり遂げた経験を挙げさせる。
〈グループ〉
・音読発表会
・新聞作り
・お楽しみ会
〈チーム対抗〉
・ポートボール大会
・キックベース大会
〈クラス対抗〉
・体育集会
〈学年〉
・音楽集会
・学習発表会
・学芸会
・運動会　など

やり遂げることができた（成功した）のはどうしてかを考えさせる。

【ステップ2】
子どもたちの発表や経験から，「最後までやり遂げることができたのは，みんなが一つの目標に向かって心を一つにしたからである」ということをおさえる。

【ステップ3】
「やり遂げる，成功するとはどういうことか。」
・発表がうまくいった。
・いろいろな人にほめてもらえた。
・できなかったことができるようになった。

・演技をしている時に，みんなの気持ちが一つになったのを感じた。
・努力を続けたら，自信がもてるようになった。
・大道具の人が劇の成功のために頑張っている姿を見た。

【ステップ4】
ワークシートを用い，実践のなかで自分の目標を確認させていく。

【ステップ5】
自分の進歩や成長に気付かせる。
一人一人が自分の役割をしっかり果たすことが，成功につながっていくことをおさえる。

【グループでの話合い】
途中で投げ出しそうになったり，できないからと諦めそうになったりした経験を出し合う。
↓
乗り越えられたのはどうしてか。
・友達から励ましてもらった。
・友達が頑張っている姿を見て，自分も頑張ろうと思った。
・おうちの人に相談に乗ってもらった。
・諦めそうになったけれど，成功した時の姿を思い浮かべて，努力を続けた。

【クラスでの話合い】
自分がやり遂げるため，みんなの目標を達成するための具体的な方法を考える（まとめる）。
・自分の目標をしっかり決める。
・みんなの目標を達成するための自分の役割を考える。
・仲間と認め合ったり，励まし合ったりする。
・みんなの目標を掲示する。

3・4年生

ねらい ▶▶▶ 決めたことを，最後までやり遂げることができる。

4時間扱い

ステップ1【課題発見・把握】
①
●力を合わせてやり遂げた経験を想起し，成功の陰には，一人一人の努力があったことを把握させる。
※イラストを参考に，みんなで力を合わせてやり遂げた活動を挙げさせる。
※なぜやり遂げる（成功する）ことができたのか，これまでの自分の経験を発表させる。（協力し合うことが成功につながったということを共感できるとよい。）

ステップ2【正しい知識・認識／価値／道徳的心情】
●集団の目標に向かって，一人一人が努力し，心を一つにすることが成功につながることを理解させる。
※参考資料を紹介し，力を合わせることの大切さの理解を深めさせる。
※目標を達成するためには，自分の役割をしっかり果たし，全員が努力をすることが不可欠であることをおさえる。

ステップ3【スキルトレーニング／体験活動】
②
●話合い活動を通して，友達の思いや考えを知り，努力を継続するための具体的な方法を理解させる。
※上記を参考に，グループや学級で話合い活動をさせる。

ステップ4【日常実践／活用】
●「ステップ3」で学習したことを生かし，集団での取り組みをさせる。
※ワークシートを用意し，目標を振り返らせながら実践を続ける。

ステップ5【まとめ／評価】
①
●自分の実践を振り返らせ，成長に気付かせるとともに，集団の中での自分の大切さを実感させる。
※個々の努力，協力の結果が目標達成につながり，その充実感が自分の存在価値の実感にも結び付くことをまとめる。

●はねらい，※は学習活動・手だてを示す。

解説

★大勢の中にいると，自分は関係ない，ちょっとくらいさぼっても大丈夫，できる人が頑張ればいいなどと考える子どももいる。協力し合う，努力を続けるという経験を数多くさせ，達成感や充実感を味わわせたい。

★協力し合う経験のなかで，陰ながら努力している人の様子を知ったり，友達の困難を乗り越えた経験話を聞いたりすることも大切である。一人一人の思いや努力の結集が成功につながったことを理解させたい。

評価の観点

◆集団の大きな目標に向かって，一人一人が努力をすることの大切さを理解することができたか。
◆集団の中の自分の役割や，個人の目標を決め，達成に向かって最後までやり遂げることができたか。

参考情報

【力を合わせる大切さに関する資料】
○「おおきなかぶ」（ロシア民話）
○「スイミー」（レオ・レオニ）
○「三本の矢」（毛利元就）
○「シナの五にんきょうだい」（C・H・ビショップ）

教科書 p.20〜21　　　　　　　　　　　　　　　人間関係形成領域　●集団適応能力

10　話し合って，解決しよう　話合いの大切さ

【ステップ1】
話し合うことの大切さを理解するための題材例。

【ステップ2】
「ステップ1」で取り上げた事例を学級の事例と関連付け，自分たちの問題として受け止めさせる。次に，問題の原因について考えさせる。
（・人任せ　・意見を言えない　・自己主張で相手の意見を聴かない）

〈ポイント〉
お互いに意見を出し合うときには，意見の理由をよく聴き合い，心情面について理解するように努めることが大切である。

【ステップ3】
実際に話し合うために必要なルールを学ぶ。これは，その1つである。個人的なこととみんなで話し合うことの区別について例を挙げている。
〈ポイント〉
①解決するために話し合う。
＊話す目的を明確にするために，「何を」「どうする」「どのようにして」という点をおさえる。
②基本的な話合いのルールを学ぶ。
・挙手して発言する。
・ほかの人が話している途中で，発言しない。
・あいづちを打つなど，反応しながら話を聴く。
・相手の意見と自分の考えを比べながら聴く。
③ディベート形式で話合いの仕方を体験するのが目的なので，必ずしも解決できる問題を話し合わなくてよい。話合いを第三者が聴き，評価させる。

学級目標はみんなの目標だから，自分たちで考えることが大切だと気付かせたい教師の発言。（話し合う目的の共有化が大切）

遊ぶ約束をするとき，1人の子の意見だけで決めていないか。（遠慮せず自分の意見を出し合える環境が大切）

体育のチーム名を自分たちで決めたいと申し出ている。（進んで話し合うことが大切）

互いに間違いを認めず言い争いになっている。（互いに話を聴き合うことが大切）

〈ポイント〉
この事例を全部取り上げて指導する必要はない。学級の実態と関連性の高い内容を取り上げ，実際の学級の問題につなげられるのが望ましい。

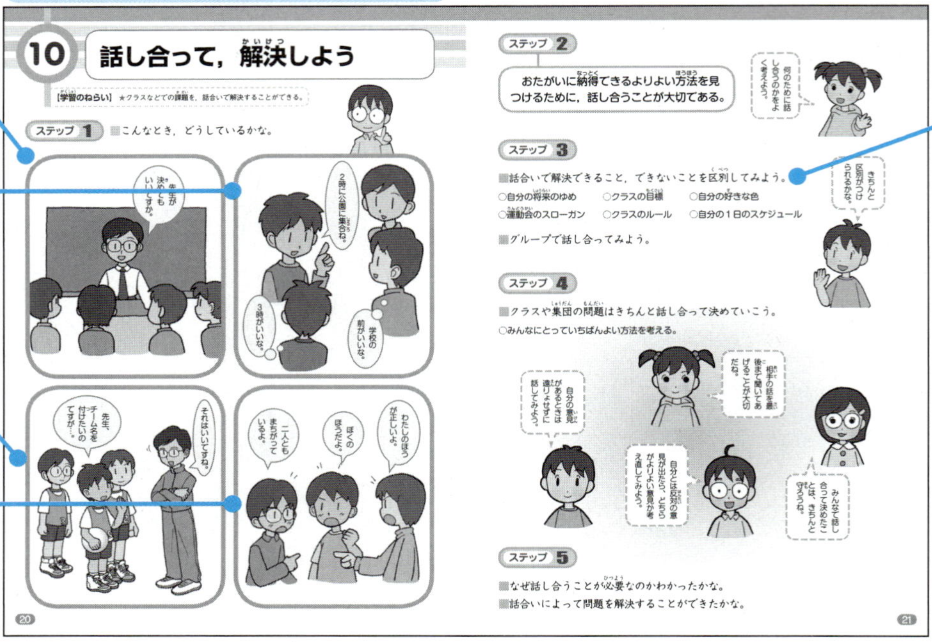

3・4年生

【ステップ5】
「ステップ4」で決め，実際に取り組んだ結果を振り返り，話合いで問題の解決につながったことを理解させる。

【ステップ4】
実際の学級の問題を取り上げ，話し合わせる。ここでは，問題の解決を図り，決めたことに実際に取り組ませることが大切。

ねらい ▶▶▶ クラスなどでの課題を，話合いで解決することができる。

4時間扱い

ステップ1　【課題発見・把握】
●自分のクラスの中にも，話し合って解決する問題があることに気付かせる。
※イラストを見て，自分のクラスにも同じ問題がないか考える。

ステップ2　【正しい知識・認識／価値／道徳的心情】
① ●意見を聴き合うことの大切さや話合いの意義を理解させる。
※自分の意見を言えなかったり，言い合いになったりした経験を出し合い，その時の心情を考える。
※「勝手に話す」「ルールで話す」などの体験から，話し合うことのよさを理解させる。

ステップ3　【スキルトレーニング／体験活動】
② ●話合いのルールを知り，話合いの仕方を理解させる。
※テーマについて，ルールを守りながら意見を出し合い，聴き合う。
※ディベート形式の話合いを行い，話合いのルールを経験させる。
※第三者に話合いの評価をさせる。

ステップ4　【日常実践／活用】
●クラスの問題などをテーマに話し合い，解決させる。
※話合いの進め方のテキストを参考に話し合わせる。

ステップ5　【まとめ／評価】
① ●話合いで解決できることの大切さを理解させる。
※話し合うことの大切さについて，自分の考えをまとめる。

解説
★この単元では，話合いの仕方よりも，話し合うことの大切さを十分に理解させることがねらいである。そのため，「ステップ1」のイラストの問題を実際のクラスの問題としてとらえさせることがポイントになる。また，この単元は単元19とも関連があり，その発展として単元20，21の自治的活動の話し合い活動につながるので，丁寧に扱っていくとよい。「ステップ4」で実際の話合い活動を取り上げているが，これは4年生を想定した指導計画である。3年生で扱う場合は「ステップ3」までの内容に重点を置いて指導し，単元20か単元21につなげて指導してもよい。

評価の観点
◆互いに意見を出し，聴き合うことの大切さが理解できたか。
◆話合いのルールを守りながら話し合うことができたか。
◆みんなで話し合って解決することができたか。

参考情報
○「話合いの進め方」（巻末資料参照）

●はねらい，※は学習活動・手だてを示す。

教科書 p.22〜23　　　人間関係形成領域　●集団適応能力

11 「思いやりの心」をもとう　集団での活動の意義

【ステップ1】
「相手を思いやるとは，どのようなことなのだろう。」
[予想される反応]
〈イラストから〉
・相手が受け取りやすいようにバトンを渡す。
・相手が渡しやすいように手を高く上げて，バトンをしっかりもらう。
・友達と協力して，一つの作品を作り上げる。
・餅つきでは，餅をつく人とこねる人は，相手の動きを考えなくては，けがをしてしまう。
・大掃除は，みんなで分担してやると早い。周りをよく見て，気付いたところをどんどん掃除していくとよい。
〈その他〉
・泣いている友達がいたら，声をかける。
・困っている友達を助ける。
・具合が悪い友達を保健室に連れていってあげる。
・失敗した友達に，「気にしないで」と声をかける。

【ステップ1】
思いやりとは，お互いを理解し，声をかけ合ったり助け合ったりするなどの気配りのことであることをおさえる。

【ステップ2】
「一人一人の思いやりが，信頼をつないでいく」とはどういうことなのか，自分の体験などを発表させ，理解させる。具体的に自分ができることは何かを考えさせたい。

【ステップ3】
友達の元気がないときに励ますことができる人を「励まし上手」として，1週間チャレンジさせるとよい。

①励ましチャンスを考える。
＊どんなときに元気がなくなるか考えさせる。
〈励ましチャンスの例〉
・具合が悪いとき
・失敗をしたとき
・苦手なことや嫌なことをする前
・家族が病気やけがでつらい思いをしているとき
②どんな一言や励まし方がうれしいかを考える。
＊自分だったら，どんな一言や行動がうれしいかを考えさせる。
〈励まし方の例〉
・「大丈夫？」
・「お大事にね。」
・「無理しないで。」
・何も言わないで様子を見守る。
・楽しい話やおもしろい話で気分を変える。
・そっと肩に手を置く。
・一緒にいる。
ワークシートを用意し，1週間チャレンジさせるとよい。

3・4年生

【ステップ1】
「想う」という字は，「思う」と同じ意味だが，「相手の心を先に考えてあげる」という思いやりの意味を感じ取ることができる。

【ステップ5】
「ステップ4」で実践したことをあげさせ，学級で継続して取り組んでいくものにするとよい。

【ステップ4】
その日の思いやりの心を表現できた友達を，帰りの会で発表し合うなど，学級で思いやりをもった行動について意識をもって生活させる。

ねらい ▶▶▶ 集団の中で，相手に対する思いやりをもって接することができる。

[3時間扱い]

ステップ1　【課題発見・把握】
●社会は協力や助け合う関係で成り立っていることを知り，それを保つために必要な「思いやりの心」に気付かせる。
※人々がお互いに協力し，助け合っている様子のイラストを見て，お互いが信頼し合える生活を送るためには，どのような姿勢・態度をとればよいかを考えさせる。

ステップ2　【正しい知識・認識／価値／道徳的心情】
●集団では，お互いの信頼関係が必要であることを理解させる。
※一人でいる友達の気持ちや，体調を崩している友達の気持ちを考えさせ，自分にできることは何か具体的にあげさせる。

ステップ3　【スキルトレーニング／体験活動】
●思いやりを表す具体的な行動を身に付けさせる。
※今までの生活の中で，自分が嫌な思いをした経験や周囲に嫌な思いをさせた経験，その時の気持ちを発表し合い，その時にどのような行動をとればよかったかを考えさせる。

ステップ4　【日常実践／活用】
●思いやりのある行動を心がけて行動させる。
※「自分がしてもらえたらうれしいな」と思うことを実行し，「自分がされたら嫌だな」と思うことは人に対して行わないことを実践させる。

ステップ5　【まとめ／評価】
●学習の成果を振り返り，日常実践への意欲をもたせる。
※実践を振り返り，自分の課題を再確認させる。

●はねらい，※は学習活動・手だてを示す。

解説
★イラストでは，人々がお互いに協力し，助け合っている様子が描かれている。このようにお互いが信頼し合える生活を送るために，どのような姿勢・態度をとればよいかを考えさせる。
★思いやる行動として，声をかけたり，休んだ友達に手紙を書いたりする姿が描かれている。イラストを活用し，思いやりのある行動について考えさせる。
★思いやりの心をもつために，友達のことを励ましたり，ほめたりするスキルトレーニングをすることにより，自分がしてもらってうれしいと思うことは，友達もうれしいと思うことに気付かせたい。また，具体的にどのような行動が思いやりのある行動なのかを考えさせることが大切である。

評価の観点
◆相手の気持ちを考え，思いやりのある行動をとることの大切さを理解できたか。
◆相手の気持ちを考え，行動できているか。

参考情報
○「学級ソーシャルスキル〈小学校中学年〉」（図書文化）など，ソーシャルスキルに関する書籍を参考にするとよい。

教科書 p.24〜25

人間関係形成領域 ●集団適応能力

12 みんなちがって，みんないい　望ましい集団づくり

【ステップ2】
望ましい集団とは，一人一人が自分のよさを発揮することができるものであることを理解させる。また，集団のためによさを積極的に発揮していくことの大切さを考えさせる。

【ステップ3】
よりよいクラスにしていくために，一人一人のよさをどのような場面で生かすことができるか，具体的な場面を想定して話し合うとよい。

【ステップ1】
自分のよさを言うことができない子どもは少なくない。写真資料のように，まずは得意なことをあげさせると，子どもたちは見付けやすくなる。
得意なこと以外にも，人のよさはあることを，教師が例をあげて示すとよい。
・努力すること
・思いやり，優しさ
・責任感
・粘り強さ
・あいさつ，返事
・社交性
など，よさを考える視点を示す。

一人一人のよさは，違っていていい。担任から見た子どもたちのよさを提示するのもよい。

【ステップ2】
よい集団の条件として，認め合い，助け合うだけでなく，高め合えるということも大切にしたい。

【ステップ3】
子ども同士の関係が希薄だと，なかなかよいところを書き出すことができない。学級・学年の中で，子ども同士が密にかかわり合いながら活動した後には，子ども同士もよさが見えてくる。
例えば，
・隣の席の友達と協力して，授業中の課題を達成した後
・グループごとに練習し，ポートボールの試合に臨んだ後
・一致団結して運動会の競技練習をした後
・学習発表会に向けてグループで劇練習をした後

また，頑張ってできたとき，上手にできたとき，初めて成功したときなど，ほめられると心の中からやる気が出てくる。同時に，友達のよさにも気付く。「ほめ上手」「ほめられ上手」になるような取り組みをすると，その子のよさをクラスで生かすきっかけにもなる。

【ステップ4】
家庭にも協力を依頼し，その子のよいところを保護者にもカードに書いてもらったり，よいところを生かして家庭で何ができるかを提案してもらったりしてもよい。

【ステップ5】
自分は学級の中に活躍する場があると思えるような，自己有用感を味わわせたい。自分のよさを友達・先生が認め，それを生かすことができるという自信をもたせていきたい。

3・4年生

ねらい ▶▶▶ 自分のよさや「個性」を集団の中で生かすことができる。

3時間扱い

ステップ1 【課題発見・把握】
① ●自分や友達のよさに対する認識について，実態と課題を認識させる。
※自分や友達のよさの見付け方を発表させる。

ステップ2 【正しい知識・認識／価値／道徳的心情】
① ●よさを認め合い，助け合うことの大切さを理解させる。
●集団のために，自分のよさを積極的に発揮することの大切さを理解させる。
※自分が所属したい集団の条件を考えさせる。

ステップ3 【スキルトレーニング／体験活動】
① ●自分自身や友達のよさの見付け方を身に付けさせる。
※カードに自分や友達のよさを書き出させる。よりよいクラスにしていくためには，友達のよさをどのように生かせばよいかを話し合わせる。

ステップ4 【日常実践／活用】
●自分に自信をもち，集団の中で自分のよさを生かすように生活させるとともに，個と集団の関係を強めるような実践をさせる。
※学校または家庭において，自分のよさを生かした生活ができるようにする。

ステップ5 【まとめ／評価】
① ●学習の成果を振り返り，日常実践への意欲をもたせる。
※望ましい集団のあり方と自分や友達のよさを理解し，互いに認め合うことの大切さを考えさせる。自分のよさを学校や家庭で生かすことができているか振り返らせる。

解説

★写真資料を通して，集団の中での個人の存在はとても大切であることや，誰もがそれぞれのよさをもっていることに気付かせる。ここでは，自分のよさについてじっくり考えさせることが大切である。

★SMAPの"世界に一つだけの花"の歌詞から，なぜNo.1にならなくてよいのか，特別なOnly oneとはどのような意味なのかを考えさせることも効果的である。

★子ども同士の関係が希薄だと，よいところを書き出すことがなかなかできない。学級・学年の中で，子ども同士が密に活動した後には，よいところが見えてくるものである。

評価の観点

◆自分や他者のよさに気付き，認め合い，助け合うことの大切さが理解できたか。
◆集団の中で，自分のよさを生かすことができているか。

参考情報

○「学級ソーシャルスキル〈小学校中学年〉」（図書文化）など，ソーシャルスキルに関する書籍を参考にするとよい。

●はねらい，※は学習活動・手だてを示す。

教科書 p.26〜27　　　　人間関係形成領域　●自他理解能力

13　心と心をつなげよう　人に対する礼儀をわきまえた接し方

【ステップ1】
　イラストを活用し，3つの場面のとき，自分はどうだったかを発表させる。（動作化させてもよい）

〈板書〉
・相手が気持ちよくなる言葉かけ
・嫌な思いがする言葉かけや態度
に分ける。（短冊に書いて提示してもよい）

　自分で思い出せないときには，友達に言われた言葉を紹介させてもよい。

　相手が気持ちよくなる言葉（あたたかい言葉）には，どのような秘密があるのか考えさせる。
・「ありがとう」「ごめんね」のほかにも言葉を添えている。
・笑顔，心配そうな顔など，気持ちが顔に表れている。

【ステップ2】
　資料では，2つのぶつかった場面が紹介されている。対応の仕方の違いを比較させる。
・最初の一言，どのような言い方か，その時の態度を視点に考えさせる。

言葉にして伝える大切さだけでなく，伝え方，タイミングも重要な要素であることに気付かせる。

【ステップ3】
〈場面想定〉
・校庭に忘れた赤白帽を持ってきてくれたとき
・給食の時に，机をグループにしておいてくれたとき
・消しゴムを貸してくれたとき
・まちがってぶつかってしまったとき
・掃除中，運んでいた机を倒してしまったとき

　「ありがとう」「ごめんね」のあとに，一言添えさせたい。
　どのような言葉かけをすると，相手に気持ちが伝わるかを考えて，ロールプレイする。
　言われた相手は，どのような気持ちになったか考えて，発表する。

3・4年生

【ステップ4】
　意識して生活をしないと，あたたかい言葉をかけずに1日が終わってしまうことがある。「あたたかい言葉を使おう」「『ありがとう』『ごめんね』に気持ちがこもった言葉をそえよう」などの目標を掲示しておくとよい。

【ステップ5】
　紹介された子どもはうれしいものである。帰りの会を利用して，毎日紹介し合うとよい。

ねらい▶▶▶ だれに対してもあたたかい言葉をかけ，親切にすることができる。

3時間扱い

ステップ1　【課題発見・把握】
① ●これまでの自分の経験を振り返り，自分の言葉かけや態度がどうだったかを考えさせ，対応の仕方で相手の気持ちが変わることに気付かせる。
　※イラストを参考にしながら，自分のこれまでの経験を発表させ，「あたたかい言葉」「嫌な思いがする言葉・態度」に分類する。
　※どういう言葉かけや態度がよいかを考えさせる。

ステップ2　【正しい知識・認識／価値／道徳的心情】
●言葉で気持ちを伝えることの大切さを理解させる。
　※資料「言葉のまほう」を読み，「ゲーム屋での自分の態度」「スーパーマーケットでの男の子の態度」を比較させ，最初の一言が与える相手の感情の違いに気付かせる。

ステップ3　【スキルトレーニング／体験活動】
●あたたかい言葉かけの練習を通して，言葉で伝える方法を身に付けさせる。
① ※日常よくある場面を設定してロールプレイさせる。
　※いろいろな「あたたかい言葉かけ」の練習後，他の人の動作や考えから，実際に自分がやっていきたいことを考えさせる。

ステップ4　【日常実践／活用】
●「ステップ3」で練習したことを日常生活で実践し，「あたたかい言葉」の効果を体感させる。
　※帰りの会を活用し，自己評価，相互評価を繰り返す。教室に掲示するなど学級に広める工夫をする。

ステップ5　【まとめ／評価】
① ●あたたかい言葉を意識した生活を振り返り，あたたかい言葉かけの大切さに気付かせる。
　※自分が言った時の気持ち，言われた時の気持ち，自分の変化，今後どうしていきたいかをまとめさせる。

解説
★子どもの中には，何も言わないのがあたりまえ，言葉にしなくても何となく通じているのではないか，という思いがある。気持ちを伝える言葉を言った経験がない，言いたいとは思うけれど照れくさい，といった実態もあるだろう。
★本単元では，言葉に出して気持ちを伝える経験を積ませていきたい。言葉で伝え合う練習（表情，態度などに気を付けてみてもよい）のなかで，言われた時の心地よさも味わうことができる。
★帰りの会等で，友達に言われた「あたたかい言葉」を紹介することで，学級の中に「あたたかい言葉」を広げていく。

評価の観点
◆あたたかい言葉で伝えることの大切さを理解することができたか。
◆日常生活の中で，自分の気持ちが伝わるような言葉かけ（言い方，表情，態度を含めて）ができるようになったか。

●はねらい，※は学習活動・手だてを示す。

教科書 p.28〜29　　　　　　　　　　　　　　　　　　　　人間関係形成領域　●自他理解能力

14　ありがとう　相手や場に応じた感謝の気持ちの表し方

【ステップ1】
自分はどんな人に支えられている（お世話になっている）か考えさせる。
・家族
・おじいちゃんやおばあちゃん
・担任の先生
・校長，専科などの先生
・主事さん
・交通指導員さん
・児童センターの職員
・すまいるの先生
・友達
・地域の人
・命のもとになっている生き物
・農家の人　など

単元15で，自分と間接的にかかわっている人にも目を向けて，感謝の気持ちをもつ学習をする。
本単元では，直接お世話になっている人に視点をあて，「ありがとう」という言葉にして伝える学習をする。

【ステップ3】感謝の気持ちを伝える経験の場
《集会》
・二分の一成人式（親への感謝）
・勤労感謝の日集会（学校の教職員への感謝）
・ありがとう集会（いろいろな人へありがとう）

【ステップ2】
「あなたにありがとう」の歌詞を読み，自分にとっての「あなた」は誰か考えさせる。いろいろな人を「あなた」にあてはめて，「あなた」の大切さを共感させる。

【ステップ5】
日常生活のささいなことにも感謝の気持ちがもてるようになると，素直に「ありがとう」と言えるようになる。教師は，子どもが「ありがとう」を言っている様子を見たら，「気持ちがいいありがとうができたね。」など，容認していく。

【手紙】
・主事さんへ
・給食主事さんへ
・保健の先生へ　など
〈手紙の書き方例〉
①○○さんへ
②○○さんのすごいところ・どんなお世話になっているか・どんなことがうれしかったかなど
③感謝の言葉
④自分も○○さんのように〜〜したい，〜〜になりたい，などの目標
⑤これからもお世話になります，という今後に向けての言葉

【ステップ4】
「ありがとう」「ありがとうございます」を言う経験をたくさんさせたい。
〈ポイント〉
・気持ちを込めて
・相手の目を見て
・笑顔で

3・4年生

ねらい▶▶▶ 親切にしてもらったり，お世話になったりした人に感謝の気持ちを伝えることができる。

3時間扱い

ステップ1　【課題発見・把握】
①
●毎日の生活の中で，たくさんの人にお世話になっていることに気付かせる。
※毎日の生活の中で，自分がお世話になったり，親切にしてもらったりした経験を思い出させ，列挙する。
※お世話になっている人に，感謝の気持ちを伝えたことがあるか考えさせる。今まで言葉で感謝の気持ちを伝えてきた経験が少なかったことに気付かせる。（お世話にはなっているが，伝えたことがないという相手がいることに気付かせる。）

ステップ2　【正しい知識・認識／価値／道徳的心情】
●人は，いつも誰かに支えられて生活していることを理解させ，「ありがたい」という感謝の思いをもつことの大切さを教える。
※「あなたにありがとう」を活用し，自分を支えてくれている周りの人に感謝の気持ちをもつことの大切さについて考えさせる。

ステップ3　【スキルトレーニング／体験活動】
①
●集会等を開き，「ありがとう」を伝える経験を通して，感謝の気持ちを伝えることのよさを経験させる。
※集会ではなく，手紙で感謝を伝える方法もある。いつもお世話になっている学校の教職員や家族への感謝の気持ちを込めた手紙の書き方を身に付けさせる。

ステップ4　【日常実践／活用】
①
●「ありがとう」という感謝の気持ちをもって生活し，実際に気持ちを伝える経験を通して，感謝の気持ちを表現することの大切さに気付かせる。
※感謝の気持ちを伝えたい人のリストを作成し，期間内に実行させるなど，具体的な目標をもたせるとよい。

ステップ5　【まとめ／評価】
①
●感謝の気持ちをもち，伝えていくことの大切さを評価付け，日常に生かしていく意欲を高めさせる。
※自分を支えてくれている人の存在に気付く，感謝の気持ちをもって接することができる，「ありがとう」を伝えることができる，学習を通して自分の変容に気付く，などの視点で学習を振り返らせる。

解説

★人は，様々な人たちに支えられながら生活をしていることを忘れがちである。多くの人にお世話になったり，親切にされたりと，数えきれないほどのかかわりを通して生きている。ところが，日常は，それらのことに感謝することを忘れて，あたりまえと感じてしまっていることが多い。

★本単元では，学習を通して，感謝の気持ちを新たにし，一人一人がその感謝の気持ちを「ありがとう」という具体的な言葉で相手に伝えられるようにしていくことを目的としている。

評価の観点

◆感謝の気持ちをもつことの大切さに気付き，自分たちを支えてくれている人，お世話になっている人に対して，感謝の気持ちを伝える大切さを理解することができたか。

◆お世話になっている人に，心を込めて「ありがとう」を伝えることができているか。

参考情報

○「あなたにありがとう」（中山真理　作詞・作曲）〈楽譜〉

●はねらい，※は学習活動・手だてを示す。

教科書 p.30〜31　　　　　　　　　　　　　　　　　　　　　　　人間関係形成領域　●自他理解能力

15　ささえられている わたし　いろいろな人への感謝の気持ち

（吹き出し・注釈）

- 自分が手助けできる。
- わたしたちが安心して生活できるように，病気を予防したり，治療したりしてくれる。
- 【ステップ2】縁の下の力持ちとは，陰で苦労や努力をすること。気付かないところで大切な役目を果たしている人のこと。
- 【ステップ2】人は一人では生きていけないとは…　人間は，誰もが社会とかかわり，人と支え合っている。米も麦も野菜も作っていないし，牛やニワトリも飼っていない。他人が作った服を着て，他人が建てた家に住み，他人が作った電化製品にお世話になっている。
- 【ステップ1】写真を参考にして，自分たちは一人で生きているのか，そうでなければ，どんな人とかかわり，どんな人たちが自分を支えてくれているかを問う。
- 安全を守ってくれている。
- 生活の安全を支えてくれている。いつでも助けられるように訓練もしている。
- 【ステップ3】《気持ちの伝え方》
  ・直接お礼を言う。
  ・手紙で伝える。
  ・感謝の会を開く。
  ・一緒に手伝う。
  ・毎日声をかける。
  ・心を込めてあいさつをする。
  ・残さず食べる。
  ・会釈をする。
- おいしい給食を，心を込めて作ってくれている。
- 自分たちの口に入る一つ一つの食材を，丹精込めて飼育・栽培してくれている。（自分たちは生きるために，動物たちの命をいただいていることにも触れたい。）
- 一家団らんの時間。楽しい食事は心の栄養。
- ごみを処分してくれる人のおかげで，清潔で安全に暮らすことができている。
- 【ステップ4】実践カードを用意し，感謝の気持ちをもって生活できたか，感謝の気持ちを言葉や態度で伝えられたかを1週間記録していくとよい。
- 【ステップ5】お世話になっている人たちの存在に気付き，感謝の気持ちをもち，言葉や態度で伝える実践を通して，子どもたちの心にどんな変化が起きたかを振り返らせる。

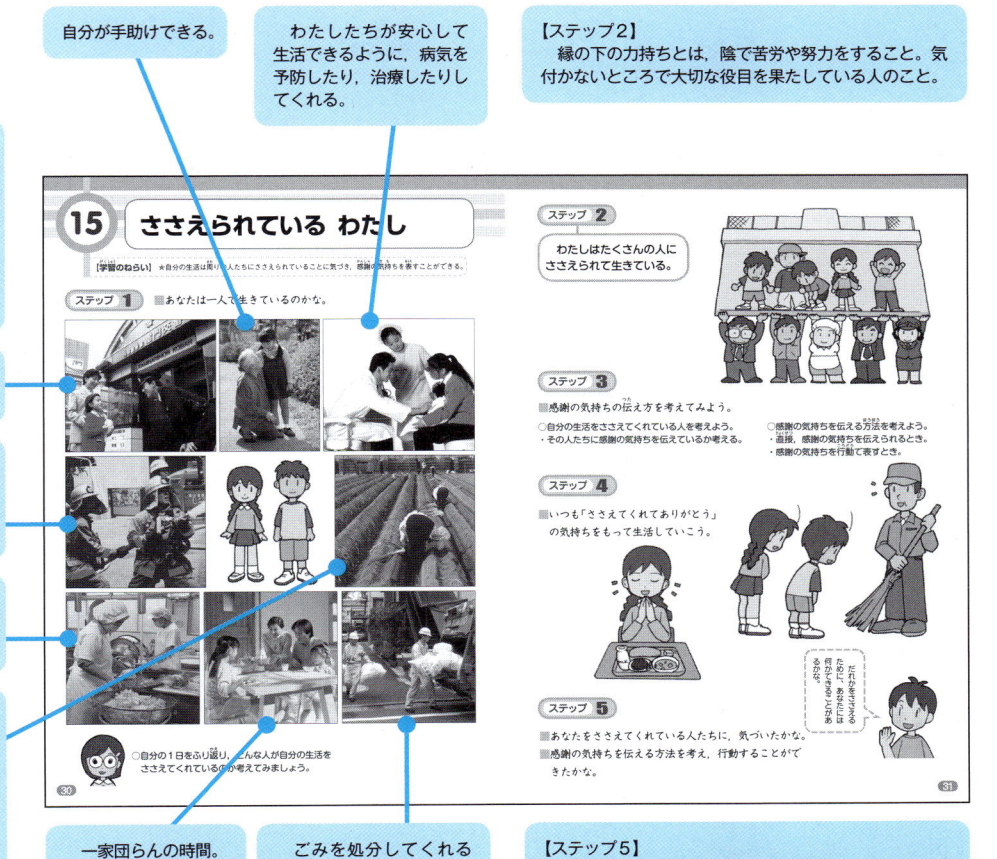

3・4年生

ねらい▶▶▶ 自分の生活は周りの人たちに支えられていることに気付き，感謝の気持ちを表すことができる。

3時間扱い

ステップ1 【課題発見・把握】
- 自分を支えてくれている人が，どれくらいいるのかを発表し合い，自分は一人で生きているわけではないことを実感させる。
- ※自分を支えている人をマッピングしながら板書し，視覚的に「たくさんの人に支えられている」ということを実感できるようにする。

ステップ2 【正しい知識・認識／価値／道徳的心情】
- 自分は多くの人に支えられて生きているということを理解させる。
- ※身近な人との直接的なかかわり，縁の下の力持ち的存在の人たちとのかかわり，間接的なかかわり（農家，製造業などに従事する人たち）など，人間は一人で生きているわけではないことを確認する。

ステップ3 【スキルトレーニング／体験活動】
- 今日一日，自分の生活を支えてくれている人々について挙げさせ，自分はどのようにお世話になり，どのように感謝を伝えているかを考えさせる。
- ※広がりすぎないように，身近な人に絞って考えさせるとよい。
- ※直接，感謝の気持ちを伝えなくても，その人の思いに応えることで表現することもできることを伝える。

ステップ4 【日常実践／活用】
- 実践を通して，感謝の気持ちをもって生活をさせる。
- ※直接，伝える場合と，自分の生活を改善させることで表現する場合がある。自分の行動のめあてを立てさせ，日常的に振り返らせるようにする。

ステップ5 【まとめ／評価】
- 学習の成果を振り返り，自分の変容を確かめさせる。
- ※感謝の気持ちをもって生活したり，感謝を伝えたりすることが自然にできるようになったか，自分も誰かを支えたいという気持ちが起きたかを振り返らせる。

解説
★一回の食事一つとって考えてみても，多くの人に支えられていることがわかる。本単元では，自分の生活がどれほどたくさんの人に支えられているかについて考え，目には見えないが，自分たちを支えてくれている多くの人や命の存在に気付き，感謝の気持ちがわいてくるような授業展開をしたい。

★感謝の気持ちは思っているだけでは伝わらない。言葉に出す，言葉で伝える，行動に移す，態度で表すなど，感謝の気持ちを表現できるようにトレーニングしていく。

評価の観点
◆自分は多くの人に支えられて生きていることを理解し，感謝の気持ちをもつことができたか。
◆感謝の気持ちを言葉や行動で表すことができているか。

板書例
ステップ3　今日一日，わたしをささえてくれた人たち
（マッピング：先生／すまいの先生／お母さん／きょうだい／調理主事さん／交通指導員の方々／給食／友達／ろうかをそうじしてくれて気持ちがよかった。／主事さん／6年生／ぼくたちの安全を守ってくれた。／たくさんの人にささえられている。）

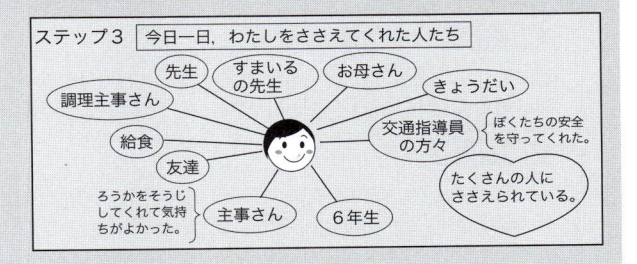

●はねらい，※は学習活動・手だてを示す。

教科書 p.32〜33　　　　　　　　　　　　　　　人間関係形成領域　●コミュニケーション能力

16　言いたいことは，どんなこと　話す技術

【ステップ1】
1対1の対話を基本に，「うまく話が伝わらなかった」経験を出し合う。

【ステップ3】
決めた課題にそって，1体1で対話の練習をする。3〜4人のグループで評価者を決めて，対話観察させる。

【ステップ3】
「話をしてみよう」の練習のポイント
①「ステップ2」でおさえた「相手を考えた話し方」に留意することと，「気持ちのよい話し方と聞き方」を振り返るなかで，「上手な話し方，聞き方」を提示する。

②練習方法の周知。
③話題を考えさせ，話す順番や伝えたい思い（考え）をワークシートにまとめさせる。
④生活班などで一緒に取り組み，2人は観察役としてチェックシートに記入してもらう。
⑤話す・聞くを同時にチェックすると評価が徹底しないので，話す練習・聞く練習と2回に分けて実施する。

左上・下：上と下の絵を比較し，下がうまく伝わっていない状況を理解させる。
（理由は「ステップ2」で扱うので，あまり深入りしなくてよい。）

グループ：グループの対話シーンだが，基本は1対1。上の2人はうまく対話しているようだが，会話がすれ違っている。下の2人は，隣の子と話していて会話が成立していない。

右下：楽しそうな親子の会話。
（「ステップ2」で活用したいので，軽く取り上げる。）

【ステップ2】
対話がうまくいかない場合
・内容が決まっていない。（右上）
・順序よく話せない。（左下）
・相手のことを考えていない。（右上）

対話がうまくいっている場合
・相手を見ながら話し，うなずいて聞いている。（左上）
・話題を共有している。（楽しい）
　話題の共有，分かりやすい話し方，気持ちのよい聞き方は，相手を考えた会話であることに気付かせたい。

【ステップ5】
意欲的に対話ができるよう，月に一度くらい「お話上手コーナー」などを設け，上手な対話を取り上げる。「ステップ5」では，そのやり方の説明と評価，定点評価の予告として指導する。

「ステップ3」は，実生活に生かすための準備という学習目的もあるので，練習体験を行うだけでなく，「ステップ4」につなげる実践の場や方法・期間などもきちんと考えさせ，行動化につながるよう準備することが大切である。

【ステップ4】
話し方のポイントを教室で掲示し，他の教科においてペアで相談したり，グループで話し合ったりする際に意識させる。

ねらい▶▶▶　相手の話をしっかりと聞いたり，自分の考えや気持ちを伝えたりすることができる。

4時間扱い

ステップ1　【課題発見・把握】
●うまく話が伝わらなかった経験を思い出し，気持ちのよい話し方について関心をもたせる。
※イラストのような場面で，うまく話が伝わらなかった経験を話し合う。個人とグループの会話に分けて事例を出させ，その時の気持ちを考えさせる。

① **ステップ2**　【正しい知識・認識／価値／道徳的心情】
●気持ちのよい話し方について考え，相手を考えた話し方・聞き方の大切さを理解させる。
※気持ちのよい話し方体験を発表し，どうしてそう感じるのかを考える。よい話し方，聞き方の事例を用意しておき，ねらいにそった発言を促す。

② **ステップ3**　【スキルトレーニング／体験活動】
●話題を決め，1対1の対話練習をし，上手な話し方や聞き方を身に付けさせる。
※決めた話題にそって，1対1で対話の練習をする。3〜4人のグループで評価者を決めて，対話観察させる。

ステップ4　【日常実践／活用】
●練習で身に付けた話し方・聞き方を，授業や生活で活用させる。
※活用する場面を設定し，その場で評価シート等に記入させる。

① **ステップ5**　【まとめ／評価】
●単元を振り返り，相手の気持ちを考えた会話を継続して取り組ませる。
※年間を通じて定点評価できる場を計画し，意欲を高める。

解説
★この単元は，「18　みんなに伝えるには？」と内容が関連する単元である。1対1の対話の基本を身に付けることが求められているので，3年生で扱うのが望ましい。単元18を4年生で実施するか，3年生後半で実施するかを，各校の指導計画作成時に決めておく必要がある。
★話がうまく伝わらない原因を考えさせるのは，3年生だと難しい面も多いので，できるだけ伝わらなくて困った体験やよい気持ちで会話ができた体験から，相手を意識して話すことの大切さに焦点を当てた授業展開が理解しやすい。
★会話には話す・聞く両方が必要であり，両方取り扱うが，ここでは話す技術の方に重点を置くこととする。

評価の観点
◆相手の気持ちになって話すことの大切さが理解できたか。
◆上手な話し方・聞き方を理解し，それを活用して会話できたか。

参考情報
○「共に創る対話力」（多田孝志著　教育出版）など，対話に関する書籍を参考にするとよい。

●はねらい。※は学習活動・手だてを示す。

教科書 p.34〜35　　　　　　　　　　　　　　　　　　　　　人間関係形成領域　●コミュニケーション能力

17　ていねいな言葉で話そう　日常会話での丁寧語・尊敬語・謙譲語

【ステップ3】
〈イラストの3つの場面状況の把握〉
・養護の先生に対して
・担任の先生に対して
・主事さんに対して

子どもは、資料を見ただけで、その言葉遣いに違和感を覚えるだろう。その言葉遣いがなぜおかしいのかを発表し合い、丁寧に話した方がよいことに気付かせる。
・年上の人なのに、友達みたいに話している。
・人に頼む言い方ではない。
・相手の人が嫌な気持ちになっている。
・いばっている感じがする。
・失礼な言い方だ。
・聞いていて、嫌な気持ちがする。

【ステップ1】
すまいるの先生への言葉遣いは、課題が見られることが多い。親しみを表すことと、友達のように話すこととは違うということをしっかり教える。

友達関係のような家族が増え、丁寧な言葉で話すことをトレーニングされていない子どもが多い現在、学校側の役割の大きさを認識し、しっかり指導し、練習の場を多く設定することが大切である。

【ステップ3】
〈役割分担例〉
年上役…主事さん、学校に来たお客様、校長先生、地域の方、インタビュー相手など。

【ステップ2】
〈敬語を使う場面〉
・公的な場所、状況　・目上の人に対して
・敬意を表したい相手に対して

【ステップ4】
日常的に、正しい言葉遣いをすることを意識して生活できるように、掲示物やワークシートを用意する。
目上の人に対して、敬語を使うことを日常化させたい。

【ステップ3】
〈インタビュー〉
社会科や国語科と関連させて指導するとよい。
・昔の道具の使い方を伺う
・戦争の話を伺う
・スーパーマーケット見学
・消防署見学
・社会科見学　など

インタビューをする時には、言葉遣いだけでなく、聞く態度にも気を付けさせる。
（相手に敬意の気持ちをもってインタビューする。）
・感謝の気持ちで
・相手の目を見て
・うなずきながら
相手が話したくなるような雰囲気をつくることが大切である。

【ステップ5】
振り返る際に、学級内に正しい言葉遣いが広がっていることのよさを認め合わせたい。

3・4年生

| ねらい ▶▶▶ 相手に応じて言葉遣いを変えて話すことができる。 |

4時間扱い

① **ステップ1**　【課題発見・把握】
●自分の日常の言葉遣いの課題をつかませる。
※イラストの言葉遣いがおかしいことに気付かせ、その理由を考えさせる。
※イラストの言葉遣いについて、気付いた課題と理由、丁寧な言葉を使った方がいい理由を考えさせる。

ステップ2　【正しい知識・認識／価値／道徳的心情】
●相手や場面に合ったふさわしい言葉遣いをする必要があることを理解させる。
※相手を敬う気持ちを表す方法であることを教える。

② **ステップ3**　【スキルトレーニング／体験活動】
●ロールプレイで敬語を使った言い方やインタビューの方法を身に付けさせる。
※場面を設定し、子ども同士で会話やインタビューの練習をさせる。

ステップ4　【日常実践／活用】
●学校や地域、家庭での生活の中で、相手や場面に合った正しい言葉遣いを実践させ、敬語を使うことや丁寧に話すことを日常で実践させる。
※その他の学習と関連させ、インタビューの実践を設定するとよい。

① **ステップ5**　【まとめ／評価】
●実践を振り返り、正しい言葉遣いをした時の自分の気持ちや相手の反応などから、敬語を使うことのよさに気付かせる。
※正しい言葉遣いをしている子どもを認め、正しい言葉遣いを学級に広めていく。

解説

★中学年になると社会性が芽生え、低学年特有の自己中心性を抜け出し、人との上手な関係のとり方ができるようになってくる。相手への気遣いができるようになるということである。敬語とは、相手への気遣いの心であり、敬意の心である。敬語を正しく使えるようにすることは大切だが、相手を気遣い、尊敬(敬意)の心をもって接することが基本となることをおさえておきたい。

★本単元では、相手や場面の状況によって、それにふさわしい言葉遣いがあることを理解し、日常生活においても使えるようにトレーニングをしていく。

★ローテーションを組み、職員室に練習に行かせるなど、具体的な場面を「ステップ4」で多く設定したい。日常の活動として設定することで、より多くのトレーニングを積ませることが大切である。

評価の観点

◆相手や場面に応じて、正しい言葉遣いをすることの大切さを理解することができたか。
◆相手や場面に応じた丁寧な言葉遣いができているか。

●はねらい、※は学習活動・手だてを示す。

教科書 p.36〜37　　　　　　　　　　　　　　　　　　　　人間関係形成領域　●コミュニケーション能力

18　みんなに伝えるには？　伝える目的

【ステップ1】
話をしたり聞いたりする目的を考えさせる。
「何のために人から話を聞いているのか。」
→正しく伝えるために，正しい情報，生きた情報を得るため。

「何のために話合いをしているのか。」
→みんなの考えをまとめるため，みんなの考えからよりよい案を決めるため。

【ステップ2】
《分かりやすく伝える方法》
①いろいろな話法を知り，実際に使えるようにする。
②声の大きさ・声の速さ，声の出し方を工夫する。
③聞き手を見る。（気持ちが伝わる）
④表情豊かに
⑤ボディランゲージ（身ぶり・手ぶり）

【ステップ1】
自分の考えを上手に相手に伝えることができているか振り返らせ，課題をつかませる。
スピーチ，話合い活動，自由研究の発表などを通して，上手になりたいという意欲を高める。

【話法とその効果について】
〈理由付け（話し合い活動）〉
自分の考えを先に述べる。
→聞き手の気持ちをひき付ける。

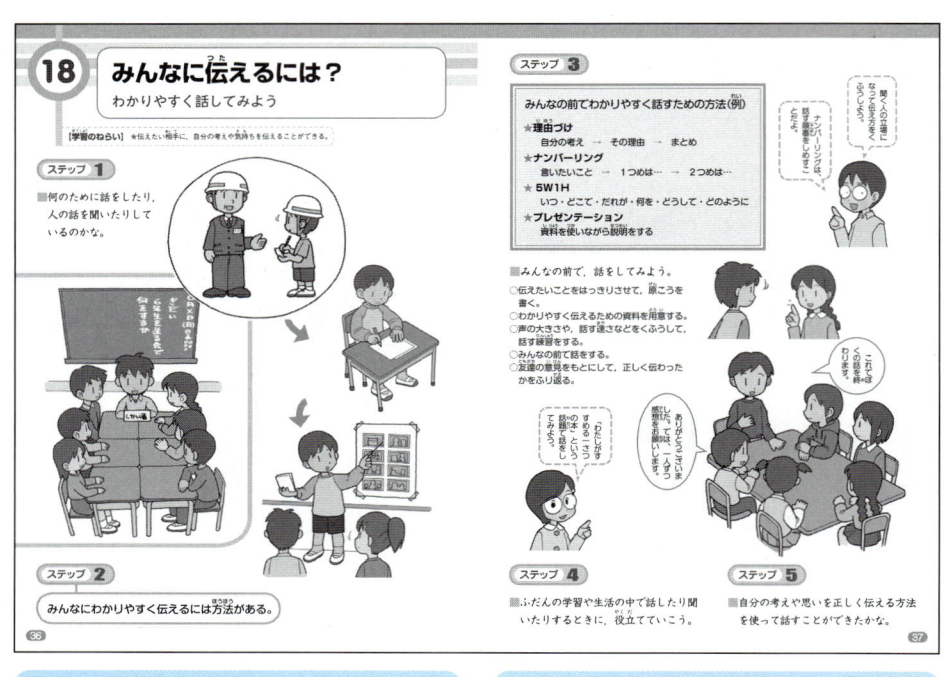

〈ナンバリング〉
「〜が3点あります。第1は，第2は〜。」などと順番付ける。
→話を整理しながら聞くことができる。

〈5W1H（スピーチ）〉
→聞き手が場面を想像して聞くことができる。

〈プレゼンテーション（発表会）〉
資料を提示する。
→視覚に訴えることで，聞き手の理解が深まる。

〈方向付け〉
最初に，「自分はこういう展開で話をします」と全体の流れについて説明する。
→聞き手が見通しをもって聞くことができる。

〈その他のテクニック〉
・1文は短く。
→聞き手は文の終わりでうなずくことができる。
・キーワードを多用する。
・例を挙げる。
（例えば…）

3・4年生

【ステップ4】
ペア，小グループ，10人程度，学級全体というように段階を踏む。
→話すことに苦手意識のあった子どもが，自信をもつことができる。

【ステップ5】
人に話をするときには，相手に分かるように話すことが大切である。これまでの学習を生かして，今後も話し方のスキルアップをさせていくとよい。

ねらい▶▶▶ 伝えたい相手に，自分の考えや気持ちを伝えることができる。

4時間扱い

ステップ1　【課題発見・把握】
●これまでの自分の経験を振り返り，自分の課題を把握させ，さらに上手に話せるようになりたいという意欲をもたせる。
※自分の考えや気持ちが相手にうまく伝わらなかった経験を発表させ，相手に自分の考えを分かりやすく伝えるためには，どんなことができればいいのか，また，どのように話せるようになりたいかを考えさせる。

ステップ2　【正しい知識・認識／価値／道徳的心情】
●「自分の気持ちを相手に分かりやすく伝えるための方法を身に付けるとよい」ということを実感させる。
※話法，非言語コミュニケーションによるロールプレイをする。
※自分の考えを一方的に話したり，黙って相手が話してくれるのを待っていたりしても，自分の考えはうまく伝わらない。相手に分かりやすく伝える方法を身に付けることが大切であるということをおさえる。
（話法，非言語コミュニケーションなど）

ステップ3　【スキルトレーニング／体験活動】
●相手に自分の考えや気持ちが伝わる話し方（聞き方）を身に付けさせる。
※いろいろな場面設定をし，話し方の練習をさせる。
※うなずいたり，笑顔で聞いたり，といった相手が話したくなるような聞き方が大切であることにも触れる。

ステップ4　【日常実践／活用】
●授業やふだんの生活の中で，「ステップ3」で身に付けた方法を生かして実践させる。
※子どもの変容を認め，自信をもたせていく。

ステップ5　【まとめ／評価】
●これまでの学習を振り返らせ，今後の生活に生かせるようにしていく。
※学習したことを生かして実践できたか，進歩できたかを振り返らせ今後の見通しをもたせる。

解説

★「ステップ1」のイラストは，インタビューをして，それをもとに資料を作成し，発表するまでを表している。報告やプレゼンテーションなどをするときには，正しい情報を正しく相手に伝えることが大切であるということに気付かせる。

★本単元では，話し方や姿勢に関するスキルを身に付けさせることを重視している。話す内容の工夫や効果については，国語科と関連させる。これまで人前で話すことが苦手だった子どもが，話し方のポイントを知り，練習や実践を繰り返すことで，自信がもてるようにするとよい。

★他の教科でも，自分の考えを発表したり，相手に伝えたりする活動は行っている。日常の授業で多くのトレーニングを積ませること，教師が評価しながら改善していくことが大切である。

評価の観点

◆相手に自分の考えを伝えるための話し方について理解できたか。
◆相手に自分の考えを分かりやすく話すことができているか。

●はねらい，※は学習活動・手だてを示す。

教科書 p.38〜39　　　　　　　　　　　　　　　　　　　　人間関係形成領域　●コミュニケーション能力

19　いろいろな話し合い方　意見交換の手法

【ステップ3】
　テーマを決め，グループごとに話し合うが，練習なので，グループ構成を6〜8人にして，観察・評価を2〜3人で行い，交代しながら練習するとよい。

【ステップ1】
　下の絵のような，意見が混乱したり，意見が出なかったという経験を思い起こさせ，話合いの進め方や発言が少ないことに問題あることに気付かせたい。
　簡単な議題をグループで話し合わせ，他のグループの状況を見させるなど，活動を通して自分たちの課題に気付かせてもよい。

【ステップ2】
　「ステップ1」の課題解決のヒントとして，上の絵を参考にする。
　司会などの役割分担の必要性，話合いの進め方を理解させる。
　その際，「ステップ3」の「グループディスカッションのやり方」を参考にまとめるとよい。

【ステップ4】
　ここでは，「学級会」の話合い活動で取り組むことを想定して，テーマ例が出されている。
　グループディスカッションは，日常の教科学習や係活動，委員会活動などいろいろな場面で行われている。ここでの学習は，3年生を対象と考え，話合いの仕方を理解し，身に付けさせることを重点にし，教科学習でのグループディスカッションを実践の場として設定する方法もよい。
　この単元は，単元20，21につなげて指導していくとよい。グループディスカッションの方法は，その単元での活動で意識的に活用してほしい。

【ステップ5】
　話し合って解決したことや実際の活動の成果に着目させ，単に話合いの仕方の振り返りにならないようにする。

3・4年生

ねらい▶▶▶　グループでの話し合い方を理解し実行する。

4時間扱い

ステップ1　【課題発見・把握】
① ●グループでの話合いの課題について理解させる。
　※イラストを見て，話合いの課題について考える。今までの経験をもとに，グループで話し合う問題点について考えさせる。

ステップ2　【正しい知識・認識／価値／道徳的心情】
●グループディスカッションの仕方について理解させる。
　※グループで話し合う時の方法について考える。司会，分担，意見を出すための工夫について考えさせる。

ステップ3　【スキルトレーニング／体験活動】
② ●テーマにそって，グループディスカッションの仕方を身に付けさせる。
　※テーマを決めて，グループディスカッションの方法で話し合う。6〜8人のグループ構成にし，観察・記録をさせる。

ステップ4　【日常実践／活用】
●1か月間，教科学習などでグループディスカッションの仕方を実践させる。
　※チェック表などを活用させ，意識して話し合うことができるようにする。

ステップ5　【まとめ／評価】
① ●実践を振り返り，成果を確認させ，日常的に活用する意欲をもたせる。
　※上手な話合いができた経験を発表し合い，グループディスカッションの方法を再確認するとともに，自分の伸ばしたい課題を把握させる。

解説
★グループで話し合う場面は市民科の学習でも多く見られるが，基本的な話合いの仕方の理解や習熟ができていない場面が多い。この単元を早い段階で学習し，日常の学習で練習を積み上げ，具体的な活動につながるような話合いができるようにしていく。
★話合いでは司会の役割が大きい。全員がグループでの司会役を経験し，力を付けるためには，「ステップ4」がポイントとなる。他の教科でも話し合う場面が多くあることから，グループで司会役を輪番で決めておくとよい。

評価の観点
◆グループにおける話合いの仕方が理解できたか。
◆テーマにそって，話合いの順番を意識して意見が言えたか。

参考情報
○巻末資料参照

●はねらい，※は学習活動・手だてを示す。

教科書 p.40〜41　　　　　　　　　　　　　　　　　　　　　　　　　　　自治的活動領域　●自治的活動能力

20　「ゴール（目標）」を考え，歩く「道のり」を決めよう　学校や学級の目標理解

【ステップ3】
　クラス目標の中から，毎週重点とする目標を立て，チャレンジするのもよい。

【ステップ4】
　ゴール（目標）に近付くために，クラス全員が努力することができたか，一人一人に自己評価させるとよい。何が原因でできなかったか，振り返ることが大切である。

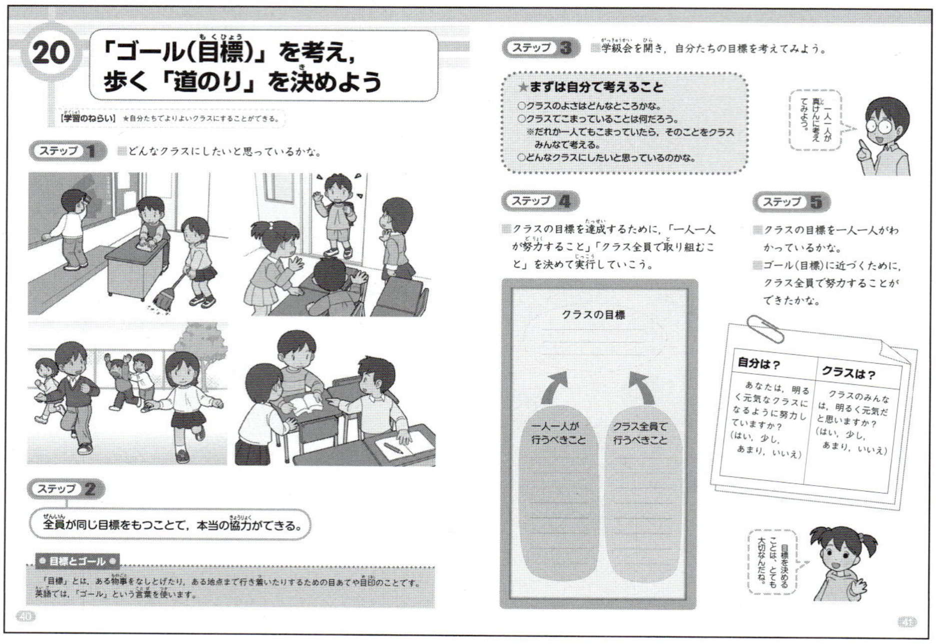

【ステップ5】
「どんなクラスにしたいと思っているのかな。」
【予想される反応】
・みんなが仲よくいじめのないクラス
・時間を守るクラス
・友達にやさしく協力するクラス
・話を最後まで聞くクラス

【ステップ1】
「今，あなたはクラスについてどう思っているかな。」
・よいところや，課題を具体的に出させる。
・子どもたちの願いを出させる。

【予想される反応】
〈クラスのよいところ〉
・掃除や給食当番を一生懸命やる。
・あいさつすると，気持ちよく返事をしてくれる。
・休み時間に元気よく校庭で遊ぶ。
・分からないことがあれば，教えてくれる友達が多い。
・みんな明るく仲がよい。
〈クラスで困っていること（課題）〉
・忘れ物が多い。
・ボールの使い方で，もめることがある。
・給食を残す人が多い。

3・4年生

クラスの実態に応じて目標を立てていくが，学級全員にとって意味のある目標であるかが大切である。

どのように目標を立てたか，みんなが目標達成のために努力できるか（しているか）が重要である。

【ステップ2】
　みんなで決めた目標は，達成するために努力することが前提である。そのためには，誰にとっても意味のあるものでなければならない。それを考えて，目標を設定すべきである。

【ステップ2】
　学級目標と自分との関係を理解するためにも，達成するために一人一人が行うべきことを考えさせる。目標を達成させることが，みんなのためになることに気付かせたい。

ねらい ▶▶▶ 自分たちでよりよいクラスにすることができる。

4時間扱い

ステップ1　【課題発見・把握】
●現在の学級の実態と課題を確認させる。
※学級の実態について話し合い，学級として目標に向かって取り組んでいることがあるか振り返ることができる。

① **ステップ2　【正しい知識・認識／価値／道徳的心情】**
●目標を全員が共有することで，望ましい協力ができることを理解させる。
※今までの学級での活動の中で，協力できたときの気持ちや，その時の目標について思い出させる。

② **ステップ3　【スキルトレーニング／体験活動】**
●全員が共有する目標を設定する方法を身に付けさせる。
※学級会で意見を出し合い，クラスの目標を決め，それを達成するために一人一人が行うべきことと，クラス全体で行うべきことを話し合わせる。

ステップ4　【日常実践／活用】
●目標達成のために，一人一人が努力すること，学級全体で取り組むことを決めて，実践させる。
※係や当番活動，行事と関連させて指導する。

① **ステップ5　【まとめ／評価】**
●学習の成果を振り返り，日常実践への意欲をもたせる。
※目標を全員がもつことの大切さを理解させ，目標を達成するためには，一人一人の行動と全員の行動が大切であることに気付かせる。

解説
★学級は望ましい集団でなければならない。個人と集団の関係について正しく理解させるとともに，目標の大切さにつなげていきたい。目標をもち，学級全員で努力する意識を高めていくことが大切である。
★学級の実態に応じて目標を立てていくが，学級全員にとって意味のある目標であることが大切である。どのように目標を立てたか，みんなが目標達成のために努力しているかが重要である。

評価の観点
◆目標が集団において大切であることを理解できたか。
◆目標に向かって，一人一人が取り組むことができているか。

参考情報
○「学級ソーシャルスキル〈小学校中学年〉」（図書文化）など，ソーシャルスキルに関する書籍を参考にするとよい。

教科書 p.42〜43　　　　　　　　　　　　　　　　　　　　　　　　　　自治的活動領域　●自治的活動能力

21　学級会を開こう　学級における議題／話合いⅡ「議事進行の基礎・基本」「議長団の役割」

【ステップ1】
ここでは，自治的活動に焦点を当てた学級会活動の進め方を学ばせたい。単元20とつなげて指導したい単元である。単元20では，「自分たちでつくるよりよいクラス」という学級集団づくりを重点に，この単元では，自分たちで進める自治的活動力が重点であることに留意する。

左上：話合いの計画（運営会議）の様子。
右上：議題の予告や話合いの進め方などの掲示。

【ステップ2】
下：話合い活動の様子。司会グループ（司会・副司会・黒板書記・ノート記録・時計係）による司会進行。

役割分担をして自分たちの力だけで進めようとする意欲を高める。
議題選定，話合い，実践の一連の活動が「学級会」であることをおさえる。

【ステップ3】
スキルトレーニングも兼ねて，全員をグループ化させ，全体で議題を複数決め，各グループで議題を分担し，その中の1議題について実際に話し合わせる。

【議題選定の方法】
議題箱などを設け，全員に議題を出させて議題選定する。
・自分たちで解決できるか　・金銭を必要としないか
・危険はないか　・みんなで取り組むことか

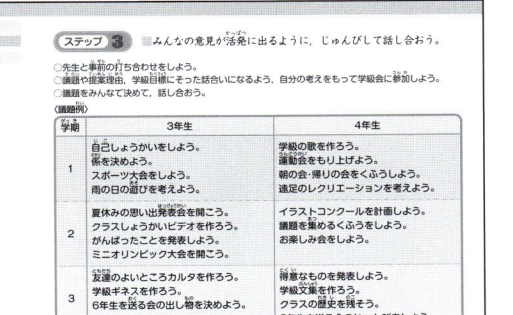

【ステップ4】
ここでは，集めた議題を整理し，年間の活動計画を立てさせる時間を1時間設定し，あとの実践は，学校プランの市民科の時間などを活用して，継続的に自治的活動を行うとよい。

【ステップ5】
学級会のような自主的活動は，随時教師の評価のなかで成果や課題を示し，活動を通して子どもの力を伸ばしていくのが望ましいが，学期に一度は，学級活動の進め方や意義について振り返る場も必要である。

【運営会議】
司会担当グループで話合いの準備をする。
・話合いのめあて
・提案理由（提案者）
・話合いの柱
・タイムスケジュール（黒板に進行計画）
・役割分担
＊副司会に指名させる。
＊記録は2人以上で意見を交替で記録（意見も名前シール）
・進行計画
＊柱にそって意見のシミュレーションを行い，集約の方法を予測しておくとよい。
＊賛成・反対意見はマグネットを貼り，意見の趨勢が見て分かるようにする。
・話合いカードの作成
＊事前に議題，めあて，柱を記入し，自分の意見を書き込めるようにしたシートを用意する。

【実際の話合い】
・うなずきや同意の表現など，言語以外の参加を促す。
・全員が司会を体験するという意識をもたせる。
・実際の活動につなげるための集団決定が目的。
・迷った時は，提案理由を確認させる。

3・4年生

ねらい▶▶▶ 学級会を開き，話合いで物事を正しく決めることができる。

4時間扱い

① **ステップ1**　【課題発見・把握】
●学級会の意義について考えさせ，自分たちで進める会の意義を理解させる。
※自治的活動（学級会）について考える。単元20と関連させ，よりよい学級づくりの方法として考えさせる。

ステップ2　【正しい知識・認識／価値／道徳的心情】
●みんなの意見を生かして，みんなで決めて実行する活動の流れを理解させる。
※学級会活動の進め方について考える。集団討議，集団決定，協力して実践することの大切さをおさえる。

② **ステップ3**　【スキルトレーニング／体験活動】
●議題選定，企画会議，話合い，実行という学級会の流れを身に付けさせる。
※議題をもとに，学級会の流れにしたがって話し合い，実行する。

ステップ4　【日常実践／活用】
●年間の活動計画を立て，活動をするなかで自主的・実践的態度を形成させる。
※「ステップ3」の経験を生かし，年間の活動計画を立て，実践する。

① **ステップ5**　【まとめ／評価】
●1学期の活動を振り返り，自治的活動をする力の成果と課題について考えさせる。
※1学期の活動を振り返り，学級会で身に付いたことや課題を考える。活動ごとの反省をまとめ，身に付いた点や課題が明確になるようにする。

解説

★自治的活動としての従来の学級活動の位置付けが市民科の課題としてあげられているが，活動を通して継続的に活動するなかで身に付けることと，3年生の早い時期に自治的活動の意味や方法をきちんと学ぶことを分けて考える必要がある。例えば，単元16や単元18は対話の基本となるコミュニケーション能力を養う目的であるし，単元19はそれを活用した小集団での対話の方法を学ぶことが目的である。本単元では，そこで養った対話力を活用して，単元20と一緒に学級づくりのための自治的活動として設定されている。したがって，各校の指導計画作成において，3〜4年生を通して計画的に個→グループ→集団でのコミュニケーション力をはぐくむという視点と自治的活動をはぐくむというねらいに留意する。自治的活動は，5〜7年生の代表委員会，生徒会活動やクラブ活動，主体的な学校行事に，8〜9年生の社会参画，地方自治への参加などにつながる学習である。

評価の観点

◆学級会の活動の意義を理解できたか。
◆自治的活動の方法について理解し，進んで取り組めたか。

参考情報

○巻末資料参照

●はねらい，※は学習活動・手だてを示す。

73

教科書 p.44〜45　　　　　　　　　　　　　　　　　　　　　　自治的活動領域　●道徳実践能力

22　心を伝えるマナー　生活の中にあるマナーの理解

【食事のとき】
〈よい例〉
・落ち着いて食べている。
〈悪い例〉
・箸を振り回している。
・口の中に食べ物が入っているのに，話している。

【くしゃみのとき】
〈よい例〉
・手で口をきちんと押さえている。
〈悪い例〉
・手で口を押さえない。

【自転車が前から来たとき】
〈よい例〉
・端に寄って一列になっている。
〈悪い例〉
・横に広がったままでいる。

【机と机の間の荷物】
〈よい例〉
・ロッカーに入れる。
〈悪い例〉
・近くにあると便利なので，そのままにする。

【ステップ1】
クラスのルールについて話し合わせ，みんなが気持ちよく食べるためには，どのようなマナーを守ればよいか発表させてもよい。

【ステップ1】
イラストからなぜマナーが必要なのか考えさせる。その際，ルールとマナーを混同しないように留意する。

【ステップ2】
マナーとは，周りの人や場を大切にするためのものであることをおさえる。イラストが誰を大切にしたものなのか考えさせる。

【ステップ3】
日常生活の場面で実践すると，マナーを守るとみんなが気持ちよく生活できることを，ロールプレイを通して体感させる。

【ステップ4】
学習したことを，保護者会や学年便りで家庭に伝え，家庭でもマナーを意識して実践するように声をかける。

【ステップ3】
マナーについてのロールプレイをする。
【学校生活】
・職員室に入るとき，職員室から出るとき
・主事さんにお願いしたいことがあるとき
・職員室にいる先生に用があるとき
・保健室でけがを手当てしてもらったとき
・給食を食べるとき
【家庭生活】
・友達の家に遊びに行ったとき
・電車に乗ったとき
・図書館の中で
・病院の待合室で

学校生活でのマナーについては，実際のその場所に行って体験する方が効果的である。

日常の生活の中で，子どもたちがよいマナーで実践できていない様子のビデオを見せてから取り組み，改善点を話し合ってから体験するのもよい。

3・4年生

ねらい ▶▶▶ 基本的なマナーを身に付けることができる。

3時間扱い

ステップ1【課題発見・把握】
① ●自分のマナー意識について振り返り，課題をもたせる。
※イラストから，マナーは意識の問題であることをつかませる。
※自分のマナー意識について振り返らせる。

ステップ2【正しい知識・認識／価値／道徳的心情】
① ●マナーを守ることで，みんなが気持ちよく生活できることを理解させる。
※マナーが守られた生活と，守られていない生活について，かかわる人の気持ちを比較させる。

ステップ3【スキルトレーニング／体験活動】
① ●学校や家庭でのマナーを身に付けさせる。
※子どもの実態に応じて，身近な日常生活を例にロールプレイを行う。
※入室するときのマナー，食事のときのマナー

ステップ4【日常実践／活用】
●身に付けたマナーを，相手や場面に応じて実践させる。
※職員室への出入りやゲストティーチャーの案内など，意図的に実践・活用する場を設定する。

ステップ5【まとめ／評価】
① ●学習の成果を振り返り，日常実践への意欲をもたせる。
※実践してみてどんな気持ちがしたか，周りの人はどのような態度をとり，言葉かけをしたかを振り返らせ，マナーの大切さを再確認させる。

解説

★マナーを守る大切さや必要性を理解させるだけでなく，子どもが日常使うと思われるマナーについて，ロールプレイを通してしっかり身に付けさせることが重要である。学校だけでなく家庭や地域においてもマナーを意識させ，実践できるように指導していく。家庭へ協力を依頼し，学校で学習したことが実践できているか，見てもらうとよい。

★子どもたちは，マナーよく生活できていると思いがちである。日常の生活の中で，子どもたちの様子をビデオに撮り，改善点を話し合ってからロールプレイすることも効果的である。また，できていなかった自分をどのように変えていくかを考えさせることが大切である。

評価の観点

◆マナーは集団生活において大切であることを理解できたか。
◆マナーを守った生活を送ることができているか。
◆学校や家庭生活の中でのマナーを意識して行動できているか。

●はねらい，※は学習活動・手だてを示す。

教科書 p.46〜47　　　自治的活動領域　●道徳実践能力

23　心の分かれ道　勇気ある行動

【ステップ1】
　イラストの台詞を書き込みながら考えさせるとよい。よい行動の理由を考え発表させる。

【ステップ2】
　よいと思うことは、自信をもって行うことがなぜ大切なのかを考えさせる。正しいことを伝えることは、本当の意味で友達のためにもなることをつかませる。

【ステップ3】
　2人1組のロールプレイでは、どのような言葉をかければよいか考えさせるのと同時に、その言葉をかけられるとどのような気持ちになるかも体感させる。

【ステップ3】
　ロールプレイを通して、自分や相手、周りの人がどのような気持ちになるか考えさせることが大切である。
・植木鉢を割ってしまったとき
　植木鉢を割ってしまった友達を見たとき
・給食をこぼしてしまったとき
　給食をこぼしてしまった友達を見たとき
・ごみを道に捨ててしまったとき
　ごみを捨てている友達を見たとき
・友達に借りた本を破いてしまったとき
　友達に貸した本を破かれたとき
・友達との約束を破ってしまったとき
　友達が約束を守らなかったとき

【予想される反応】
〈植木鉢を割ってしまった友達がいたとき〉
・正直に謝ろうよ。
・片付けを一緒にやろう。
・知らないふりをしてしまおう。

〈給食をこぼしてしまった友達がいたとき〉
・先生を呼ぼう。
・大丈夫？
・一緒に片付けるよ。
・あ〜あ、こぼしちゃった。
・嫌な顔をする。

〈道にごみを捨てている友達がいたとき〉
・ごみ箱に入れなよ。
・捨てちゃいけないよ。
・知らないふりをする。

〈一人ぼっちの子がいたとき〉
・一緒に話そう。
・こっちにおいでよ。
・知らないふりをする。

【ステップ5】
　実践を発表させ、正しい判断と行動を全員が認め合う集団づくりをしていくことが大切である。

　学年便りや保護者会で、学習した内容を伝え、日常の生活でもよいと思ったことは実行させていくよう、保護者に声をかける。

　ワークシートを用意し、ロールプレイをするときには、自分は何と話すかを書いておくのもよい。
　自分が話したときや聞いたときの気持ちや、言われた友達がどのような気持ちかを考えさせる。

3・4年生

ねらい ▶▶▶ よいかよくないかを十分に考え、よいと思ったことは自信をもって行うことができる。

3時間扱い

ステップ1　【課題発見・把握】
● 今までの自分の行動を振り返り、自分の考え方について課題をもたせる。
※ イラストの台詞を書き込みながら考えさせる。よい行動の理由を考え、発表させる。

① **ステップ2**　【正しい知識・認識／価値／道徳的心情】
● よいと思うことは、勇気をもって実行することが大切であることを理解させる。
※ よいと思うことは、自信をもって行うことがなぜ大切なのかを考えさせる。

① **ステップ3**　【スキルトレーニング／体験活動】
● 具体的な場面における善悪の判断と、その行動について練習させる。
※ その場面では、自分や相手、周りの人はどのような気持ちがするかを体感させ、どうすることが大切なのかを理解させる。

ステップ4　【日常実践／活用】
● 日常生活の様々な場面で実行させる。
※ 学年便りや保護者会を通して学習内容を保護者に紹介し、家庭の中でも善悪の判断をもち、勇気をもって行動する大切さを伝える。

① **ステップ5**　【まとめ／評価】
● 学習の成果を振り返り、日常実践への意欲をもたせる。
※ 実践したことを振り返り、感じたことを出し合わせる。
※ 正しい行動と判断を学級全体が認める雰囲気をつくる。

解説

★ 植木鉢を壊してしまった友達を見たとき、片付けて謝った方がよいと伝えることが正しいことは分かっているが、勇気が出なくて声をかけられない子どもが多い。ここでは、ロールプレイを通して、どのタイミングで、どのような声をかけたらよいかなどについて経験させたい。そして、正しいと思ったことは勇気をもって行動できるような態度を身に付けさせたい。

★ 理解を深めたり、意識を高めたりするには、以下の工夫が考えられる。
・ロールプレイを通して、どのような言動をとればよいかを考えさせる。
・自分がどのような言葉をかけたか、ワークシートに書き出す。

★ ロールプレイでは、どのような言葉をかけ、声をかけられた方がどのような気持ちがするかを体感することが大切である。2人1組で両方の役をし、どのような言葉かけが相手のためになるかを考えさせたい。

評価の観点

◆ 日常生活の中での正しい行動を理解できたか。
◆ 善悪を判断して、よいことは勇気をもって実行することができているか。

●はねらい、※は学習活動・手だてを示す。

教科書 p.48〜49　自治的活動領域　●道徳実践能力

24　正直で素直な心　真面目で謙虚な姿勢

【ステップ1】
《予想される反応》
〈進一郎の行動に対して〉
・謝りたい気持ちはあったと思う。
・謝るきっかけを失ってしまった。
・自分で言い訳をして、自分がしてしまったことをそのままにしていて、ずるい。
・進一郎も、気になっていると思う。

〈山田さんのお姉さんに対して〉
・一軒一軒謝って回って偉いと思う。
・自分だったらどこの家か分からないと思って、見付けない。
・進一郎の家の人もすぐに許すと思う。

〈山田さんのお姉さんの姿を見て、進一郎はどのように思ったか〉
・自分のしたことが恥ずかしいと思った。
・自分はいろいろ言い訳していたのに、お姉さんは一生懸命すぐに探して謝っている。

3・4年生

【ステップ1】
　資料を読み、登場人物の行動について考えたことを発表させる。自分は正直で素直な心をどうとらえるか考えさせる。

【ステップ2】
　資料の話について、正直に謝らずにいるうちに、相手の気持ちがどのように変化していくか考えさせる。
　正直に認めることや、素直に謝ることで、どうして信頼関係がつくられるのか考えさせる。

【ステップ3】
　親や友達から注意されたとき、どうすればよいのかを、これまでの経験を振り返って考える。
「注意されたこと」
「どうして注意されたのか」
「自分はどうしたか」
　↓
　注意された後にどうすればよいかを考える。

　ロールプレイして、うそをついたときの気持ちを考えたり、素直に謝られたときの気持ちを考えたりしてもよい。

　素直な気持ちをもち、正直に行動することの清々しさを感じ取らせるようにしたい。

【ステップ4】
　生活場面でうそをついたり、ごまかしたりしたくなってしまうときを例示しておくとよい。
・忘れ物
・友達とのけんか
・遊びのときのルール違反　など

　正直なことは気持ちのよいことである。うそをついたり、人のせいにしてごまかしたりしたくなったときに、正直な態度を貫けるかどうかが重要である。

【ステップ5】
　具体的にどんな場面でどんなことがあったかを発表し、正直で素直に行動したことを聞き合うようにしてもよい。

ねらい▶▶▶　素直な気持ちをもち、正直な態度で行動する。

3時間扱い

① **ステップ1**【課題発見・把握】
●正直さや素直さについて自分の行動や考え方を振り返らせ、自分の課題を把握させる。
※資料を読み、登場人物の態度について話し合う。また、自分の正直さや素直さについて、自分の行動や考え方を振り返らせる。

① **ステップ2**【正しい知識・認識／価値／道徳的心情】
●正直で素直な行動によって、人からの信頼を得られることを理解させる。
※資料の話について、正直に謝らずにいるうちに、相手の気持ちがどのように変化していくか考えさせる。

① **ステップ3**【スキルトレーニング／体験活動】
●自分の非を素直に認める態度について考えさせ、身に付けさせる。
※場面設定をして、相手に素直だと受け取られる態度と、不快感を与える態度について考えさせる。ロールプレイを行ってもよい。

ステップ4【日常実践／活用】
●誰に対しても、何事にも、正直で素直な心をもって生活させる。
※友達の正直で素直な心を見付けさせ、発表し合わせる。
※正直で素直な心で生活したときの気持ちを考えさせる。また、正直で素直な心で行動した友達を見たときの気持ちを発表させる。

① **ステップ5**【まとめ／評価】
●学習の成果を振り返り、日常実践への意欲をもたせる。
※正直で素直な行動とは何かを再認識させる。

解説
★資料に込められたメッセージを読み取らせ、進一郎と山田さんのお姉さんの姿を対比させたり、その後の食卓で交わされた会話などを考えさせたりして、正直に素直に行動することの大切さに焦点を当てる。
★正直に認めることや、素直に謝ることで、人との信頼関係がつくられることに気付かせる。
★うそをついたり、だましたりして生活することは、その場しのぎの方法であり、結局は自分が損をしたり、周りの人から信用されなくなったりすることを教える。

評価の観点
◆正直で素直な態度で生活することの価値を理解できたか。
◆うそをつかずに、正直に生活することができているか。

参考情報
【正直で素直な心が主題となっている話】
○「花さかじいさん」
○「ワシントンとサクラの木」

教科書 p.50〜51　　自治的活動領域　●道徳実践能力

25　自分以外はみな先生　真摯な態度

【ステップ1】
〈お年寄りに〉
　いわゆるおばあちゃんの知恵袋の一つである。ちょっとしたアドバイスが、難しいことを簡単に解決してくれる事例である。

〈上級生に〉
　スライム作りの一場面である。水に溶かした洗濯のりにホウ砂の飽和水溶液を入れる場面である。初めての子どもは、一気に入れて分離してしまうことも多いが、経験している上級生は、ゆっくり入れることをアドバイスしているところである。クラブ活動などで見られる光景である。

〈友達に〉
　一輪車にうまく乗れない子どもが、友達から足の動かし方などでヒントをもらい、コツをつかんでいる場面である。休み時間などに校庭で見られる光景であり、経験がある子どもたちも多い。

【ステップ2】
　自分のためになっていなければ、尊敬の念をもたなくてよいということではない。自分のためにするかどうかは、自分自身にかかっている。尊敬の念は必要である。

【ステップ3】
　丁寧な言葉遣いや態度を身に付けさせる。具体的な場面を想定し、モデルを示しながら教えていく。

【ステップ2】
　生活の中でのちょっとしたことが、大きなヒントになり、自分のためになっていることが理解できるよう、具体的な場面を思い出させるようにする。

【ステップ5】
　感謝や尊敬の気持ちをもって学び、態度に表すことができたかを振り返る。教えてもらってよかったことや感じたことも発表させるようにする。

【ステップ3】
　教えてほしいことをあらかじめ用意して尋ねる。お年寄りには、昔遊びの仕方や草花の育て方など、上級生には、毎年行われる行事の出し物、また、友達には、校庭の遊具などを使った遊びなどでアドバイスをもらえる場を設定することも考えられる。

【ステップ4】
　教えてもらうときには、言葉遣いにも気を付けさせるようにする。尋ね方やお礼の言い方なども確認し、しっかり使えるようにさせる。

　周りにいる人たちからいろいろなことを教えてもらうようにし、知らなかったことや役立ったことを、クラス内で情報交換し合うようにする。

　役立ったことは、生活の中で実践させるようにする。

3・4年生

ねらい▶▶▶　だれに対しても尊敬の気持ちをもって接することができる。

3時間扱い

ステップ1　【課題発見・把握】
●自分の周りの人を尊重することについて、実態と課題を確認させる。
※人からのアドバイスや注意を素直に聞いているか振り返らせる。
●周りの人は、経験によって的確なアドバイスや注意をしてくれる。それを素直に受け入れて生かしていくと、よりよくなっていくことに気付かせる。

ステップ2　【正しい知識・認識／価値／道徳的心情】
①
●ちょっとしたひと言が自分のために役立つことを知り、誰に対しても尊敬の念をもって接することが大切であるということを理解させる。
※大人は、自分よりも多くの経験をしている。また、相手が誰であっても自分にないものがある。そのことを学ぼうとすることは、自分の成長にとって、とても大事なことである。自分以外の誰もが、自分を導いてくれる先生であることを理解させる。

ステップ3　【スキルトレーニング／体験活動】
①
●誰に対しても尊敬の念をもって、謙虚に学ぶ姿勢を身に付けさせる。
※分からないことがあったときや、どのようにすればよいか困ったときに、どのように聞いてアドバイスをもらったらよいか練習させる。

ステップ4　【日常実践／活用】
●日常生活で周りの人に尊敬の念を表すようにかかわらせる。
※係活動のやり方や給食当番のやり方等について、上級生に聞きに行くなど、具体的な設定をしておくとよい。

ステップ5　【まとめ／評価】
①
●学習の意義と成果を振り返らせる。
※自分のかかわり方について、意識面と行動面の変容を振り返らせる。

解説
★ちょっとしたことでも、相談したり尋ねたりすることは大切な学習であることに気付かせる。
★子どもはお年寄りなど年上の人に対して、丁寧な言葉遣いで対応することは分かっているが、相手を敬うということまでにはいたっていないことが多い。同年代や年下の人に対しても、相手を敬う気持ちをもって接することは謙虚な姿勢であり、それは自分の成長を促すことにもつながることを理解させたい。
★年長者や周りの人を敬う気持ちだけでなく、それを態度で表現する方法も教える。本単元は道徳実践能力として設定していることを考慮し、社会の一員としてのマナーとして、周囲の人を尊敬する態度を身に付けさせるものとする。

評価の観点
◆感謝や尊敬の気持ちをもって接することの大切さを理解できたか。
◆周囲の人に尊敬の念をもち、礼儀正しい態度で接することができているか。

●はねらい、※は学習活動・手だてを示す。

教科書 p.52〜53

自治的活動領域 ●社会的判断・行動能力

26 どうしてルールを守らなくてはいけないの？ 学校生活の問題と解決方法

【ステップ1】
ルールの存在に気付かせること，ルールを守ることについての自分の課題を振り返ること，の2点がねらいになる。

スポーツにもルールがあり，ルールを破ると反則になる。スポーツには審判がいて，ルールを破ったことを示される。ルールを守らないとスポーツの試合は成立しないことから，なぜ集団生活でもルールがあるのかを考えさせる。
サッカーのほかにも，それぞれのスポーツなどのルールに触れて考えていくとよい。
「廊下を走らない」のルールを守らないとどうなるかの挿絵では，そのほかの安全に関係するルールを考えて，守らないとどうなるか話し合わせるとよい。
「公園でのルール」では，公園はみんなで安全に気持ちよく過ごす場所であることを確認し，「犬を放さない」「ごみを捨てない」などのルールがなぜあるのかを考えさせる。

【ステップ1】
学校生活の中で，ルールを守らなかったために危ないめに遭ったことや，友達とトラブルになったことなど，身近な場面からルールを考えさせ，地域社会の公共施設でのルールなどに広げて考えていくとよい。

【ステップ2】
学級や学校のルールに目を向けさせ，掃除中の場面や学校図書館での過ごし方などをもとに考えさせるようにする。

【ステップ1】
ルールについての意識調査を実施し，自分たちの課題を把握させる方法もよい。

【ステップ5】
「ステップ1」で意識調査を行った場合，再度アンケートを実施し，学級全体の意識の変容を確かめさせてもよい。

【ステップ2】
〈掃除の場面〉
ほうきを振り上げてふざけ合っている男の子たちを見ている子どもが思っていることを言葉に表させ，掃除中のルールは何のためにあるのか考えさせる。

〈学校図書館でのおしゃべり〉
周りの子どもが感じていることを言葉にして，学校図書館のルールは何のためにあるのかを考えさせる。

以上のことに関連させ，学校内のルールがなかったらどんなことになるのか，様々な場面をあげて考えさせる。

【ステップ3】
地域のルールにも触れて，ごみ収集の場や自転車置き場のルールなど，公共のルールについても，例にあげて考えるようにする。

【ステップ4】
学級のルールを守ることができたか，1週間の生活を記録させ，視覚的に振り返らせるようにしてもよい。

3・4年生
4時間扱い

ねらい▶▶▶集団生活の中でルールを正しく判断し，きちんと行動することができる。

ステップ1 【課題発見・把握】
① ●集団でのルールを守って生活しているか，実態と課題を確認させる。
※学習のルール，集合・整列のルールなど，思い付くルールをあげさせる。
※なぜ学校や地域の中にルールがあり，守らなければならないかを考え，発表させる。

ステップ2 【正しい知識・認識／価値／道徳的心情】
① ●集団生活や社会生活は，ルールがあることでみんなが安心して楽しく生活できることを理解させる。
※「自分一人ぐらいは…」という勝手な行動が，どのような結果を招く可能性があるか考えさせる。

ステップ3 【スキルトレーニング／体験活動】
① ●集団生活のルールを守る行動の仕方を身に付けさせる。
※学級や学校，自分たちの生活の中で，ルールがないとどのようなことに困るのかを話し合わせる。
※ルールに従って，どのように行動すればよいのかを考え，話し合わせる。

ステップ4 【日常実践／活用】
① ●ルールを守った行動ができるか，日常で確かめさせる。
※具体的なルールを確認し，授業中や休み時間にルールを意識した行動をさせる。

ステップ5 【まとめ／評価】
① ●学習の意義と成果を振り返らせる。
※ルールを守った行動について，自分の意識と行動の変容を振り返らせる。

解説
★本単元は，社会的判断・行動能力で設定している。目の前で起きた課題に対して正しい判断をして，社会的な行動ができるようにする力である。周囲のことを考えた基準を意識させる必要がある。
★人は，社会の中で様々なルールによって，安全で幸せな生活を送っているということを理解させる。ともすれば注意されなかったり，人のいないところでルールを無視したりという言動が多いので，ルールの重要性について気付かせるようにする。
★本単元では，学校内でのルールに限定して，行動改善をさせるように計画する。
★いろいろな場面を取り上げ，ルールを守って行動しているか振り返らせる。
★「ステップ3」で学級会を設定している。自治的活動能力との関連を図り，計画的に実践する。

評価の観点
◆安全で快適な生活を送るためには，ルールを守ることが大切であるということを理解できたか。
◆ルールに従って，正しく判断し，生活することができているか。

●はねらい，※は学習活動・手だてを示す。

教科書 p.54　　　　　　　　　　　　　　　　　　　　　　　　自治的活動領域　●社会的判断・行動能力

27 みんないっしょに生きている　公共の意味

【ステップ2】
お祭りの時期や，町会の行事が行われる時の様子を思い出させ，自分たちが楽しい思いをしている時に，その行事を支えてくれている地域の人々がいることに気付かせる。

【ステップ2】
好きな行事などにかかわる人々，その人たちの気持ちなどをイメージマップにし，多くの人の温かい気持ちと行動によって支えられていることに気付かせる。

【ステップ1】
自分の町のよいところに気付かせる。
「ステップ2」で人々の協力について考えていくため，この段階では好きな行事などをイメージさせるまででよい。

【ステップ2】
自分の町のよいところで発表されることの背景には，地域の努力がある。その点を浮き彫りにさせ，地域に支えられていることを理解させる。
自分たちが地域に守られているのは，地域の一員だからであり，自分たちにも地域のためにできることがあることに気付かせる。

【ステップ3】
・地域の安全
・地域の環境
・地域の行事
について，そこにかかわる人の気持ちと具体的な行動を話し合わせる。
この人たちの気持ちや行動をモデル（行動様式）としてとらえさせ，自分たちにできることを考えさせる。
また，この人たちの気持ちに応えることも，自分たちにできることとしてとらえさせるとよい。
・安全に気を付ける。
・ポイ捨てをしない。
・行事に参加する。
ということも，自分たちにできることの一つである。
単元28では，このことについての判断と行動を詳しく取り扱う。

3・4年生

【ステップ4】
地域の行事の前後に，学級で紹介する時間をとり，積極的に参加するように呼びかける。地域のことに関心をもつということは，学習の中で出てきた地域の取り組みを実際に探してみたり，参加してみたりすることである。

【ステップ5】
作成したイメージマップをもとに，地域の人の思いを実感できたところや体験したことを振り返らせる。
また，自分の気持ちの変化についても考えさせる。

ねらい ▶▶▶ 地域の一員として，地域のことについて適切に判断し，行動することができる。

3時間扱い

ステップ1【課題発見・把握】
①
●自分の町のよさに気付かせる。
※地域の人に支えられていること，地域の行事，お世話になっている人や好きな場所など，自分の町のよいところを発表させる。

ステップ2【正しい知識・認識／価値／道徳的心情】
①
●地域社会は，住んでいる人々のよりよくしていこうとする気持ちと行動に支えられていることに気付かせる。また，自分も地域の一員であることに気付かせる。
※「ステップ1」であげたよさについて，かかわっている人とその気持ちについてイメージマップを作成する。

ステップ3【スキルトレーニング／体験活動】
①
●地域を支える一員としての行動を身に付けさせる。
※自分が参加している地域行事を取り上げ，その中で人々の努力を考えさせる。
※自分たちが地域のためにできることを話し合わせる。

ステップ4【日常実践／活用】
●地域のことに関心をもち，自分にできることを実践させる。
※自分の地域について，関心をもって生活させる。
※地域を支えている人々の役に立つことを見付けさせる。

ステップ5【まとめ／評価】
①
●学習の意義を振り返らせる。
※地域を支えている人々や，地域と自分とのかかわりについて振り返らせる。

●はねらい，※は学習活動・手だてを示す。

解説
★写真から，交通指導員やお祭り，公園や町の花壇の手入れをしている地域の方など，地域のために活動し，地域を支えている人々に対して関心をもたせる。
★地域を支えてくれている人々のことを知り，感謝する気持ちをはぐくんでいく。そのうえで，どのように活動すれば地域を支える一員となれるかを考えさせる。
★本単元は，社会的判断・行動能力として設定している。ここでの適切な判断とは，地域のみんなが支え合っていることについて，自分も協力することととらえる。そのことを踏まえ，自分も地域の一員としてできることを行うようにさせていく。
★単元28では，地域で見かける課題に対して，自分の判断と行動について詳しく取り扱う。本単元では，地域の一員であることをとらえさせることが重点となる。

評価の観点
◆いろいろな人々が地域のために努力していることを理解できたか。
◆地域のために自分ができることを見付け，行動することができているか。

教科書 p.55　　　　　　　　　　　　　　　　　　　　　　　　　　自治的活動領域　●社会的判断・行動能力

28　自分たちでできること　自分たちでできる取り組み

【ステップ1】
自分の身の回りで起こっている問題や課題を把握すること。それに対する自分の意識を認識させる。

町で困った体験については，自分が困ったことのほかに，人々が困っている場面を見たことなども発表させるとよい。

挙げられた事例について，自分の気持ち，行動に関するアンケートを実施して，自分の課題としてとらえているか，つかませてもよい。

【回答】
1 気にならない。
2 嫌だと思う。
3 誰かに言う。
4 自分で解決する。

集計してグラフなどで示す。

【ステップ2】
解決するために，地域はどんな工夫をしているか。そして，地域を守る一員として，自分はどんなことができるかにつなげて考えられるとよい。

【道端に空き缶が転がっている場面】
○誰がやったのだろう。迷惑だな。
◎誰がやったのだろう。迷惑だな。片付けなくちゃ。

【公園などに，ごみが置かれている場面】
○マナーが悪いな。
◎マナーが悪いな。早く片付けなくちゃ，カラスに荒らされてもっと大変になる。自分が片付けるか。

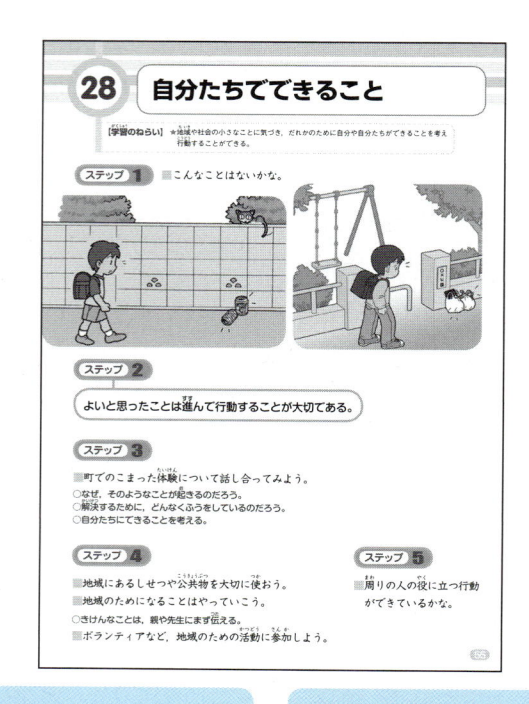

【ステップ3】
「ステップ1」で挙げられたことについて話し合わせる。理想の行動とまではいかなくても，自分でできることのヒントを見付けさせる。

【ステップ2】
2つの場面において，実際に行動できる人は少ない。「ステップ2」の段階で，実際にやってみるとよい。
理想の行動が難しいことを感じさせることも大切である。

【ステップ4】
地域にある施設を大切に使っていくということは，自分たちが地域のためにできることの一つであることをおさえる。
また，地域のためと思っても危険だと思うことは，無理をしないで，親や先生に知らせるということが大切であることもおさえておくようにする。

【ステップ4】
地域のために自分で進んで行動することだけでなく，地域の人たちが行っていることを手伝うことも，地域の役に立つということを確認する。また，地域でボランティアなどをしている子どもがいたら，発表を通して紹介するのもよい。

【ステップ5】
自分の変容を振り返らせる。「ステップ1」で行ったアンケートを別の事例で行ってみてもよい。

3・4年生

ねらい▶▶▶ 地域や社会の小さなことに気付き，だれかのために自分や自分たちができることを考え行動することができる。

4時間扱い

ステップ1　【課題発見・把握】
●自分の身の回りの問題や課題に対する，自分の意識について把握させる。
※自分たちの地域で生活するうえで，不便なことや迷惑に感じていることについて発表させる。（放置自転車・落書き・道路や公園のごみ）
※自分の課題としてとらえているか，振り返らせる。

ステップ2　【正しい知識・認識／価値／道徳的心情】
①
●地域の一員である自分たちが，住みよい町になるために，よいと思ったことやできることを進んで行動することが大切であるということを理解させる。
※地域での解決法を想像させる。
※「誰か」がやればよいことの「誰か」に自分がなることの大切さを教える。
※理想的な行動を実践させてみる。

ステップ3　【スキルトレーニング／体験活動】
②
●地域のためにできることを具体的に考えさせ，行動できるようにさせる。
※「ステップ1」で出し合った課題について，自分たちにできることを考えさせる。

ステップ4　【日常実践／活用】
●日常で実際に行動させる。
※「ステップ3」で考えたことを実践させる。また，自己評価をさせる。

ステップ5　【まとめ／評価】
①
●学習の意義と成果を振り返らせ，地域の中で自分ができることを行っていくようにさせる。
※自分の身の回りの課題について，自分の意識の変容を振り返らせる。

解説

★「27 みんないっしょに生きている」では，地域の一員であることを子どもたちに意識させることを重点に行い，自分たちができることについても考え，行動させるようにしている。本単元では，その行動にいたる判断について重点的に取り扱う。

★「誰か」がやればよいことの「誰か」に自分が率先してなること，それを社会の全員が実践できれば多くの問題は解決する。自己管理，自己責任にもかかわることであるが，本単元では社会的判断・行動能力として，社会の課題に対して正しい判断を行い，行動することの大切さを教える。

★「ステップ1」で社会の課題（ここでは公共のマナーが中心になるだろう）について，自分の課題としてとらえているかを振り返っておくことが大切である。単元終了後に意識の変容をとらえさせ，日常の行動につなげていく。

評価の観点

◆地域のことに関心をもつことの大切さを理解できたか。
◆地域をよりよくするために自分ができることを考え，行動することができているか。

●はねらい，※は学習活動・手だてを示す。

教科書 p.56～57　　　　　　　　　　　　　　　　　　　　　　　　　　　　文化創造領域　●文化活動能力

29　礼ぎの大切さ　日本文化の礼儀作法を知る

【ステップ1】
日本の伝統的な礼儀作法についてイメージをもたせる。
本単元の学習の見通しをもたせる。
「○道と呼ばれるものには、ほかにどんなものがありますか。」
・華道、柔道、空手道、剣道、合気道、書道　など

茶道を学習するのではなく、茶道を通して日本の伝統的な礼儀作法のよさを学ぶことをおさえる。

【ステップ2】
季節や趣向、客に応じて道具や菓子を選び、茶室・茶席の飾りや掃除にも気を配り、客はその思い入れや趣向を感じ、共に楽しむというように、主客の対話、立ち居振る舞いまでのすべてを含めて茶道である。

誠意をもつだけでなく、態度で表現することの大切さを茶道から学ぶことをおさえる。

【茶道の歴史】①遣唐使が伝える　②鎌倉時代に栄西が抹茶法　③室町時代に能阿弥が書院茶　④村田珠光以降、わび茶　⑤安土桃山時代に千利休により完成
その後、武者小路千家・表千家・裏千家の三千家に分かれ、現在にいたる。

【ステップ3】
茶道の体験では、特有の作法を覚えることがねらいではない。一つ一つの作法に込められたもてなしの心、相手への配慮を学ばせたい。

【ステップ3】【茶道体験のポイント】
①座り方・立ち方　②お辞儀の仕方　③襖の開け方・閉め方　④歩き方　⑤席入りの仕方　⑥床・釜の拝見の仕方　⑦扇子の置き方　⑧お菓子のいただき方　⑨薄茶のいただき方　⑩茶器・茶杓の拝見の仕方

【ステップ5】
「誠意を尽くす」行動をとると、相手はどのような気持ちになるのか、自分自身はどのような気持ちになるのか、振り返らせる。

【和敬清寂】3年
茶道の精神を端的に表現した言葉。室町時代の茶人村田珠光が提唱した言葉といわれているが、千利休との説もある。和と敬は、主客相互の心得、清と寂は、茶器・茶室・庭などに関連する心得。ただ、清く、静かということではなく、落ち葉があっても、音があっても、清寂の心を感じることが茶の心である。

【一期一会】4年
「茶会に臨む際には、その機会は一生に一度のものと心得て、主客ともに互いに誠意を尽くせの意」
誠意を尽くすことが茶道の心であることを表す。

【ステップ4】
学校や家庭、その他の生活の場で、茶道体験で学んだことを生かせるようにさせる。
・あいさつ
・言葉遣い
・礼儀作法
　（立ち居振る舞い）
1週間ほど意識しながら過ごしてみて、取り組みカードに記録していく。

3・4年生

ねらい ▶▶▶ 茶道から誠意ある態度を身に付けることができる。

3時間扱い

ステップ1　【課題発見・把握】①
- 日本の伝統的な礼儀作法についてイメージをもたせる。
- ※写真資料を見て、気付いたことを発表させる。
- ※茶道について知っていること、疑問に思ったことを発表させる。

ステップ2　【正しい知識・認識／価値／道徳的心情】①
- 茶道が、相手に対する思いやりの心を表すために、言葉や態度の細かいところまで配慮されていることを理解させる。
- ※一つ一つの動作の意味を知り、誠意ある態度（礼儀作法）とそこに込められた心について理解させる。

ステップ3　【スキルトレーニング／体験活動】①
- 体験を通して、感謝と思いやりの態度、姿勢で相手と接することの大切さを理解させる。
- ※一つ一つの動作の意味を確かめながら、茶道を体験させる。

ステップ4　【日常実践／活用】
- 学校や家庭での生活で実践させる。
- ※正しいあいさつと言葉遣いで生活させる。
- ※学校や家庭での生活で、ひと言添えたり、動作に気を付けたりして、誠意をもって相手と接するように行動させる。

ステップ5　【まとめ／評価】①
- 学習の意義と成果を振り返らせる。
- ※礼儀作法についての自分の意識や行動を振り返り、成果を確かめさせる。

解説
★茶道は3・4年生とも実施する。3年生では「和敬清寂」、4年生では「一期一会」の言葉を題材として、相手を大切にする心を教える。事前の学習で、心を態度で表す日本の礼儀作法の美点に触れ、当日は実際に体験しながら身に付ける。
★茶道の基本的な姿勢の写真である。着目すべき点は、正座・お辞儀の仕方・手のつき方・道具の持ち方・姿勢や表情である。
★この単元でいう誠意とは、相手への感謝と思いやりの態度、姿勢である。
★子どもの日常生活と茶道は接点が少なく、結び付きにくいが、この体験を通して、誠意や礼儀の大切さに気付かせるようにする。

評価の観点
◆茶道を通して、相手に誠意を尽くすことの意味を理解できたか。
◆「あいさつ」「言葉遣い」「姿勢」の大切さを理解し、実践できているか。

参考情報
【関連する取り組み】
○「マナーキッズプロジェクト」全学年で実施可能
小笠原流礼法指導とスポーツマナーを組み合わせた学習

●はねらい、※は学習活動・手だてを示す。

教科書 p.58〜59

文化創造領域 ●文化活動能力

30 食事の作法　食文化についての理解

【ステップ1】
イラストをもとに、食事の作法について課題をもたせる。
意識していること、守れていることを振り返らせる。

〈食事の姿勢〉
・肘をつく。
・前かがみになる。
　（椀などを持たない）
・いすを傾けて座る。
・噛んでいる時に話す。
・音をたてて食べる。
・口を開けて食べる。

【嫌い箸】
〈箸の持ち方〉
・握り箸　・拝み箸
・横箸　　・逆さ箸
・ちぎり箸
〈箸の使い方〉
・突き箸，刺し箸
・仏箸，立て箸
・合わせ箸，叩き箸
・振り上げ箸
・指し箸　・持ち箸
・受け箸　・寄せ箸
・空箸　　・迷い箸
・移り箸　・せせり箸
・涙箸　　・探り箸
・洗い箸　・もぎ箸
・ねぶり箸
・くわえ箸
・噛み箸
・掻き箸，重ね箸
・込み箸，はね箸
・渡し箸，すかし箸
・揃え箸，じか箸
　　　など

3・4年生

日本での食事の作法には、様々な内容がある。この単元では特に、和食を中心とした食事のマナーについて取り上げる。諸外国の食事作法以外にも、和洋折衷の食事、正座からいす席に、左利きの場合など、場面や状況により異なることはある。

【箸の正しい使い方】
1本めは動かさないので、手の甲と親指の付け根に挟んで薬指で支える。2本めはつまんだり挟んだりするためよく動かすので、親指と手の甲で挟んで支点とし、人差し指と中指で挟んで動かしやすいようにする。

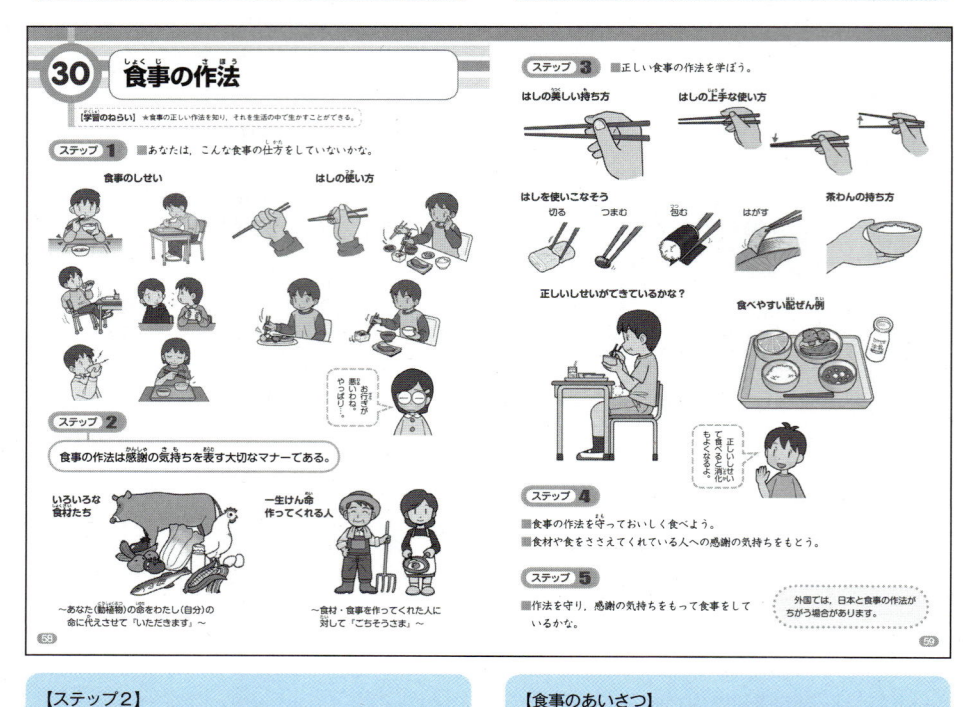

【ステップ3】
箸の使い方や姿勢などについては、周囲の人への配慮、日本の文化としてのマナーである。
食事への感謝の気持ちだけではない。
日本人としての「みっともない」という価値観からきているものも多い。
正しい作法は美しいものである。文化として身に付けさせたい。

【ステップ4】
給食の時に確かめて、正しい食事の作法を身に付けさせるようにする。
・箸の使い方
・食べる姿勢
・配膳、盛り付け
・食べる順序
・食べる早さ
・残さない
・あいさつ　など

【ステップ5】
毎月の給食目標との関連を図りながら、学習のまとめをする。

【ステップ2】
感謝の気持ちをもつだけでなく、それを表現することの大切さを理解させる。また、周囲の人への配慮であることを教える。

【食事のあいさつ】
食材は、すべて命のある生き物（動植物）である。その命をいただいていることに感謝する気持ちを表現することを理解させる。

ねらい▶▶▶ 食事の正しい作法を知り、それを生活の中で生かすことができる。

3時間扱い

ステップ1【課題発見・把握】
① ●自分の食事の作法を振り返り、課題を把握させる。
　※イラストをもとに、自分の食事の作法を振り返らせる。
　●なぜ食事の作法があるのかを考えさせる。
　※「29 礼ぎの大切さ」と関連させ、心を表現するマナーについて考えさせる。

ステップ2【正しい知識・認識／価値／道徳的心情】
① ●食事のマナーを守ることは、食事ができることへの感謝の気持ちの表れであることと、周りの人への配慮であることを理解させる。
　※食事の作法には、国によって、また、時代の流れによって違いや変化がある。しかし、感謝の気持ちや周囲の人への配慮マナーが根底にあることに触れる。

ステップ3【スキルトレーニング／体験活動】
① ●正しい食事の作法を身に付けさせる。
　※食前・食後のあいさつ、正しい姿勢、箸や食器の持ち方、食器の置き方など、作法の一つ一つの意味や動作などを考えながら行う。

ステップ4【日常実践／活用】
●学習したことを日常で実践させ、確かめさせる。
※給食の時間に実践させる。
※家庭においても、食材や食にかかわっている人々への感謝の気持ちをもち、少しでも好き嫌いをなくし、食材を大切にする。

ステップ5【まとめ／評価】
① ●学習の意義と成果を振り返らせる。
　※食事の作法を守り、感謝の気持ちをもって食事をするようになったか、自分の意識と行動について変容を確かめさせる。

解説
★「ステップ1」のイラストでは、よくない食事の姿勢、よくない箸の持ち方・使い方を表している。そこから、正しい食事の仕方について考えさせる。
★食材には生命がある。その食材を一生懸命に作る人、調理する人などに感謝することの大切さを説明する。その一つの表れとして、食事のあいさつがある。給食の残飯の状況や、世界の子どもたちの食糧事情などを教え、意識させるとよい。
★栄養士と連携し、アドバイスを受けたり、話をしてもらったりし、給食の月目標とも関連させながら指導するとよい。

評価の観点
◆食事のマナーを守ることは、食事ができることへの感謝の気持ちの表れであることと、周りの人への配慮であることを理解できたか。
◆正しい食事の作法で給食を食べることができているか。

参考情報
○「給食ニュース」（給食写真新聞社）

教科書 p.60〜61

文化創造領域　●文化活動能力

31　品川博士への道　地域行事への参加の意味／郷土の文化伝統を人から学び継承する

文化：人間の精神・心の働きによって築いたもの。
伝統：古くから特色として受け継がれてきたこと。昔からある「しきたり」や「ならわし」

【ステップ1】
1・2年の生活科学習や，3年の社会科見学の内容から想起させていくこともできる。
【反応例】
・大森貝塚に行ったことがあるよ。
・夏祭りで品川音頭を踊ったわ。

【品川百景】
（品川区ホームページ参照）
・旧東海道　No.3
・かっぱ祭り　No.8
・鯨塚　No.23
・大森貝塚　No.66
・伊藤博文墓　No.70
・旗岡八幡神社　No.80
　　　など

【ステップ1】
学習の見通しをもたせるとともに，単元開始時の自己認識について把握させることも大切である。
地域の伝統文化への興味関心，知識について記述させておくとよい。

【ステップ2】
品川百景などを参考に，学校近隣の具体的な例を示しながら，古くから伝わる文化や伝統のよさについて理解させる。

【ステップ4】
地区の夏祭りや運動会，寺や神社の祭り，地域のイベント，商店街のイベント等，季節ごとの行事に参加できるように働きかける。

【ステップ5】
自分たちが住んでいる地域に対して，どれだけ関心をもつことができたか，住んでいる町をどれだけ好きになることができたかを，学習前と学習後で比べ，地域に対しての意識の変容を感じさせるようにする。

【ステップ2】
伝統文化を継承している方，地域の伝統的なお祭りを守ってきている方などをゲストティーチャーに招き，伝統文化を大切にしている気持ちや受け継いでいく意義について，考え方に触れさせるとよい。

【ステップ3】
同じテーマを選んだ子どもでグループを作り，調べる方法もある。
・図書館やパソコンで調べる。
・家族や地域の人に聞く。
〈テーマ例〉
・品川音頭，品川甚句
・品川カブ，品川海苔
　　　など

4年の社会科の学習と関連させ，効率的に学習できるようにする。

3・4年生

ねらい ▶▶▶ 自分たちの住んでいる町の文化や伝統を大切にすることができる。

4時間扱い

① **ステップ 1**【課題発見・把握】
●品川の歴史や伝統文化への興味関心・自分の知識について，自己の認識を確かめさせる。
※写真やイラストの資料を使い，品川区の歴史や文化伝統について，知っていることを発表させる。
※お祭りなど，自分の住んでいる町の伝統的なものや，自分が参加したことのある行事を発表させる。

ステップ 2【正しい知識・認識／価値／道徳的心情】
●昔からの文化や伝統的なものは，多くの人に認められ，受け継がれてきた価値あるものであるということを理解させる。
※受け継いできた人々の考え方や気持ちに触れさせる。ゲストティーチャーを招くことも効果的である。

② **ステップ 3**【スキルトレーニング／体験活動】
●地域の歴史や伝統文化について理解を深めさせる。
※テーマを決めて，品川区の歴史や文化伝統について調べさせる。
※地域の伝統行事や地場産業，歴史などをテーマとした広告作りにしたり，「品川区の自慢」として分かりやすくまとめたりして，発表する。

ステップ 4【日常実践／活用】
●日常で地域の伝統文化に触れさせ，よさを確かめさせる。
※地域の伝統的な行事に参加させる。
※品川百景や品川歴史館などに関心をもったり，海苔すきの体験をしたりするなど，地域の歴史・伝統文化に積極的にかかわる。

① **ステップ 5**【まとめ／評価】
●学習の意義と成果を振り返らせる。
※地域の伝統や文化の価値や継承の大切さについて，自分の考えにまとめさせる。

解 説

★品川区には歴史に残る文化や伝統がたくさんあり，それに伴う伝統行事も多くの人々によって受け継がれている。写真資料などを参考に，それらを解説し，ここに掲載されているもの以外にもたくさんのものがあるということを理解させ，関心をもたせる。

★調べたものをまとめ，発表させる活動を通して，郷土の再発見と郷土を愛する気持ちをもたせるよう，指導を展開する。品川区の伝統や文化を継承し，守っていこうとする積極的な姿勢を身に付けさせる。

★4年生の社会科の学習で，地域の人々が受け継いできた文化財や年中行事について扱う。本単元は4年生に設定して，関連を図って実施することが望ましい。

評価の観点

◆昔からの文化や伝統的なものは，多くの人に認められ，受け継がれてきた価値あるものであるということを理解できたか。
◆地域の文化と伝統を愛し，大切にしていこうという気持ちをもつことができているか。

●はねらい，※は学習活動・手だてを示す。

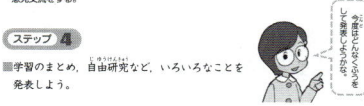

教科書 p.62～63　　　文化創造領域　●企画・表現能力

32　発表会を開こう　発表会の方法を学ぶ

【ステップ1】
　人前で発表した経験を想起させる。
【反応例】
・台本や原稿を作る。
・新聞にまとめる。
・紙芝居にする。
・クイズにする。
・実物を見せる。
　　　　など
発表の際にどのようなことに気を付けたかを振り返らせ、自己の課題を把握させる。

【ステップ2】
　聞く人の立場で考えさせ、ポスターセッションのよさについて理解する。

ポスターセッションの特徴とは
①報告者と聞き手との距離が近く、発表が聞きやすく、分かりやすい。
②少人数かつ時間の制約があることにより、意見交流（質疑応答など）が活発になる。
③発表後もポスターを掲示しておけば、継続して学習が行える。

【ポスターセッションとは】
　調べたことを絵やグラフ・図表などを使ってポスターにまとめ、掲示しながら発表する方法のこと。

【ポスターのかき方】
・発表の構成順に表記する。（ポスター構成＝発表構成）
・強調したいところに色や太字を使う。
・見出しを付ける。
・伝えたいことを短く表現する。

【ステップ3】
　他教科（国語・社会・理科など）と関連させながら、学習のまとめや夏休みの自由研究などをポスターセッションの方法でまとめさせる。
　ポスター紙面を作成させる際に、内容の整理、発表の構成をさせる必要がある。

【ステップ4】
　他教科と関連させながら、発表会の時間設定をする。

【発表者のポイント】
①聞き手の反応を見ながら話す。
②質問を予想し、答える準備をしておく。
③答えられない時は、はっきり伝え、後で調べる努力をする。
④指し棒で示し、分かりやすく伝える。

【聞き手のポイント】
①うなずいたり、首をかしげたり、発表に対して反応する。
②質問する時は、挙手し、指名されてから発言する。
③分かったことは、メモを取り、自分の課題解決に生かす。

3・4年生

【ステップ2】
　声の大きさ、話し方、内容の整理、話す順序、言葉で伝わりにくい情報を視覚で示すなど、聞き手の立場で工夫することの大切さに気付かせる。

【ステップ5】
　発表の仕方、資料の内容や提示方法、意見交流の内容などの観点で、自己評価・相互評価をする。

ねらい▶▶▶ ポスターセッションなどの方法を理解し、分かりやすく発表することができる。

4時間扱い

ステップ1　【課題発見・把握】
●自分が行ってきた発表の仕方について、課題を把握させる。
※今まで経験した発表で、どんなことに気を付けて行ってきたか振り返らせる。

ステップ2　【正しい知識・認識／価値／道徳的心情】
①
●発表する時は、自分だけでなく、聞き手にも分かるようにすることが大切であることを理解させる。
※自分が聞く人の立場になって考えることや、発表する時には工夫をすることが大切であることを理解する。
※イラストをもとに、分かりやすい発表のポイントをあげさせ、聞き手の立場で考えることの大切さに気付かせる。

ステップ3　【スキルトレーニング／体験活動】
●分かりやすい発表の方法として、ポスターセッションの方法を身に付けさせる。
②
※調べたことのまとめ方や原稿の書き方などは、国語科とも関連させて進めていくことが望ましい。
※発表方法と同時に、質問する時のポイントも指導する。

ステップ4　【日常実践／活用】
●学習したことを日常の場面で活用させる。
※各教科の学習のまとめや、自由研究の発表などの機会を活用して、学習成果をポスターセッションで発表させる。

ステップ5　【まとめ／評価】
①
●学習の意義と成果を振り返らせる。
※発表したことをもとに、効果的な発表方法や工夫について振り返る。
※分かりやすい発表であったか相互評価させ、それをもとに自分の変容を確かめる。

解 説

★企画・表現能力として、ポスターセッションの方法を学ぶ。「◆　目ざせ発表名人」では、話し方を中心にして追加の資料を作成することになっている。本単元では調べたことを整理し、伝えるべき内容をポスターにまとめる。ポスターを作成する際に、発表内容の整理、発表の構成を考えながら作成するため、発表自体は容易であるといえる。
　本単元を3年生で実施し、「◆　目ざせ発表名人」を4年生で扱うとよい。

★ポスターセッションは、多くの相手に伝える時に効果的な発表方法である。第一に、伝える内容を厳選し構成することである。第二に、それを視覚で分かるように、グラフや絵・写真を用いることであることを踏まえて紙面を工夫させるとよい。

評価の観点

◆発表する時は、自分だけでなく、聞き手にも分かるようにすることが大切であることが理解できたか。
◆分かりやすく工夫をして発表することができているか。

●はねらい、※は学習活動・手だてを示す。

教科書 p.64〜65　　　　　　　　　　　　　　　　　　　　　　　　　文化創造領域　●企画・表現能力

◆ 目ざせ発表名人　効果的な表現方法を学ぶ

【ステップ1】
〈ポスター〉
　1枚にまとめてあるので、物事との関係性を表しやすく、案内や呼びかけなどに向いている。一定の場所に掲示しておくので、多くの人に知らせやすい。
〈紙芝居〉
　物事の流れをイメージしやすい。経過や成り立ちなどを表すのに向いている。
〈ビデオレター〉
　現場の様子をリアルに伝えることができる。体験談や感想を表すのに向いている。
〈実物投影〉
　ノートやファイルなど、小さいものにまとめたものを大勢の前で提示するのに向いている。発表する直前まで、提示するものの修正が可能。
〈デジタルカメラ〉
　撮影したものをプリンターで大きく印刷する、パソコンのモニター画面で見る、テレビにつないで見る、など様々な方法で提示することができる。
　数台のデジタルカメラで撮影した映像を編集して、グループ発表にも向いている。

【ステップ2】
　話し方・構成、プラスαの工夫についても、「発表」する側は常に相手意識と目的意識をもちながら、最適と思う方法で発表しなければならないことを教える。

【ステップ2】
　観察記録の発表、体験の発表など例を示し、どの方法がふさわしいか考えさせ、相手意識の大切さに気付かせる。

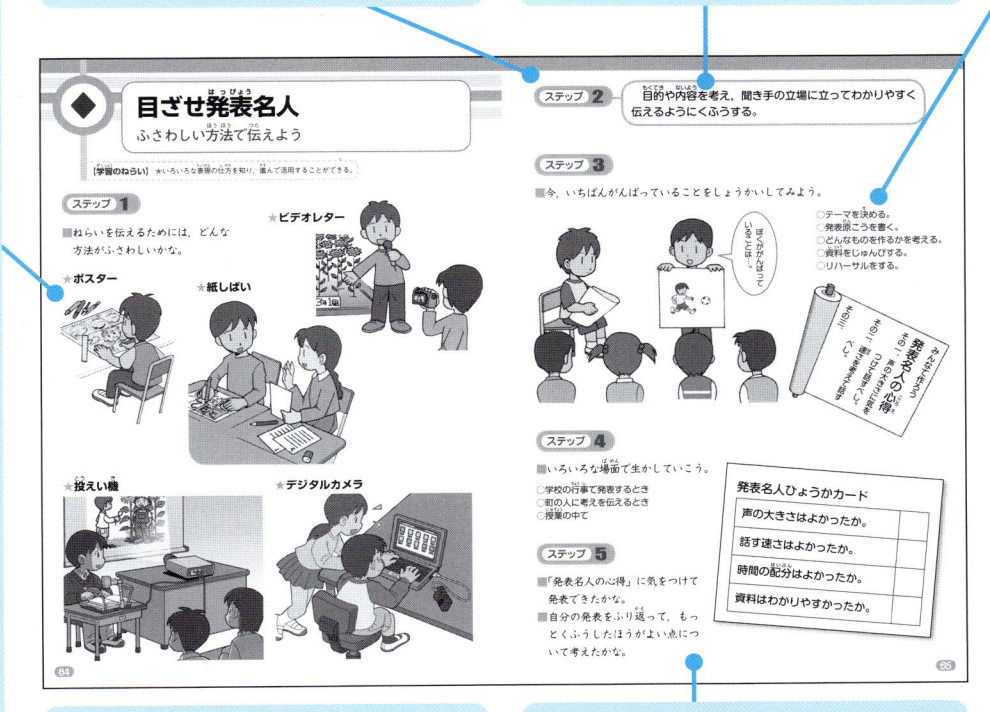

【ステップ3】
　発表の流れを確認させ、教科書のテーマをもとに発表させる。
＊「今、いちばんがんばっていること」を相手に伝えるために、自分がいちばん伝えやすいと思う発表方法を考えさせる。
　「ステップ1」で紹介した方法以外にも、「作品を見せる」「実際に演奏、演技をする」などの方法も考えられる。

＊必ず発表原稿を作成させる。発表原稿作りに時間をかけ、しっかりと取り組ませることで、どのようにすれば相手に伝わるか考えることができ、発表の工夫につながる。

＊「発表名人の心得」を作る際は、児童、学級の実態に応じて項目を考える。

【ステップ1】
　それぞれ発表を補足して、分かりやすく工夫しているものであることに気付かせる。本単元では、話の構成・話し方を中心に、プラスαも考えていくことを伝える。

【ステップ5】
　自分の発表を振り返り、工夫した方がよいと思ったことを必ず考えさせる。一つの方法だけでなく、様々な方法で発表することを経験させることも重要である。

【ステップ4】
　各教科の学習や学校行事などで、本単元の学習を生かす場面を数多く取り入れる。
「自己評価カード」「相互評価カード」を活用し、常に振り返りができるようにする。

3・4年生

ねらい ▶▶▶ いろいろな表現の仕方を知り、進んで活用することができる。

4時間扱い

ステップ1　【課題発見・把握】
●自分が行ってきた発表の仕方について、課題を把握させる。
※自分が行ってきた発表を振り返らせ、よさと課題を発表させる。
※イラストをもとに、相手や内容にふさわしい発表方法について考えさせる。

ステップ2　【正しい知識・認識／価値／道徳的心情】
●自分が伝えたいことを相手に説明する時には、目的や内容を考え、聞き手の立場に立って、分かりやすく伝えるように、工夫する必要があることを理解させる。
※場面を例示し、適切な発表方法を考えさせる。

ステップ3　【スキルトレーニング／体験活動】
●上手な発表の仕方を身に付けさせる。
※発表の流れを確認させ、教科書のテーマをもとに発表させる。
※声の大きさや、構成、資料など、留意点を「発表名人の心得」としてまとめさせる。

ステップ4　【日常実践／活用】
●学習したことを生かして実践し、そのよさを確かめさせる。
※学校行事や他教科の学習などで、「発表名人の心得」を生かして発表させる。
※様々な学習や場面で、身に付けたスキルを活用させる。

ステップ5　【まとめ／評価】
●学習の成果を振り返り、日常実践への意欲をもたせる。
※話の構成や話し方、用意した資料など、工夫してよかったこと、伝わりやすくなったことを振り返らせる。
※日常のスピーチなどについても相互評価させる。

解説

★「発表する」といっても、目的、相手、内容、場所などによって、発表の方法を使い分けていく必要がある。発表方法を選択するには、相手の立場に立って、分かりやすくするにはどうするかを考えることが大切になる。

★「発表名人の心得」の内容については、国語科と関連して指導する。「発表名人の心得」を教室内に掲示し、常に意識させる。

★5〜7年生では、効果的な発表方法として、様々な発表手段を目的に応じて行うことができるようにする。3・4年の段階では、発表の構成や話し方に気を付けさせることを中心として、提示資料を加えることまで行うこととする。

★日常で活用していくために、他教科でも資料を用意した発表の機会を設定していく必要がある。計画的に関連をもたせていく必要がある。

評価の観点

◆説明をする時には、目的や内容を考え、聞き手の立場に立って、分かりやすく伝えるように工夫する必要があることを理解できたか。

◆効果的な表現方法で、発表することができているか。

●はねらい、※は学習活動・手だてを示す。

教科書 p.66〜67　　　　　　　　　　　　　　　　　　　　　　　　　　　文化創造領域　●企画・表現能力

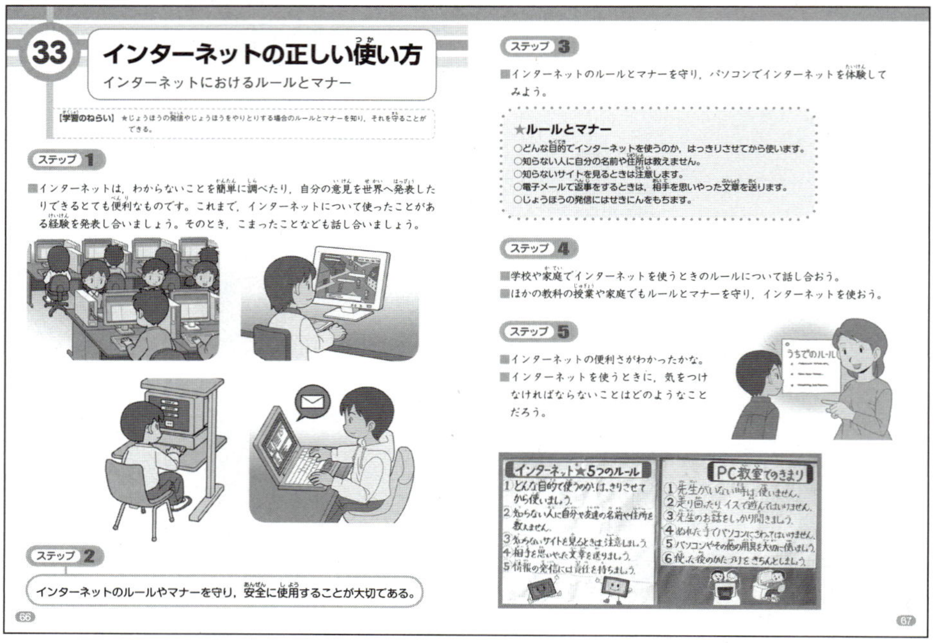

33　インターネットの正しい使い方　パソコン，インターネット利用のルール

【ステップ1】
　インターネットの利用経験を振り返らせる。
・自分のルール・マナーの意識
・利便性と危険性

〈利用経験例〉
・パソコンルームで調べ学習
・家庭でオンラインゲーム
・図書館で読みたい本の検索
・電子メールの送受信

＊様々な場所や場面で，インターネットを活用していることに気付かせる。

〈インターネットの仕組みと特性の理解〉
・世界中の端末同士が，プロバイダーを経由してつながっている。
・匿名性がある。
・個人的な考えを自由に発信することができる。情報の根拠（出典）を示していない場合がある。

【単元について】
　5〜7年では携帯電話でのネット・メールについて，情報機器によるコミュニケーションの仕方を扱う。本単元ではインターネットでの検索を想定し，その際のルール・マナーを身に付けることをねらいとしている。

【ステップ3】
　子どもたちがパソコンルームから外部にメールを送ることはない。そこで，電子メールの送受信体験は，パソコンルームのイントラを利用して，パソコンルーム内の電子メールを活用する。

【ステップ3】
〈インターネット体験〉
・検索方法を理解させる。
・情報量の多さを感じさせ，情報選択の必要性を理解させる。
・出典を確認・記録する習慣を身に付ける。
・ブログをヒットすることを体験する。
・ブログへの書き込みを禁止する。

〈手順例〉
①目的・知りたい内容をはっきりさせる。
②多くの情報から絞り込んでいき，自分の知りたい情報にたどり着かせる。
③出典や更新日時などを確かめ，記録させる。

【ステップ4】
　学校のPCは規制がかかっており，危険なサイトは見られないようになっている。学習内容を家庭に伝え，家庭でのルールを確立してもらうように依頼する。

【ステップ2】
　インターネットは世界とつながり，多くの人が様々な目的で使用していることを理解させる。ルールとマナーを守って利用しなければ，犯罪やトラブルに巻き込まれることもあることを知らせる。

【ステップ5】
　インターネットの利便性，危険性について，学んだことをまとめる。家庭で決まったルールについても振り返らせ，全体に広める。
　家庭に情報提供し，ルールを強化するとよい。

ねらい▶▶▶情報の発信や情報をやりとりする場合のルールとマナーを知り，それを守ることができる。

【3時間扱い】

ステップ1　【課題発見・把握】
●インターネットを使用する際の，ルールやマナーに関する課題を把握させる。
※インターネットの使用経験を振り返り，便利だと感じたことや困ったことなどを発表させ，利便性と危険性に気付かせる。
※インターネットの特性を理解させる。

ステップ2　【正しい知識・認識／価値／道徳的心情】
①●インターネットは便利な反面，危険もあることを認識し，ルールやマナーを守り，安全に使用することが大切であることを理解させる。
※インターネット上にある情報は，正しい情報であるとはかぎらないことを認識したうえで，活用することを教える。
※インターネットは世界につながっていて，一瞬で世界中に情報を発信できる反面，一度発信した情報を取り消すことは不可能であることを教える。
※インターネットの匿名性について考えさせ，自己規制の大切さを教える。

ステップ3　【スキルトレーニング／体験活動】
①●インターネット検索の方法を身に付けさせる。
※情報の多さを感じさせ，正しい選択をする必要性に気付かせる。
※出典が明らかになっていないものは，個人的な意見の可能性が高い。調べる際には，出典を記録する習慣を身に付けさせる。
※ブログ等への書き込みは行わないように指導する。

ステップ4　【日常実践／活用】
●学習したことを生かし，他教科の学習や家庭でインターネットを活用させる。
※学校や家庭で，ルールとマナーを守って，インターネットを活用させる。

ステップ5　【まとめ／評価】
①●学習の成果を振り返り，日常実践への意欲をもたせる。
※インターネットの利便性と危険性について，学習したことをまとめる。

解説
★各教科の学習において，調べ学習などで自分の知りたいことを，主体的に情報収集することが求められるようになる。インターネットに興味をもっているが，その基本的な仕組みを知らないので，トラブルに巻き込まれる可能性もある。本単元は，インターネットを活用した情報収集の際に，ルールやマナーなどを守ることで危険を回避し，有効に活用できるようにさせることをねらいとしている。
★インターネットで検索していると，ブログの内容がヒットすることがある。インターネットの特性を理解させ，書き込みをしないように指導する。
★インターネットは家庭でも使用する。指導内容を伝え，家庭への啓発を行うようにする。

評価の観点
◆インターネットは便利な反面，危険もあることを認識し，ルールやマナーを守り，安全に使用することが大切であることが理解できたか。
◆インターネットを使う時のルールやマナーを守り，安全に活用することができたか。

参考情報
○ニフティ出前授業
　市民科5〜7年「6　情報についての正しい理解〈1〉」
　　　　　　　　「7　情報についての正しい理解〈2〉」
○文部科学省「初等中等教育における教育の情報化に関する検討会」情報教育に関する教育活動

教科書 p.68〜69　　文化創造領域　●自己修養能力

34　命の大切さ　人間が生きていくということ

【ステップ1】
　命に関するアンケートをとり、実態を把握する必要がある。
【教科書の3問以外の設問例】
・何歳まで生きたいと思いますか。
・お葬式に参列したことがありますか。
・自分が生まれたころの話を聞いたことがありますか。
・生きていてよかったと思う時は、どんな時ですか。　など

　自分が生まれたころの家族の愛情にまつわる話や苦労話などを家族から聞くとよいが、家庭によっては配慮が必要な場合がある。そのような時は、出産前後の方をゲストティーチャーに招き、話を聞くとよい。

【ステップ2】
　導入で「自分の番　いのちのバトン」の詩を扱うが、その後は「ステップ3」の展開も考慮し、様々な資料に触れさせる必要がある。

【単元について】
　自分の過去を振り返らせる場合、家庭状況に配慮が必要である。また、将来を考える場合に、結婚せず子孫を残さない人生もある。家庭の協力が必要ではあるが、実態に応じて学習展開に配慮をすること。

【ステップ3】
　「命の大切さ」をテーマとした本や資料などを準備し、考えを深めさせ、命を大切にするとはどういうことか話し合わせる。その後、詩という表現活動でまとめさせると、学習展開に変化をもたせられる。

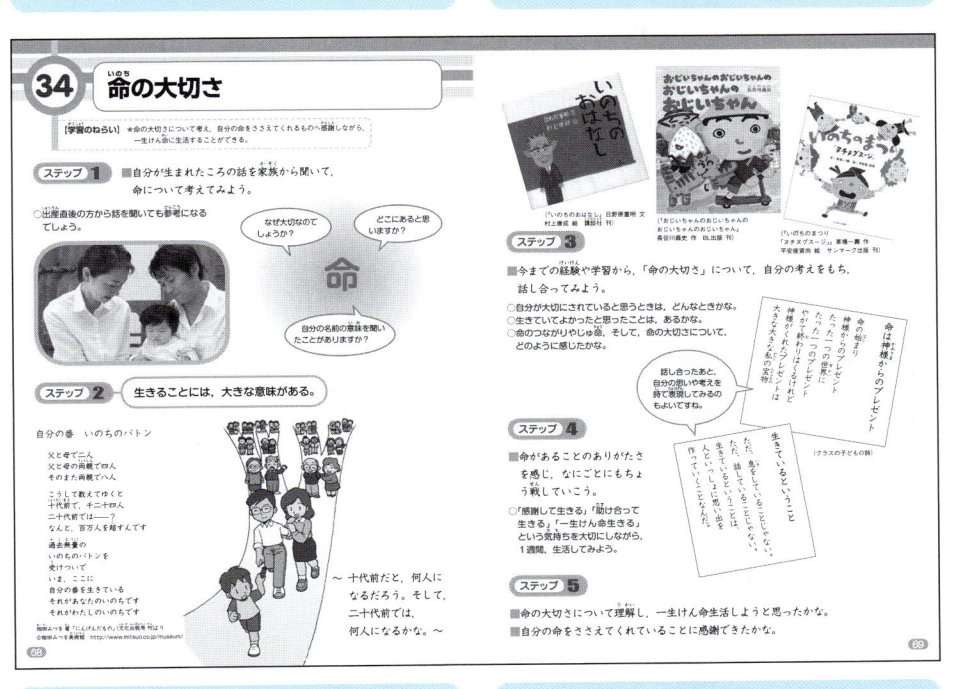

【ステップ2・3】【資料の準備について】
・飼っている動物の死　・生き物を食す　・戦争の話
・身近な人の死　・人や動物の寿命
・世界の子どもたちの話　・小児がんの子どもの話
などを扱った資料を準備する。

　このあと「1／2成人式」の学習につなげていくなどすると、ここでの学習がさらに深まる。また、5・6年生では、主として「いのち」をテーマにした単元はない。5・6年生の各教科の内容で「いのち」の学習をする時は、ここでの学習内容を生かしたい。

【ステップ4】
　3・4年「心のノート」の「いのちを感じよう」のページを活用し、「感謝の気持ちを表現する」「助け合って生活する」「自分のもっている力を伸ばす」などの観点を意識させて、1週間生活させる。

【ステップ5】
　この単元の各ステップで使用したワークシートや感想内容を、1冊の本としてまとめるとよい。

3・4年生

4時間扱い	ねらい ▶▶▶ 命の大切さについて考え、自分の命を支えてくれるものへ感謝しながら、一生懸命に生活することができる。

ステップ1　【課題発見・把握】
① ●生命の大切さについて、自分の考えを振り返らせる。
　※事前にアンケートを実施し、集計結果を材料に考えさせる。
　※家族やゲストティーチャーの話から、学習への意識を高めさせる。

ステップ2　【正しい知識・認識／価値／道徳的心情】
① ●生きていることの意味や命の大切さを理解させる。
　※「自分の番　いのちのバトン」を読み、生きていることの意味や役割について考える。

ステップ3　【スキルトレーニング／体験活動】
① ●命の大切さについて考えを深めさせ、生きている自分や他者を大切にする意識や行動について考えさせる。
　※絵本、「心のノート」等の様々な資料に触れさせ、命について話し合わせる。
　※詩で表現させる。

ステップ4　【日常実践／活用】
① ●自分や他者の命を大切にする意識をもって生活させる。
　※「感謝の気持ちを表現する」「助け合って生活する」「自分のもっている力を伸ばす」など、日常生活での意識や行動のめあてをもたせ、期間を決め、取り組ませる。

ステップ5　【まとめ／評価】
① ●学習の意義と成果を振り返らせる。
　※「ステップ1」で実施したアンケート結果と今の自分の考えを比較し、命に関する自分の考え方の変容を確かめさせる。

解説
★写真資料や詩を通して、「いのち」についてじっくり考え、生命に対する畏敬の念をもたせることが大切である。内容は抽象的ではあるが、自分の生命には多くのつながりがあること、また様々な生命に支えられていることに気付かせたい。
★子どもたち一人一人に、生命とは生きているということであり、他者の生命を奪うことは許されないことを徹底して理解させる。
★命をテーマとした本や資料に多く触れさせ、考えを深めさせたい。読書の計画や他教科との関連を図った計画をするとよい。

評価の観点
◆自分や他者の生命の大切さについて理解を深めることができたか。
◆自分や他者の命を大切にする意識をもち、生活を改善することができたか。

参考情報
○「いのちのおはなし」（日野原重明　講談社）
○「おじいちゃんのおじいちゃんのおじいちゃんのおじいちゃん」（長谷川義史　BL出版）
○「いのちのまつり」（草場一壽　サンマーク出版）
○「一生感動一生青春」（相田みつを　文化出版局）
○「愛してるよ、カズ」（光武綾　長崎文献社）
○「心のノート」

●はねらい，※は学習活動・手だてを示す。

教科書 p.70～71　　　　　　　　　　　　　　　　　　　　文化創造領域　●自己修養能力

35　見えない努力　人間の強さと弱さを乗り越えること

【ステップ1】
　目標達成のために必要なことを考え，身に付けていく単元であることを理解させる。また，自分の夢や目標も想起させ，学習の必然性をもたせる。

　目標を達成した時のことを例にあげ，その道のりにある努力やその時の心情について考えさせる。
　経験を発表させることで，将来だけでなく，日常でも，目標に向けた努力は日々行っていることを感じさせる。

【単元について】
　保護者や地域の方などの話を取り入れてもよい。身近な人の目標達成に対する考え方に触れることで，努力を継続することの大切さを多くの大人が感じており，生きていくうえで必要な力であることを感じさせたい。

【ステップ3】
　諦めずに努力を継続する手だてとして，「具体的な目標設定，克服すべき課題の明確化，克服までの見通し」を用い，意欲を高める方法を身に付けさせる。

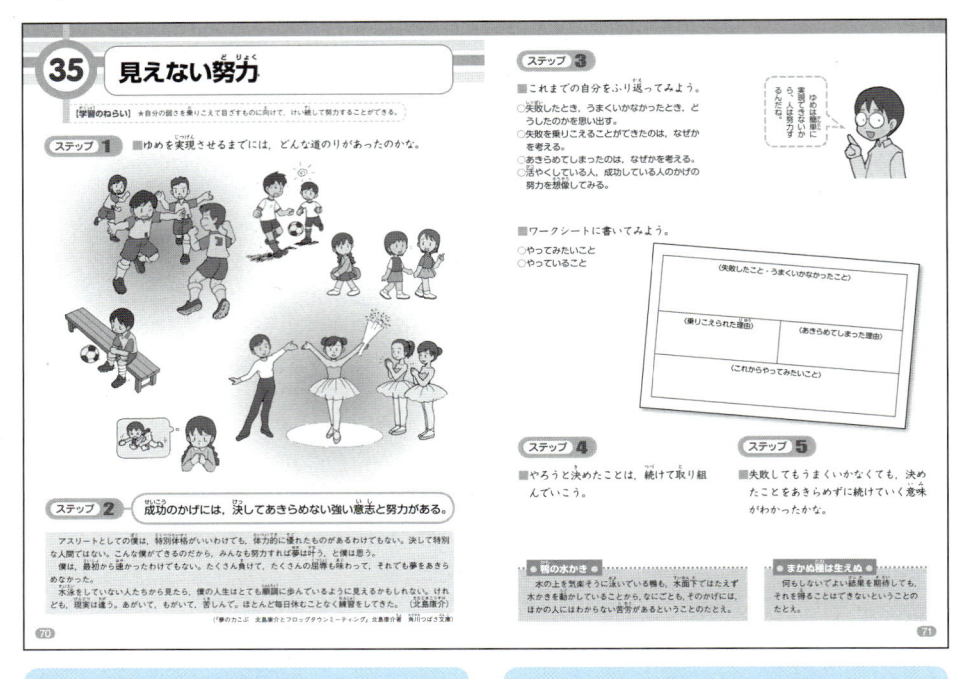

【ステップ3】
　目標が達成できた経験，諦めてしまった経験を振り返らせ，
・目標をしっかりもてていた。
・何を克服すればよいか分かっていた。
・克服のために何をすればよいか分かっていた。
ということについてまとめたい。

　少しずつでも克服していくことで確実な前進があること，前進があれば意欲も出てくることに気付かせ，少し努力すればできるレベルに，克服課題を設定することの大切さをおさえたい。

【ステップ2】
　北島選手の話以外にも，偉人・家族・学校関係者・地域の人などから，強い意志や努力についての話を聞く展開例もある。また，ゲストティーチャーを招き，価値付けしていくこともできる。

　意志の強さはどこからくるのか考えさせ，「ステップ3」の活動につなげる。

【ステップ5】
　目標，克服課題，見通しを具体的にして，実践したことのよさを振り返らせる。

　困難にぶつかった時に，これからはどうしていこうと思うか書かせることで，成果を見取ることもできる。

【ステップ2】
　「◆ けい続は力なり」の単元と関連させ，偉人の生涯・生き方についての内容を取り入れてもよい。

【ステップ4】
　報告や記録の掲示など，実践状況を交流させる。小さな克服も積極的に称賛し，伸びていく自分を感じさせる。

3・4年生

ねらい▶▶▶ 自分の弱さを乗り越えてめざすものに向けて，継続して努力することができる。

3時間扱い

ステップ1【課題発見・把握】
●目標の達成には，どんな道のりがあったか想像させ，学習の課題を把握させる。
※目標を達成した時のことを例にあげ，その道のりを想像させる。
※今の自分の目標について，実態と課題を把握する。

ステップ2【正しい知識・認識／価値／道徳的心情】
●目標の達成には，継続して取り組む意志と努力があることを理解させる。
※資料を読み，諦めなかった理由を考えさせる。しっかりとした目標設定をすること，自分ならばできるという自尊感情をもつことを教える。

ステップ3【スキルトレーニング／体験活動】
●自分の意欲の高め方，保ち方を身に付けさせる。
※教科書の手順に従って，これまでの自分を振り返る。
※自分の目標を設定させ，具体的な克服課題，乗り越えるための見通しをもつことの大切さを理解させる。

ステップ4【日常実践／活用】
●自分の目標について，学習したことを生かして日常で実践させる。
※報告や記録の掲示など，実践状況を交流させ，継続的に取り組ませる。

ステップ5【まとめ／評価】
●学習の意義と成果を振り返らせる。
※目標，克服課題，見通しを具体的にして，実践したことのよさを振り返らせる。

解説
★子どもたちは，将来に対して漠然とではあるが，「こうなりたい」という願いをもっている。スターにあこがれたり，スポーツ選手の影響を受けたりと様々ではあるが，夢や希望の実現のためには，強い信念をもって，目標に向かって努力を続けることが必要であることを理解させる。

★「努力できることが才能である」ということは，よく言われる。努力することが大切なのは理解できても，実際にそれを継続する意志の強さを身に付けさせるのは難しい。この単元では，「目標と克服課題の設定」「乗り越える見通し」をもたせることで，モチベーションを高める方法を教える。この方法を使い，日常での課題を克服していく経験を重ねることで，「自分はやればできる」という自尊感情をもたせ，困難にぶつかった時に，乗り越えようとする意志の強さを身に付けさせたい。

評価の観点
◆目標を達成するためには，継続して努力する必要があることを理解できたか。
◆決めたことや目標に対して，克服課題と見通しをもって努力することができたか。

参考情報
○ことわざ辞典　など
○「夢の力こぶ　北島康介とフロッグタウンミーティング」（北島康介　角川つばさ文庫）

●はねらい，※は学習活動・手だてを示す。

教科書 p.72〜73　　　　　　　　　　　　　　　　　　　　　　　　　　　文化創造領域　●自己修養能力

◆ けい続は力なり　先人から学ぶ／偉人や先人の生き方

【ステップ1】
　先人の生き方に触れさせるとともに，自分の生き方について考えさせ，単元の内容をつかませる。

　野口英世の伝記を読ませ，感じたことを発表させる。
　生き方については，人物像を考えさせるようにして，感想を発表させる。
　朝読書の時間などを活用し，読み聞かせをするなどの時間設定をする必要がある。時間をかけて，計画的に多くの偉人伝を読ませておくのもよい。

【単元について】
　3・4年生にとって，努力することの大切さを自分の中に理論的に構築することが難しい。生き方に触れさせ，あこがれをもたせることが大切である。

【単元について】
　全力で取り組む経験をさせることが大切である。甘えを許さず，努力させ，結果を出させることで，努力のよさに気付かせるようにしたい。

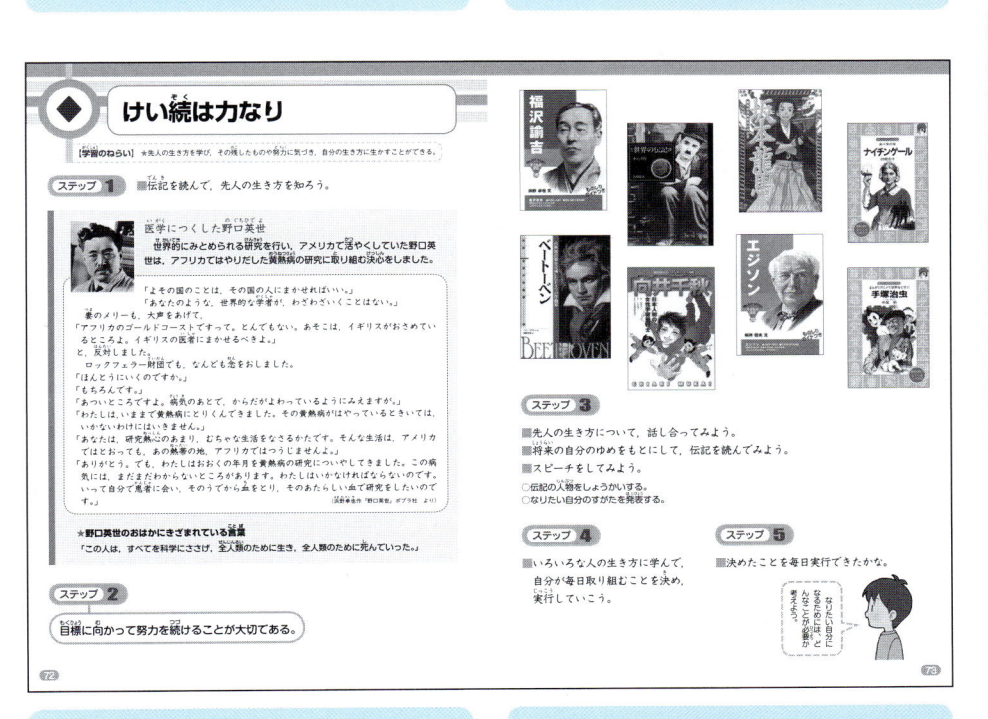

【ステップ3】
　なりたい自分の姿をイメージし，自分の夢をもとにし，その他の伝記を選び，読ませる。家族に聞いたり，学校図書館を利用したりする方法もあるが，近くの図書館から学校団体貸し出しを利用することもできる。
　伝記の人物紹介をカードにまとめさせるとよい。発表の時間がとれなければ，掲示する。
　掲示した場合，それについての意見を付箋紙などでお互いに貼り，意見交流するとよい。

【ステップ2】
　野口英世の考え方や生き方のよさを話し合わせる際，自分・友達・家族・先生・身近な人の意見と比較しながら価値付けしていくとよい。

【ステップ4】
　家庭でも，保護者が子どものころに読んだ伝記や，影響を受けた人物などについて，話ができるようにするとよい。

3・4年生

【ステップ2】
　なぜ努力を続けることができたか，そのモチベーションを保つ方法として，目標や夢の大切さについても教える。

【ステップ4・5】
　伝記を読んで，感心したことを一つ決め，1週間取り組んでみる。取り組みの状況やその評価を，「人物紹介カード」に書き加えられるようにしておくとよい。それを掲示しておくと，学習のまとめや振り返りになる。

ねらい▶▶▶　先人の生き方を学び，その残したものや努力に気付き，自分の生き方に生かすことができる。

3時間扱い

ステップ1　【課題発見・把握】
①
●先人の人生に触れることをきっかけとして，自分の生き方を考えさせる。
※先人の考えや信念について，考えながら資料を読む。
※野口英世の伝記を読み，感じたことを自由に発表させる。

ステップ2　【正しい知識・認識／価値／道徳的心情】
●人のために役立つことや，信念，自分の決めたことなどを，諦めずに粘り強くやり遂げることの大切さを理解させる。
※野口英世の生き方を中心に，家族や身近な人，友達や自分自身の生き方とも関連させながら理解させる。

ステップ3　【スキルトレーニング／体験活動】
①
●様々な偉人の生き方に触れさせ，生き方について考えを深めさせる。
※知っている偉人について，その生き方について，グループで共有する。
※将来の自分の夢をもとに，その他の伝記を読み，読んだ伝記をもとにスピーチをする。
※先人の生き方について学び取り，なりたい自分の姿を思い描く。

ステップ4　【日常実践／活用】
●先人の知恵や努力，姿勢，行動，強さなどについて，感心したことを自分の学習や生活に生かすよう実践させる。
※小さいことでも，毎日こつこつと努力を続けることが大切であることを，実践の中から実感させる。

ステップ5　【まとめ／評価】
①
●学習の意義や成果を振り返らせる。
※伝記から学んだことを自分の生き方に取り入れたり，様々な人の生き方を理解したりして，学習のまとめにする。

●はねらい，※は学習活動・手だてを示す。

解説

★ここでは，子どもたちも知っている偉人を例にあげている。特に，野口英世の伝記を通して，人のために自分の人生を捧げることの尊さについて触れさせる。自分のためだけではなく，人のために役立ちたいという目的や目標に向かって，努力し続けることの素晴らしさを理解させる。また，伝記について関心を高め，様々な生き方について学ぶ姿勢を育てたい。

★本単元では，努力を続けることの大切さを学び，自分の生き方に取り入れることをねらっている。先人の努力を学び取るときには，努力できたことの偉大さを感じさせるだけでなく，なぜ努力を続けられたのか，モチベーションを保てた理由を考えさせたい。そのことで，自分の目標や夢の大切さに気付かせたい。

評価の観点

◆伝記から，目標と努力の意味について理解できたか。
◆決めたことを毎日続けることができているか。

参考情報

○「おもしろくてやくにたつ子どもの伝記全20巻」（ポプラ社）
○「伝記・世界を変えた人々全20巻」（偕成社）　など

教科書 p.74〜75

将来設計領域 ●社会的役割遂行能力

36 わたしたちにできること ボランティア活動の意味／各種の募金活動の意義

【ステップ3】
学校全体での取り組み（ユニセフ募金）を紹介する。募金の金額でどれだけの子どもたちが救われたか調べる。

「世界がもし100人の村だったら」については、世界の格差を表しているものである。「ステップ3」の活動の意欲付けだけでなく、「ステップ2」の価値付けの際に活用することもできる。

【ステップ1】
ボランティアについて自分の考え方、価値観について気付かせ、学習課題をもたせることがねらいである。

「ユニセフについて知っていることを発表しよう。」
【反応例】
・募金
・外国の話
・困っている国（子ども）

ボランティア活動をすることについての自分の考えを書かせる。
＊事前アンケートの形で行ってもよい。

【ステップ2】
自分の生活と比較させながら、世界中の状況を知らせる。
自分にできることは、行うべきだという価値観をもたせる。

3・4年生

【ステップ4】
〈その他のボランティア活動の取り組み〉
・ペットボトルのキャップ収集
・プルトップ収集
・使用済みの切手収集
・使用済みのカードなどの収集
・書き損じの葉書

・ベルマーク：収集点数に応じて、教育機器の購入や発展途上国の学校建設資金になる。
・ロータスクーポン：発展途上国の援助や地域のボランティア活動基金になる。
・外国コイン：ユニセフを通じて発展途上国の援助に充てられる。

学校で毎年行う取り組みとしたり、学年ごとに違う取り組みにしたり、様々だが、学校としての計画を立てておくこと。

【ステップ3】
ボランティアや募金活動について調べさせる場合は、内容と目的を調べさせることで、何を学ばせるのか意図をもち、調べる対象を事前に決めておくこと。

【ステップ5】
ボランティア活動をすることについて、自分の考えを書かせる。単元前に書かせたものと比較させ、変容を確かめる。

ねらい ▶▶▶ ユニセフの取り組みやボランティア活動の目的について理解し、これらの活動に進んで取り組むことができる。

3時間扱い

ステップ1 【課題発見・把握】
●ボランティア活動についての自分の考えを振り返り、課題を把握させる。
※ボランティア活動について、知っていることや経験を発表する。
※ボランティア活動をすることについて、自分の考えを書かせる。

ステップ2 【正しい知識・認識／価値／道徳的心情】
●社会の一員として、困っている人を助けることは当然のことであるという価値観をもたせる。
※自分たちの生活と比較させながら、援助を必要としている世界の人々の状況について考えさせる。

ステップ3 【スキルトレーニング／体験活動】
●社会の一員としてできることを考え、実行できるようにさせる。
※ユニセフ等のボランティア活動の目的や内容について調べさせる。
※ボランティア活動や募金活動に取り組む。

ステップ4 【日常実践／活用】
●学習したことを日常の生活で実践させる。
※世界中で援助を必要としている人々について調べる。
※自分の身の回りでも、困っている人を見かけたら助けるようにする。

ステップ5 【まとめ／評価】
●学習の意義と成果を振り返らせる。
※ボランティア活動をすることについて、自分の考えを書かせ、変容を確かめる。

解説

★ボランティア活動をするということは、何か特別なことを行うということではない。世界や身の回りにいる人たちのために自分ができることを行うことは、人としてあたりまえであるという価値観をもたせる。

★ユニセフや災害支援などの募金活動の目的を、正しく理解させる。小さなことでも、人のために自分ができることを見付けさせることが大切である。

★5〜7年生の「49 ボランティア活動の体験をしよう」でもボランティアを扱う。関連を図り、学校としての取り組みとして活動を設定することもできる。あるいは体験が重複しないように、ここでは募金を設定することも可能である。募金を扱う場合は、自分が多くのお金を出すのではなく、学習した価値観を社会に広め、協力を願うというねらいで、駅前での活動などを行うと、成果もあがり、効果的である。

評価の観点

◆社会の一員として、困っている人を助けることは当然であると考えることができたか。
◆ボランティアや募金の活動を、積極的に行うことができたか。

参考情報

○ユニセフ協会　http://www.unicef.or.jp/
○ワールド・ビジョン・ジャパン　http://www.worldvision.jp/

●はねらい，※は学習活動・手だてを示す。

教科書 p.76〜77　　　将来設計領域　●社会的役割遂行能力

37　かんきょうを守る　学校や学級集団における役割と責任

【ステップ1】
環境を守る意識を高めさせるため、現状を理解させることと自分の意識を把握させることがねらいである。

教科書や日常生活から、ごみについて知っていることを発表させる。
【反応例】
・ごみの分別
・地球温暖化
・ISO
・埋め立て
・清掃工場
・ノーレジ袋
・エコバッグ
・リサイクル

ごみ問題に対する自分の意識と行動を振り返らせ、課題を把握させる。

＊上記の発表させた項目の中から教師が選択し、何か取り組んでいるか、意識して生活しているかを書かせる。「ステップ5」で変容を確かめる時にも活用する。

【ステップ2】
ごみ問題の現状について認識させ、危機的な状況であることを理解させる。
数値的なデータを多く準備し、早急な対応、一人一人の意識の変化が大切なことを感じさせる。

「3つのRでごみを減らしましょう。」
・Reduce　リデュース：削減
・Reuse　リユース：再使用
・Recycle　リサイクル：再利用

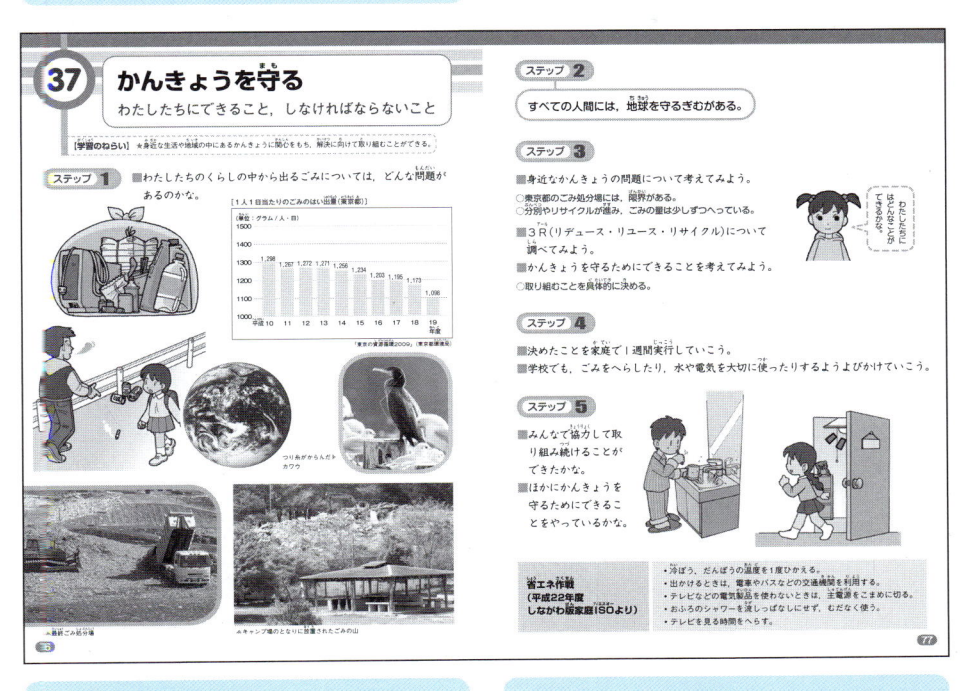

【ステップ3】
日常実践の具体的なめあてをもたせるため、都や区での現状や取り組みを調べさせる。
品川区のホームページを活用させる。
【ごみの分別例】
〈燃やすごみ〉
・生ごみ
・汚れているプラスチック容器や包装
・ゴム・皮製品
・紙くず
〈燃やせないごみ〉
・陶器類
・ガラス
・金属類
・アルミホイル
・スプレー缶
〈資源ごみ〉
・新聞・雑誌
・段ボール
・紙パック（すすいで乾かして切り開く）
・びん・ペットボトル（キャップを外してすすぐ）
〈粗大ごみ〉
・申し込み制（有料）品川区粗大ごみ受付センター
・メーカーリサイクル（有料）家電リサイクル受付センター
＊変更があるので、ホームページで確認すること。

3・4年生

【ステップ4】
「ステップ3」で立てためあてをもとに実践をさせる。成果が分かるように、ごみの量（袋の数や重さ）、電気、水道メーターなど記録を取ると効果的である。

【ステップ5】
「ステップ1」のものと比較させ、意識と行動の変容を感じさせる。成長を評価し、実践を継続していく意欲を高めるようにする。

ねらい▶▶▶ 身近な生活や地域の中にある環境に関心をもち、解決に向けて取り組むことができる。

4時間扱い

① **ステップ1**　【課題発見・把握】
●ごみ問題を題材として、環境問題について課題を把握させる。
※教科書や日常生活から、ごみ問題について知っていることを発表する。
※ごみ問題に対して、自分が何を意識し、どんな行動をしているか書かせる。

ステップ2　【正しい知識・認識／価値／道徳的心情】
●環境を守る義務があることを理解させる。
※ごみ問題の現状について認識させ、危機的な状況であることを理解させる。

② **ステップ3**　【スキルトレーニング／体験活動】
●ごみ問題を改善するためにできることを考えさせる。
※東京都のごみ問題の現状と対策をもとに、自分たちの生活でできることを話し合わせ、実践のめあてを立てさせる。

ステップ4　【日常実践／活用】
●ごみ問題、環境問題について、めあてをもとに実践をさせる。
※自分たちが考えた対策を実行する。
※しながわ版家庭ISCにチャレンジする。（長期休業中）

① **ステップ5**　【まとめ／評価】
●学習の意義と成果を振り返らせる。
※ごみ問題、環境問題に対して、自分が何を意識し、どんな行動をしているか書かせ、変容を感じさせる。

解説
★日常生活におけるごみ問題と地球環境をつなげ、意識付けを行う。ふだん、なにげなく出しているごみをしっかり見直させ、ごみを減らす目的と方法を正しく認識させる。
★学校生活の中でも、ごみのリサイクルだけではなく、水や電気の節約など、身近なところからできる取り組みを実施し、結果的に自分も地球環境を守る一員であるという、意識を向上させる。
★4年生の社会科で、ごみの処理について調べる学習が設定されている。関連を図る際には、それぞれのねらいを明確にして学習させるよう配慮する。

評価の観点
◆身近なごみの問題から、環境について考えることができたか。
◆ごみを減らすなど、自主的に実践できているか。

参考情報
○しながわ版家庭ISOリーフレット・チャレンジシート
○品川区ホームページ／資源・ゴミをクリック
○動画で見る「ごみの分け方品川区のルール」

●はねらい、※は学習活動　手だてを示す。

教科書 p.78〜79

将来設計領域　●社会認識能力

38　お金はどこからくるの？　家庭生活と家計費／お小遣い帳の実践

【実態把握】
事前にアンケートを実施するとよい。
・お小遣い制か？
・欲しいものがあったらどうするか？
・家庭で使っているお金の中で，自分のために使われているお金は？　など

【導入について】
お小遣い制の家庭が少なかったり，欲しいものを買ってもらえる家庭が多かったりする場合は，「自分のために使われているお金」を全体でおさえておく必要がある。

【ステップ2】
お小遣いを増やすために，生活費のどこかを減らす必要があることに気付かせ，お小遣いが，大切な生活費の一部であることを理解させる。

【ステップ3】
お金を使う前に考えておくべきことについて話し合わせる。
・本当に必要か？
・買ったらどうなるか？

「お小遣い帳」の付け方（収支の記録の仕方）や活用法（計画を立てる，自分の判断を後で振り返る）を指導する。
〈計画〉
＊月末に発売される○○を買うためには，○○円まで使うことができる。
〈振り返り〉
＊買った後で，もっと欲しいものが出てきて，買えなくなってしまった。
＊同じようなものを持っていたので，買う必要がなかったかもしれない。

【ステップ1】
生活費について認識させる。また，自分のお金の使い方を振り返り，課題をもたせる。

イラストから生活費について考えさせる。

「生活の中でどのようにお金が使われているでしょう。」
〈例〉
・電気代
・ガス代
・電話代
・水道代
・食費
・衣服代

生活費の内訳や割合について資料を準備する。

3・4年生

イラストをもとに，自分のお金の使い方を振り返らせる。
「欲しいものがあったときに，自分はまずどうしますか？」
「買えるだけのお金を持っていたときは？」
「持っていなかったときは？」

【ステップ5】
「お小遣い帳」をもとに，計画的なお金の利用，使い方の判断について振り返り，よさを発表させる。

【ステップ4】
お小遣いは，各家庭で適正な金額を設定する必要がある。子どものお金の使い道を把握していないと難しい。
実態に応じ，自分のために使ったお金を記録させていくことにしてもよい。その場合は，自分で買いに行かせるようにする。

ねらい▶▶▶　お金についての正しい知識をもち，大切に使うことができる。

3時間扱い

ステップ1　【課題発見・把握】
①
● 生活費について認識させ，自分のお金の使い方について，課題を把握させる。
※ イラストを参考に，家庭でのお金の使い方を想像させる。
※ お小遣いの使い方を振り返り，自分の判断の仕方について，課題をもたせる。

ステップ2　【正しい知識・認識／価値／道徳的心情】
①
● 自分が使っているお金は，家族が生活するための大切な生活費の一部であることを理解させる。
※ お小遣いを増やすために，生活費のどこかを減らす必要があることに気付かせ，お小遣いが大切な生活費の一部であることを理解させる。

ステップ3　【スキルトレーニング／体験活動】
①
● 無駄遣いをしない方法を，身に付けさせる。
※ お金を使う前に，考えておくべきことを話し合わせる。
※ 「お小遣い帳」を使って，計画的にお小遣いを使う方法を知る。

ステップ4　【日常実践／活用】
● 学習したことを，日常実践で確かめさせる。
※ お金を使う前に，使った後のことを想像し，慎重に判断させる。
※ 計画的に使ったり，自分の判断を振り返ったりするために，「お小遣い帳」を付けさせる。

ステップ5　【まとめ／評価】
①
● 学習の意義と成果を振り返らせる。
※ 「お小遣い帳」をもとに，計画的なお金の利用，使い方の判断について振り返り，よさを発表させる。

解説

★ 本単元は，自分がもらうお小遣いや，自分のために使われているお金が，家計の一部であることに気付くことで，お金の大切さを理解し，大切に使うことができるようになるという展開で構成している。お小遣いをもらっていたり，自分が必要だと言う申告を通して自分のものを買ってもらったりする家庭であれば，自分がお金を使っている認識をもつことができる。しかし，家庭によっては，欲しいものを言えば買ってもらえたり，必要だと言う申告がなくても，保護者が気を配って用意をしてしまったりしていることがある。その場合，自分がお金を使っているという意識も，自分のためにお金が使われているという意識もとても低い。その場合には，学習用具や洋服など，自分のために使われているお金を認識させるところから始めるとよい。

★ 金銭感覚を身に付けさせるために必要なこととして，お小遣い帳の実践，買い物の体験を保護者に依頼するとよい。

評価の観点

◆ お金の大切さを理解できたか。
◆ 「お小遣い帳」を付け，無駄遣いをせずにお金を使うことができたか。

●はねらい，※は学習活動・手だてを示す。

教科書 p.80〜81

将来設計領域　●社会認識能力

39　仕事とわたしたちのつながり　興味のある職業と自分の生活とのつながり

【ステップ1】
仕事と生活のつながりに気付かせる。
〈方法1〉
○社会にある仕事と生活のつながりについて，イメージマップを作成させる。
〈方法2〉
○教科書の挿絵を使って，生活と仕事のつながりを書かせる。
・挿絵の家庭と仕事を矢印でつなぎ，キーワードで挿絵に記入させる。

「挿絵の仕事とわたしたちの生活のつながりを，キーワードで示そう。」

【ステップ2】
生活との直結，仕事同士のつながりについても確認する。また，生活者(消費者)が必要としているから，仕事が成立していることにも気付かせる。

【ステップ3】
個人で作ったイメージマップをもとに，グループでまとめさせる。お金の流れについても考えさせる。

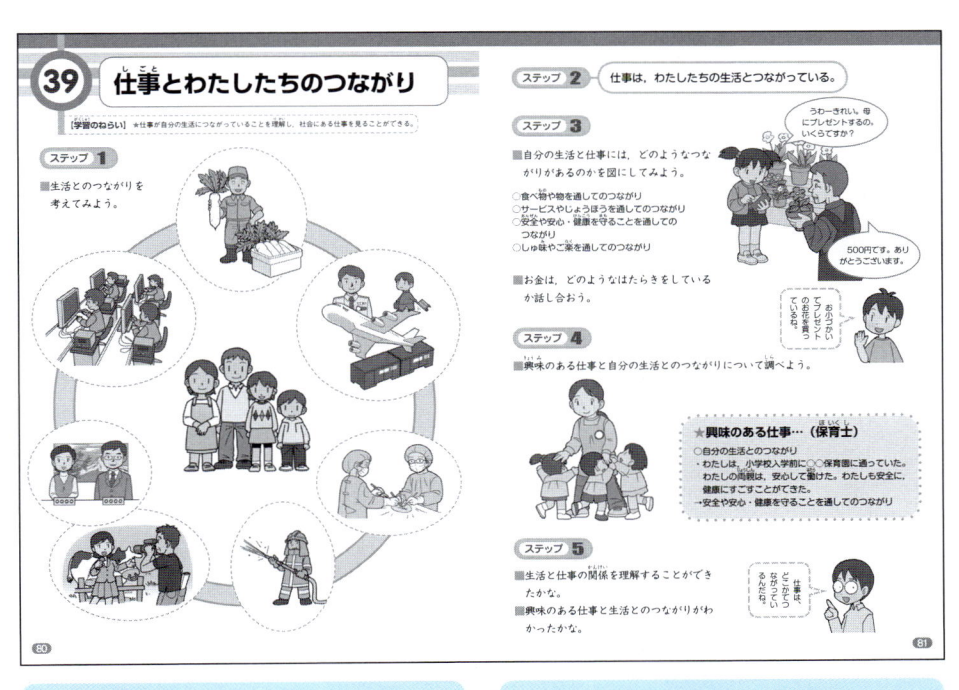

【ステップ3】
「ステップ1〜3」までの活動を通して，働くことについての価値観を確かめる。また，お金の流れを確認させる。
○お金は，仕事と生活とのつながりの中で，どのような役割を果たしているか話し合う。
→お金は，仕事の対価として支払ったり，受け取ったりする。

「ステップ3」でお金の流れを扱った後，働くことの意義について考えさせる。
お金を稼ぐために働くことも大切だが，人の生活を支えるために働くという価値観をもたせることで，働く意欲や働かなければならないという義務感を感じさせたい。

自分が興味ある仕事について，生活とのつながりを調べる方法を確認する。

【ステップ2】
「ステップ1」の学習を活用する。連続で行うとよい。
イメージマップをもとに，つながりがなくなってしまったときの状況を考えさせる。
〈例〉
花屋という仕事がないとしたら，花をプレゼントしたいときどうするか。

【ステップ4】
「ステップ4」で使うカードの例
①仕事名　②選んだ理由　③仕事の内容
④その仕事がなかったらどうなるか　⑤感想

【ステップ5】
様々な仕事に対して，学習前の自分の気持ちや態度と，学習後の自分とを比べて，変容を確かめる。

【ステップ4】
興味のある仕事や身近な人の仕事を選んで，その仕事と生活とのつながりを調べて，カードにまとめて掲示する。

3・4年生

ねらい▶▶▶ 仕事が自分の生活につながっていることを理解し，社会にある仕事を見ることができる。

3時間扱い

ステップ1　【課題発見・把握】
●自分の生活とかかわりのある仕事の存在に気付かせる。
※自分の生活と仕事のつながりを表すイメージマップを作成する。
・自分を中心にして，その周りに思いつく仕事を書かせる。
・仕事と自分のつながりを線でつなぎ，かかわり方を書かせる。

ステップ2　【正しい知識・認識／価値／道徳的心情】
●生活と仕事がお互いに関係していることを理解させる。
※「ステップ1」で作成したイメージマップをもとにして，つながりがなくなってしまったときのことを考えさせる。

ステップ3　【スキルトレーニング／体験活動】
●生活が支えられていることを意識しながら，社会にある仕事を見ることができるようにさせる。
※グループで生活と仕事のつながりのイメージマップを作成する。
・個人で作ったイメージマップを参考に，グループでまとめる。
・お金の動きを記入させ，お金のはたらきに気付かせる。
※働くことの意義について考えさせる。

ステップ4　【日常実践／活用】
●興味のある仕事や身近な人の仕事と，自分の生活とのかかわりについて確かめさせる。
※興味のある仕事や身近な人の仕事を選び，生活とのつながりを調べさせる。

ステップ5　【まとめ／評価】
●学習の意義と成果を振り返らせる。
※学習前の自分の気持ちや態度と，学習後の自分とを比べて，ワークシート等にまとめる。

●はねらい，※は学習活動・手だてを示す。

解説
★イラストを見て，家庭とそれぞれの仕事とを矢印で結び，どのようなつながりがあるのかを考えさせる。例えば，手紙を相手に送ることを考えたときに，郵便にかかわる仕事がなければ，自分で届けるしか方法がないことに気付かせる。
★お金や物の動きだけではなく，自分たちの生活とかかわりのある職業についても着目させ，理解を広げるようにさせる。
★本単元では，「お金を稼ぐために働く」というだけでなく，「社会のため，人のために働く」という勤労観をもたせることが大切である。興味のある仕事や社会にある仕事について知るときに，どのように社会にかかわりをもっているかに目を向けて見ることができるようにしたい。
★「41　見つけてみよう，わたしの仕事」，5年生の「スチューデント・シティ」など繰り返し指導していくことで，働くことの意義を定着させていく。

評価の観点
◆生活と仕事のつながりを理解できたか。
◆自分の生活とのつながりを見付けながら，社会の仕事を調べたり知ったりすることができたか。

参考情報
○5年「スチューデント・シティ　ワークブック」

教科書 p.82〜83　　　　　　　　　　　　　　　　　　　　　　　　　　　将来設計領域　●将来志向能力

40　未来の自分に向かって　自分の未来予想／仕事と学習のつながり

【ステップ1】
　思いつくまま，できるだけ多く書き出せるとよい。事前に家庭から，自分の子どものよさやできるようになったことなどを，書き出しておいてもらうとよい。
＊小さいころから，順番に思い出させる。
＊勉強・運動・趣味・習い事など，場面ごとに想起させる。
＊「いいところ見付け」などの活動を振り返らせる。
・カードから，自分のよさや，好きなことの傾向を見付けさせる。
・将来の自分をイメージさせる。

【ステップ1】
「自分のよいところ，得意なこと，好きなことをカードに書こう。」
〈例〉よいところ：優しい　得意なこと：ピアノ
　　　好きなこと：歌，手芸

【ステップ1】
　将来の自分については，仕事だけでなく，どのような大人になりたいか，挑戦したいことなどをイメージできるとよい。
＊指導項目が仕事と学習のつながりなので，仕事についてはイメージさせたい。

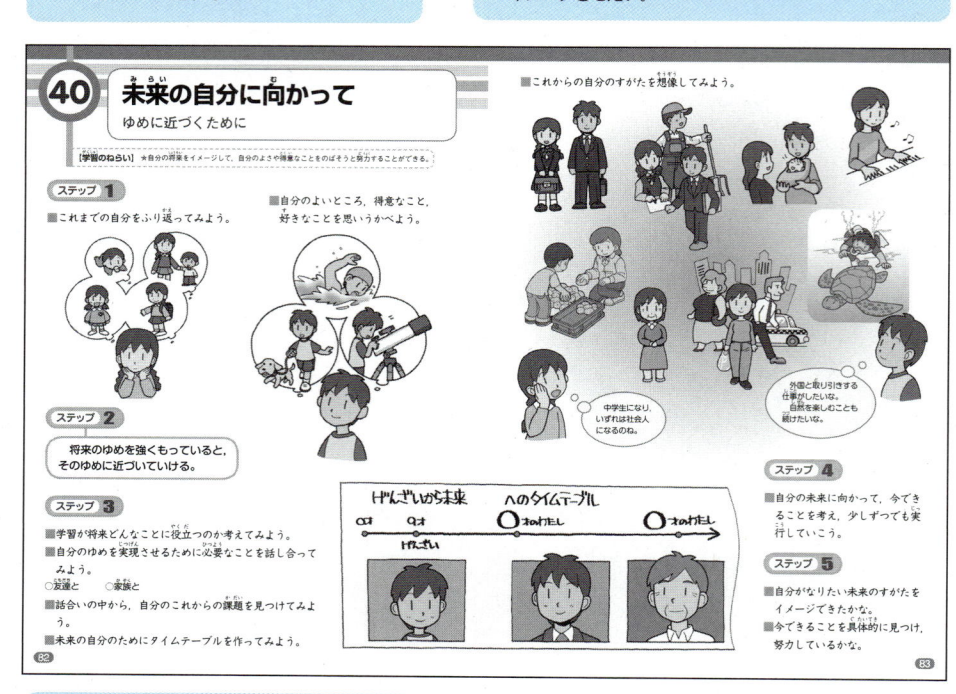

【タイムテーブル作成について】
＊子どもたちがイメージできるのは，就職して，そこで活躍しているところぐらいまでと考えられる。具体的にイメージさせるのは，30歳ぐらいまででよい。

【ステップ4】
　学校での学習や家庭生活の中で，自分のよさを伸ばすために実践させる。
＊学習面，生活面でよさを伸ばすために実践する。禁止事項を取り組み事項にしない。
〈例〉
×悪口を言わない。
○友達に優しく声をかける。

【ステップ2】
　ゲストティーチャーを招き，話をしてもらうとよい。
　また，各家庭で，保護者に「ステップ1」の活動を実施してもらい（自分の小さいころを思い出してもらう），保護者が小学校中学年ごろに，どんな夢や目標をもって生活していたか話してもらってもよい。
　単元35の学習を想起させ，目標の大切さを確認する。

【ステップ3】
　学校での生活や学習が，将来どのように役立つかを考えさせる。
＊働いている人たちにインタビューしてもよい。
　教員，主事，調理師など

【ステップ3】
　インタビューで得たことも踏まえ，タイムテーブルを作成する。将来をイメージしながら，自分のよさを伸ばしていくという視点で取り組んでいくことを記入する。

【ステップ5】
　学習したことで変容したことを確かめる。
・見付けた自分のよさ
・将来の目標
・タイムテーブルを作成してよかったことを振り返る。

3・4年生

ねらい ▶▶▶ 自分の将来をイメージして，自分のよさや得意なことを伸ばそうと努力することができる。

4時間扱い

ステップ1　【課題発見・把握】
● 今までの自分を振り返り，自分のよさや得意なことを把握させる。
※小さかったころから順番に思い返させ，好きだったこと，頑張ったこと，習ったこと，できるようになったことなど，思いつくまま書き出させる。
※カードから自分の好きなことの傾向を見付け，将来の自分を想像させる。

①
ステップ2　【正しい知識・認識／価値／道徳的心情】
● 将来の夢を強く抱き，目的や目標をもって生活することの大切さを理解させる。
※目標をもって夢を実現した人の話を聞く。
※「35　見えない努力」を想起させ，目標をもつことの大切さを振り返る。

ステップ3　【スキルトレーニング／体験活動】
● 学習が自分のために必要であることを理解させ，学校や家で取り組んでいくことを計画させる。
②
※将来をイメージし，自分のよさを伸ばす方法を生活の中から見付けさせる。
※学習と将来の仕事のつながりについて，学校で働く人にインタビューする。
※将来に向けての「タイムテーブル」を作る。
※伸ばしていきたい，よさについても記入する。

ステップ4　【日常実践／活用】
● 自分が決めたことについて，日常で実践させる。
※学校での学習や家庭生活の中で，計画をもとに実践する。

①
ステップ5　【まとめ／評価】
● 学習の意義と成果を振り返らせる。
※見付けた自分のよさ，将来の目標をイメージして，タイムテーブルを作成したことで変わったことを振り返らせる。

解説
★将来の自分について，仕事だけでなく，どのような大人になりたいのか，どのようなことに挑戦したいのかを想像させることが大切である。
★将来の自分を具体的にイメージできるほど，現在の目標が立てやすくなる。「ステップ2」でゲストティーチャーを招いて，仕事についての話などを聞かせることも効果的である。
★本単元は，将来志向能力として設定している。目標を設定することや，そこに到達するまでのイメージをもつことの大切さを伝えたい。
★関連する単元「35　見えない努力」は，自己修養能力として，努力を継続することを学習する。本単元では，自分のよさを伸ばすという視点を大切にしたい。この単元の学習を経て，伸ばしていきたい自分のよさを，しっかりもつことができるようにしたい。

評価の観点
◆将来の夢を強く抱き，目的や目標をもって生活することの大切さを理解できたか。
◆目標に向かって自分のよさを伸ばすために，努力をすることができたか。

●はねらい，※は学習活動・手だてを示す。

教科書 p.84　　　　　　　　　　　　　　　　　　　　　　　　　将来設計領域　●将来志向能力

41　見つけてみよう，わたしの仕事　自分の特徴と将来の仕事

【ステップ1】
社会には多くの職業があることに気付かせる。

「社会にはどのような仕事があるか，発表しよう。」
〈例〉
医者　看護師
整備士　トリマー
調理師　指揮者
介護士　会社員
農家
　野菜を作る人
　米を作る人
保育士　教師
エンジニア
運転手
パイロット
野球選手　美容師
歌手　花屋
それぞれの仕事が，社会にどのように役立っているか考えさせる。

【単元設定の工夫について】
単元39，単元40，単元41の3つを複合し，成果発表をする場を設定するなど，大単元を構成することも可能である。その際には，それぞれのねらい，指導項目を達成できるように構成する。

大単元として設定する場合には，3・4の両学年で実施し，中心となるねらいや活動，成果発表の方法を変えるなど，系統性や積み重ねが見られるように配慮する。

【ステップ3】
自分に合った仕事を考える。
○自分のよさを振り返り，確認する。
○自分がなりたい仕事について調べる。
・本やインターネットで調べたり，家族や働いている人へのインタビューを行ったりして，自分が就きたい仕事について調べる。

【ワークシート】
〈項目例〉
・就きたい職業
・仕事の目的・内容
・やりがい
・必要な力
・向いている人はどんな人か

3・4年生

【ステップ2】
仕事は自分のよさを生かすことができるものだということを理解させる。

＊多様な職業があることから，自分に合った職業は見付かるということを感じさせる。

【ステップ4】
日常においても，仕事について，調べる活動を継続させる。調べた事柄に関連する仕事を調べ，より自分に合った仕事，興味のある仕事を見付けさせていく。将来の仕事に関するイメージが具体化していくようにする。

【ステップ5】
自分の将来像についてまとめ，発表させる。働くことについての自分の考え方（勤労観・職業観）についても振り返らせるとよい。

ねらい▶▶▶ 自分が将来就きたい仕事について，調べたり考えたりすることができる。

4時間扱い

ステップ1　【課題発見・把握】
①
●社会には様々な職業があり，それぞれが社会に役立っていることに気付かせる。
※「自分の生活を支えてくれている人」を想起しながら，社会に存在する職業を発表し合う。
※それぞれの職業が，社会にどのように役立っているか考え，発表し合う。

ステップ2　【正しい知識・認識／価値／道徳的心情】
●仕事は，自分のよさを生かせるものであることを理解させる。
※「ステップ1」の活動をもとに，社会には様々な分野の仕事があることや，自分のよさを生かせる仕事を選ぶことができることに気付かせる。

ステップ3　【スキルトレーニング／体験活動】
②
●自分のよさを生かせる仕事を，見付けさせる。
※自分のよさ，好きなこと，得意なことを確認する。
※興味のある仕事を調べ，自分のよさを生かせるか考える。
・身近な人に聞いてみるとよい。

ステップ4　【日常実践／活用】
●日常でも仕事について調べ，自分の将来の希望を具体的にさせる。
※興味のある仕事について，継続して調べる。
※関連する仕事についても調べ，より自分に合った仕事，興味のある仕事を見付けさせる。

ステップ5　【まとめ／評価】
①
●自分の将来像をもたせる。
※自分の将来像について，具体的にワークシート等にまとめる。

●はねらい，※は学習活動・手だてを示す。

解説
★社会の中には，様々な分野の職業があることに気付かせる。イラスト以外の職業についても，資料を用意しておくとよい。
★職業の多様性に気付かせ，自分のよさを生かせる職業が必ず見付かるという希望をもたせることは，子どもたちの意欲を高めるうえで大切なことである。しかし，一方で，仕事の困難さや努力不足を自分との相性の悪さのせいにして，簡単に辞めてしまったり，全力を尽くさなかったりするようなことが見られる現状がある。そこで，自分の希望する職業で力を発揮するためには，自分を高めていくことが大切であることに気付かせていきたい。このことを踏まえつつ，本単元では仕事への興味関心を高めることをねらって指導していく。

評価の観点
◆仕事は，自分のよさを生かせるものであることが理解できたか。
◆自分が将来就きたい仕事について，調べたり考えたりすることができたか。

参考情報
○「しごとば」「続・しごとば」
　（鈴木のりたけ 作・絵　ブロンズ新社）
○「めざせ！あこがれの仕事」（2期・全10巻）
　（渡辺三枝子 監修　ポプラ社）
○「21世紀こども百科　しごと館」（羽豆成二　小学館）

5・6・7年生

● 5・6・7年生の目標

〔社会的行動力の基礎〕

①集団生活の向上のために自治的な活動を学ぶ。また，家庭や社会における自己の役割を理解し，進んで集団や社会に参加しようとするなど，社会的な行動力の基礎を身に付ける。

②学校や地域社会などにおける生活上の問題を見付け，個人や集団・組織で問題解決を行うなど主体的・実践的な態度を身に付ける。

5・6・7年生単元構成表

＊は7年生，★は参考資料を載せている必修単元，◆は選択単元を示す。
　　　　は特別支援学級の市民科学習で扱う指導項目を含む単元。

領域	能力	教科書ページ	単元番号	単元名	指導項目
自己管理	自己管理	p.2～3	1	正しい判断力を身につけよう	善悪の判断基準に基づく意思決定の在り方
		p.4～5	2	自分の生活を見つめよう	自分の生活管理の仕方
		p.6～7	3	ストレス・なやみの解消方法	セルフ・コントロールの方法
		p.8～9	4	＊行動についての善悪の判断	善悪の判断基準に基づく意思決定の在り方
	生活適応	p.10～11	5	場に応じた行動の仕方	様々な場面における社会的行動／公共機関等における社会的行動や態度
		p.12～13	6	情報についての正しい理解〈1〉	情報社会のルール・マナーの遵守
		p.14～15	7	＊情報についての正しい理解〈2〉	情報社会における自分の責任や義務
	責任遂行	p.16～17	8	社会・生活環境への関心	社会への関心
		p.18～19	9	人権問題について考えよう	人権（同和）問題
		p.20～21	10	＊市民としての義務と責任	市民としての責任と義務
人間関係形成	集団適応	p.22～23	11	きまりの意味	学校や社会の中で守られているルール／幸せな生活を送る権利
		p.24～25	12	自分の考えや気持ちを上手に伝えよう	問題解決のための集団・組織づくり
		p.26～27	13	＊問題を解決するために	問題解決のための意思決定
	自他理解	p.28～29	14	信頼関係づくり	信頼関係づくり／友情でつながる人間関係づくり／異性との人間関係づくり
		p.30～31	15	障害のある方やお年寄りと接する	福祉
		p.32～33	16	＊福祉について	福祉
	コミュニケーション	p.34～35	17	賛成・反対の立場をはっきりさせよう	賛成，反対の立場を明確にした話し方，批判的思考
		p.36～37	18	情報を正しく伝える～コミュニケーションを上手にとるルールとマナー～	相手に伝える様々な方法と特性の理解
		p.38～39	19	説得力を身につけよう	効果的に話す技術
		p.40～41	20	＊効果的に話す技術	効果的に話す技術
		p.42～43	21	＊さまざまな話し合い方	討論・議論
自治的活動	自治的活動	p.44～45	22	みんなでつくろう学級会	話し合いⅢ「議論・討論の仕方」
		p.46～47	23	学校における自治的活動　～児童会活動～	学校における自治的活動の在り方
		p.48～49	24	学校における自治的活動　～クラブ活動～	学校における自治的活動の在り方
		p.50～51	25	＊学校における自治的活動　～生徒会活動～	学校における自治的活動の在り方
		p.52～53	26	＊地域における自治的活動	地域における自治的活動の理解
	道徳実践	p.54～55	27	節度ある行動	場や状況に応じた寛容さと節度ある行動の仕方
		p.56～57	28	相手を認めることの大切さ	人間尊重と正しい人権感覚
		p.58	29	＊正しい行動をする意志と勇気	非行防止
		p.59	30	＊正しい人権感覚	人間尊重と正しい人権感覚
	社会的判断・行動	p.60～61	31	自分の行動	生活していく上での理想と現実
		p.62～63	32	差別や偏見をなくそう	自他の違いによる差別や偏見の解消
		p.64～65	33	公正・公平な態度	自他の違いによる差別や偏見の解消
		p.66～67	34	＊実社会での法やきまり	実社会での法やきまり，条例／社会規範を守る行動
		p.68～69	35	＊現代社会の問題	現代社会の問題（青少年問題，環境など）と解決策
文化創造	文化活動	p.70～71	36	自分たちの学校	校風や伝統を重んじた文化的活動の継承
		p.72～73	37	あなたが暮らす日本	日本の文化・伝統に関する理解／伝統文化を継承していく様々な人々の取り組み
		p.74～75	38	地域と連携した活動計画づくり	地域と連携した特色ある活動計画づくり
		p.76～77	39	＊文化祭などの具体的な活動計画	文化祭などの具体的な活動計画
	企画・表現	p.78～79	40	楽しい集会の計画を立てよう　～企画立案の手順～	学校行事などの企画立案，運営方法と発表の方法
		p.80～81	◆	自己アピールしよう	自己アピールの方法
		p.82～83	41	発表会を開こう	ねらいをより効果的に伝える方法
		p.84～85	42	インターネットの活用	インターネットなどの有効活用
		p.86～87	43	＊プレゼンテーション力をつける	ねらいをより効果的に伝える方法
	自己修養	p.88～89	44	生き方　～夢に向かって～	先人から学ぶ
		p.90～91	◆	偉人や先人から学ぶ　～偉人伝～	偉人や先人の生き方
		p.92～93	45	＊偉大な先輩から学ぶ	先人から学ぶ
		p.94～95	46	＊生きていくための道しるべ　～『論語』から学ぶ～	生きていくための目的
		p.96～97	47	＊生き方の手本となる人物を見つける	自分の好きな人物の生き方
将来設計	社会的役割遂行	p.98～99	48	一人の力が大きな力に	学校行事などにおける役割と責任の大切さ
		p.100～101	49	ボランティア活動の体験をしよう	これからの地域社会へ貢献する意識
		p.102～103	50	＊集団における役割と責任	学校行事などにおける役割と責任の大切さ
	社会認識	p.104～105	51	現在の消費における問題	現在の消費における問題と原因
		p.106	★	＊スチューデント・シティ・プログラム　～経済体験学習～	スチューデント・シティ・プログラム
		p.107	★	＊キャップス・プログラム　～経営体験学習～	キャップス・プログラム
	将来志向	p.108～109	52	仕事って何？　働くってどういうこと？	職業についての理解
		p.110～111	53	＊仕事を成功させるために必要な力	なりたい職業に必要な知識・技能・資格
		p.112～113	54	その道の達人に学ぶ〈1〉	達人から「自己実現」について学ぶ
		p.114～115	55	＊職場訪問をしてみよう	職業についての理解
		p.116～117	56	＊その道の達人に学ぶ〈2〉	達人から「自己実現」について学ぶ

教科書 p.2〜3　　　　　　　　　　　　　　　　　　　　　自己管理領域　●自己管理能力

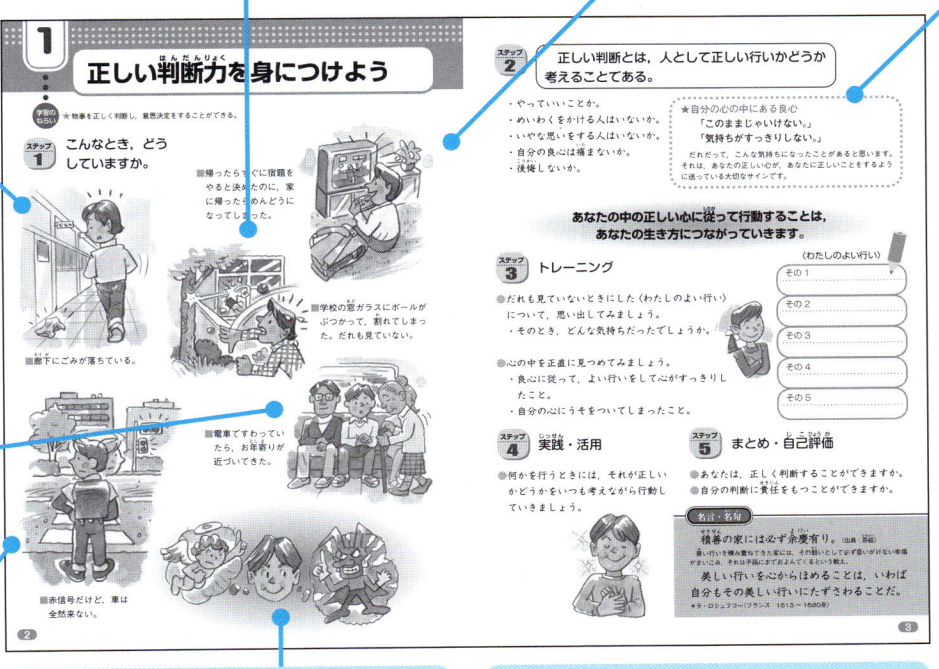

1　正しい判断力を身につけよう　善悪の判断基準に基づく意思決定の在り方

【ステップ1】
挿絵を拡大して黒板に掲示し、それぞれの場面について考えさせる。

【頭では分かっていても、なかなか行動に移せない身近な例】
自分が落としたわけではないごみが落ちているのを見た時に、そのごみを拾える時の心と、拾えない時の心には、どのような違いがあるか話し合わせる。「人としてどうか」の意識とともに、「高学年として」の自覚も考えさせる。

【地域での例】
お年寄りが近付いてきた時に、席を譲れるかどうかを振り返らせる。譲れないのはどういった理由かを正直に話し合わせる。
赤信号で車が来ない時に、渡ってしまったことはないかを振り返らせる。「車が来ないなら、誰にも迷惑がかからないからよい」という考えの子どもがいるかもしれない。そういった意見も引き出しながら、じっくり考えさせる。

分からなければよいのかという点では、身近に起こりうる例である。水が水道の周りに飛び散ってしまった、図書館の本が倒れてしまった、花壇の花にボールがぶつかって折れてしまったなど、具体的な場面にも置き換えて考えるとよい。

誰の心の中にもある良心と、それを邪魔しようとする心。その心が出てくることが悪いわけではなく、悪い心に良心が打ち勝つことが大切である。では、良心に従って行動する自分になるためにはどうしたらよいかを話し合わせる。

【家庭での例】
誰にも迷惑がかからなければよいのかという観点で、考えを深めることができる。自分で決めたことを誰かに言われなくても実行できる力は、この単元で身に付けさせたい力である。

【ステップ5】
ワークシートの記録をもとに、実践を振り返る。「お年寄りに席を譲ったらすごく喜ばれて気分がすっきりした」など、プラス面での振り返りを重視する。

【ステップ2】
「正しい判断かどうかは、どのような基準で決めることができますか。」
などを考えさせ、学級として判断基準を考えてもよい。
教科書にある判断基準で「ステップ2」をまとめる。

【ステップ3】
「良心に従って行動できた時は、どんな気持ちがしましたか。」

【ステップ4】
教科書の挿絵以外に、具体的にどのような場面で正しい判断が求められるか考えさせる。

【ステップ5】
ワークシート等を用い、学校・地域・家庭での具体的目標を記入させる。また、目標にしたかどうかにかかわらず、正しい判断力を必要とした場面については記録させる。

5・6・7年生

ねらい ▶▶▶ 物事を正しく判断し、意思決定をすることができる。

4時間扱い

① **ステップ1**【課題発見・把握】
● 様々な場面における自分の行動・判断について、課題を把握させる。
※教科書の挿絵を参考に様々な場面を振り返り、自分はそれらの場面でどのような行動をとっているか、またそれはなぜかをワークシートに書かせる。

① **ステップ2**【正しい知識・認識／価値／道徳的心情】
●「社会の中に生きる自分」として判断することの大切さを理解させる。
※具体的な場面で、どのような行動をとるべきかを話し合わせる。また、なぜそのような行動をとるべきかについて考え、人として正しいか正しくないかの判断基準を教える。

① **ステップ3**【スキルトレーニング／体験活動】
● 日常に見られる様々な場面を設定し、正しい行動の仕方を身に付けさせる。
※具体的な場面を想定して、言い方や行動を選択する練習をさせる。

① **ステップ4**【日常実践／活用】
● 学習したことを活かし、自分の中の良心に従って行動させる。
※学校・家庭・地域で想定される場面例をあげ、ワークシートに記録させる。

① **ステップ5**【まとめ／評価】
● 学習を振り返り、自分の変容を確かめさせる。また、今後の生活目標を立てさせる。
※1週間分の記録を振り返らせ、よい点、改善点などを学級で共有し、新たな目標を立てさせる。

● はねらい、※は学習活動・手だてを示す。

解説
★この単元では、子ども一人一人に正しい判断力をもたせることが大切である。日ごろのよくありがちな場面を用いて、「やってよいことかどうか」「迷惑をかけたり、嫌な思いをさせたりする人はいないか」といった判断基準を具体的に示すことが必要である。
★物事を正しく判断し、正しいと判断したことを進んで行おうとすることが、社会の中に生きる人として大切であることを教える。

評価の観点
◆善悪に対する正しい判断をし、行動することの大切さが理解できたか。
◆正しい判断基準に基づいて意思決定し、行動ができているか。

参考情報
○心のノート
「自由って何だろう」
「まじめであることはわたしのほこり」
○稲盛和夫氏の名言「人間として普遍的に正しい判断基準とは、簡単に言えば公平、公正、正義、努力、勇気、博愛、誠実というような言葉で表現できるものである。自分の心の中に、こうした人間として普遍的に正しい判断基準を確立し、それに従い行動することが成功への王道である。」
（「日本への直言　夢と志ある社会を求めて」
〈稲盛和夫著　PHP研究所〉）

教科書 p.4〜5　　　　　　　　　　　　　　　　　　自己管理領域　●自己管理能力

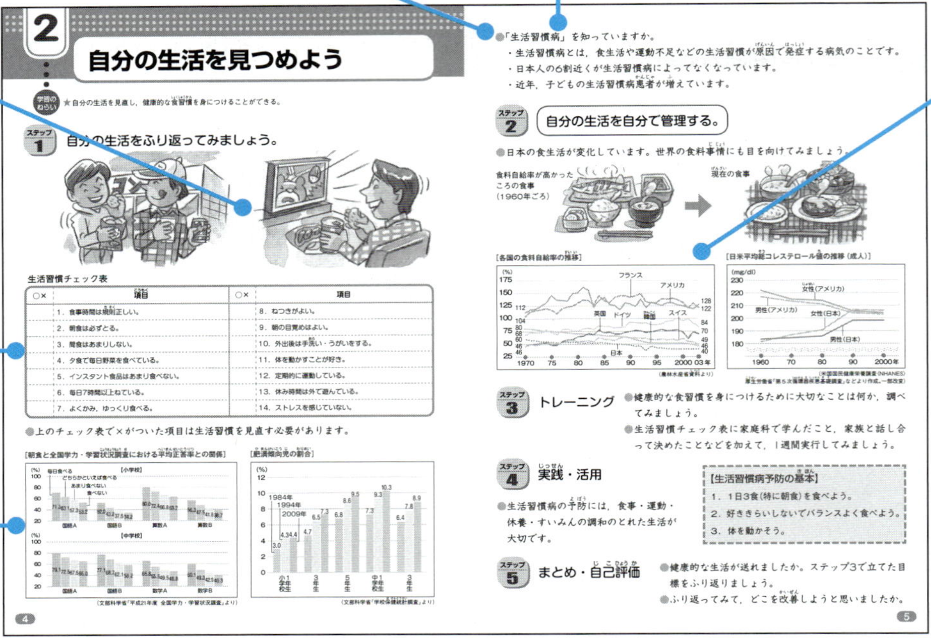

2 自分の生活を見つめよう　自分の生活管理の仕方

（教科書紙面まわりの吹き出し）

- 生活習慣病について知っていることを話し合わせる。また，なぜ日本人には生活習慣病患者が多いのか，なぜ子どもの生活習慣病患者が増えているのかを考えさせ，「ステップ2」につなげる。
- 「生活習慣病を知っていますか。」「なぜ日本人には生活習慣病が増えているのでしょうか。」「なぜ子どもの生活習慣病が増えているのでしょうか。」
- 挿絵やグラフを拡大したものを黒板に掲示する。「挿絵やグラフから分かることは，どのようなことですか。」日本の食料自給率が低下するにつれ，日本の食生活が欧米化し，総コレステロール値が上昇していることに気付かせる。食生活が欧米化したことによる健康への影響について話し合わせる。さらに，世界の食糧事情について考える機会にもする。
- 黒板に挿絵を拡大したものを掲示し，食べたい時に，食べたいものを，食べたいだけ食べていないか，などを振り返らせる。
- 「生活習慣チェック表」を配付し，規則正しい生活習慣が身に付いているかを振り返らせる。×が付いた項目をグループで出し合い，×が付くとなぜよくないのか，改善できるかなどについて話し合わせる。
- 黒板に拡大したものを掲示し，「正しい食生活と学力の関係」や，肥満傾向の児童・生徒が増えていることを知らせる。
- 「なぜ朝食を食べた児童・生徒の方が，学力が高いのでしょうか。」「なぜ肥満傾向の児童・生徒が増えているのでしょうか。」
- 【ステップ4】「生活習慣チェック表」に記入させながら，実践させる。【ステップ5】「ステップ4」の取り組みを振り返り，新たな目標を決めさせる。
- 【ステップ3】「ステップ1」で行った「生活習慣チェック表」の，十分に達成できている項目は外し，課題のある項目を増やしながら，自分だけの「生活習慣チェック表」を作成させる。また，その際，必ず保護者とも話し合いをさせる。
- 【ステップ3・4】「生活習慣病予防の基本」について知り，食事だけでなく，運動や睡眠，排便なども相互に関係し合っていることを理解させる。

5・6・7年生

ねらい▶▶▶ 自分の生活を見直し，健康的な食習慣を身に付けることができる。

4時間扱い

ステップ1【課題発見・把握】
- ●食生活が欧米化したことによる健康への影響を気付かせる。
- ●規則正しい生活習慣が身に付いているかを振り返り，課題に気付かせる。
- ※チェック表をもとに，グループで×が付いた項目を出し合い，×が付くとなぜよくないのか，改善できるかなどについて話し合わせる。

ステップ2【正しい知識・認識／価値／道徳的心情】
- ●自分の食生活について自己管理することの大切さを理解させる。
- ※高学年になり，自分で管理できることも多くあることに気付かせ，自己管理していく必要性を理解させる。
- ※世界の食糧事情にも目を向けさせ，地産地消の取り組みや，食糧の平等な分配を妨げている要因について理解させる。

ステップ3【スキルトレーニング／体験活動】
- ●「生活習慣チェック表」を作成させ，自己管理する方法を学ばせる。
- ※家庭科での学習を振り返らせたり，家族で話合いをもたせたりしたうえで，「ステップ1」の表に項目を付け加え，各自の「生活習慣チェック表」を作成させる。

ステップ4【日常実践／活用】
- ●「生活習慣チェック表」をもとに実践させる。
- ※家庭での取り組みについては，保護者が記入する欄を設ける。

ステップ5【まとめ／評価】
- ●記入した「生活習慣チェック表」をもとに，学習の成果と意義を振り返らせる。
- ※自分の理想とする規則正しい生活を自分で管理することができたかについて振り返らせ，生活習慣病予防を継続して行う意欲をもたせる。

解説
★正しい生活習慣を身に付けるための単元である。改訂前は生活全般について扱う単元であったが，品川区の子どもの実態，食育を重んじる社会的要請から，食生活を中心に取り扱う単元とした。

★食品分類等の知識は家庭科で学習し，「世界の食糧事情」や「運動・睡眠・排便」との関係へと発展させられる単元である。知識だけを教えるのではなく，「ステップ3・4」で具体的に取り組み，家庭にも協力を要請するとよい。

評価の観点
◆生活習慣病や今日の食糧事情の課題について関心をもち，理解を深められたか。
◆自分の生活を見直し，健康な食習慣を身に付けることができたか。

参考情報
○「品川区の食育」（品川区教育委員会）
○「食生活を考えよう―体も心も元気な毎日のために―」（文部科学省）
○心のノート
　「自分の一日は自分でつくる」

●はねらい，※は学習活動・手だてを示す。

教科書 p.6〜7　自己管理領域　●自己管理能力

3　ストレス・なやみの解消方法　セルフ・コントロールの方法

挿絵の矢印の左側のみ拡大して、黒板に掲示する。「この絵のように、後ろの席の人がいたずらをしてきました。あなたはイライラしてきました。イライラが爆発しそうです。あなたはどうしますか。」

授業の前に、「ストレスを感じることがあるか」「それはどのような時か」などについてアンケートをとっておき、導入で生かすと効果的である。

【ステップ3】
ストレスのきっかけ（ストレッサー）は誰にでもあり、上手に回避（コーピング）することで、ストレス反応に発展させずにすむことができる。それを自分で適切に行うことを「ストレスマネジメント」ということを理解させる。

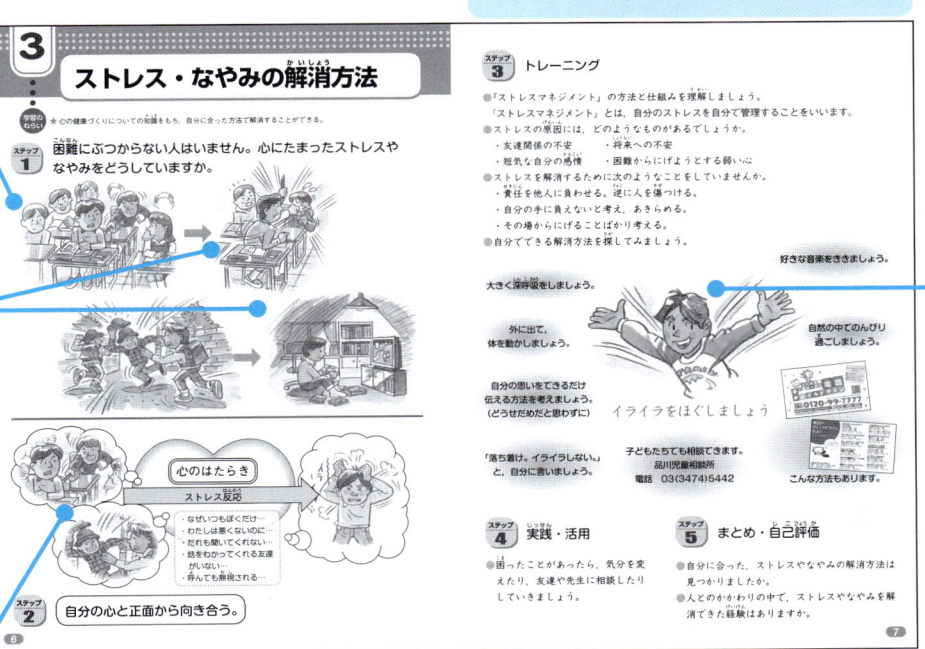

【ステップ3】
（ストレスマネジメントを理解したうえで）「ストレスマネジメントの具体的な方法には、どのような方法がありますか。」

子どもの考えだけでなく、教員や親、地域の大人などに取材して、「イライラしそうな時に、それを爆発させないためにどのように対処しているか」を調べる。

矢印の右側の挿絵を拡大して掲示し、ストレスを発散させる身近な具体例として、「暴力などで怒りをぶつける方法」「その場では我慢して、一人でゲームなどに打ち込む方法」を示す。
いずれの方法も、よい解消法ではないことを理解させる。

取材した方法や教科書にある方法から、自分に合った方法を見付ける。

自分一人で解決しようとしたり、対処しようとしたりすることだけがストレスマネジメントではなく、相談することも一つの方法であることを理解させる。

教科書の挿絵のほかに、イライラしてしまったり、心が悩みでいっぱいになってしまうのはどのような場面があるか話し合わせる。

5・6・7年生

【ステップ4】
数週間程度、ストレスマネジメントに取り組んだ結果や感想を、ワークシート等に記録させる。

ストレスの原因は誰にでもあるが、それを上手に回避できないと、ストレス反応として心に悪い影響を与えることを理解させる。

【ステップ2】
ストレス自体は悪いものではなく、自分を成長させるものであることに気付かせ、ストレスをためすぎないための方法を身に付けることの大切さを教える。ストレスの原因やきっかけが、ストレス反応へと発展してしまう時の心の動きについて理解させる。

【ステップ5】
有効だった対処（コーピング）方法を紹介し合う。

ねらい▶▶▶ 心の健康づくりについての知識をもち、自分に合った方法で解消することができる。

4時間扱い

ステップ1【課題発見・把握】
- 日常生活の中で、自分がストレスを感じる場面を振り返り、自分の対処法や不適切な対処法に気付かせる。
※挿絵を拡大したものを黒板に掲示し、イライラしたり、悩んだりする場面はどのような場面か振り返らせる。

ステップ2【正しい知識・認識／価値／道徳的心情】
- 自分の心と向き合うことが大切であることを理解させる。
※ストレス自体は悪いものではなく、自分を成長させるものであることに気付かせ、ストレスをためすぎないための方法を身に付けることの大切さを教える。
※周りの大人に取材させるなどして、「ストレス解消法」を調べさせる。

ステップ3【スキルトレーニング／体験活動】
- ストレスマネジメントを理解して、解消方法を身に付けさせる。
※教科書にある方法や、「ステップ2」で取材して分かった方法などを試して、自分に合ったストレスマネジメントを身に付けさせる。

ステップ4【日常実践／活用】
- 悩みやストレスを感じた時に、身に付けた解消方法で対処させる。
※対処した方法をワークシート等に記録させる。困った時は相談するという方法も選択させる。

ステップ5【まとめ／評価】
- 実践したストレス解消方法を振り返らせ、よりよい解消法を実践していく意欲をもたせる。
※「ステップ4」での対処方法を紹介し合う。

●はねらい、※は学習活動・手だてを示す。

解説

★心身ともに健康であることの重要性に気付かせる。
★ストレス自体は自分を成長させるために必要であり、ストレスや悩みを抱えたままにしておくことがよくないということを理解させる。ストレスを感じるきっかけ（ストレッサー）は誰にでも起こることであるが、それを上手に対処（コーピング）することができれば、ストレス反応へは発展しない。自分に合った適切な解消方法を身に付けさせたい。また、ストレスや悩みがあった時に、自分の中に閉じ込めないで、誰かに聞いてもらうことも有効な手段であることに気付かせる。

評価の観点

◆自分の心と向き合い、ストレスを適切に解消していくことの大切さを理解することができたか。
◆自分に合った適切なストレス解消法を見付け、取り組むことができたか。

参考情報

○新・みんなの保健5・6年「心の健康」
○ストレスマネジメント・テキスト（東山書房）
○ストレスケア.com　http://www.stresscare.com/

101

教科書 p.8〜9

自己管理領域 ●自己管理能力

4 行動についての善悪の判断　善悪の判断基準に基づく意思決定の在り方

5・6・7年生

【ステップ1】
　新聞記事をもとに，正しい判断について考えさせる。
　また，自分の今までの判断について振り返らせる。

【新聞記事について】
〈ポイント〉
①社会的責任・道義的責任のテーマで考えさせる。
②記事の内容から気付かせたいこと
・オリンピックの精神
・室伏選手の複雑な気持ちと表情
・オリンピックメダルの意味
・ドーピングの意味
・アドリアン・アヌシュ選手の心境

〈予想意見〉
・4年に1回のオリンピックなのに。
・だめだと分かっていたけれど。
・どうしても金メダルが取りたかったから。
・不正をしてまで…。
・オリンピック選手の役割・期待度
・国の代表としての重圧から。
・見付からなければいいと思ったのでは。
・本当の金メダルではない…。

【ステップ1】
　新聞記事を詳しく説明することで，より考えやすくなる。(2004年8月30日読売新聞)
　記事の内容で分かりにくいところは，教師が補足説明をし，単なる読解資料にならないように気を付ける。

〈ピンダロスの詩〉
真実の母オリンピアよ　あなたの子どもたちが
競技で勝利を勝ち得たとき
永遠の栄誉(黄金)を与えよ
　それを証明できるのは　真実の母オリンピア

【ステップ2】〈確認事項〉
・自分は社会の中の一人であるという自覚をもって行動することが大切である。
・常に社会にとってどうなのかという基準を忘れないで物事の判断をする。

【ステップ5】
　正しい判断基準，自分自身の判断基準に対する責任について，自分の変容を振り返らせる。

【ステップ3】
　身近な内容で考えさせる。
〈具体例〉
①登下校での買い食い
②飲酒・喫煙・薬物などの誘い
③正しい身だしなみ
など，様々な想定で考えてみる。
　自分の意思決定をする時の判断基準をワークシートに書き，これからの生活に生かすようにさせる。
〈ポイント〉
①心の葛藤が分かるように，思い付いたことはすべて書き出す。
②分かっているけれどできない理由を書き出してみる。

【関連単元】
「13　問題を解決するために」
　正しい判断ができる集団になること，そのためにはまず自分が常に正しく判断しようとする個人になる必要があることを教えたい。

【ステップ4】
　日常の場面で実践させる前に，具体的な場面を想定させておくとよい。

　ねらい▶▶▶ 物事を適切に判断し，意思決定に責任をもつことができる。

3時間扱い

ステップ1　【課題発見・把握】
●善悪の判断の仕方について，自分の課題を把握させる。
※新聞記事を読み，善悪の判断について考えさせる。また，周囲の雰囲気に流されずに正しい判断をした経験や，その反対の経験についても振り返らせる。
※周りに気付かれなければ小さな不正をしてもよいと思う気持ちがないか，どうしてそのような気持ちをもつことはいけないのかを発表させる。

ステップ2　【正しい知識・認識／価値／道徳的心情】
●自分自身の行動に責任をもつために，正しい判断基準で行動することの重要性を理解させる。
※周囲の雰囲気に左右されずに，社会的に正しい判断や行動ができているか，自分自身の行動の見直しをさせる。

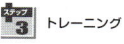

ステップ3　【スキルトレーニング／体験活動】
●適切な判断基準に基づく行動がとれるように練習させる。
※具体的な場面設定をし，自分の行動を判断させる。

ステップ4　【日常実践／活用】
●日常の場面で学習したことを確かめさせる。
※日常の具体的な場面で，適切に判断することを意識して生活させる。

ステップ5　【まとめ／評価】
●学習の意義と成果を振り返らせる。
※「正しい判断基準」「自分自身の判断基準に対する責任」について考えさせる。

解説

★周囲の人間関係が気になる7年生の時期には，正しいと思ってはいても，なかなか行動に移せないというジレンマに陥る状況が，日常生活の中にも数多く存在する。周囲に影響されない揺るぎない正しい判断基準をもつことの重要性を教える。

★「ステップ3」のスキルトレーニングの場面には，学級の実態に応じた内容を適宜取り入れる。

★トレーニングの場面では，上記のようなジレンマ(周囲の判断と自分の判断)に陥る場面設定をして，グループで話し合わせてもよい。その状況で迷わずに正しい判断をするには，集団全体が正しい判断をすればよいことに気付かせる。また，そのような集団になるために，まず自分から始めなくてはならないことを教えたい。

評価の観点

◆正しい判断基準に基づいて行動することの大切さを理解できたか。
◆自分自身の判断基準に基づいて，責任をもって行動するように心がけているか。

参考情報

○「心のノート」(中学校版の関連事項)
「この学級に正義はあるか！」(p.100-103)

●はねらい，※は学習活動・手だてを示す。

教科書 p.10〜11　　　　　　　　　　　　　　　　　　　　　　　　　　　　　　自己管理領域　●生活適応能力

5　場に応じた行動の仕方
様々な場面における社会的行動／公共機関等における社会的行動や態度

【単元について】
社会科見学を想定した例。国語科のインタビューをする単元や敬語の学習と関連させると効果的である。

【単元について】
この単元は，社会科見学や他教科でのインタビュー学習，地域の人を招いての学校行事などの具体的な場面を想定して学習させる。

【ステップ2】
マナーやエチケットを守ることは義務なのか責任なのかを考えさせる。守らない時に罰則があるわけでもないし，誰かに大きな迷惑がかからないこともある。ではなぜ，それらのマナーがあるのかを話し合わせる。

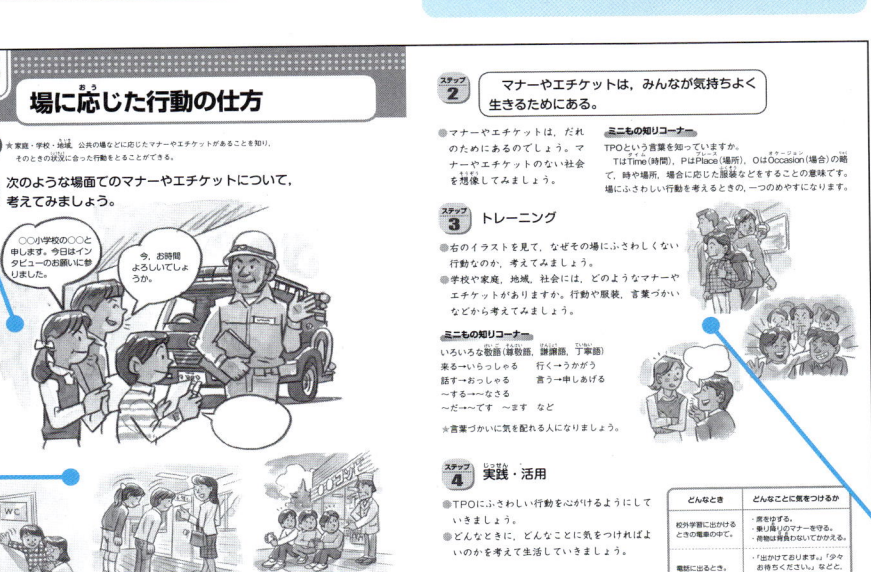

【ステップ2】
「自己中心的な人が増えると，生活はしやすくなりますか，生活しにくくなりますか。」というような発問をして，あえて「自分のしたいことだけできるわけですから，生活しやすくなると思いませんか。」などの補助発問をすると，双方の意見が出て話合いが深まる。
特に「生活しにくい」と答えた時の理由を大切にする。マナーやエチケットをみんなが守らない社会と，みんなが守ろうとする社会と，どちらの社会で生活したいかを，話合いで明らかにしていく。

【ステップ1】
仕事中にインタビューに協力してもらうことについて，相手の立場で考えさせたい。
「お仕事をされている方は，どのような考えで（何のために）インタビューに答えているのでしょうか。」
・仕事中の貴重な時間であるということ。
・小学生の学びになればという善意で協力しているということ。
・将来社会に出る子どもたちに期待しているということ。
これらのことを意識させたうえで，「インタビューをする時に気を付けた方がよいことは，どんなことですか。」と発問すると，気を付けるべきことがおのずと明確になる。

挿絵を拡大して黒板に掲示し，来校者や高齢者に対してどのような態度で接しているかを振り返らせる。

権利や義務ではなく，マナー・エチケットという観点での具体例。コンビニエンスストアの出入り口の前で座ることは，一見自由のようにも考えられるが，相手の立場で考えれば迷惑をかけている行動であることが子どもにも理解できる。

【ステップ4・5】
この単元で目指している姿は，一朝一夕に身に付くわけではない。具体的な場面を「ステップ5」で振り返りながら，新たな目標を設定させ，長期的に取り組みを記入できるようにワークシート等を工夫して日常化させる。

教科書の挿絵だけでなく，具体的な場面を例示して考えさせる。また，社会科見学や他教科でのインタビュー学習，地域の人を招いての学校行事，それらの活動の中で起こりうる場面を具体的に示し，トレーニングさせる。言葉遣いや会釈，お礼の言葉なども，実際に練習させることが大切である。

5・6・7年生

ねらい▶▶▶ 家庭・学校・地域，公共の場などに応じたマナーやエチケットがあることを知り，そのときの状況に合った行動をとることができる。

3時間扱い

ステップ1　【課題発見・把握】
● 自分や周りの人のマナーについて振り返り，学習課題を把握させる。
※教科書の挿絵をヒントに，目上の方に対する言葉遣いやマナーについて振り返らせる。

ステップ2　【正しい知識・認識／価値／道徳的心情】
① ● 社会生活においてマナーやエチケットを守ることが大切であることを理解させる。
※マナーやエチケットを守ることは，義務なのか責任なのか話し合わせる。
※「みんなが気持ちよく生活するためには，どのようにしたらよいか」が，マナーやエチケットの判断基準であることに気付かせる。

ステップ3　【スキルトレーニング／体験活動】
① ● 場に応じた正しい行動のとり方を身に付けさせる。
※学校公開や社会科見学，地域の方を招いての学校行事など，具体的場面を想定して，その場に応じた態度や言葉遣いなどを練習し，身に付けさせる。

ステップ4　【日常実践／活用】
● 生活の中で目標を立て，正しい判断基準のもとに生活させる。
※「ステップ3」で想定した場面で実践させる。また，その他の場面でも学習内容を意識させて生活させる。

ステップ5　【まとめ／評価】
① ● 学習の成果と意義を振り返らせる。
※「ステップ3」で想定した場面について，実際の行動と比較して自分の態度を振り返らせる。

●はねらい，※は学習活動・手だてを示す。

解説
★ この単元は，社会科見学や他教科でのインタビュー学習，地域の人を招いての学校行事などの前に学習すると効果的である。
★ 行動するための判断基準を子どもに教え，実践させることが大切である。マナーやエチケットは，法的に規定されていないものであるが，ここでは「みんなが気持ちよく生活するためには，どのようにしたらよいか」という視点に立って考えさせる。「ステップ3」のスキルトレーニングでは，具体的に場面を想定して丁寧に練習し，判断力を高めさせたい。

評価の観点
◆ マナーやエチケットの大切さを理解できたか。
◆ 年長者を敬い，その場に応じた言葉遣い，マナーやエチケットを身に付けて行動できているか。

参考情報
○ 心のノート「心と心をつなぐネットワーク」
○ 「親子でまなぶ子どもマナーブック」（淡交社）
○ 「こどもマナーとけいご絵じてん」（三省堂）
○ 「小学生までに身につける子どもの作法―『あいさつ』から『食事のしかた』まで」（PHP研究所）

教科書 p.12〜13　自己管理領域　●生活適応能力

6　情報についての正しい理解〈1〉　情報社会のルール・マナーの遵守

【ステップ1】
「『インターネット』という言葉を聞いて，知っていることを書きましょう。」

【単元について】
ニフティ㈱がこの単元のために教材を開発している。区内小学校に「ステップ1」と「ステップ2」の出前授業を実施しているので活用したい。

ニフティ㈱の教材には，教科書の「モデル募集」の事例のほかに，男子向けに「懸賞サイト」の事例がある。子どもがより身近に感じられる事例で考えさせる。

「インターネット体験ドリル」（ニフティ㈱）などを活用して，子ども一人一人にインターネットでのトラブルを疑似体験させる。「インターネット体験ドリル」（ニフティ㈱）では，「好きなアイドルや芸人に会えるかも?!」「アンケートでおこづかいが当たる?!」の2つの事例を体験させることができる。

導入では，インターネットの利便性について，以下の点などを理解させる。
・世界中の情報を瞬時に手に入れられること。
・メールなどによって，世界中の人とすぐに連絡がとれること。
・調べたい情報を簡単に検索できること。
・家にいながら買い物ができること。

危険性については，以下の点などをおさえる。
・誰でも情報を発信できるので，その情報が正しいとはかぎらないということ。
・相手の顔が見えない，無記名であるということから，他人を誹謗中傷しがちな環境であるということ。
・個人の情報が漏洩してしまう恐れがあること。
・悪質な手口の犯罪が潜んでいるということ。

5・6・7年生

教科書にあるような具体的な場面を設定し，「何がいけなかったのか」「どうすればよかったのか」を考えさせる。

主に情報を受信する側でのトラブル回避について扱っているが，実態に応じて，著作権についての知識やメールを送る際のエチケットなども発展的に扱う。

【ステップ4】
学校や家庭でコンピュータを使用する際のルールを考えさせる。特に，家庭にも協力を依頼し，家庭でのルールを明確にするきっかけにさせる。ある家庭でのルールを学級通信などで紹介するのも効果的である。

【ステップ5】
学習を振り返り，「マイネチケット」（わたしのインターネットエチケット）を作らせる。作ったものを，学校や家庭でコンピュータを使用する際に，常に携帯させると効果的である。

ねらい▶▶▶ 情報機器のよさと危険性を理解し，目的に合った情報を集め，正しく選ぶことができる。

4時間扱い

ステップ1　【課題発見・把握】
① ●インターネットの仕組みを理解し，よさと危険性に気付かせる。
※インターネットは，世界中の人と瞬時につながれる大変優れた道具であることに気付かせる。また，インターネット利用者数が年々増加していることと，それに伴ってサイバー犯罪の検挙数も増加していることをグラフで示す。

ステップ2　【正しい知識・認識／価値／道徳的心情】
① ●情報機器を活用するためには，目的に合った正しい判断が必要であることを理解させる。
※ニフティ㈱による出前授業を活用するなどして，ケーススタディでインターネットの危険性を理解させる。

ステップ3　【スキルトレーニング／体験活動】
① ●トラブルや犯罪を回避する方法を身に付けさせる。
※ニフティ㈱のサイトを活用するなどして，全員が疑似体験を行い，「犯罪に巻き込まれないためにはどうしたらよかったのか」を体験から身に付けさせる。

ステップ4　【日常実践／活用】
① ●情報機器を使用する時の約束事を守って，日常実践をさせる。
※「ステップ3」までに学習したことをもとに，家庭での約束事を決めさせて実践させる。

ステップ5　【まとめ／評価】
① ●学習の意義と成果を振り返らせる。
※「ステップ4」での約束事を「マイネチケット」のように目に見える形で作成させ，継続的に守らせる。

解説
★インターネットの利便性と，それに伴う危険性を十分に理解させることが重要である。危険性については，特にインターネットやメールは，不特定多数の相手とのやりとりができるため，犯罪事件やトラブルが跡を絶たない。このことを十分に理解させ，情報機器を活用させる際には，子ども一人一人に正しい判断力をもたせ，利用する時のマナーを守らせるようにする。
★ニフティ㈱の出前授業を活用すると効果的である。

評価の観点
◆インターネットの利便性と危険性を知り，正しく判断することの大切さを理解できたか。
◆インターネットを使う時の責任やマナーを理解し，約束事を守って活用することができているか。

参考情報
○ニフティ㈱「インターネット体験ドリル」
　http://www.nifty.co.jp/csr/edu/school/
○yahoo!きっずガイド「ネットのマナーABC」
　http://guide.kids.yahoo.co.jp/manner/
○「小学校ネット教育簡単ガイドブックーネットのマナー・モラル・セキュリティを学ぼう！」（明治図書出版）
○「情報の選び方・使い方〈5〉ネチケットを守ろう―情報社会のルールとマナー」（ポプラ社）

●はねらい，※は学習活動・手だてを示す。

教科書 p.14〜15　　　　　　　　　　　　　　　　　　　　　　　　　自己管理領域　●生活適応能力

7　情報についての正しい理解〈2〉　情報社会における自分の責任や義務

【単元について】
情報モラル教育における子どもの実態は，地域や学校によって大きな差がある。東京都や全国的な傾向をそのままあてはめるのではなく，単元の学習に入る前にアンケート等で実態等を把握することが大切である。

【ステップ2・3】
情報機器は道具にすぎない。リアル社会でのコミュニケーションスキルを向上させることが，上手なネットコミュニケーションにつながる。その観点から，ネットを切り口に，一般的なコミュニケーションスキルを学ばせる。

相手の顔が見えないというコミュニケーションの特性を理解して，様々な場面での行動や対応について考えさせる。
大人になってメールを有効利用できるようになるために，メールの特性を理解させ，子ども自身が自分のコミュニケーションの癖やスキルの習得度なども理解したうえで，情報交換ツールとしてのメールを上手に使いこなせるようにケーススタディさせる。

グラフを拡大して黒板に掲示する。携帯電話でのメールの頻度と就寝時間の関係から，情報機器を使ったコミュニケーションによる問題点を考えさせる。

ニフティ㈱「心をつなぐネットコミュニケーション講座～上手なメールの使い方～」の「メールやりすぎ度チェック」を行わせる。
それぞれの結果をワークシート等に記入させる。メールに依存している場合は，どのようなことに気を付けなければいけないか，実際に困ったことはないかなどを，経験から考えさせる。

【ステップ2】
携帯電話を所持していない子どもがいるので，起こりうることを想像させるだけでなく，掲示板への書き込みやブログなど，相手が見えない状態でのコミュニケーションについて考えさせる。

【単元について】
この単元では，携帯電話のメールを通したコミュニケーションを取り上げているが，子どもの実態に応じ，プロフやコミュニティーサイトへの書き込みなども取り上げる。

【ステップ4】
「ステップ3」までの学習をもとに，家庭でも情報機器を通してコミュニケーションをするうえでの約束（マイネチケット）を作らせ，取り組ませる。

【ステップ3】
様々な人の立場になってロールプレイングさせることで，人によって見方や考え方が違うということを体験させる。また，自分が選択する内容によって結果が変わることを体感させる。

【ステップ5】
学習後，すぐに適切なコミュニケーションがとれるようになれるわけではない。中・長期的に子どもの様子を把握しながら，一定期間あけて振り返りをさせて，新たな課題などを学級で共有する。

5・6・7年生

ねらい▶▶▶ 様々な情報機器を使ったコミュニケーションの，ルールやマナーについて理解する。

4時間扱い

ステップ1　【課題発見・把握】
① ●情報機器を使ったコミュニケーションに起こりうるトラブルや誤解について気付かせる。
※グラフを読み取ったり，自分の生活を振り返ったりすることで，情報機器に依存している状況やトラブル等に気付かせる。

ステップ2　【正しい知識・認識／価値／道徳的心情】
① ●情報機器を使ったコミュニケーションにおけるルールやマナーを正しく理解させる。
※相手の顔が見えない状況でのコミュニケーションにおいて，気を付けるべきことを話し合い，理解させる。

ステップ3　【スキルトレーニング／体験活動】
① ●様々な人の立場に立って，情報機器を使ったコミュニケーションに関して疑似体験をさせ，行動の仕方を身に付けさせる。
※ニフティ㈱のデジタルコンテンツなどを活用して，様々な場面でどのような行動や対応をすべきかを習得させる。

ステップ4　【日常実践／活用】
① ●情報機器を使用する時の約束事を守って，日常実践させる。
※「ステップ3」の疑似体験を通して，気を付けるべきことを「約束」として家庭でも定め，日常生活の中で守らせる。

ステップ5　【まとめ／評価】
① ●学習の意義と成果を振り返らせる。
※一定期間をおいて，約束が守れたか，新たな課題は何かなどについて振り返らせる。

解説

★情報教育に関しては，小学校から各教科，領域にわたってなされているが，指導内容が子どもの実態に合っていない場合も見受けられる。授業者は，携帯電話やインターネットの利用状況，ブログやプロフの使用状況を確認するとともに，新聞やテレビのニュースの利用状況なども確認し，情報収集の傾向や子どもに見られる問題点を正確に把握する必要がある。

★情報モラルについては，様々な企業がインターネット使用におけるマナーや危機管理についてのデジタルコンテンツを開設しているので上手に活用する。教科書ではニフティ㈱のコンテンツを活用した授業を例示している。

評価の観点

◆情報機器を介してのコミュニケーションの利便性と危険性を知り，ルールやマナーを守ることの大切さを理解できたか。
◆自分の生活の中で，情報機器をコミュニケーションのツールとして有効に生かす方法を考え，活用することができているか。

参考情報

○ニフティ㈱「心をつなぐネットコミュニケーション講座」
http://www.nifty.co.jp/csr/edu/nc//index.htm

●はねらい，※は学習活動・手だてを示す。

105

教科書 p.16〜17　　　　　　　　　　　　　　　　　　　　　　自己管理領域　●責任遂行能力

8　社会・生活環境への関心　社会への関心

【単元について】
　環境問題は学校だけでなく、家庭や地域でも実践していくことが大切である。まずは学校全体としての活動になるようにさせ、その後「家庭ISO」の取り組み等を通じて家庭や地域に広げていくようにする。

【ステップ2】
　エネルギー資源は限りがあり、このままでは自分の子や孫の世代には枯渇しているという現状を知らせ、課題意識をもたせる。

【ステップ2】
　「自分一人くらい」という考えではなく、「自分が地球の未来を変えていく」という自覚と責任をもたせる。

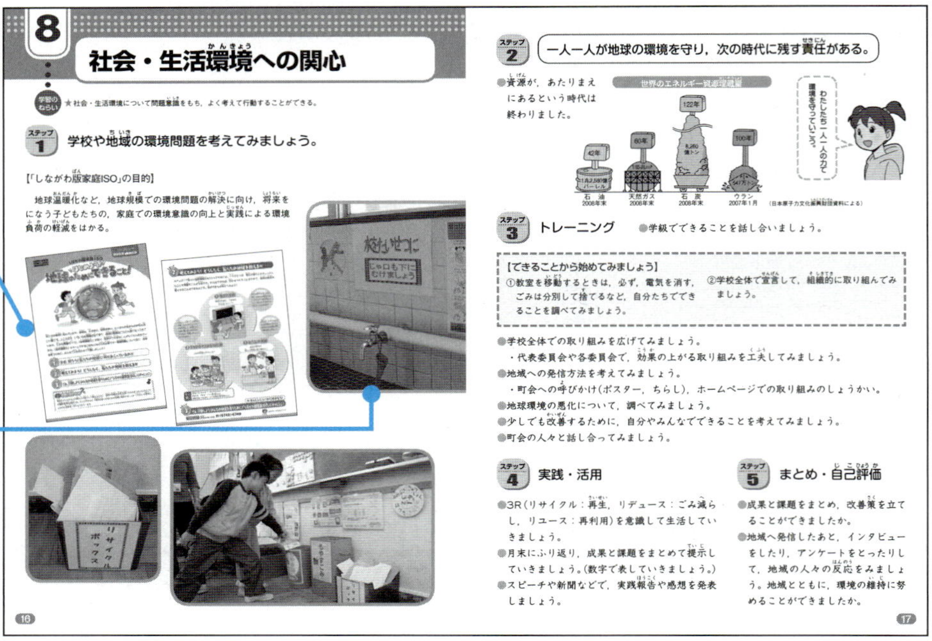

【しながわ版家庭ISO】
　学校にリーフレットとチャレンジシートが配付される。導入だけでなく、取り組み内容を考える際にも活用することができる。

【ステップ1】
　教科書の写真にあるような、校内にある「環境を守るためにある掲示物や表示」などを探す活動をさせる。

【ステップ3】
　自分でできること、学級でできること、全校で取り組むこと、家庭や地域に協力してもらうことなど、具体的に話し合わせる。
　取り組むときに目標がないと、やりがいを感じられない。例えば、「冷房の温度を○度上げるとCO_2を○g減らすことができる」など、具体的に地球にとってプラスになっていることを、可能なかぎり示すとよい。

5・6・7年生

「毎日の生活の中で、環境を守るために気を付けていることはありますか。」
と、日常生活を振り返らせることも必要である。
　学習前にアンケート等で、学級における環境への意識調査をすることも効果的である。

【ステップ4】
　「ステップ3」で話し合ったことを実際に取り組ませる。代表委員会や各委員会と協力させる。チェック表などに取り組みの状況を記録させる。グラフなどでまとめて発表の準備をさせる。作文コンクールへ応募させることを目標にしてもよい。

【ステップ5】
　「ステップ4」の取り組みの結果をまとめ、全校朝会等で発表させる。また、地域や家庭に協力を依頼した場合は、インタビューやアンケートを実施して振り返らせる。

ねらい ▶▶▶ 社会・生活環境について問題意識をもち、よく考えて行動することができる。

4時間扱い

ステップ1　【課題発見・把握】
●学校や地域の環境問題について課題に気付かせる。
※学校や家庭・地域で取り組んでいる環境対策を調べ、その目的を考えさせる。

①

ステップ2　【正しい知識・認識／価値／道徳的心情】
●環境を守り、エネルギーを次の時代に残す責任があることを理解させる。
※世界のエネルギー資源埋蔵量を調べ、資源があたりまえにあるという時代ではないということを教え、限りある資源を大切にするという責任を教える。

ステップ3　【スキルトレーニング／体験活動】
●環境を守るための具体的な工夫を考えさせ、行動様式を身に付けさせる。
※代表委員会や各委員会活動を活用させたり、ポスター・チラシ・ホームページを活用させたりするなど、地域への発信方法も考えさせる。

②

ステップ4　【日常実践／活用】
●一定期間、自分たちで決めた活動に取り組ませる。
※チェック表などに取り組みの状況を記録させ、全校での成果と課題をグラフなどにしてまとめる。

ステップ5　【まとめ／評価】
●学習の意義と成果を振り返らせる。
※「ステップ4」での取り組みの結果を全校朝会等で発表させる。

①

解説
★社会や生活の中で、環境を守り、豊かにすることの大切さを理解させるために、この単元では学校や家庭での環境を守る取り組みについて、その目的を理解し、実践させることをねらいとしている。
★環境を守る立場として、自分たちの実践はもちろん、他の学級や学年でも取り組めるような活動を考えさせたり、地域への発信方法を考えさせたりすることにより、環境への取り組みを拡大して実行させることが大切である。

評価の観点
◆環境を守る責任を理解し、工夫した取り組みを学校の内外に向けて発信するなど、効果的な改善策を考えられているか。
◆環境を守る取り組みの目的を理解し、実践することができたか。

参考情報
○「資源・環境・リサイクル〈9〉エネルギーと環境」（小峰書店）
○「考えよう地球環境〈6〉エネルギーの本」（ポプラ社）
○「私たちのくらしとエネルギー作文コンクール」（資源エネルギー庁）
○「エネルギー教育ガイドライン」（財団法人　社会経済生産性本部・エネルギー環境教育情報センター）

●はねらい、※は学習活動・手だてを示す。

教科書 p.18〜19　　　　　　　　　　　　　　　　　　　　　　　　自己管理領域　●責任遂行能力

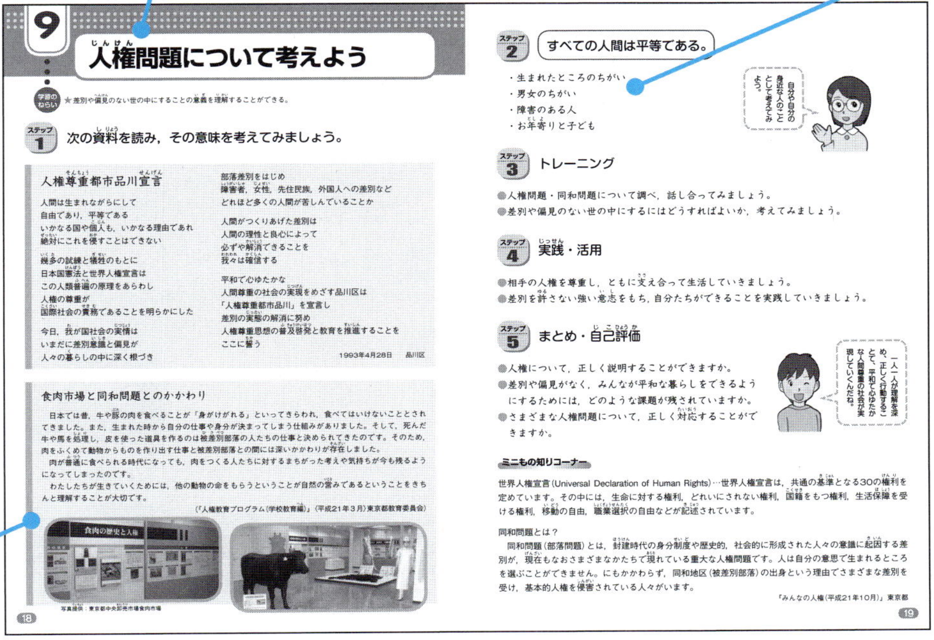

9　人権問題について考えよう　人権(同和)問題

【ステップ1】
「日本国憲法」や「世界人権宣言」で，人権についてどのように書かれているかを調べさせる。

【ステップ2】
自分や自分の身近な人に起こっている問題として考えさせる。
「同和問題」について，「ミニもの知りコーナー」を参考にさせる。

【ステップ2】
地区や職業について取り上げるときには，十分に注意して話すようにする。

【ステップ1】
「世界人権宣言」を読むことにより，世界中に人権問題があることを知らせる。

【ステップ1】
いまだに苦しんでいる人がいることについて触れ，どのような差別があるのか考えさせる。

身近な場所においても同和問題があることを知らせる。

わたしたちが生きていくために，動物の肉や皮をいただくことは欠かせないことであること，また，動物の肉や皮を得るために働いている方々がいることを知らせる。
〈参考文献〉
「きみの家にも　牛がいる」
「かわと小物」
　お肉の情報館を見学し，実際に働く方々の苦労，思いを知らせる。

【ステップ3】
人権問題・同和問題について調べる時間と資料を準備する。
　調べ学習をするが，話合いを主として活動させる。
　自分たちにできることを考えさせる。
〈例〉
・人権ポスター
・人権標語
・日々の声かけ　など

【ステップ4】
自分たちにできることを実行する。
〈例〉
・ポスター・標語づくり
・あいさつ運動
・言葉遣い運動　など

【ステップ5】
「自分たちにできること」の実行状況を確認し，新たなる課題が出てきたときには，みんなで話し合い，考えさせる。

5・6・7年生

【ステップ1】
差別をするまちがった考えや気持ちをもっている人がいることについて，どう思うかワークシートに記入させる。

【ステップ5】
人権について説明させることにより，理解度を確認するとともに，再度，意識して生活できるようにする。

ねらい▶▶▶　差別や偏見のない世の中にすることの意義を理解することができる。

4時間扱い

ステップ1　【課題発見・把握】
① ●「人権問題」や「同和問題」について認識させ，課題をつかませる。
　※「人権尊重都市品川宣言」を読み，その意味について理解させる。
　※食肉市場を取り上げ，身近な問題として同和問題を考えられるようにする。

ステップ2　【正しい知識・認識／価値／道徳的心情】
① ●「同和問題」「差別や偏見」について知り，すべての人間は平等であるということを理解させる。
　※自分や自分の身近な人に起こっている問題として考えさせる。

ステップ3　【スキルトレーニング／体験活動】
① ●差別や偏見を許さないという考え方を身に付けさせる。
　※人権問題や同和問題について調べさせる。
　※話合いを通して，差別や偏見を許さないという考え方を身に付け，自分たちにできることを考える。

ステップ4　【日常実践／活用】
●相手の人権を尊重し，共に支え合う意識をもって生活させる。
※差別を許さない強い意志をもち，自分たちにできることを実行させる。

ステップ5　【まとめ／評価】
① ●学習の意義と成果を振り返らせる。
　※人権について説明させ，再認識させる。

解説
★人権の問題を扱う大切な単元である。まず，現実の社会では，いまだに様々な差別や偏見によって苦しんでいる人々がいることを理解させる。そのうえで，真に平和で心豊かな社会の実現のために，自分でできることを実践する態度を育てることをねらいとしている。
★同和問題等の人権問題は，子どもにとって実感することが難しい。「品川区人権宣言」やお肉の情報館の資料などを用いて，身近な問題として考えさせることが大切である。
★食肉市場と同和問題とのかかわりについては，同和教育研修会の内容を十分に理解したうえで指導すること。

評価の観点
◆人権についての知識や態度を正しく理解できたか。
◆誰に対しても公正・公平な態度で接することができたか。

参考情報
○「日本国憲法　第三章　国民の権利と義務」
　第十一条　第十四条
○「きみの家にも　牛がいる」（小森香折　エルくらぶ）
○「かわと小物」（太田恭二　エルくらぶ）
○お肉の情報館　東京都港区港南二丁目7番19号
　　　　　東京都中央卸売市場食肉市場センタービル6F
※お肉の情報館の見学や，食肉市場にゲストティーチャーを依頼する場合には，教育委員会の同和教育担当に連絡すること。

●はねらい，※は学習活動・手だてを示す。

教科書 p.20〜21

自己管理領域　●責任遂行能力

10　市民としての義務と責任　市民としての責任と義務

【ステップ2】
　市民としての自覚をもつとは，社会的責任を果たすということ。みんなのために進んで実践していることや，周りに配慮して行動することが，社会的責任を果たすことであることを理解させる。

【ステップ2】
　様々な「ごみ問題」を取り上げ，市民一人一人が意識をもって行動していかなくてはならないことを理解できるようにする。

【ステップ3】
　「市民としての義務と責任」にはどのようなものがあるか話し合わせる。

【ステップ1】
　自分勝手な行動について，現状を知り，課題意識をもたせる。
　「やってはいけないと分かっているはずなのに…」をテーマとし，よく見かけるマナーの悪い例をあげさせる。
　その中から，ごみのポイ捨て問題を取り上げ，富士山へとつなげるようにする。

【ステップ3】
　「だれにでも，住みよいまちづくり」をテーマとし，自分たちにできることを話し合わせる。

【ステップ2】
　自分も「市民」として社会で生活する一員であることを理解させる。
　自分でない誰かの問題として考えている人がいると，問題は解決しない。
　全員が自分の問題としてとらえることの大切さを教える。

5・6・7年生

【ステップ4】
　身近な生活を取り上げ，自分たちができることを考えて実践していけるようにする。

【ステップ5】
　実践してきたことの振り返りとして，左記の2つのポイントも書かせるようにする。

【ステップ2】
　自分の権利が社会の中で認められるためには，社会のルールを守る必要がある。権利を主張する前に守らなくてはならないルールが「義務」であることを教える。

【ステップ5】
　責任遂行能力としての単元である。日常で自分の義務と責任を果たさなければならない場面は多くある。環境を足がかりに自分の行動を見つめ直すきっかけとする。

ねらい▶▶▶　市民としての義務と責任について理解し，自分でできることに対して積極的に行動することができる。

4時間扱い

ステップ1　【課題発見・把握】
●自分勝手な行動が社会的な問題となっていることについて，現状を把握させる。
※イラストや富士山についての各資料から，わたしたち日本人がもつ意識の問題点について考えさせる。
※なぜ車内で携帯電話を使って大きな声で話すのか，なぜ登山者は富士山にごみを捨てるのか，その時の気持ちを考えさせる。

ステップ2　【正しい知識・認識／価値／道徳的心情】
●環境を守るために大切なのは，一人一人が社会の一員として，果たすべき義務と責任があるということを理解させる。
※富士山の登山者になったと仮定させ，どのように行動すればよいのかを考えさせる。

ステップ3　【スキルトレーニング／体験活動】
●身近な環境問題について，現状と課題をまとめ，自分たちがとるべき行動を考えさせる。
※環境問題における「市民としての義務と責任」について話し合う。
※「だれにでも，住みよいまちづくり」をテーマとし，自分たちができることを考えさせる。

ステップ4　【日常実践／活用】
●自分たちができることを継続して取り組ませる。
※「ステップ3」で考えたことを実践させる。

ステップ5　【まとめ／評価】
●学習の意義と成果を振り返らせる。
※義務や責任を果たすことについて，自分の考えがどう変わったか，具体的になったかを振り返らせる。

解説
★子どもたちは，それぞれの小学校で環境についての学習に取り組んできているので，自分たちが今まで行った学習が実践できているかを確認させることから学習を始めるとよい。
★環境問題について考えることを通して，市民としての義務と責任について理解させ，自分ができることに積極的にかかわる態度を身に付けさせることが，この単元のねらいである。身近なところから継続して取り組めるよう，活動を具体化させることが大切である。

評価の観点
◆環境問題を通して，市民としての義務と責任について理解できたか。
◆環境問題を切り口として，行動指針を立て，責任ある行動を実践できているか。

参考情報
○世界遺産…1972年の第17回ユネスコ総会で採択された「世界の文化遺産および自然遺産の保護に関する条約」（世界遺産条約）に基づいて登録された文化・自然遺産をいう。国や民族を超えて，人類が共有すべき普遍的な価値をもつ遺産を対象としている。

教科書 p.22〜23　　　　　　　　　　　　　　　　　　　　　　　人間関係形成領域　●集団適応能力

11　きまりの意味　学校や社会の中で守られているルール／幸せな生活を送る権利

【ステップ3①】
学校のきまりを全員で確認する機会とする。
〈学校のきまり例〉
・登下校のきまり　・施設の使い方　・廊下の歩行
・授業のきまり　・休み時間の遊びのきまり
・給食のきまり

【ステップ3②】
〈社会のきまりの例〉
・交通ルール（自転車の二人乗り禁止，道路標識など）
・法律（飲酒・喫煙は20歳以上，義務教育など）
・地域のきまり（ごみを出す日，回覧板を回すなど）

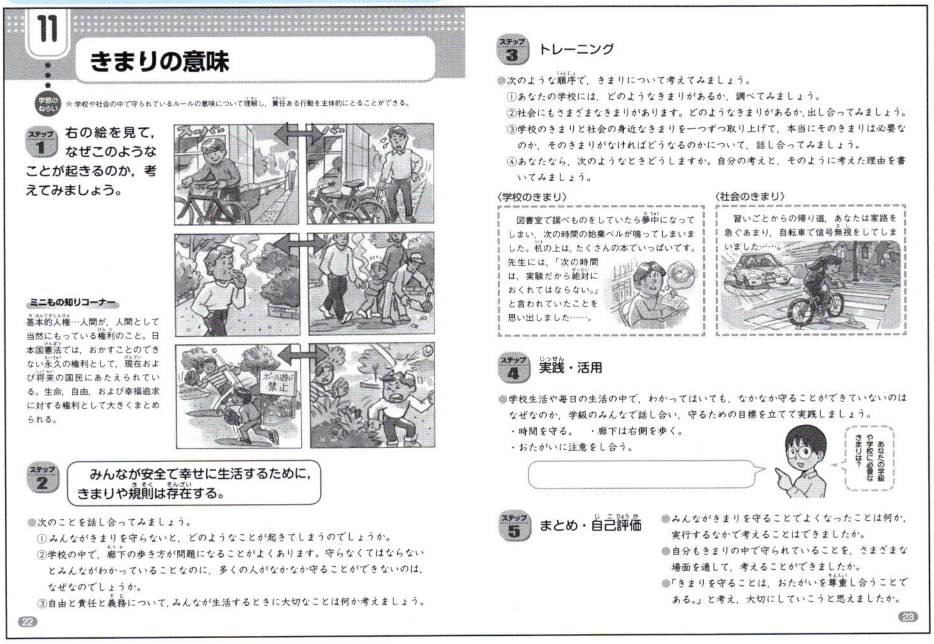

【ステップ1】
自分が同様のことを経験したことがないか振り返らせ，その時の気持ちについて考えさせる。（自分が困ったこと，見たこと，してしまったことなど）

3つの場面に共通する人の意識についても考えさせる。

【ミニもの知りコーナー】
基本的人権で認められている，権利としての自由を取り違えないようにすることを指導するために載せている。

【ステップ2①】
〈子どもの反応例〉
・けがや事故が起きる。
・けんかが起きる。
・困る人が出てくる。
・生活しにくくなる。

【ステップ2②】
自分の経験を振り返り，その時の気持ちをもとに考えさせるようにする。

【ステップ3③】
学校のきまりや社会の身近なきまりの例については，その時の学級の課題や子どもの実態を考え，より適したものを取り上げ，子どもが自分の問題として考えられるようにする。

【ステップ3④】
様々な意見を出させ，交流させることで，一人一人の思考を深めさせる。

【ステップ3⑤】
みんなで立てた目標を達成させるための具体的な手だてについても考えさせる。
〈例〉
・目標を紙に書き，廊下や教室に掲示する。
・チェック表を作って，守れたら○を付ける。
・帰りの会を活用し，クラス全員で目標についての振り返りを行う。

5・6・7年生

【ステップ2③】
責任を果たすことで自由も得られることをおさえる。また，基本的人権についても触れ，みんなが安全で幸せに生活できることが前提であることを理解させる。

【ステップ5】
きまりを守ることで感じたことを具体的に挙げさせ，今後の生活に生かしていく態度を育てる。また，達成した目標や成長が見られた点については，具体的に評価する。

ねらい▶▶▶ 学校や社会の中で守られているルールの意味について理解し，責任ある行動を主体的にとることができる。

4時間扱い

ステップ1　【課題発見・把握】
① ●きまりを守らないことで問題が起きていることに気付かせる。
※イラストを見て，自分の身の回りにも同様のことがなかったかを振り返らせる。
※イラストに見られる共通点に着目させる。

ステップ2　【正しい知識・認識／価値／道徳的心情】
① ●みんなが安全で幸せに生活するために，きまりやルールが存在することを理解させる。
※きまりを守らないことで起きることを考え，きまりやルールが存在することを理解させる。
※責任を果たすことで自由が得られることもおさえる。

ステップ3　【スキルトレーニング／体験活動】
① ●きまりやルールの必要性について考え，正しい行動様式を身に付けさせる。
※教科書の手順にそって，きまりやルールの必要性について考え，正しい判断基準を身に付けさせる。
※教科書のイラストの場面について，どのように行動すればよいかを考え，正しい行動様式を身に付けさせる。

ステップ4　【日常実践／活用】
① ●学級できまりについての目標を決め，日常生活で実践させる。
※分かってはいても，なかなか守ることができないきまりやルールについて話し合い，具体的な目標を立て，実践させる。

ステップ5　【まとめ／評価】
① ●学習の意義や成果を振り返らせる。
※実践したことを振り返り，きまりの必要性やめあてを実践したことで感じたことを交流させる。

解説
★きまりやルールは，自分たちの生活を向上させるためにあることを理解させることがこの単元のねらいである。あわせて，自由とはみんなが責任を果たすことによって成立するものであるということも理解させる。ここでは，きまりやルールについて，守らされているという思いではなく，それらを守っていこうとする積極的な気持ちをもって生活させることが大切である。

評価の観点
◆きまりやルールと自分たちの生活との関係について理解できたか。
◆きまりやルールの必要性を理解し，責任ある行動をとることができているか。

参考情報
○心のノートの活用(p.82-83)

●はねらい，※は学習活動・手だてを示す。

109

教科書 p.24～25　　　　　　　　　　　　　　　　　　　　　人間関係形成領域　●集団適応能力

12　自分の考えや気持ちを上手に伝えよう　問題解決のための集団・組織づくり

【ステップ1】
問題を解決する方法を知ることで，気持ちよく過ごせるようになるという期待や希望をもたせるようにする。

【ステップ3】
ロールプレイで役割演技をし，トレーニングを行う。いくつかの場面を用意し，小グループで行うようにすることで，全員が様々な状況でのロールプレイを経験できるようにする。よい例，悪い例について考えさせるようにする。グループ活動後，全体で共有する場をつくる。

【ロールプレイの例】
・休み時間にみんなで遊ぼうとしたが，ドッジボールがしたい人と鬼ごっこがしたい人がいて，何をするか決まらない。
・係のお知らせコーナーに貼っておいたA係のお知らせの紙が落ちてしまい，後から貼ったB係に発表の時間をとられてしまい，どちらがやるかトラブルになった。

【ステップ1】
イラストを見て，どのようなことが起きているのか挙げさせる。

【ステップ2】
具体的な例についてロールプレイをさせるなどして，場面をつかませる。
場面を共通認識させ，問題が起きる原因を考えさせる。

自分の経験を振り返り，友達との意見のくいちがいから問題が生じたこと，その時の気持ち，どのように解決したか，についてアンケートをとり，次時に生かす。

前時にとったアンケートから，実際に自分たちの生活でも，相手の言葉や態度で嫌な気持ちになったり，けんかが起きたりしていることを知らせる。

【ステップ2】
自分の言葉で考えや思いを相手に伝えるだけでなく，相手の考えや思いを尊重し理解することが，問題を解決するためには大切であることを教える。また，互いに納得する方法を考えることも問題解決につながることもおさえる。

【ステップ5】
できたこと，うまくいかなかったことについて振り返り，うまくいかなかったことについて，次はどうするかめあてをもたせる。また，友達のよかった点を参考にさせる。

【ステップ4】
日常生活で起こる問題について，「ステップ3」までの学習内容を使って伝え合い，認め合いながら解決させる。

学級会や代表委員会で実践させる場合は，「22　みんなでつくろう学級会」，「23　学校における自治的活動」の両単元の学習とも関連させて指導する。
個人攻撃や中傷になりそうなものについては十分配慮し，全体の場では取り上げず，個別対応をするなど配慮する。

5・6・7年生

ねらい▶▶▶　様々な問題について，多様な考えを認め合い解決する。

4時間扱い

ステップ1　【課題発見・把握】
① ●言葉の行き違いで起こる問題について気付かせる。
※自分たちの経験から，言葉の行き違いでけんかになってしまった場面や，友達同士で意見が対立してしまった場面を振り返る。

ステップ2　【正しい知識・認識／価値／道徳的心情】
●問題を正しく解決するためには，話合いが大切であることを理解させる。
※具体的な場面を分かりやすく示し，問題点や解決策を考えさせる。
※問題が起きてしまったときの原因について考え，自分の考えを相手にきちんと伝え，相手の考えを尊重して話し合うことが大切であることを理解させる。

ステップ3　【スキルトレーニング／体験活動】
② ●自分の考えを伝え，相手の考えを尊重する話合いの仕方を身に付けさせる。
※イラストのような場面を想定し，話合いの場を設定するなかで，解決のための正しい話し合い方を練習させる。

ステップ4　【日常実践／活用】
●学級の問題について，多様な考えを認め合わせながら解決させる。
※実際に自分たちの学級で起こっている問題について話し合い，解決方法を導き出させる。
※議題箱を設置するなどして，学級の課題やみんなへの提案を集約させる。
※提案された問題について実際に話し合い，解決させる。

ステップ5　【まとめ／評価】
① ●学習の意義と成果を振り返らせる。
※実践について振り返らせ，身に付けたことを今後の生活に生かすことを考えさせる。

解説
★話合いによって問題の解決を図るためには，どのようなことに気を付ければよいのかを考えることが大切である。
★この単元は，集団の中で自分の考えをしっかりと伝えることと，相手の考えを尊重することの大切さを身に付けさせることがねらいである。
★本単元の指導項目は，問題解決のための集団・組織づくりである。集団の中の個として，自分の意見を伝えること，相手の意見を認めることが大切であり，それが話合いであることを教える。学級会の仕方を教えるのではなく，考えを認め合える集団をつくることをねらっている。

評価の観点
◆話合いで問題解決を図ることの大切さを理解できたか。
◆自分の意見を分かりやすく相手に伝えることができたか。
◆相手の意見をしっかり聞き，尊重することができたか。

参考情報
○「ソーシャルスキルトレーニング」，「アサーショントレーニング」に関する書籍を参考にするとよい。

●はねらい，※は学習活動・手だてを示す。

教科書 p.26〜27　　　　　　　　　　　　　　　　　　　　　　　　　　　　　　　人間関係形成領域　●集団適応能力

13　問題を解決するために　問題解決のための意思決定

【ステップ1】
　自分の意思決定について振り返り，課題を把握させる。

【新聞記事について】
・7年生になったことを意識させるために効果的な資料である。
〈例〉
・タイトルから
・6年生までの(小学校では)学校生活と違うところ
・7年生になることの意味
・大人になるということ

＊人の意見に流されず，自分の責任で判断して正しい行動がとれる生徒になれるようにすることがねらいである。
・複数の小学校からの入学が予想されるので，それぞれの小学校での様子を出し合うことで，7年生の生活を意識させることができる。
・6年生と7年生の違いを話し合う。

【ステップ2】
　「ステップ1」で自分の課題を把握するとともに，自分の意思決定に責任をもつこと，適切な判断をすることが大切であることを教える。

【ステップ2】
　自分が適切に判断し，正しい行動をとるということは，集団をよりよく導けるように，積極的に集団に働きかけるところまで求めることが大切である。

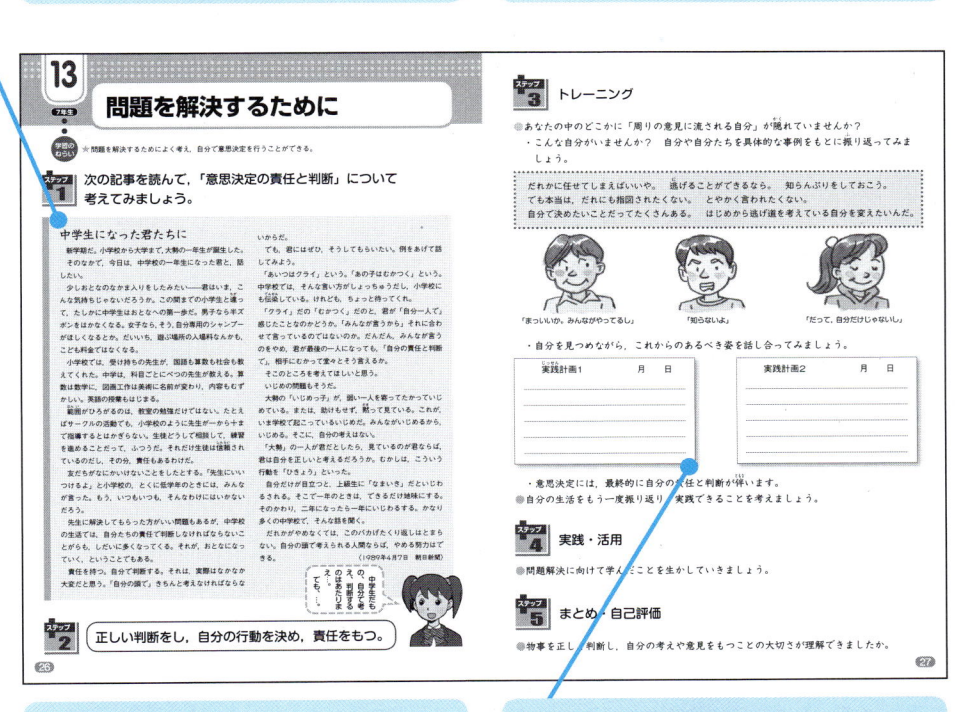

【ステップ3】
　学級・学年の実態に合った問題を事例にして考えさせる。
〈例〉
【いじめ問題について】
・見て見ぬふりをしよう。
・自分はかかわりたくない。
・みんなもやっているから。
・自分には関係ないから。
などの気持ちでは，解決することができない。

【ステップ3・4】
〈意思決定の流れ〉
①問題に気付く。
②考える。
・なぜ起こるのか。
・何が正しいのか。
・何が誤りなのか。
・自分(他人)にとってどうか。
・結果はどうなるだろうか。
③判断する。
④実行する。
⑤振り返る。
・判断は正しかったか。
・他人に迷惑をかけていないか。
＊意思決定には，じっくり考えることが大事である。自分の判断には，責任が伴うことをおさえる。

5・6・7年生

【ステップ5】
　意思決定の大切さ，問題解決に対する態度について，自分の変容を振り返らせる。正しい判断ができる集団になることを意欲付けする。

学級・学年の問題について話し合い，カードに書き，実践してみる。「ステップ5」の自己評価のときに使うことも視野に入れて，「ステップ3」で記入させる。

ねらい▶▶▶ 問題を解決するためによく考え，自分で意思決定を行うことができる。

4時間扱い

ステップ1　【課題発見・把握】
●問題が発生したときの自分の意思決定について，課題を把握させる。
※集団の問題が発生したときの自分の判断と行動を振り返らせる。
※自分の判断の傾向を把握させる。

① **ステップ2　【正しい知識・認識／価値／道徳的心情】**
●正しい判断と責任をもち，自分の行動を決めていくことの大切さを理解させる。
※新聞記事を読み，責任をもつことと判断することの大切さに気付かせる。

ステップ3　【スキルトレーニング／体験活動】
●学校生活の中で起こる様々な問題への対処法を身に付けさせる。
② ※学級・学年の実態に合った事例をもとに考えさせ，意思決定の流れを確認させる。
※自分で実践することをカードに書かせる。

ステップ4　【日常実践／活用】
●日常生活で学習したことを確かめさせる。
※日常の中で，自分の責任と判断で意思決定を行うことを意識させる。また，自分の生活を振り返り，問題解決に向けて学んだことを生かすよう実践させる。
※「ステップ3」で書いたカードを使って，実践できるようにさせる。

① **ステップ5　【まとめ／評価】**
●学習の意義と成果を振り返らせる。
※「ステップ4」で実践したことをもとに振り返らせ，自分の変容を確かめる。

●はねらい，※は学習活動・手だてを示す。

解　説

★新聞記事は，中学校に入学したばかりの生徒(7年生)を対象に書かれている。学級の様子を確かめながら，じっくり読ませるようにしたい。また，複数の小学校からの入学であることから，実態に応じた理解が必要である。

★人の意見に流されず，自分の責任で判断して正しい行動がとれる生徒の育成をねらった単元である。身近な課題を取り上げ，その問題の解決を図るために考えさせることが有効である。

★本単元は，集団適応能力として設定している。集団に主体的にかかわり，その中で自分のよさを発揮する力を身に付けさせる。自分が不適切な行動をしないだけでなく，集団をよい方向に導くように行動する力を身に付けることが大切である。

評価の観点

◆自分の責任と判断で意思決定を行うことの重要性を理解できたか。
◆集団生活の中での問題に対し，自分で意思決定を行い，解決することができているか。

参考情報

○「心のノート」(中学校版の関連事項)
「自分のことは自分で決めたい」(p.26-29)

111

教科書 p.28～29

人間関係形成領域 ●自他理解能力

14 信頼関係づくり
信頼関係づくり／友情でつながる人間関係づくり／異性との人間関係づくり

【ステップ1】
　グラフをもとに，具体的な場面を考えさせる。

【予想される反応】
〈優しくされたこと〉
・重いものを黙って持ってくれた。
〈困っているとき，助けてもらったこと〉
・落ち込んでいるときに声をかけてくれた。
〈励まされたこと〉
・組み体操でくじけそうになったとき，自分とタワーを作りたいとみんなが言ってくれた。

〈ばかにされたこと〉
〈なぐられたこと〉
〈いじめられたこと〉
など，ネガティブな内容については，発表以外の方法をとるなど配慮する。

友達や他者とのかかわりのなかで，信頼関係を築くために大切なことは，グラフの項目1・2・3に表されるあたたかい気持ちであることをおさえる。

【ステップ1】
　資料の項目をもとに，学級での統計を事前にとり，オリジナルの資料を作っておき，教科書の資料と比較させてもよい。

短所は長所という見方を指導する。
・落ち着きがない→興味・関心をもち，行動的である。
・作業が遅い→根気強く丁寧に仕上げようとする。
・融通が利かない→自分の信念をもっている。

【ステップ2】
　自分の性格をよいところとしてとらえてもらえると，安心して自分を表現できることを感じさせる。

【ステップ3】
　信頼関係とは，個性を認め合うことから生まれることを再確認する。

子どもたちのカードは教師が必ず確認する。自信をなくすきっかけとなっては本末転倒である。

自分に自信をもつことで，友達との信頼関係を深め，世界をもっと広げていこうとする積極的な態度へつなげていく。

【ステップ4】
　「ありがとうタイム」などを実施する場合は，特定の人物に偏らない工夫が必要である。

・友達の信頼に応えようとする努力も大切であることをおさえる。

【ステップ2】
　今まで自分がとらえていた友達の一面を，①そうなってしまう理由を考えてみる，②よいところとして考えてみる，などの作業を通して見つめ直させる。

【ステップ5】
　親や教師の「～すべきだ」という断定的な指導が，子どもの抑圧状態を生むことがある。子ども自身が考え，行動できる雰囲気を大切にしながら経験させ，価値観をつくっていきたい。

5・6・7年生

ねらい ▶▶▶ お互いに信頼し，学び合うなかで，男女の差なく，だれでも認め合うことができる。

4時間扱い

ステップ1 【課題発見・把握】
① ●友達や人とのかかわり方で大切なことに気付かせる。
　※グラフやイラストから気付いたことを発表させる。
　※これまでの自分の行動を振り返らせる。

ステップ2 【正しい知識・認識／価値／道徳的心情】
① ●信頼関係とは，お互いを認め合うことであるということを理解させる。
　※「信頼」とは個性を認めることから始まり，自分から相手を認めようとすることが大切であることを教える。
　※相手を認めるために考え方を変えていくことを教える。

ステップ3 【スキルトレーニング／体験活動】
① ●友達との信頼関係を築くための方法を身に付けさせる。
　※教科書の手順にそって，友達との関係を深めさせる。
　※友達から自分のよさを教えてもらい，自分のよさについて実感させる。
　※自分のよさを積極的に伝えさせ，信頼関係を築かせる。

ステップ4 【日常実践／活用】
① ●「個性を認め合う」ことを理解し，信頼関係づくりを実践させる。
　※帰りの会などで「ありがとうタイム」を設けて取り組ませる。
　※「グループ日記」を実施させる。

ステップ5 【まとめ／評価】
① ●学習成果を振り返り，今後の意欲を高める。
　※「ありがとうタイム」や「グループ日記」をもとに振り返りを行い，友達のよいところを理解することが，信頼関係を深めていくことをまとめる。

解説
★信頼は，社会生活を営むうえで基盤となるものであり，人と人とをつなぐ重要な絆である。信頼し合う人間関係は，男女の差なく，お互いを認め合うことから始まる。また，自分の立場ばかりを考えず，友達の身になって考える思いやりや励まし合い，助け合いによって，人間関係が築かれていく。友情は，この信頼がお互いに向けられたものであり，優しい思いやりとあたたかい励まし，それに応えようとする努力などの関係により深められるものである。

評価の観点
◆友達のよさや自分のよさについて気付くことができたか。
◆お互いを信頼し合うことの大切さを理解できたか。
◆お互いに認め合い，行動することができたか。

参考情報
○『改訂新版『ピアサポートでほめる学校づくり』小学校編～異学年集団による交流で社会性を育む教育プログラム～』
（滝充編著　金子書房）

誰のことでしょう？ゲーム
①トカゲを飼っている
②5人兄弟
③サッカーチームに所属
④漢字博士
⑤チョコレートが大好き
⑥夏が大好き

★学級の仲間のことをもっとよく知ることで，信頼関係をより深めるためのゲームである。
〈方法〉
○あてはまると思う子に質問し，当たったらサインをもらう。
○質問はすべて別の相手にする。
○質問の内容は，事前のアンケートから教師が作る。

●はねらい，※は学習活動・手だてを示す。

教科書 p.30〜31　　　　　　　　　　　　　　　　　　　　　　　人間関係形成領域　●自他理解能力

15　障害のある方やお年寄りと接する　福祉

【障害のある方の話】について
・「ねばり強く努力すること」と「状況に応じて生きる力をもつこと」は、すべての人にとって大切であることをおさえる。
・「障害」に同情するのではなく、その人の素晴らしさを見ることで、より深い理解へつながっていく。

心豊かな子どもの育成をねらいとして実践する。豊かな心には、「他人を思いやる心」「互いに認め合い共に生きていく態度」「自他の生命や人権を尊重する態度」などがある。体験を通してはぐくまれる心情であることを念頭に、実践を大切にした授業展開にする。

在宅サービスとして、訪問介護や配食サービスがある。また、福祉センターなどでは、いろいろな教室や活動に参加することができる。
お年寄りと暮らしている子どもから話を聞いてみることも考えられる。

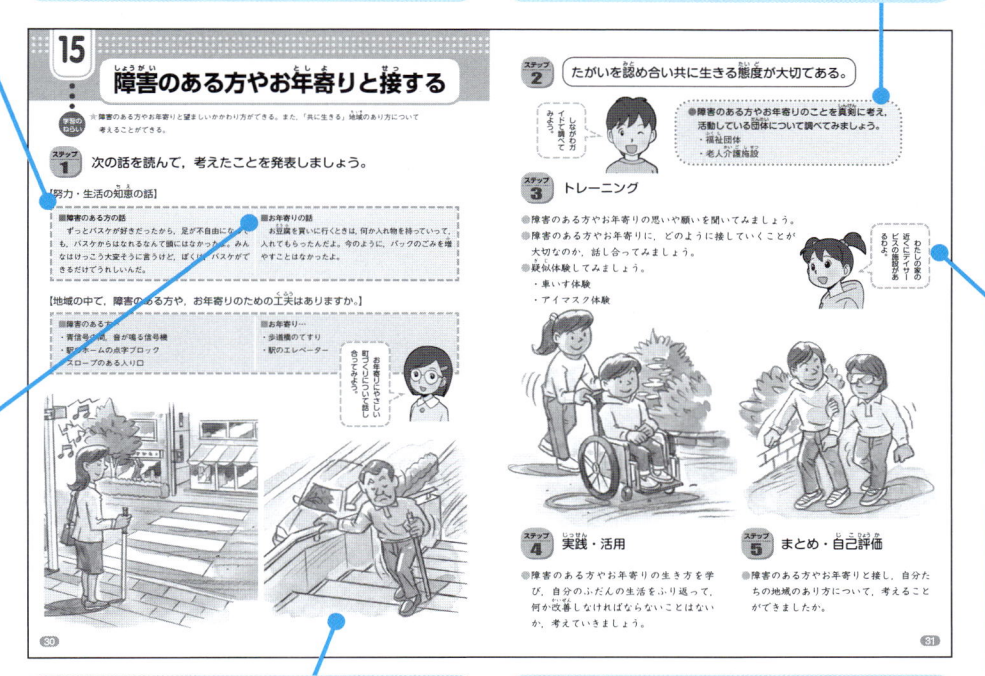

【ステップ2】
ほかの人たちと触れ合ったり、お互いの気持ちを理解し合ったりすると、とても楽しく生きることができる。障害のある方やお年寄りにも、わたしたちにも共通することである。

【お年寄りの話】について
・「高齢者も一人の個人」としてとらえ、お年寄りの自立を支えるわたしたちとの共生が大切なことをおさえる。
・経験に富み、豊かな知識をもつ人
・生涯をかけた技術や経験を生かせる人

【ステップ3】
どうすることが相手にとってよいことかを見付けることが大切である。
・デイサービス施設などで、お年寄りとの交流を図る活動も考えられる。
・歌　・群読
・寸劇　・演奏
・手品　・昔遊び
などがあげられる。

周りの人には気付きにくい障害をもつ人もいることに配慮する。

入口の自動開閉や段差のない施設、エレベーター付きの駅などがある一方、電車やバスなどの優先席など日本にしかない座席がある。指定席がなくても、福祉(社会で等しくもたらされるべき幸福)の考えをもって共生する大切さをおさえる。

【ステップ4】
ふだんの生活から、どうすればもっと障害のある方やお年寄りに優しい社会の実現に近付けるか、という観点で考えさせたい。

【ステップ5】
わたしたちは、それぞれ個性がある。

5・6・7年生

ねらい▶▶▶ 障害のある方やお年寄りと望ましいかかわり方ができる。また、「共に生きる」地域のあり方について考えることができる。

4時間扱い

ステップ1 【課題発見・把握】
● 障害のある方やお年寄りの思いや願いを考え、望ましいかかわり方や「共に生きる」地域のあり方があることに気付かせる。
① ※障害のある方やお年寄りの話を読み、自分の接し方や考え方について振り返らせる。

ステップ2 【正しい知識・認識／価値／道徳的心情】
● 障害のある方やお年寄りと、互いに認め合い、「共に生きる」大切さを理解させる。
① ※「福祉団体」「老人介護施設」などについて調べることで、すべての人が一人の人間として尊重され、地域社会の一員として等しく共に生きる社会であるということをおさえる。

ステップ3 【スキルトレーニング／体験活動】
● 障害のある方やお年寄りの思いや願いを知り、思いやりをもった接し方を身に付けさせる。
① ※「車いす体験」「アイマスク体験」などの疑似体験を通して、接し方やかかわり方を実感させる。また、地域の施設に着目し、訪問するなどして、「共に生きる」ことの大切さを実感させる。

ステップ4 【日常実践／活用】
● ボランティア活動などを通して各施設と連携を図り、自分たちが考えたことを継続的に実践させる。
① ※障害のある方やお年寄りとの望ましいかかわり方を実践させる。

ステップ5 【まとめ／評価】
● 学習の成果を振り返らせ、今後の意欲を高める。
① ※障害のある方やお年寄りとのかかわりを振り返り、「共に生きる」地域のあり方を考えさせる。

解説

★障害のある方やお年寄りとの接し方の基本は、互いに分かり合うことであり、同じ社会の一員として「共に生きる」大切さを理解することである。すべての人が大切にされる社会、そして自分たちの手で住みよい地域をつくろうとする思いを学ばせたい。

★地域のデイサービス訪問や疑似体験などの活動を取り入れて、人々の思いや願いを考え、話し合っていく展開も取り入れたい。

評価の観点

◆障害のある方やお年寄りと、互いに認め合い、「共に生きる」大切さを理解できたか。
◆障害のある方やお年寄りとかかわるときに、相手の思いや願いを考え、望ましいかかわり方ができたか。
◆障害のある方やお年寄りのために、自分たちでできることを考え、活動することができたか。

参考情報

○「障害のある人びと」
（ピート・サンダース 文　山本直英 訳　ポプラ社）
○「『年をとる』ということ」
（ピート・サンダース 文　山本直英 訳　ポプラ社）

●はねらい、※は学習活動・手だてを示す。

教科書 p.32〜33

人間関係形成領域 ●自他理解能力

16 福祉について 福祉

【ステップ1】
　今までの自分を振り返り、様々な人へのかかわり方について課題をもたせる。

○「福祉」という言葉の理解。
「『福祉』について知っていることを出し合ってみよう。」
○「福祉」について、6年生までに実践してきたことを発表させる。

「福祉」：
　社会のすべての人が幸福で安定した生活を営むこと。公的配慮によって社会の成員が等しく受けることのできる安定した生活環境。（国語辞典より）

【ステップ3】
　高齢者体験セットについては、品川区社会福祉協議会に相談するとよい。

【ステップ3】
　障害者や高齢者の立場を理解し、体験を通して不便さや危険を実感できるようにする。

「体験してみて分かったことを、3人で話し合おう。」
〈方法例〉
・3人1組で体験させる。
　A装具をつけて体験する。
　B介助をする。
　C観察する。
　　ABCの役割を順番に行う。

「体験を生かして、自分たちができることを考えよう。」
・実際に障害者や高齢者を介助するときの方法を考えさせる。
・校内や地域の危険な場所について考えさせる。
・自分もいずれ年齢を重ねて、体の不自由になるところが出てくる。他人事ではない、ということに気付かせる。

「ノーマライゼーション」：
　子どもから高齢者、女性、障害者、その他あらゆる立場の人々が同じように便利な暮らしができることがノーマル（あたりまえ）な社会であるという考え方。
　それまでの社会は、18歳の健康な成人男子を基準に、ものの規格が決められていた。
　バリアフリーが、バリア（障害になるもの）のあることを前提にして、それをなくすという考えや行動であるのと異なる。

5・6・7年生

【ステップ4】
　学んだことを日常で実践させる。
　相手を思いやる心、それを表現することは、高齢者、障害者へのかかわりに限ったことではない。誰にでもできることが必要である。

【ステップ5】
　福祉に関する考え方や周りの人への思いやりの表し方について、変容を確かめさせる。
　「ステップ1」の活動の記録（ワークシート等）を準備しておくとよい。

4時間扱い

ねらい ▶▶▶ 疑似体験を通して、障害者、高齢者とのかかわりについて考え、これからの福祉のあり方について理解することができる。

① ステップ1 【課題発見・把握】
●障害者や高齢者の立場に立った考え方ができているかどうかを振り返り、自分の課題を把握させる。
※6年生までに「福祉」に関することで学習したことを思い出させる。
※障害者や高齢者とかかわった経験や、そのときの行動について振り返らせる。

ステップ2 【正しい知識・認識／価値／道徳的心情】
●ノーマライゼーションとは、障害者や高齢者などが、地域で普通の生活を営むことを当然とする福祉の基本的な考えであるということを理解させる。
※ノーマライゼーションとバリアフリーとの違いに気付かせる。

② ステップ3 【スキルトレーニング／体験活動】
●ノーマライゼーションの社会の実現のために必要な考え方を身に付けさせる。
※校内や地域社会での危険な場所を探させ、発表させる。
※車いす体験・アイマスク体験・高齢者体験などを実際に行い、不便や危険を実感できるようにさせる。また、介助するときの方法を身に付けさせる。

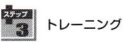

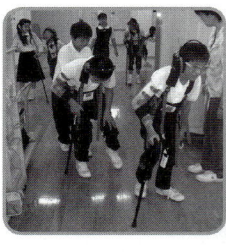

ステップ4 【日常実践／活用】
●「ステップ3」の体験活動を通して、感じたことや学んだことをもとに、日常生活の中で自然に助け合うことができるよう実践させる。
※障害者、高齢者、病気の人への「思いやりの表し方」について十分配慮させる。

① ステップ5 【まとめ／評価】
●学習の意義と成果を振り返らせる。
※福祉の考え方や周りの人への思いやりの表し方について、変容を確かめさせる。

解説

★福祉社会の基本は、「相手を思いやる心」である。子どもたちは、障害者や高齢者に対する思いやりのある態度や行動が大切であるということを認識していても、実際の場面に臨んだときになかなか思うようにできないのが現状ではないだろうか。「ステップ3」の体験学習が単なる体験とならず、ノーマライゼーションの理念やバリアフリーの視点を学び、相手に対する理解につながる学習の場となるよう工夫することが大切である。

★相手を思いやる心、それを表現することが大切なのは、高齢者や障害者に対してだけではない。誰に対してもそのような心がけと行動ができるようになることが大切である。

評価の観点

◆障害者や高齢者に対して、相手の立場に立って考えることの大切さを理解できたか。
◆思いやりの心をもち、それを表現する行動ができたか。

参考情報

○「心のノート」（中学校版の関連事項）
「ありがたい心の贈り物に」（p.64-67）
「この地球に生まれて」（p.71-75）

114 ●はねらい、※は学習活動・手だてを示す。

教科書 p.34～35

人間関係形成領域　●コミュニケーション能力

17　賛成・反対の立場をはっきりさせよう
賛成，反対の立場を明確にした話し方，批判的思考

【ステップ1】
　自分の考えをはっきり言えない背景を把握し，適切に指導できるようにする。

①学級の雰囲気・連帯意識の課題
・文句を言われたり，責められたりする。
・笑われたり冷やかされたりする。
・みんながまじめに聞いてくれない。
・決めたことを守ってくれない。
・どうせ誰かが言ってくれる。
・自分には関係がない。

②教師の授業力の課題
・何について話し合っているのか分からない。
・何をどう解決してよいか分からない。
・理由や根拠が上手に言えない。
・議論がつまらない。

　朝や帰りの会，各授業の中で発表する場を意図的に設定し，上手に原稿を読むより，自分の言葉で相手に伝えることのできる子どもたちを育てることが必要である。

【ステップ1】
　よりよい話合いにするために，意見を発表してうれしかったことや，自信がついた経験なども考えさせる。

【ステップ2・3】
　事前に話題を周知させ，賛成と反対の両方の意見をもって討論に臨むようにさせる。
　同じ課題でも，両方の立場になって考えることで，相手の気持ちをより理解した討論ができるようになる。

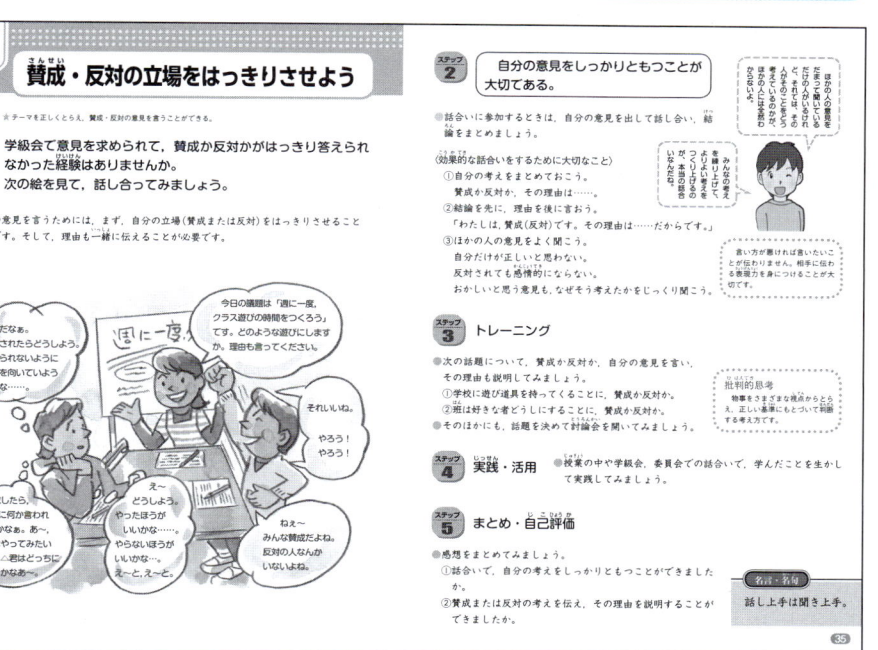

【ステップ2】
　ルールを決めて討論に臨ませる。
①他人の発言を遮らない。
②話すときは，短くまとめて話す。
③話すときに，怒ったり泣いたりしない。
④分からないことは，その場で質問する。
⑤話を聞くときは，話している人の目を見る。
⑥話を聞くことに集中し，ほかのことをしない。
⑦最後まで話を聞く。
⑧議論自体を否定するようなことは言わない。
⑨ほかの人の意見を，間違いと決め付けない。
⑩議論が終わったら，議論の内容の話はしない。

【ステップ4】
　討論なのか話合いなのかを明確に示し，目的に合った方法で実践させる。

【ステップ3】
　学級会の話合い活動は，相互の多様な考えを認めながら学級や学校生活をよりよくするためのものであり，討論は，争点を明確にし，相手の矛盾点を示しながら，自分たちの優位を主張するものである。ねらいを明確にして実践する必要がある。

【ステップ5】
　立場を明確にして意見を言うことで，話合いがどのように変わったかを振り返らせる。

5・6・7年生

ねらい▶▶▶　テーマを正しくとらえ，賛成・反対の意見を言うことができる。

5時間扱い

ステップ1　【課題発見・把握】
① ●意見を言うときには，自分の立場(賛成または反対)をはっきりさせることが大切であることに気付かせる。
※イラストを参考にして，意見を求められても答えられなかった経験を振り返り，その原因やその時の気持ちについて発表させる。

ステップ2　【正しい知識・認識／価値／道徳的心情】
① ●話合いでは自分の意見をしっかりもつことの大切さを理解させる。
※効果的な話合いをするために大切なことを知る。
・賛成か反対かを決め，自分の考えをまとめる。
・結論を先に，理由を後に言う。
・他の人の意見もきちんと聞く。

ステップ3　【スキルトレーニング／体験活動】
② ●議題について話し合う場を設定し，正しい発言の仕方を身に付けさせる。
※教科書の議題について，「ステップ2」で学んだことを生かして話合いをさせる。

ステップ4　【日常実践／活用】
●日常の場面で学んだことを実践させ，よさを確かめさせる。
※授業や学級会，クラブ・委員会活動での話合いにおいて，学んだことを活用して意見を交換させる。

ステップ5　【まとめ／評価】
① ●学習の成果や意義を振り返らせ，今後の実践意欲を高める。
※賛成，反対を明確にして発言することで，話合いがどのように変容したか振り返らせる。

解説
★自分の立場を明確にして考えをもつとともに，賛成と反対の両方の立場で考えさせる。そのことで，相手の気持ちを理解したり，相手の考えに共感したりする話合いができるようになる。この単元では自分の考えをしっかりと伝える技術を教えることが中心になるが，相手の考えや立場を尊重する態度を育成することも重要である。
★「なぜ・どうして」と自問することにより，自分の発言を客観的に見直す習慣を身に付けさせる。それにより論理力，批判的思考力を育成する。

評価の観点
◆話合いでは自分の意見をもつことが大切であるということを理解できたか。
◆議題に対して自分の立場(賛成・反対)を明確にして，自分の意見とその理由を言うことができたか。

参考情報
○「フィンランド・メソッド」に関する書籍を参考にするとよい。

●はねらい，※は学習活動・手だてを示す。

115

教科書 p.36〜37

人間関係形成領域　●コミュニケーション能力

18　情報を正しく伝える　相手に伝える様々な方法と特性の理解

【ステップ1】
〈予想される反応〉
【対話】
（長所）
・表情からも気持ちが伝わる。
・相手の様子を見ながら言葉を選べる。
（短所）
・言いたいことが全部言えないことがある。
【電話】
（長所）
・そこまで行かなくてよい。
・対話より言いやすい。
（短所）
・表情が分からない。
【メール】
（長所）
・簡単に伝えることができる。
・何時でも気にせず連絡できる。
（短所）
・返信がないと反応が分からない。

＊メールの長所がネガティブなものになることがあるので，配慮すること。
〈例〉
○顔を見ないでも言える。
○気が付かなかったふりができる。

5・6・7年生

【ステップ1】
　情報を伝えるときに，その手段まで意識していたか，自分の課題に気付かせる。
　どのような目的で選択していたか，考えさせるようにする。

このような聞き方になってしまうのはなぜか考える。
・相手を認めていない。
・自分の考えに自信があり，譲ろうとしない。
・よい人間関係が築かれていない。

関心を示していない態度であることを確認する。

【ステップ3】
　それぞれの情報伝達にふさわしい場面と気を付けるべきことを考えさせ，正しい行動がとれるようにさせる。
【対話】
○頼むときや断るとき
○謝るとき
・言い方，表情，態度
【電話】
○待ち合わせ
○連絡する
・言い方，声の調子
【メール】
○連絡事項，確認事項など記録に残しておいた方がよいとき
・表現の約束，時間
【手紙】
○感謝の気持ちを伝えるとき
○お見舞い
・字体，表現
＊対話や電話については，出てきた事例をもとにロールプレイをさせてもよい。

【ステップ2】
　事例について原因を考えさせ，時と場合に応じて情報伝達の手段を選ぶ必要があることに気付かせる。手段を選ぶことは，ルール・マナーであることも理解させる。

【ステップ5】
　実践してよかったことを振り返るとともに，コミュニケーションのルールとして再確認する。

【ステップ4】
　伝えるとき，受け止めるときの両方で気を付けさせることが大切である。

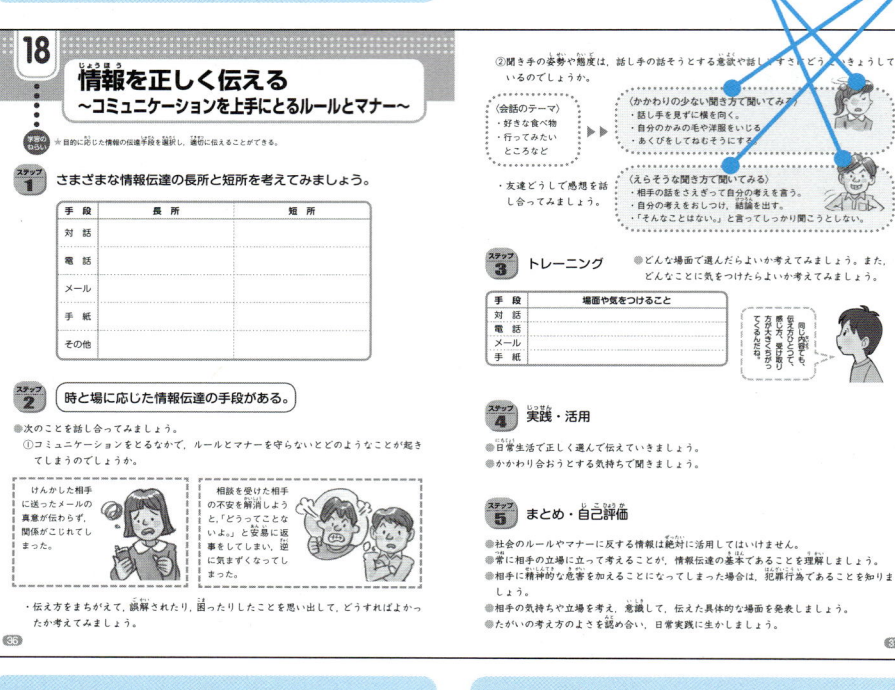

ねらい▶▶▶ 目的に応じた情報の伝達手段を選択し，適切に伝えることができる。

4時間扱い

ステップ1　【課題発見・把握】
●情報を伝えるときに，その手段まで意識していたか，自分の課題に気付かせる。
① ※自分が，どのような手段で，どのような内容を伝えていたか振り返らせ，様々な手段には特性があることに気付かせる。

ステップ2　【正しい知識・認識／価値／道徳的心情】
●時と場合に応じた情報伝達の手段があることを理解させる。
●コミュニケーションには，守るべきルールとマナーがあることを理解させる。
① ※それぞれの手段におけるルールとマナーについて，知っていること，気を付けていることを出し合う。
※2つの事例について，どうすべきか考えさせる。
※自分が失敗してしまったことを思い出し，どうすればよかったか考える。
※聞き方のマナーについても，ロールプレイを使って体感させる。

ステップ3　【スキルトレーニング／体験活動】
●正しい手段の選び方や自分の考えの伝え方を身に付けさせる。
① ※それぞれの情報伝達の手段にふさわしい場面を考える。
※それぞれの伝達方法で気を付けることを考える。
※対話や電話については，場面設定してロールプレイさせてもよい。

ステップ4　【日常実践／活用】
●日常生活で実践させ，よさを確かめさせる。
① ※よい関係を保ちながら自分の気持ちを正確に伝えさせ，そのよさを確かめる。

ステップ5　【まとめ／評価】
① ●学習の意義や成果を振り返らせる。
※情報伝達の長所と短所を振り返らせ，留意事項を再確認する。

解説

★相手にうまく伝えられなかったり，理解してもらえなかったりしたのは，相手への配慮が不十分であったととらえさせたい。このことを相手のせいにしてしまっては，改善したり，身に付けようとしたりする意欲につながらない。

★自分の気持ちを正しく伝えるには，それを受け取る相手の立場で考えることが大切である。しかし，情報伝達の手段にはそれぞれ特性があり，長所と短所がある。それを理解していないと，時と場合によっては誤解されることがある。これらの知識や経験が不十分な子どもたちは，相手の反応に不満があると，敵対心を抱くことさえあるような状況になってしまう。

★様々な伝達手段の長所・短所を学び合うなかで，人間関係をつくったり，深めたりするために必要な共感的理解の力をはぐくむようにする。

評価の観点

◆時と場合に応じた伝達手段があることが理解できたか。
◆相手の立場を考え，適切な伝達手段を使ってコミュニケーションをとることができたか。

参考情報

○生徒指導提要（文部科学省）
　第1章　第4節　集団指導・個別指導の方法原理
　第3章　第2節　児童期の心理と発達
　　　　第4節　児童生徒理解の資料とその収集

教科書 p.38〜39　　　人間関係形成領域　●コミュニケーション能力

19　説得力を身につけよう　効果的に話す技術

【ステップ1】
自分の説明の仕方を振り返らせる。
○ポスターのテーマだけを提示し，そのテーマについて訴えるとしたら，何を話すか考えさせる。
〈例〉「地球の異変」
・温暖化のこと
・ゲリラ豪雨
・異常気象

「学級文庫の貸し出し期間を延長すること」について，説明する方法を考えさせる。
・8割の人が，もっと長くした方がよいと思っていること。
・6年生が読んでいる本の平均は320ページであること。

活動後，自分の説明の仕方を振り返り，課題を把握させる。

【ステップ2】
「ステップ1」の活動を振り返り，説明のために効果的な方法を考えさせる。
・ポスターにデータがグラフで載っていた。
・説明に数値を使っている。
→理由を具体的な数値で表す。

【単元について】
・5年国語の学習と関連させると効率的である。
①伝えたいことの中心を考える。
②効果や分量などの条件を考え，図表に表す。

【ステップ2】
データを示すときの留意事項を考えさせる。
○伝えることの中心をはっきり決める。
○伝えたいことの根拠となることを載せる。
○グラフなど視覚的に分かりやすくする工夫をする。

【ステップ3】
テーマを決めさせ，工夫した説明の練習をさせる。
○三段構成（序論・本論・結論）について教える。
＊既習の説明文（国語）等を使って振り返らせるとよい。

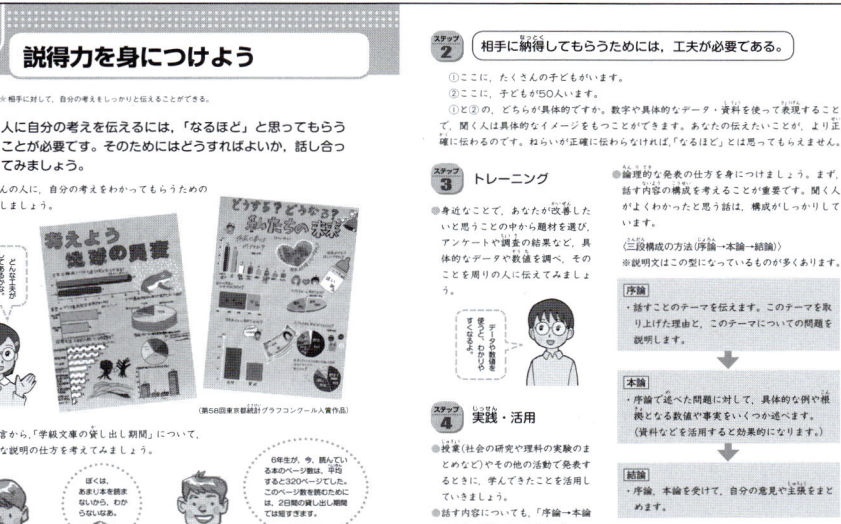

【ステップ2】
○グラフの効果：比較，割合，推移などを視覚的に訴えることができる。
＊数値で具体的に示すよさを感じさせ，説明には工夫が必要であることに気付かせる。

【ステップ3】
〈指導上の留意点〉
①短い文で話させる。
②段落に間をおき，速さ，抑揚など変化をつける。
③重要な内容は意図的に繰り返すなど強調する。
④人名，地名，数量は正確に伝えさせ，出典を明確にさせる。

・結果を先に述べて，その根拠となる資料の解説を行い，動機に戻る話し方も，相手の興味を引く方法として効果的である。グループごとに，聞き手と話し手に分かれて相互評価を行う。（ワークシートの活用）

【ステップ4】
教科の学習で発表をしたり，まとめの資料を作成したりする際に活用させる。

【ステップ5】
実践したことを振り返らせる。他教科の学習と関連させ，調べ学習等の発表会を実施してもよい。
そこで相互評価させ，自分の成長を確かめさせてもよい。

5・6・7年生

ねらい▶▶▶ 相手に対して，自分の考えをしっかりと伝えることができる。

5時間扱い

① ステップ1　【課題発見・把握】
●説明の仕方について，自分の課題を把握させる。
※ポスターのテーマ「地球の異変（環境）」を提示し，自分がそのテーマについて訴えるとしたら，何を話すか考えさせる。
※「学級文庫の貸し出し期間を延長すること」についての効果的な説明の仕方を考えさせる。

ステップ2　【正しい知識・認識／価値／道徳的心情】
●相手に納得してもらうためには，工夫が必要であることを理解させる。
※「ステップ1」の活動から，数字や具体的なデータ・資料を活用し，伝えることが必要であることを教える。

③ ステップ3　【スキルトレーニング／体験活動】
●論理的な発表の仕方を身に付けさせる。
※話す内容の構成を考えさせる。
※三段構成の方法を用いて，自分の意見や主張を伝えるトレーニングをさせる。

ステップ4　【日常実践／活用】
●教科の学習などで実践させ，よさを確かめさせる。
※「序論→本論→結論」を意識して話すようにさせる。

① ステップ5　【まとめ／評価】
●学習の意義や成果を振り返らせる。
※実践で工夫できたことやそのよさを振り返り，自分の変容を確かめる。

解説
★自分の意図を相手にしっかりと伝えるためには，まず，話す内容の構成を考えることが重要であるということを理解させる。また，数字や具体的なデータや事実，資料などを示すことによって，相手を納得させることができることを理解させる。

★「ステップ3」のトレーニングでは，テーマ探しに時間をとられすぎないように留意する。改善したいことをあらかじめクラスで集めておき，教師が複数のテーマを用意して，その中から選択させてもよい。また，国語の説明文を要約し，工夫して説明するなどの活動を実施してもよい。

評価の観点
◆相手を納得させるためには，話す内容の構成を考えたり，具体的なデータを示したりするなどの工夫が必要であることが理解できたか。
◆三段構成による説明，根拠となる具体的な資料の活用ができたか。

参考情報
○意見発表やスピーチに関する書籍を参考にするとよい。

●はねらい，※は学習活動・手だてを示す。

教科書 p.40〜41

人間関係形成領域　●コミュニケーション能力

20　効果的に話す技術　効果的に話す技術

【単元名から単元の学習内容をつかませる】
「効果的に話す技術」
○効果的に伝える
・上手に伝える技術・有効な話し方

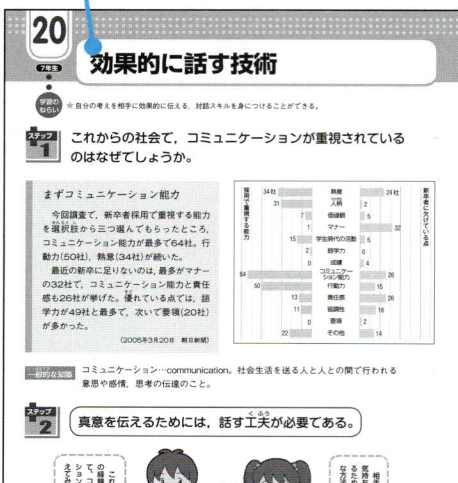

★「心づかい」
意思や感情、思考をストレートに伝えることで、不快にさせてしまうこともある。思いやりをもった心づかいが最も大切である。（★技術としてではなく、根底にある考え方としておさえたい）

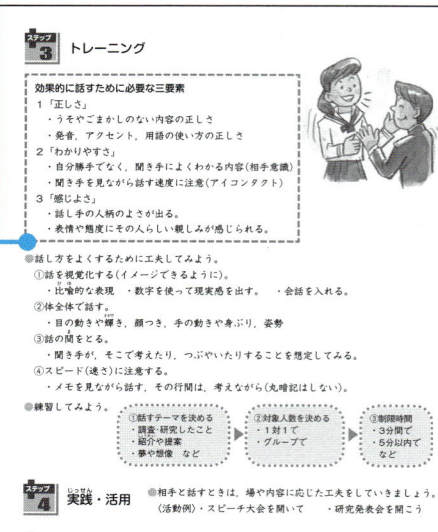

【ステップ1】
コミュニケーション能力について学習する必要性を感じさせる。
また、自分の課題を把握させる。

○コミュニケーションの重要性について、資料をもとに考えさせる。
○この単元のねらいは、「話し方の工夫を学習することである」ことをおさえる。
○コミュニケーションが、人と人との間で行われる意思や感情、思考の伝達であることをおさえる。
○自分のコミュニケーションのとり方（意思や感情、思考の伝達）を振り返らせ、課題を把握させる。

【ステップ2】
意思や感情、思考を伝えるのは難しい。
言葉を基本としながら、それを補ったり、支えたりする要素（話し方、表情、身ぶり手ぶりなど）にも気を配り、工夫しなければならないことを教える。

〈効果的に話すための三要素〉
・「正しさ」
・「わかりやすさ」
・「感じよさ」
★「心づかい」
掲示用にカードにしておき、黒板に貼ったり、教室掲示に使用したりする。

〈トレーニングの例〉
①国語科音声言語ビデオ（DVD）教材をまねる。
②ペアで対話形式で相互評価
・顔の表情
笑顔、泣き顔、無表情など
・身ぶり、手ぶりなどのアクション
③簡単な図をかくために伝えるゲーム

＊効果的に伝えるためには、非言語コミュニケーションも重要であることを確認させる。
＊話を聞いている相手には、内容以外にも伝わるものがあることを確認させる。
例えば、相手に関する感情、誠意、本気度、内容に対する話し手の評価などがある。

【ステップ4】
スピーチ大会や発表会を計画して実践してみることで、「ステップ5」での自己評価につなげることができる。

【ステップ5】
効果的に話す対話スキルの習得、場や内容、相手に応じた話し方の工夫について自己評価させる。

5・6・7年生

ねらい▶▶▶ 自分の考えを相手に効果的に伝える、対話スキルを身に付けることができる。

4時間扱い

ステップ1　【課題発見・把握】
①
●コミュニケーション能力について学習する必要性を感じさせ、日常の自分のコミュニケーションについて振り返らせる。
※資料から、現代社会ではコミュニケーション能力が重視されていることに気付かせる。
※コミュニケーションとは、意思や感情、思考の伝達であることをおさえ、自分の伝達能力について振り返らせる。

ステップ2　【正しい知識・認識／価値／道徳的心情】
●意思を伝えるためには、話す工夫が必要であることを理解させる。
※コミュニケーションの基本は言葉である。真意を伝えるためには、分かりやすくするために工夫が必要であることを教える。

ステップ3　【スキルトレーニング／体験活動】
②
●教科書の手順にそって、話し方のスキルを身に付けさせる。
※「効果的に伝える三要素」をおさえ、言語によるコミュニケーションだけでなく、非言語によるコミュニケーションの重要性についても理解させる。

ステップ4　【日常実践／活用】
●日常生活の中で、場面や内容、相手に応じて話し方を工夫するよう実践させる。
※スピーチ大会、発表会などを実施するなど、発表の場面を計画的に設定する。

ステップ5　【まとめ／評価】
①●学習の意義と成果を振り返らせる。
※スピーチ大会などの評価カードを活用し、自己評価をさせる。

解　説
★自分の考えを相手に効果的に伝えるためには、言語だけでなく、表情や態度などの非言語によるコミュニケーションも含めて工夫をすることが大切である。真意を伝えるために、場面や内容、相手に応じて様々な手段を尽くして話すことができるようにさせたい。
★5・6年生で実施する「19　説得力を身につけよう」では、効果的な伝達方法として「資料を提示するよさ」を学習したが、ここでは話す技術に重点化している。1対1での対話、大勢の前でのスピーチを想定している。

評価の観点
◆コミュニケーションにおける、表情や態度などの非言語コミュニケーションの大切さを理解できたか。
◆場面や内容、相手に応じた話し方をすることができているか。

参考情報
○「心のノート」（中学校版の関連事項）
「コミュニケーションは心のキャッチボール」（p.68-69）

●はねらい、※は学習活動・手だてを示す。

教科書 p.42〜43

人間関係形成領域　●コミュニケーション能力

21 さまざまな話し合い方　討論・議論

【ステップ1】
〈実態把握〉
「今までの話合いで，うまくいったときと，うまくいかなかったときのそれぞれを振り返ってみよう。」
○うまくいったとき
・みんなが発言した。
・みんなの考えが取り入れられた。
○うまくいかなかったとき
・発言する人が決まっている。
・一部の人だけの意見で決まってしまった。
・十分な話合いの時間がとれなかった。
　　　　　　　　　　など

振り返りをまとめ，多様な考えを出し合えるかがポイントであることに気付かせる。

【ステップ2】
みんなが自分の考えを発言し，多様な考えの中から検討していった方が，よりよい結論を出しやすい。
様々な視点から発想を広げる方法として，3つの方法がある。
3つの方法について簡単に実践し，討論に効果的な方法であることに気付かせる。

〈ブレーンストーミング・KJ法を説明する〉
議題：「人が悲しいときにとる行動をたくさん挙げる」
・泣く，叫ぶ，部屋にこもる，ぼーっとする，歌を見る，好きなことをする，八つ当たりをする，電話をかけまくる，食べる……

ブレーンストーミングは，書き出したり，付箋に書いたりすると効果的なので，KJ法とあわせてやってみるとよい。
＊付箋紙，画用紙，マジック，セロハンテープ，磁石などの用意をしておく。

→付箋に書いて分類する（KJ法）
「ひきこもり型」「発散型」「かかわり型」などに分類する。人が悲しみを乗り越えるための方法であることが分かる。よりよい方法はどれか考える。

【ステップ5】
発想法とその活用について振り返らせ，様々な角度から問題を考えることの重要性を確認する。自分の変容を確かめ，今後の実践意欲を高める。

〈チェックリスト法を説明する〉
課題：背面黒板の新しい使い方を考える。
・教科書のチェックリストを用いて発表させながら説明する。

【ステップ3】
教科書の課題については，3つの方法を使って話合いをする。
実際の課題ではないので，内容を共通理解させることが大切である。
〈例〉
①商工会議所の一員として考えさせる。
②祖母が幸せに暮らすためには，何をすればよいのかを考えさせる。
③心に残る，実現可能なアイディアを考える。
など，条件をはっきりさせて話し合わせること。

＊他の単元や行事と関連させ，自分たちの課題を通して練習させてもよい。

【ステップ4】
日ごろの学習において，話合い活動に生かすように意識させることが大切である。

5・6・7年生

ねらい▶▶▶ 問題を様々な角度から考え，異なる発想法を用いて討論することができる。

5時間扱い

ステップ1　【課題発見・把握】
●自分たちの話合いについて，課題を把握させる。
※今までの話合いに関して，うまくいったとき，そうでなかったときのそれぞれの場合について振り返らせる。
※充実した話合いにするための一つの方法として，「豊かな発想」が挙げられることに気付かせる。

ステップ2　【正しい知識・認識／価値／道徳的心情】
①
●討論をより有効なものにするためには，様々な視点をもつことが必要であるということを理解させる。
※教科書に紹介されている3つの発想法を理解させる。
※教科書に取り上げたもの以外にも，学んでおきたい発想法はある。また，子どもたち独自で工夫している方法など紹介できれば，より充実した学習になる。

ステップ3　【スキルトレーニング／体験活動】
③
●発想法を使った話合いの仕方を身に付けさせる。
※教科書の手順にそって，数人のグループを作り，3つの課題に取り組ませる。
※話合いの内容（話題）によって，どの発想法が有効かを考えさせる。

ステップ4　【日常実践／活用】
●日常の場面で活用し，有効性を確かめさせる。
※各教科で実践する場面を決めておく。
※話合いの場面だけでなく，評価や課題発見など様々な場面で活用させる。

ステップ5　【まとめ／評価】
①
●学習の意義と成果を振り返らせる。
※発想法とその活用，様々な角度から考えることの重要性を確認する。

解説

★この単元で紹介する発想法は，今日，ビジネスの世界をはじめ様々な場面で活用されている。付箋紙などを活用しながら，具体的な手順を身に付けさせたい。
★豊かな話合いのための発想法として，人間関係形成領域に位置付けたが，これらの発想法は，スピーチの内容を考えるときや，教科の学習において自ら課題を設定して取り組むときなど，様々な学習場面で非常に有効な方法であることを意識させたい。
★本単元は，討論・議論を指導項目としている。他の単元や行事に向けた取り組みを関連させて，「ステップ3」でその単元で話し合う内容を扱うこともできる。

評価の観点

◆討論をより有効にするためには，様々な視点をもち，発想を広げていくことが必要であることが理解できたか。
◆一つの問題について様々な視点から発想し，意見を述べることができているか。

●はねらい，※は学習活動・手だてを示す。

119

教科書 p.44〜45

自治的活動領域 ●自治的活動能力

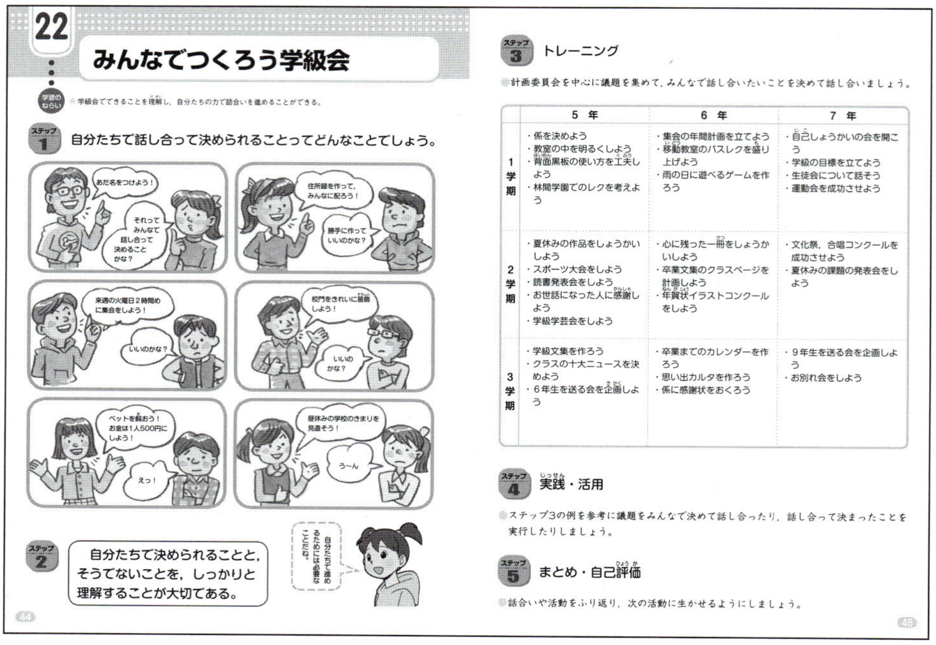

22　みんなでつくろう学級会　話合いⅢ「議論・討論の仕方」

5・6・7年生

【ステップ1】
　学級会の経験を振り返り，自分たちで話し合って解決できてよかったことを発表させる。また，うまくいかなかったことも取り上げる。
　個人的な課題や意識についての実態も把握するためにアンケートをとる。（発言すること，聞くこと，司会の進め方，議題などについて）

【ステップ2】
　学級会の議題にしてよいものは，範囲が限られることを指導する。
〈学級会で取り扱えないもの〉
・人権やプライバシーにかかわること
・金銭の使用にかかわること
・時間割の変更など教育課程にかかわること
・校内のきまりや施設利用にかかわること
・健康安全にかかわること
　以上に関しては，学級会では取り扱わず，教師の指導のもとで解決する方法をとる。

【ステップ3】
　議題選定後は，その議題に対する提案理由を作成し，共通理解して話合いに臨む。提案理由は，学級会での話合いで考える際のよりどころになる。

【ステップ3】
　「〜会の実施」のような議題だけでなく，クラスがよくなるための休み時間のよりよい使い方など，議題の種類も多様にしていきたい。司会グループは輪番制で行い，どの子どもも様々な役割を経験できるようにする。

【ステップ3】
〈計画委員会の仕事〉
・議題案の整理と決定
・学級会での役割分担
・学級会の計画
・議題や計画についてのみんなへのお知らせ
・学級会の司会
・次の司会グループとの引き継ぎ
○計画委員会の事前の話合いには，教師や提案者も入る。学級会の話合いをより円滑で自主的なものとするためには，計画委員会での事前指導が重要となる。
○学級会コーナーを設置し，議題箱や司会グループ，次の議題や話合い計画などについて掲示しておくと，より子どもの自主的な活動を促すことができる。
　安易に決定せず，反対意見や少数意見も大事にし，意見のぶつかり合いや考えの変更など十分に話し合って，集団決定ができるようにさせる。
　子どもの自主的な話合いが行われるよう，教師はなるべく見守るが，「ステップ2」でおさえたことに外れた場合には必ず指導する。

【ステップ5】
　実践後は，写真や感想，自分たちの成長や課題などを学級会コーナーに掲示するなどし，成就感や今後の意欲をもたせるようにする。

【ステップ4】
　ふだんの学級経営の充実に努め，認め合い，協力し合える雰囲気をつくることが重要である。また，国語科の学習内容と関連を図り，話す力，聞く力や態度を繰り返し指導していく。

ねらい ▶▶▶ 学級会でできることを理解し，自分たちの力で話合いを進めることができる。

5時間扱い

① **ステップ1**　【課題発見・把握】
●自分たちの話合い活動の実態と課題に気付かせる。
※今までの学級会の経験を振り返り，自分たちの話合いにおけるよさや課題を把握し，よりよい話合い活動にしていこうとする意欲をもたせる。

ステップ2　【正しい知識・認識／価値／道徳的心情】
●学級会の議題の範囲について理解させる。
※学級の問題や，やってみたいことすべてが議題になるわけではなく，議題は自分たちだけで解決できるものとできないものがあることを理解させる。

③ **ステップ3**　【スキルトレーニング／体験活動】
●議題選定の仕方や計画委員会での準備の仕方を身に付けさせる。
※事前アンケートで出てきた議題をもとに，学級会で扱えるものとそうでないものに分け，選定の仕方を身に付けさせる。また，提案理由の設定の仕方についても指導する。
※計画委員会の役割分担，事前準備の仕方，実際の話合いの進め方について指導する。

ステップ4　【日常実践／活用】
●議題を出し，学級会等で話し合い，実践させる。
※実際に議題を出し合い，学級会で決める。決まったことを実践し，振り返りで出た課題を次回の活動に生かしていけるようにさせる。

① **ステップ5**　【まとめ／評価】
●学習の意義と成果を振り返らせる。
※自分たちができるようになったことや課題に気付き，さらに充実した学校生活を目指し，自分たちで問題を解決していこうという意欲をもたせる。

解説

★この単元では，自分たちの学級の諸問題に気付き，それらを話合いによって自分たちの力で解決し，楽しく豊かな学級を築いていく自主的・実践的な態度を身に付けていくことをねらいとしている。

★学級や子どもの実態に応じ，低・中学年の市民科の学級会の単元の指導内容の指導を行ったり，他教科との関連を図ったりし，より実践的な話合いの力を着実に付けていくことが大切である。

★この単元で培った，学級をよりよくしていこうとする力を学校全体にも目を向けさせ，代表委員会や委員会活動へとつなげていくことが高学年として求められる。

評価の観点

◆議題の選定の仕方や運営委員会の役割を理解することができたか。
◆進んで議題を出し，積極的に学級会に参加し，自分たちの力で解決できたか。

●はねらい，※は学習活動・手だてを示す。

教科書 p.46～47　　　　　　　　　　　　　　　　　　　　　　　　　　　　自治的活動領域　●自治的活動能力

23　学校における自治的活動～児童会活動～　学校における自治的活動の在り方

【ステップ1】
○自分の所属していない委員会の活動について、知っていることを発表させる。

○各委員会について、活動内容や今後やってみたいことなどについて、学級の子どもに調査しまとめたものを掲示する。

○今までの経験を振り返り、その委員会にしてもらってよかったこと、楽しかったことなどを発表させる。

【ステップ2】代表委員会には、主に、各委員会の代表、高学年の学級代表、議題の提案者、必要に応じてクラブ代表が参加する。計画委員会は、代表委員会での話合いを円滑に進めるために、事前に話合い活動の計画・準備などを行う。

【ステップ2】代表委員会や委員会は、全校が楽しく生活できるよう、校内の仕事を分担したり、諸問題を解決したりする役割を担っていることを理解させる。主に高学年の子どもで構成されているものであるから、高学年の自主的な行動やリーダー性が重要であることを伝え、責任感をもたせる。

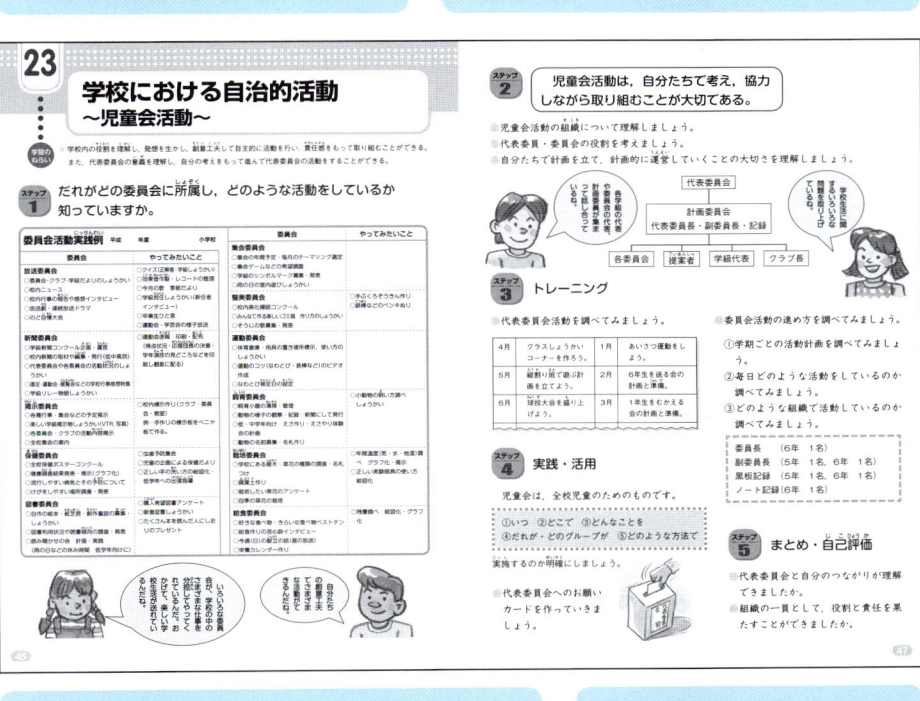

【ステップ3】
○各委員会の活動は、あらかじめ決まっている仕事や活動がある場合もあるが、自分たちで活動を工夫していくことが大切であることを伝える。

○以前にどのような活動が自分の委員会で行われていたか、先輩にインタビューしたり、記録で探したりしてもよい。

○どのような活動をしてほしいか全校にアンケートをとったり、いくつかの委員会が連携して取り組みを行ったりするとよいことを伝える。

〈連携した活動例〉
・保健委員会の休み時間のけがの起き方調べをもとに、運動委員会が遊具や道具の使い方についてのポスターを作成する。
・飼育委員会と掲示委員会で、飼育小屋のうさぎの絵コンクールを実施し、校内に掲示する。
・図書委員会が作成したお薦めの本紹介を、放送委員会がお昼の放送で流す。　など

【ステップ4】
議題箱を校内のいくつかの場所に設置し、いつでも全校児童が投稿できるようにする。設置する際には、どのようなことを書けばよいか全校に呼びかけたり、ポスターを掲示したりして、書く内容を全校に周知できるようにする。また、議題選定後は、書いてくれた子どもにどのように解決するか返信するなど、一人一人の思いや願いを大切にする。

【ステップ4】
児童会活動は、学校の全校児童で組織されているということをおさえる。そのため、代表委員会に学級代表が参加していない学年には、代表委員会の活動内容が伝わるようにしたり、その学年の子どもの意見も反映できるようにしたりする必要があることを理解させる。

【ステップ5】
年度末には、自分たちの委員会のその年の活動内容や反省などをまとめ、次年度以降の各委員会の活動の参考材料とする。

5・6・7年生

ねらい ▶▶▶ 学校内の役割を理解し、発想を生かし、創意工夫して自主的に活動を行い、責任感をもって取り組むことができる。また、代表委員会の意義を理解し、自分の考えをもって進んで代表委員会の活動をすることができる。

3時間扱い

① **ステップ1**【課題発見・把握】
●各委員会の活動内容をもとに、委員会の役割に気付かせる。
※各委員会の活動内容を発表し合い、各委員会が学校生活を支えていることに気付かせる。

① **ステップ2**【正しい知識・認識／価値／道徳的心情】
●児童会活動では、自分たちで考え、工夫して実践していくことが大切であることを理解させる。
※代表委員会や委員会の組織の位置付けや、学校生活における役割について考えさせる。
※代表委員会、委員会の役割を確認し、自分たちの活動が学校を支えていること、工夫によって学校生活をよりよくしていくことができることに気付かせる。

① **ステップ3**【スキルトレーニング／体験活動】
●代表委員会や委員会の仕事を、より自主的で工夫のある活動にさせる。
※代表委員会や委員会の年間計画や活動内容を調べることで、役割を確認し、工夫できるところを探させ、実践のめあてを立てる。

① **ステップ4**【日常実践／活用】
●自主的に活動したり、工夫したりしていくよさを確かめさせる。
※「ステップ3」で計画したことを、代表委員会や委員会活動で実践する。
※全校の児童の思いや願い、困っていることを募り、代表委員会で解決したり、委員会で取り上げたりし、全校のことを考えた活動を工夫させていく。

① **ステップ5**【まとめ／評価】
●学習の意義と成果を振り返らせる。
※自分の成長を振り返り、各委員会によかったことや楽しかったことを伝える。
※後輩によさを引き継ぐことも役割の一つであることを伝え、今後の活動への意欲をもたせる。

解説

★この単元では、自分たちが行っている委員会活動全体を見直し、全校児童が豊かな学校生活を送るために委員会活動があることを理解させ、自ら進んで活動できるようにしたい。

★学校生活を豊かにしたり、学校全体の諸問題を解決したりすることが、代表委員会の目的や活動内容であることを理解させ、代表としての自覚と責任をもたせるようにしたい。

★委員会活動は、授業時間で実施しない。全教員で担当の委員会を指導する。委員会活動で育成する力、本単元の実施時期、指導内容などを全教員が理解していなければならない。本単元の指導計画は、市民科全体計画とともに全職員に提示し、各担当から各委員会での具体的な指導計画(子どもの活動計画ではない)の提出を求めるなど、周知の方法を工夫する必要がある。

評価の観点

◆児童会活動では、自分たちで考え、工夫して実践していくことが大切であることが理解できたか。また、目的や活動内容・方法を理解できたか。

◆委員会や代表委員会で、全校のことを考えた活動や提案をして、実行することができたか。

●はねらい、※は学習活動・手だてを示す。

教科書 p.48〜49

自治的活動領域　●自治的活動能力

24　学校における自治的活動〜クラブ活動〜　学校における自治的活動の在り方

【ステップ1】
　自分の経験を振り返らせ，クラブ活動で楽しかったことやよかったことを発表させる。
〈クラブ活動の特質〉
・異学年で構成されている。
・同じ興味をもった子どもで構成されている。
・自分たちで活動を計画し，実践する活動である。

【ステップ2】
　自分の経験を振り返り，上級生にしてもらってうれしかったこと，下級生に進んでしたことなどを挙げさせる。
〈子どもの反応例〉
・片付けを6年生が手伝ってくれた。
・打席に入ったら，5年生が「がんばれ」と言ってくれて，やる気が出た。
・6年生の太鼓の打ち方が上手でかっこよかったので，まねしようと思った。
・4年生にシュートのコツを教えてあげたら，できるようになってうれしかった。

【ステップ3】
　自分たちの創意工夫を生かして活動を計画することができること，自分たちの手で活動を進めていくことを全員に意識させて，活動に参加させるようにする。

【ステップ3】
　活動計画を立てる際には，下学年の意見も聞くようにさせる。クラブ長は，毎時間のクラブ活動の前に，1時間の流れや内容について計画し，担当の先生に相談に行くようにさせる。

【ステップ3】
〈クラブ活動内でグループを作るときの留意点〉
・所属学年が必ず入る。
・正副クラブ長，記録係など役員が分かれて入る。
〈活動をする際の役割について〉
　審判，計時なども分担し，交替しながらどの子どもも役割をもって活動に参加させる。

【ステップ3】
○振り返りは，短い時間で行う。活動をより発展させるためにどうするか，自分の成長，仲間のよかった点などについて話をさせる。
○クラブ活動の成果や1年間の活動のまとめとして，全校を対象とした発表の場をつくるとよい。
・学校行事や全校集会の場で発表する。
・校内放送や展示で発表する。
・休み時間を使い，発表や実演を行う。
・3年生のクラブ見学の時間を活用し，実演する。　　など

＊地域の人や外部の大人を招くこともできる。

【ステップ5】
　自分の成長や課題に気付かせ，その後の活動に生かせるようにする。また，教師は，各自のカードに努力を認め励ますコメントやアドバイスを書き入れ，子どもの意欲を高める。

【ステップ5】
　各自の取り組みでよかったことやうまくいかなかったことを発表し合わせ，各自の今後の活動に生かしていけるようにする。

5・6・7年生

ねらい▶▶▶　自他のよさや可能性を認め合い，自主的・実践的に活動することができる。

3時間扱い

ステップ1　【課題発見・把握】
●今までの経験を振り返り，クラブ活動のよさに気付かせる。
※今までの経験を振り返り，クラブ活動と他の学習との違いを考えさせる。
・「異学年集団」「同じ興味をもった集団」「自分たちで計画を立てて活動する集団」の3点に気付かせる。

① **ステップ2　【正しい知識・認識／価値／道徳的心情】**
●クラブ活動は，異年齢の人たちが認め合い，高め合える学習であることを理解させる。
※クラブ活動は，異学年と交流し，自分と他者を認め合い，高め合うことが目的であることを理解させ，上級生として目的を達成できるものにする役割と責任があることを教える。

① **ステップ3　【スキルトレーニング／体験活動】**
●クラブ活動の運営の仕方を身に付けさせる。
※教科書の手順にそって，クラブ活動の運営の仕方を身に付けさせる。
※年間計画の作成の仕方，組織やグループのつくり方を理解し，クラブ運営を行わせる。

ステップ4　【日常実践／活用】
●「ステップ3」で学習したクラブ活動の運営方法を活用して実践させる。
※「クラブ活動カード・ノート」を作成し，計画，実施，振り返り，改善を繰り返し，よりよい活動をつくっていく。

① **ステップ5　【まとめ／評価】**
●学習の意義や成果を振り返らせる。
※自分の成長やよさに気付き，活動をより発展させていくよう意識を高める。

解説

★クラブ活動の目的や意義を子どもに理解させることがこの単元のねらいである。子ども一人一人にこの意義をきちんと指導したうえで，クラブ活動の運営を主体的に取り組ませるようにしたい。
★運営については，全員の意見が反映されるように工夫し，参加者全員が成就感をもてるようにさせる。
★異学年とのかかわり，自分のよさを伸ばすことを視点として活動させたい。
★クラブ活動は，委員会活動と違い，日常の活動を計画するのではなく，設定された1単位時間の運営を企画・運営していくかたちになるのが一般的である。そのため，本単元を5・6年生のいずれかの学年でのみ実施するとすれば，クラブ活動の企画・運営の中心になる6年生に設定する方がよい。
★クラブ活動は，全教員が分担している。各担当のかかわり，指導が重要になる。委員会活動と同様に指導計画の周知に工夫が必要である。

評価の観点

◆クラブ活動の目的を達成するために，活動を工夫していくことの大切さが理解できたか。
◆自主的，計画的にクラブ活動に取り組むことができているか。

●はねらい，※は学習活動・手だてを示す。

教科書 p.50～51　　　　　　　　　　　　　　　　　　　　　　　　　　　自治的活動領域　●自治的活動能力

25　学校における自治的活動～生徒会活動～　学校における自治的活動の在り方

【単元について】
7年生の委員会活動を決める前に実施したい。生徒会組織の全体像を理解させ，自分たちが担う仕事が学校全体の取り組みにつながっていることを理解させる。

【ステップ2】
生徒会組織図から，自分も生徒会の一員であることを意識させる。実際に活動するのは全員であり，各学級単位になる。全体の目標やきまりを意識することが必要であることを教える。

【ステップ3】
リーダーの条件を考えさせることで，組織運営に必要なことを理解させる。
　リーダーの仕事を理解することは，フォロワーとしての行動を理解することにつながる。
　生徒会の一員である自覚を高め，無関心者のいない話合いを展開する。
　リーダーに協力することの義務と責任にも気付かせる。

〈学級委員等の選出について〉
　委員会や学級委員の選出は，すぐには決まらないものである。
　周りの目を気にする年ごろである。様々な感情があり，立候補にためらってしまうことはよくある。
　授業時間を多く使えばよいというものではない。

【ステップ1】
○生徒会の仕組みを理解させる。
＊生徒手帳などにかかれている組織図と比較しながら確認させる。
＊生徒会役員を中心にして，そこから各委員会，部活動，委員会，学級につながっていることに気付かせ，一つの組織としてまとまっていく必要があることを教える。

○生徒会活動の年間活動計画から見通しをもたせる。
＊中学校で行われる行事を生徒会が運営していくことを教える。生徒会役員になる時期を教え，3年間の見通しをもたせることも大切である。

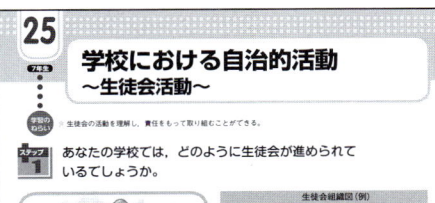

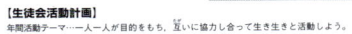

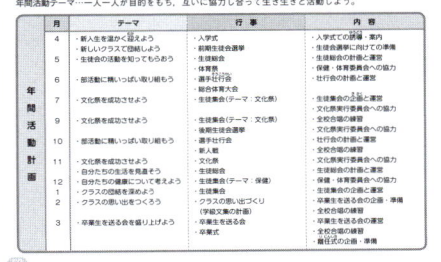

【年間活動計画】
年間活動計画を準備しておく必要がある。7年生のかかわり方についても説明できる表にしておくとさらによい。

【ステップ5】
自己評価のみならず，相互評価を取り入れ，頑張っている仲間や努力したことを認め合う態度もはぐくみたい。学期ごとに適宜評価を行うとよい。

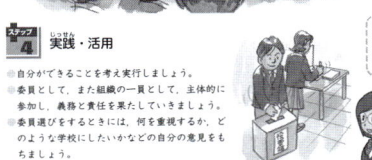

【ステップ4】
集団の一員としての役割に，責任をもって行動させる。
　学級の係についても，同様に実践させる。

5・6・7年生

ねらい▶▶▶ 生徒会の活動を理解し，責任をもって取り組むことができる。

3時間扱い

ステップ1　【課題発見・把握】
●生徒会の組織や仕組みを知り，参加するうえでの課題を把握させる。
※自校の生徒会活動の組織・仕組み，3年間の活動の概要を説明し，見通しをもたせる。

ステップ2　【正しい知識・認識／価値／道徳的心情】
●生徒会が組織として活動していることや，一人一人が生徒会の一員であることを認識させ，主体的に参加することが大切であることを理解させる。
※生徒会とは，生徒自身が，自分たちでよりよい学校にするために取り組む活動であるということを徹底して意識させる。

ステップ3　【スキルトレーニング／体験活動】
●自治的活動組織の運営に必要なリーダーシップや，フォロワーとしての責任を身に付けさせる。
※生徒会長や学級委員にふさわしい人の条件について考えさせる。
※リーダーの資質について話し合わせる。
※組織の一員として積極的に参加する意思を表す行動を考えさせる。

ステップ4　【日常実践／活用】
●学習したことを日常の実践で確かめさせる。
※「ステップ3」での学習をもとに，実際に生徒会長や学級委員を選ばせる。
※生徒会活動に積極的に参加する意思を行動で表す。

ステップ5　【まとめ／評価】
●学習の意義と成果を振り返らせる。
※生徒会や委員会・係活動の意義，および委員や係としての義務と責任について振り返る。

解説
★この単元は，7年生における初めての委員会選びや生徒会選挙に臨む時などに行うとよい。
★今まで行ってきた活動内容を繰り返すだけの生徒会活動ではなく，積極的な自治的活動を促すために，組織や活動内容の確認から学習を始める。
★生徒会本部役員である上級生に，生徒会活動の説明をさせることも効果的である。
★生徒会長，学級委員の選出について，「ステップ3」で扱うようにしている。選出にあたり，リーダーの条件を考えさせるとともに，選んだ責任としてしなければならないことに気付かせる。生徒会・学級委員だけでなく，どの集団活動でも同様であることを教える。

評価の観点
◆生徒会や委員会活動の意義，生徒会の一員としての参加の仕方が理解できたか。
◆委員（係）の役割に対し，責任をもって活動することができたか。

●はねらい，※は学習活動・手だてを示す。

123

教科書 p.52〜53

自治的活動領域　●自治的活動能力

26　地域における自治的活動　地域における自治的活動の理解

【ステップ1】
　地域の活動に参加する際の意識を振り返らせたい。
　参加したことがある地域の行事や奉仕活動などについて，参加する時の気持ちや自分の行動について，事前にアンケート調査を実施しておくのもよい。
　7年生の発達段階では，自分の気持ちや行動を振り返り，全体の前で発表することには抵抗があることが考えられる。
　アンケート調査の結果を表やグラフにまとめ，学級全体の傾向として課題を把握させる。それを分析させることが，自分の振り返りにつながる。

【ステップ2】
　地域の人々の活動が，生活を支えていることを理解させる。
＊地域の活動は，町をよくするという願いで行われている。つまり，地域の生活を支えていることになる。
＊地域のための活動に協力することは，そこで生活する者にとって当然のことである。

【ステップ3】
　地域の活動に込められた思いや願いに触れることで，地域の一員として積極的に参加・協力しようとする態度を育てる。

【ステップ2】
　わたしたちは，地域から多くのことを学んでいる。教材として地域で学習したこと，体験の場として学習したこと，地域の人から学んだことを思い出させる。

【ステップ4】
　「ステップ3」で調べるときに，長期休業中に行われる活動なども調べておくとよい。

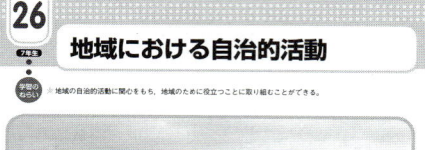

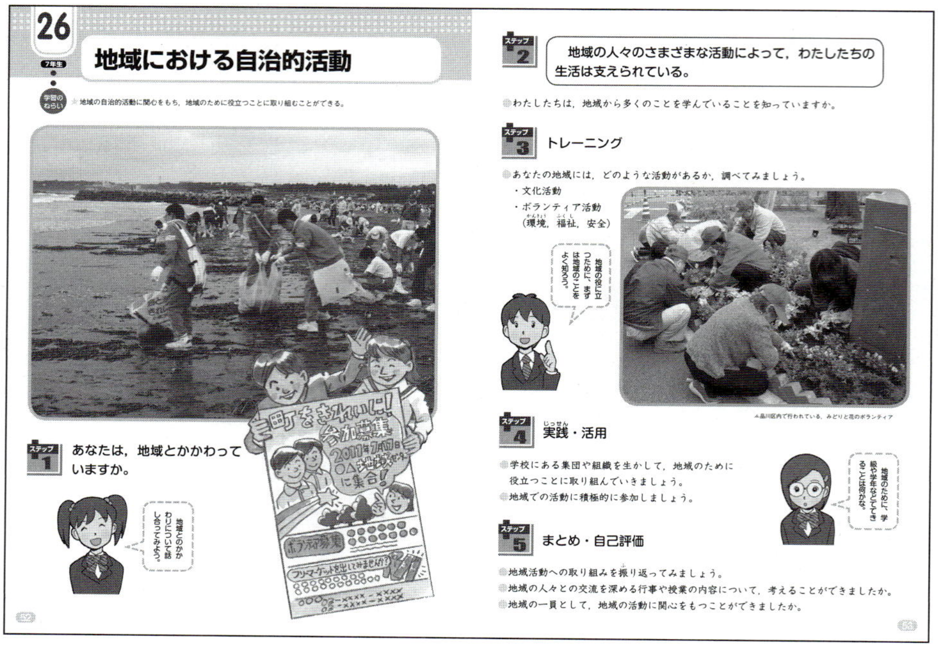

【ステップ5】
　地域の一員という自覚を，どのような場面でどのように意識するようになったか，具体的に評価させる。今後も継続して地域の活動に取り組めるよう実践計画を立てさせたい。

【ステップ4】
　地域の行事や活動に参加するだけではなく，地域のために役立つことに取り組むことも，日常実践の活動としている。
　本単元は自治的活動能力で設定していることからも分かるとおり，「ステップ4」の文には，「学校にある集団や組織を生かして」とある。
　学校によっては，地域の運動会の運営スタッフとして，部活動単位で参加しているところもある。単元の学習は学級単位で行うが，日常実践の集団が異なることも考えられる。
　日常実践の場面も具体的に想定して計画することで，より効果をあげることができる。

5・6・7年生

ねらい▶▶▶ 地域の自治的活動に関心をもち，地域のために役立つことに取り組むことができる。

4時間扱い

ステップ1【課題発見・把握】
●地域と自分とのかかわりについて課題を把握させる。
※地域の活動への参加について，心情と行動を振り返らせる。

ステップ2【正しい知識・認識／価値／道徳的心情】
①●地域の人々の様々な活動によって，地域の生活が支えられていることを理解させる。
※地域の活動がよりよい町にするという願いで行われており，一人一人の奉仕的な活動によって行われていることを教える。
※地域から多くのことを学んできたことを思い出させる。

ステップ3【スキルトレーニング／体験活動】
②●地域にある文化活動やボランティア活動を調べ，地域の自治的活動に積極的にかかわろうとする態度を身に付けさせる。
※個人で，小グループで，学級や学年でなど，様々な単位で取り組むことができる地域の活動を整理させる。

ステップ4【日常実践／活用】
●自分が地域の一員であることを認識して，自分ができる内容に挑戦しようとする意欲をもたせる。
※学校における集団や組織を生かし，地域のために役立つことに取り組ませる。

ステップ5【まとめ／評価】
①●学習の意義と成果を振り返らせる。
※地域の活動への理解，地域の一員であるという自覚，地域の活動に参加する意欲と実践について振り返り，変容を確かめさせる。

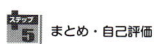

解説
★自分と地域とのかかわりを振り返り，地域の一員として生活する態度を育てる単元である。地域とのかかわりについては，子どもによって個人差が大きい。今まで知られていなかった，子どもたちの地域における活動を紹介できる場面を設定したい。
★地域センターや児童センターは，地域における中学生の活動を積極的に受け入れている。学校も地域の学校であることを念頭に置き，地域との連携を推進することが大切である。
★市民科学習の単元には，地域の活動を題材とした単元が多く設定されている。同地域の学校それぞれが独自に地域に協力を依頼すると，地域に多大な負担を強いることになってしまう可能性がある。複数の指導項目を統合した単元とすることも考慮し，同地域の学校で調整して，各地域の実態に合った年間計画を作成する必要がある。

評価の観点
◆地域の活動の目的や方法が理解できたか。
◆地域の一員として，地域の活動に参加しようという意欲をもち，活動することができているか。

●はねらい，※は学習活動・手だてを示す。

教科書 p.54～55　　　　　　　　　　　　　　　　　　　　自治的活動領域　●道徳実践能力

27　節度ある行動　場や状況に応じた寛容さと節度ある行動の仕方

【ステップ1】
自分の規範意識について振り返らせ，課題を把握させる。

発問例：
「どうしてルールを守ることができないのでしょうか。その時はどんな気持ちでやってしまっているのでしょう。」

イラストから気付かせたい点：
①駐車禁止の場所に自転車を止めている。
②図書館などの公共施設でうるさくするなど，周りに迷惑をかけている。
③複数で自転車に乗っていて，横並びで走行したり，スピードを出したり，周りを見ていない。
④車が来ないからといって，信号を無視している。

それぞれ，その時の状況や，してしまった原因について考えさせる。

ふだんの生活の中での自分の行動を思い出し，同じようなことはないか振り返るようにさせる。

【ステップ2】
周囲の状況や他人の誘いなど，自分の判断に影響を与えることは様々だが，最終的に判断して行動するのは自分である。人のせいにはできないことを教える。

【ステップ2】
ルールやマナーはなぜ守らなければいけないか，ルールやマナーを守る意味について考えさせる。
周りに流されず，適切な判断で行動することの大切さについて教える。

【ステップ3】
イラストから気付かせたい点・対処方法：
①休み時間が終わっても，遊びをやめられない。
→時間を守って，途中でも遊びをやめ，教室へ戻る。

②朝会や集会などで話を聞いている時に，おしゃべりをしている。
→誰かに話しかけられても，きちんと断り，話に応じない。

③友達や知り合いに飲酒を勧められる。
→未成年は体への影響が強く，害があるため，法律で禁じられている。きちんと断り，相手にも飲ませない。

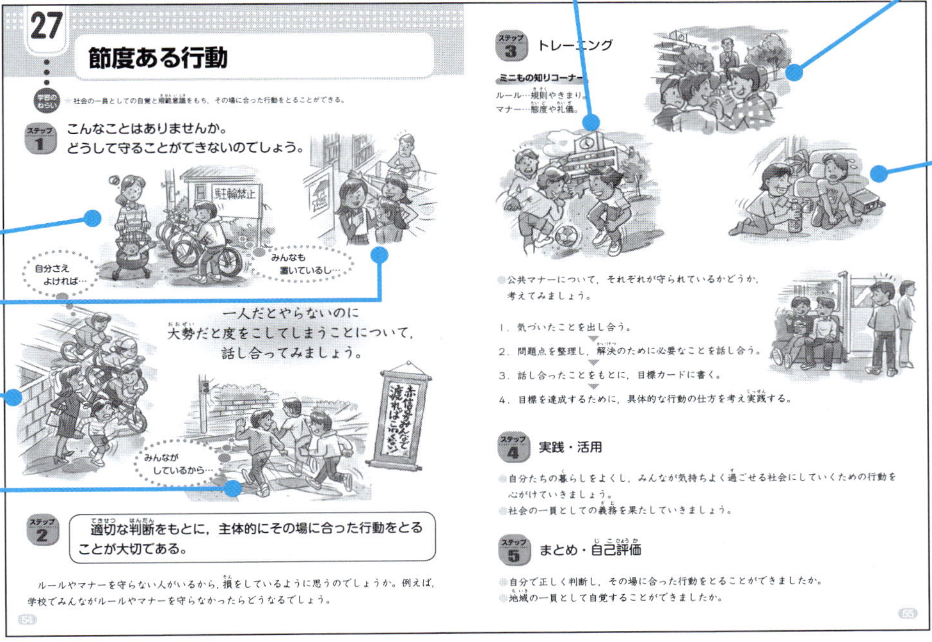

どのような公共マナーがあるか，気付いたことを出し合い，その中で守られていないマナーなど問題点を話し合う。

予想される反応：
・電車やバスなどの公共の乗り物内での飲食や携帯電話の使用
・禁煙場所での喫煙や吸い殻のポイ捨て
・優先席の使い方

日常で実践していくことを具体的な場面を想定して，めあてを立てさせる。

【ステップ4・5】
日常で意識して判断・行動をさせる。自分の行動を規制するめあてのために，本人以外による評価がしにくい。定期的に振り返りを書かせるなど，自己評価をさせていく。

5・6・7年生

ねらい▶▶▶ 社会の一員としての自覚と規範意識をもち，その場に合った行動をとることができる。

4時間扱い

ステップ1　【課題発見・把握】
●自分の規範意識について課題をもたせる。
※イラストを参考に，自分の判断と行動を振り返らせる。
※大勢でいる時に，ついやってしまった経験などを振り返り，その原因について考えさせる。

① **ステップ2　【正しい知識・認識／価値／道徳的心情】**
●自分の責任で判断し，その場に合った行動をとることが大切であることを理解させる。
※他人の意見に惑わされない強い意志をもつことの大切さを教える。
※他人が何と言おうと，最終的に判断するのは自分である。責任は自分にある。

② **ステップ3　【スキルトレーニング／体験活動】**
●正しい行動の仕方を身に付けさせる。
※教科書の事例に対する対処方法を考えさせる。
※具体的な場面を想定し，自分の行動のめあてをもたせる。

ステップ4　【日常実践／活用】
●日常で実践させ，自分の判断や行動を確かめさせる。
※お互いが気持ちよく過ごせるためにはどのようにすればよいのかを考え，社会の一員としての自覚をもって生活するようにさせる。

① **ステップ5　【まとめ／評価】**
●学習の意義と成果を振り返らせる。
※お互いが気持ちよく生活することの大切さ，間違った行動をとるように誘われたときの対処方法，善悪に対する適切な判断，場面に応じた自分なりの対処方法などについて振り返らせる。

解説
★「ステップ3」で取り上げられている事例は，「頭では分かっていても，つい…」という，日常生活にありがちなことばかりである。特に大勢になると，よくないことだと分かっていても，周りに流されてしまうことが多い。この単元では，適切な判断基準を確立し，そのような場面での対処方法を理解させることにより，正しい行動ができるようにさせていくことが重要である。

評価の観点
◆自分の責任で判断し，行動することの大切さを理解することができたか。
◆場面に応じた適切な行動をとることができたか。

板書例
（ステップ1・2）

節度ある行動	
こんなことはありませんか？	自分の生活を振り返ろう
・駐車禁止の場所に自転車を止める	ついやってしまった経験　→　原因
・公共の場所でうるさくする	・　　　　　　　　　・
・複数で自転車に乗り，スピードを出したり，横並びで走ったりする	・　　　　　　　　　・
・信号無視をする	
（イラストより）	

●はねらい，※は学習活動・手だてを示す。

教科書 p.56〜57　　　　　　　　　　　　　　　　　　　　　　　自治的活動領域　●道徳実践能力

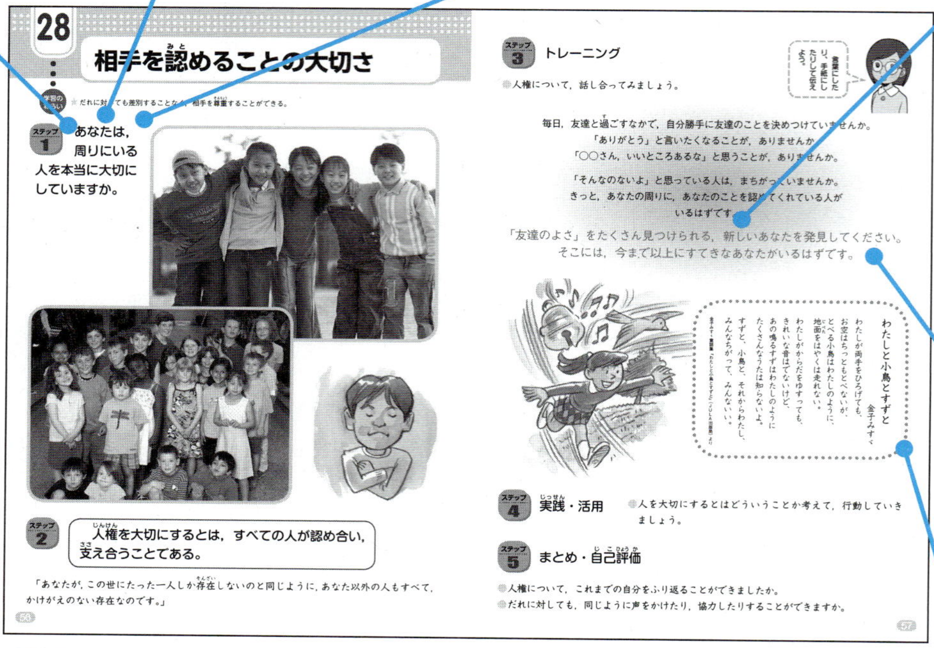

28　相手を認めることの大切さ　人間尊重と正しい人権感覚

「人を本当に大切にするとは，どういうことだと思いますか。」
・認め合うこと，助け合うこと，支え合うこと。
・心からその人のことを思うこと。
　認め合うこと，助け合うこと，支え合うこと，の3文を板書し，相手を認めることの意味を焦点化する。

「あなたの身の回りには，どんな人がいますか。」
・保護者，友達，教師，地域の人（写真を参考に視野を広げさせる。）
・外国の人，お年寄り，幼児，男子，女子
・障害のある方

「自分勝手に，友達のことを決め付けてしまった経験はありませんか。」
・わたしのことを嫌っていると決め付けてしまった。
・遊んでばかりいる人と決め付けてしまった。

「勝手にこうだと決め付けてしまった人々は，よくない人なのでしょうか。」
　よくない面だけが強調されたり，目立ってしまったりする傾向がある。人は，よくない一面ももっているが，必ずよさをもっていることをとらえさせる。

「相手と認め合ったり，助け合ったり，励まし合ったりした経験はありますか。」
・組体操の時，友達と励まし合った。
・友達と協力して，移動教室を成功させた。うれしかった。

　ワークシートに，友達のよさをできるだけ多く記入させる。
　かかわりの多い友達ばかりでなく，他の友達にも目を向けさせる。

「友達以外で，本当に大切にした経験はありませんか。」
・電車の中で，お年寄りが立っていた。恥ずかしかったけど，つらそうだったので，席を譲ってあげた。喜んでくれてよかった。
・幼稚園児が転んだ時，とても痛そうだったので，起こしてあげた。泣きやんでくれてほっとした。

　その時の気持ちを必ず聞き，今後の意欲付けをする。

　友達ばかりでなく，身の回りにいる様々な人たちのよさにも目を向けさせる。
　多く人のよさを見付けられる自分。そんな自分の優しい心にも気付かせる。

「『わたしと小鳥とすずと』を読んで，どんなことを感じたでしょう。」
　誰もがみな，よさをもっている。自分も含め，誰もが大切にされ，尊敬される存在であることに気付かせる。

【ステップ1】
　ワークシートに記入させる際には，書く時間をしっかり確保し，自分の経験をより深く見つめ直させる。
【ステップ5】
　わけへだてない対応や協力の経験について，ワークシートや作文で振り返りをさせる。

【ステップ4】
　朝の会や帰りの会で，認め合い，助け合い，支え合いといった観点で，友達のよかったところを発表させたり，ニュースを見て感動したことなどを知らせ合ったりすることで，相手を大切にすることの実践化を図る。

ねらい▶▶▶ だれに対しても差別することなく，相手を尊重することができる。

4時間扱い

ステップ1　【課題発見・把握】
●周囲の人たちに対する自分の態度や言動について，課題を把握させる。
※人を大切にしているかどうかの判断基準を，認め合い，助け合い，支え合いができているかどうかとし，今までの生活を振り返らせる。

① **ステップ2**　【正しい知識・認識／価値／道徳的心情】
●人権を大切にするとは，すべての人が認め合い，支え合うことであるということを理解させる。
※誰もがこの世の中でかけがえのない存在であることを教える。

ステップ3　【スキルトレーニング／体験活動】
② ●相手を尊重する態度を育てるために，友達のよさの見付け方や考え方を身に付けさせる。
※教科書をもとに，人権について話し合わせる。

ステップ4　【日常実践／活用】
●生活の中で，周りにいるすべての人を大切にする態度，行動を実践させる。
※帰りの会などで，認め合い，助け合い，支え合いという観点で，気付いたことを発表させる。

ステップ5　【まとめ／評価】
① ●学習の意義と成果を振り返らせる。
※「ステップ1」で把握した自分の課題について変容を振り返らせ，実践したよさや，さらに気を付けていきたいことを考えさせる。

解説
★相手を本当に大切に思って行動してきたかどうか，これまでの自分の行動を振り返らせる。一人一人にじっくりと振り返らせることを通して，相手を尊重した言葉や態度を身に付けさせる。日常実践の中で，今の行動が，本当に相手を大切に思ってした行動かどうかを常に振り返らせ，学習の定着を図ることが重要である。

評価の観点
◆相手を尊重することの大切さを理解できたか。
◆誰に対しても同じように声をかけたり，協力したりすることができているか。

板書例
（ステップ1・2）

相手を認めることの大切さ
あなたは周りにいる人を本当に大切にしていますか
・保護者，友達，先生，地域の人，外国の人，お年寄り，女子，障害のある方，幼児，男子
認め合うこと　助け合うこと　支え合うこと
人権を大切にするとは，すべての人が認め合い，支え合うことである。
多く人のよさを見つけられる自分もすばらしい。

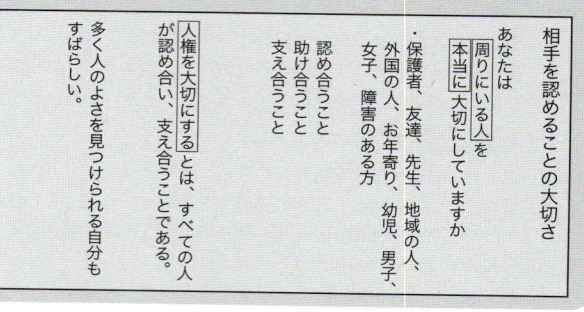

教科書 p.58

自治的活動領域　●道徳実践能力

29　正しい行動をする意志と勇気　非行防止

【ステップ1】
　少年犯罪の現状を把握させ，学習の必要性をもたせる。また，自己の課題を把握させる。
〈記事より〉
　法改正を招くほどの万引きの増加の現状を把握させる。
〈グラフより〉
　初発型非行の件数は減少しているが，少年総数に占める割合は減少していない。
＊平成22年より，万引きの調書作成が簡易化された。今までは，万引き犯を捕まえても，調書を作成するために，店の人が警察署に出向く必要があった。店をあけられないという理由で，泣き寝入りしていた状況があった。対応策として，現場に行った警察官がその場で調書を作成できるようにした。平成22年度の検挙数は，さらに増加が予想されている。
　なぜこのような現状になってしまっているのか，問題点は何か話し合わせる。また，自分の考え，規範意識について振り返らせる。

○ハインリッヒの法則〔1：29：300〕
　1つの重大な事故の背景には，29の軽微な事故と300の無傷事故がある。ふだんからの「ヒヤリ，ハッと」が起こる不安全状態を見逃すなという労働災害における統計上の法則。法則を導き出した技師の名前をつけて呼ばれている。よく犯罪の未然防止にもあてはめて表現される。小さなルール違反を見逃しているうちに，大きな犯罪行為・非行に陥ることにもなりかねない。

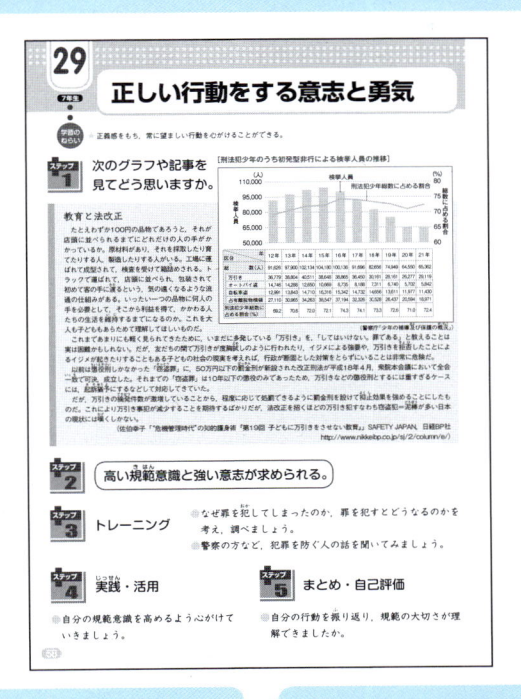

〈初発型非行〉
　占有離脱物横領ならびに窃盗のうち万引き，自転車盗およびオートバイ盗をいう。
＊占有離脱物横領
　遺失物・漂流物など，占有を離れた他人のものを横領すること。
＊窃盗
　他人の財物を盗むことにより成立する罪。

【ステップ2】
　「ステップ1」の話合いをもとに，規範意識をもつ必要性に気付かせる。また，犯罪は許されないということを教える。

【ステップ3】
　学級全体に，高い規範意識と遵守する強い意志を身に付けさせる。
＊警察の方をゲストティーチャーとして招き，話をしていただく。所管の警察署少年係に連絡する。被害・加害の両方を知っている方に話をしてもらうことが効果的である。

【ステップ4】
　日常でルールを守る規範意識を身に付けさせる。
　学校のルール，マナーでも，根底にある規範意識は同じである。ルールは守るという価値観を徹底させる。

【ステップ5】
　自分の規範意識について改めて考えさせる。
　「正しい行動をする意志と勇気」をテーマに，学んだことを文章にまとめさせる。

5・6・7年生

ねらい▶▶▶ 正義感をもち，常に望ましい行動を心がけることができる。

4時間扱い

① ステップ1　【課題発見・把握】
●学習する必要性を感じさせるとともに，自らの課題を把握させる。
※グラフや記事等から，中高生の規範意識の低下という実態に気付かせる。
※少年犯罪の内容の推移や，万引きを悪いと感じる意識の低下についてどう思うか，自分の考えをもたせる。
※周囲の雰囲気に流されて，誤った行動をとることがなかったかを振り返らせる。

ステップ2　【正しい知識・認識／価値／道徳的心情】
●正しいことをしようとする気持ち（高い規範意識と強い意志）をもつことの大切さを認識させる。
※なぜ犯罪に及ぶのか，その行為をさせる心，背景にも考えを深めさせる。万引きが店に与える損害の実態を，品物の利益率と比較して知ることにより，犯罪のもたらす影響を知るなど，扱いを工夫する。

② ステップ3　【スキルトレーニング／体験活動】
●学級全体に，高い規範意識と遵守する強い意志を身に付けさせる。
※警察の方をゲストティーチャーとして招き，罪を犯すとどうなるか，犯罪を防ぐために身に付ける規範意識について教わる。

ステップ4　【日常実践／活用】
●日常で実践させ，自分の判断や行動を確かめさせる。
※多くの子どもたちが犯罪にかかわることは想定しづらい。ルール・マナーについても同様に正しい判断が必要であり，根底にあるものは同じであることをおさえておく。

① ステップ5　【まとめ／評価】
●学習の意義と成果を振り返らせる。
※単元名「正しい行動をする意志と勇気」をテーマに，学んだことを文章にまとめさせる。

解説
★非行防止に関する単元である。7年生の時点で，過去に犯罪にあたることを経験した子どもも，学級の中にいる可能性がある。記事を読ませる時には，十分な配慮が必要である。気楽に経験談が話せたり，経験を容認したりする雰囲気があると，学級全体の規範意識を低下させかねない。遊び半分で簡単に善悪の境を越えてしまうことのないように，各自の中にしっかりとした規範意識を育てるようにする。

評価の観点
◆規範意識をもつことの大切さを理解できたか。
◆学校や社会のきまりやルールを守ることができているか。

参考情報
○警察庁ホームページ　統計
「平成21年中における少年の補導及び保護の概況」
http://www.npa.go.jp/safetylife/syonen/hodouhogo_gaiyou_H21.pdf

●はねらい，※は学習活動・手だてを示す。

教科書 p.59　　　　　　　　　　　　　　　　　　　　　　　　　自治的活動領域　●道徳実践能力

30　正しい人権感覚　人間尊重と正しい人権感覚

【関連単元】
〈5〜7年〉
「9　人権問題について考えよう」
「28　相手を認めることの大切さ」

〈8・9年〉
「3　人権についての理解」

【ステップ1】
★どんなことが「身近な人権問題」になるのか考えさせる。
・呼び方，呼び名
・暴力，暴言
・絵，イラスト化
・個人情報の無断公開
・その他

〈参考〉
「人権課題」
・女性　　・子ども
・高齢者　・障害者
・同和問題
・アイヌの人々
・外国人
・HIV感染者等
・犯罪被害者やその家族
・その他の人権問題
＊人権教育プログラムや「みんなの人権」を参照。

「自分と同じように，他人も大切である」という大原則。他人を大切にしていない人は，自分を本当に大切にしていない。

【ステップ1】
「いじめ」のどんなところが人権にかかわるのか考えさせる。
「人権侵害」「人権無視」とは。

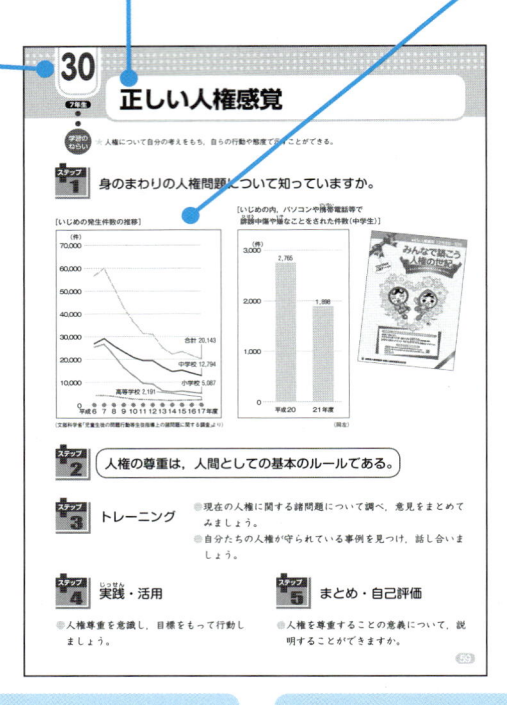

【ステップ2】
★人権問題が起こる底流にあるものとは何かを考えさせる。
・自分と人を比べることから始まる。
・自分と違う他者を認められるか。人間は一人一人違う，違ってあたりまえという人間観をもてるか。
・劣等感と優越感
・嫉妬
・自己肯定感の低下（今の自分はこれでいいと思う，自分を大切だと思う，自分にはこれができるという自信）
・受容感の低下（周りから認められている感覚，これでいいと受け入れられている感覚，ここにいていい，自分の居場所が確立している感覚）
・幸福感の薄さ
・これまで受けてきた愛情の希薄化

人権問題が起こってしまう心の問題は，このように様々考えられるが，最終的には「ダメなものはダメ！」という強い心を自分がもたなければならないことを教える。

【ステップ4】
★人権標語・人権ポスターを作成してもよい。
＊人権のひろば：12月の人権週間にあわせて実施している。例年，作品の提出は10月末ごろである。

【ステップ5】
単元を通して知った，人権に関する知識，思いやりの気持ちをもって人と接することなどを振り返らせ，自分の人権感覚を確かめさせる。

ねらい▶▶▶　人権について自分の考えをもち，自らの行動や態度で示すことができる。

4時間扱い

ステップ1　【課題発見・把握】
●人権問題の存在を認識させ，自分の人権感覚を振り返らせる。
※いじめの件数の減少と，現在のいじめ問題の深刻化について考えさせる。
※いじめ以外の人権問題について，知っていることをあげさせる。

① ステップ2　【正しい知識・認識／価値／道徳的心情】
●人権を尊重することは，人間として遵守すべき基本的なルールであるということを理解させる。
※人権は遵守すべきであることを教える。

ステップ3　【スキルトレーニング／体験活動】
●人権問題について調べたりまとめたりする学習を通して，人権に対する正しい考え方を身に付けさせる。
※現在の人権に対する諸問題を調べ，意見をまとめさせる。
② ※人権に対する自分の考えや，自分自身の人権について，文章にまとめさせる。

ステップ4　【日常実践／活用】
●日常生活で人権を尊重することを意識しながら生活させる。
※自分の今までの行動で，改めたい部分を確認し，日常の生活の中で正すようにさせる。

ステップ5　【まとめ／評価】
● これまでの自分の行動を振り返り，自己の課題をとらえさせる。
① ※「ステップ4」の取り組みの成果を振り返らせ，今後の課題解決のための目標を考えさせる。

解説
★人権という言葉は当然のように使われているが，全員がその意味を本当に理解し，周囲に思いやりの気持ちをもって生活しているかは疑問である。小学生の時から学んできたことを，7年生で改めて考えさせたい。

★品川区では毎年，小・中学生を対象とした人権ポスター，人権標語を募集している。この単元で学習したことをもとに取り組ませてもよい。

★この学習をきっかけにして，学年で弁論大会に取り組むなど，学年や学校の状況に応じて工夫・発展させていく。

評価の観点
◆人権に対する正しい知識と自分の考えをもつことができたか。
◆身の回りの人に対して，思いやりの気持ちをもって生活することができているか。

参考情報
○「心のノート」（中学校版）
「『思いやり』って…なんだろう？」（p.48-51）
「いろいろな立場があり考えがある」（p.60-63）
「かみしめたい　人間として生きるすばらしさ」（p.80-83）
「この学級に正義があるか！」（p.100-103）
「自分をまるごと好きになる」（p.34-37）
○「人権教育プログラム（学校教育編）」（東京都教育委員会）
○「みんなの人権」（東京都総務局）

●はねらい，※は学習活動・手だてを示す。

教科書 p.60〜61　　　　　　　　　　　　　　　　　　　　　　　自治的活動領域　●社会的判断・行動能力

31 自分の行動　生活していく上での理想と現実

【単元について】
　弱い心にうちかつことは、自分を高めることにつながる。しかし、本単元は社会的判断・行動能力での設定である。集団生活における判断と行動ということを念頭に置いた指導をする。

座右の銘＝自分の行動指針となるキーワードをもつことが、心の弱さに負けそうになったときに思いとどまることにつながることを教える。
教師の経験と座右の銘を話せるとよい。

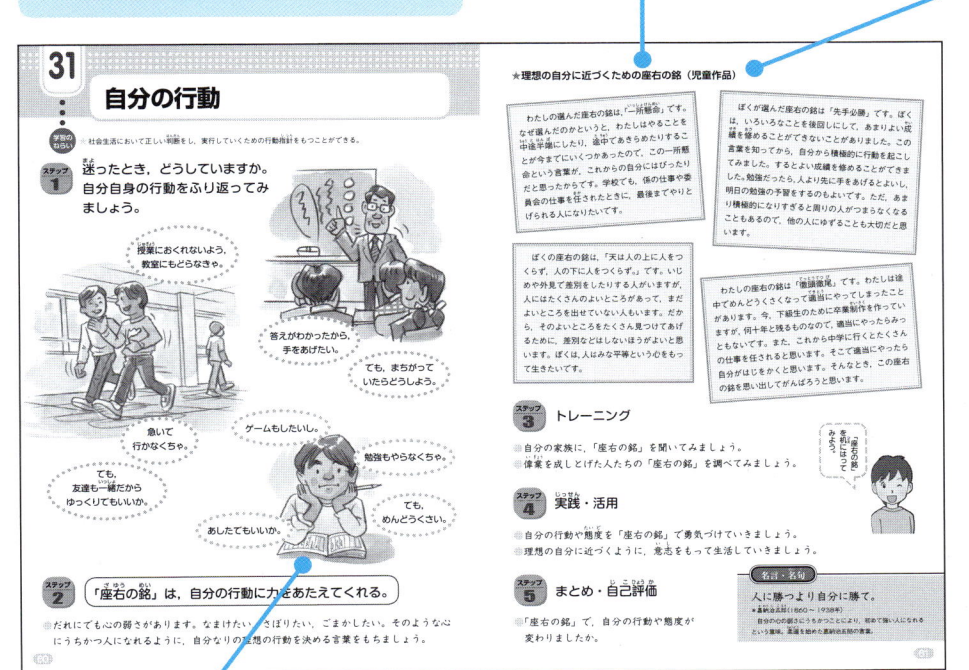

「座右の銘」意味：
「一所懸命」…
命がけで物事をすること。また、そのさま。必死。一生懸命。

「先手必勝」…
勝負事で、先手をとれば必ず勝てる状況であること。

「天は人の上に人をつくらず、人の下に人をつくらず」…
人は生まれながらに差別はなく、みな平等である。

「徹頭徹尾」…
最初から最後まで一貫するさま。完全に。

【ステップ1】
　教科書のイラストをもとに自分の行動を振り返り、同じようなことはなかったか思い出させる。
・授業や勉強
・クラブ活動や委員会活動
・友達関係　など

　様々な葛藤があることや、理想どおりにいかない現実があることに気付かせる。
「見付からなければ」
「自分だけなら」
「ほかの人も…」
「誰かが代わりに」
といったことをキーワードに振り返らせる。
　社会的な行動に目を向けさせるようにする。

【ステップ2】
　自分の心の弱さと、それを乗り越えた経験について考えさせる。

自分を高めるためという自己修養能力と混同しやすいが、ここでは、決められたことをやるかやらないかという社会的な判断として考えさせる。

【ステップ4・5】
　自分の「座右の銘」をもつことで、心の弱さに負けそうになったとき行動指針とし、正しい行動ができたことを振り返らせる。

【ステップ3】
　自分の目標や理想の行動を考え、それに合った「座右の銘」を調べさせる。
　また、その「座右の銘」をふだんの行動に照らし合わせて、こんなときはこうするなどの具体的な場面における目標となるようにさせる。

5・6・7年生

ねらい ▶▶▶ 社会生活において正しい判断をし、実行していくための行動指針をもつことができる。

4時間扱い

ステップ1【課題発見・把握】
① ●イラストをもとに、生活の中での様々な問題に対する葛藤や、理想どおりにはいかない実態があることに気付かせる。
　※生活を振り返ることで思い出させる。

ステップ2【正しい知識・認識／価値／道徳的心情】
① ●行動指針をもち、自分の弱い心にうちかつようにしていく大切さを理解させる。
　※児童作品を参考にしながら、心の弱さを乗り越えた経験について考えさせる。
　※自分の心の弱さを乗り越えるためには、自分なりの理想の行動を決める言葉、目標となるキーワードをもつことが有効であるということを理解させる。

ステップ3【スキルトレーニング／体験活動】
① ●心の弱さを乗り越えるための考え方を身に付けさせる。
　※家族や身の回りの人に「座右の銘」についてインタビューしたり、偉業をなし遂げた人々の「座右の銘」を調べたりする。
　●「ステップ2」を参考に、自分の「座右の銘」を考えさせ、作文に書かせる。
　また、具体的な場面における行動を考えさせる。

ステップ4【日常実践／活用】
●日常生活で「座右の銘」を行動指針として生活させる。
　※生活していくうえで、「見付からないだろう」「さぼりたい」「ごまかしたい」などといった心の弱さが出たときに、「座右の銘」で自分を勇気付けるよう実践させる。

ステップ5【まとめ／評価】
① ●学習の意義と成果を振り返らせる。
　※共感できる「座右の銘」の発見、自分の「座右の銘」の決定、困難時の「座右の銘」の活用による克服ができたか。

解説
★自分たちが生活していくうえで、こうすればよいという理想はあっても、弱い心のままに行動してしまうことは誰しも経験することである。「怠けたい」「さぼりたい」「ごまかしたい」などといった弱い気持ちになったときに、「座右の銘」が正しい行動の指針となるようにさせたい。

★多くの人の「座右の銘」を参考にして調べさせ、共感させることで、自分の「座右の銘」をもち、困難な場面でそれが思い出せるようにさせることが大切である。

評価の観点
◆自分の弱い心にうちかつために、行動指針をもつことの大切さを理解できたか。
◆正しい行動の指針をもち、課題を克服するために行動できているか。

参考情報
【「座右の銘」参考本】
○「座右の銘―意義ある人生のために」（里文出版）
○「『座右の銘』が必ず見つかる寺子屋の人生451」（小学館）
○「17人の座右の銘」（きこ書房）

●はねらい、※は学習活動・手だてを示す。

教科書 p.62〜63　　自治的活動領域　●社会的判断・行動能力

32　差別や偏見をなくそう　自他の違いによる差別や偏見の解消

【ステップ1】
イラストをもとに、差別や偏見について、自分の考え方を認識させる。

「どんな悪口を言ってしまいそうですか。」
自分のこととして発表できない様子であれば、
「どんな悪口が聞こえてきそうですか。」

「一方的な好き嫌いの感情だけで、態度を変えてしまうこと、差別してしまうことはありませんか。」

「偏見」や「差別」から、「いじめ」や「仲間はずれ」につながっていく様子を理解させる。

〈展開例〉
「差別」と「区別」の違いを考えさせる。
・男女の区別
（参考）
社会において合理性を認識した場合は「区別」、非合理性を認識した場合は「差別」としてとらえる。
しかし、何を合理性、非合理性かの判断が残るため、厳密に差別と区別の違いを言い表すことはできない。

この2つの例のほかにも、
・ピンク色の好きな男の子
・男子に一人混じって遊ぶ女の子
など、好みに関して「男なのに」「女なのに」という例をいくつか出すと、偏見であることに気付きやすい。

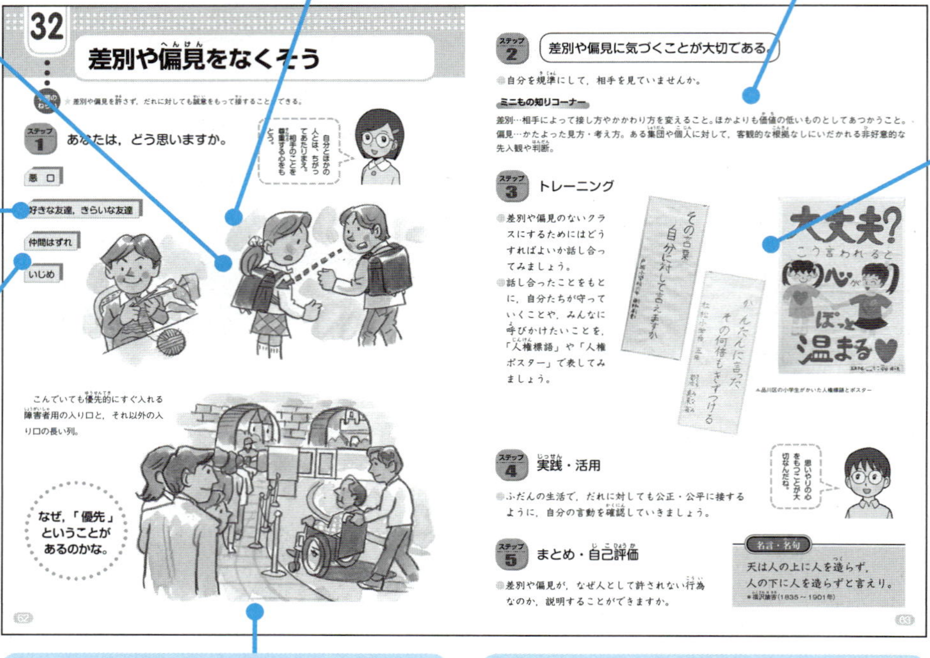

・なぜ、「優先」があるのか考えさせるようにする。
自分とは違う姿の人たちと接するときの、自分の心の声に注目させる。

【ステップ2】
・ミニもの知りコーナーを読み、「差別」や「偏見」に対する正しい理解を深める。
・「人権尊重都市品川宣言」「日本国憲法」「世界人権宣言」を読み、差別や偏見について書かれていることを教える。

【ステップ4・5】
自分の言動に気を配りながら生活させる。振り返りでは、自分の考え方や意識の変容を確かめ、継続する意欲を高める。

【ステップ3】
「これは差別かな」と感じたことについて話し合わせる。なぜ差別と感じたのか、その理由について考えさせ、発表させる。差別や偏見のない学級をつくるためにすべきことを話し合わせる。

〈標語・ポスターの留意点〉
・人権尊重の意義にそった分かりやすい内容にさせる。
・作品中の言葉やイラストで、鑑賞者を不快な思いにさせたり、差別やいじめ等を助長したりするおそれがないか確認する。
・作品は、掲示するなどして、みんなの（多くの）作品が見られるようにする。
〈しながわ人権のひろば〉
12月の人権週間に開催。作品は10月末ごろ提出になっている。

【ステップ4】
・テレビや新聞記事からの話題は、取り上げて全体で考えていくと、意識し続けることができる。

5・6・7年生

5時間扱い

ねらい▶▶▶ 差別や偏見を許さず、だれに対しても誠意をもって接することができる。

ステップ1　【課題発見・把握】
① ●「差別」や「偏見」の目で人を見ていることがないか、自分の考え方の課題に気付かせる。
※イラストを参考に、自分たちの差別や偏見に対する意識について振り返る。

ステップ2　【正しい知識・認識／価値／道徳的心情】
① ●差別や偏見をなくすには、まずそのことに気付く敏感な心が必要であることを理解させる。
※差別や偏見は、自分の偏った価値観を規準に相手を見るときに生じるものであることを教える。また、相手がどう感じるかに規準を置いて考える習慣を身に付けることが大切であることを理解させる。

ステップ3　【スキルトレーニング／体験活動】
② ●身の回りにある差別や偏見に気付き、それらを解決する力を身に付けさせる。
※「差別」や「偏見」に対する自分の考えを、人権ポスターや人権標語に表す。

ステップ4　【日常実践／活用】
●「差別」や「偏見」なく公平・公正な態度で人に接するように、自分の言動を確かめながら生活させる。
※標語やポスターに表現したことを意識して生活させる。
※日常の生活や新聞記事などから、差別や偏見につながるものを見付け、自分の意見をまとめさせる。

ステップ5　【まとめ／評価】
① ●学習の意義と成果を振り返らせる。
※差別や偏見に対する自分の考え方の変化、意識の高まりを振り返らせる。

解説
★この単元では、自分との違いにより他人に対して差別をしたり、偏見をもったりせず、誰に対しても公正・公平な態度で接することができるようにさせることをねらいとしている。
★人権の問題との関連が大きく、子どもの意識を育てるうえで非常に大切な学習となる単元である。
★子どもたちに身近な事例をあげさせるなどして、なにげない行動や態度が相手を傷付けてしまうことにも気付かせる。

評価の観点
◆差別や偏見が決して許されないことであることを認識し、人の心の動きに敏感であることが大切であることが理解できたか。
◆誰に対しても差別や偏見のない、誠意のある態度で接することができているか。

参考情報
○人権尊重都市品川宣言
　「9　人権問題について考えよう」参照
○日本国憲法第14条第1項
　「すべて国民は、法の下に平等であって、人種、信条、性別、社会的身分又は門地により、政治的、経済的又は社会的関係において、差別されない。」
○「人権教育プログラム（学校教育編）」（東京都教育委員会）

●はねらい、※は学習活動・手だてを示す。

教科書 p.64～65　　　自治的活動領域　●社会的判断・行動能力

33　公正・公平な態度　自他の違いによる差別や偏見の解消

【単元について】
単元32は差別・偏見について，本単元は公正・公平について扱う。両方とも，人を傷つけてしまわないように判断し，行動することをねらっている。

「差別」「偏見」が原因となり，「不公正・不公平」なことが行われるという事例が多くある。
単元構成し直し，統合単元として実施することもできる。また，5年生で単元32，6年生で単元33と，系統をもたせて指導することもできる。

【ステップ1】
公正・公平について，自分の考えや意識を振り返らせる。
発問例：
「公正や公平という言葉を聞いたことがありますか。」
「公正でない，公平でないと感じた経験はありますか。」

不公正や不公平の例として，「ステップ1」の文章を読み，考えさせる。
・マーティンや家族が受けた不公平な出来事について
・それに対して父親のとった行動に対してマーティンの気持ちとその後の行動について

ふだんの生活を思い出すとともに，今まで自分は，周りの人，友達に対して，公正・公平な態度で接してきたか振り返らせる。

【ステップ2】
社会の中の出来事に対し，多くの立場からの視点で偏りがないか判断することが大切であることを理解させる。
〈事例〉
「給食のおかわりは，12:50からしたい人がしてよい。」
＊誰にでも機会はあるので公平
＊食べるのが遅い人にとっては不公平
＊好き嫌いがあってもなくても，チャンスが平等なのは不公平
→子どもが，多くの立場から考え，納得することが大切。

〈公正・公平の意味〉
辞書で調べると，どちらも差はない。公正と公平の使い分けにこだわる必要はない。
一部には，公正は結果の平等は問わず，機会を平等にする。
公平は結果も平等にする，と使い分けようと考えている場合もある。考えを主張する際の手段として用いている場合がある。
例）公正ではなく，公平を求めます。

【ステップ3】
具体的事例を出して判断し直す活動を通して，偏りがない判断をしていくトレーニングをする。
公正・公平だと思っている事例を出し合って，考え直してもよい。

【ステップ4・5】
公正・公平な判断を意識して生活させる。振り返りでは，自分の判断の仕方が慎重になったり，多くの視点から考えられるようになったりしたことを確かめさせる。

5・6・7年生

●ねらい▶▶▶ 自分の身の回りの出来事に対して，公正・公平な判断をして行動することができる。

4時間扱い

① **ステップ1**【課題発見・把握】
- ●公正・公平について，自分の考えや意識について把握させる。
- ※公正・公平について，教科書の文章をもとに考えさせる。
- ※今まで自分が，公正・公平な態度で判断して行動してきたかを振り返らせる。

ステップ2【正しい知識・認識／価値／道徳的心情】
- ●社会の中の出来事に対し，多くの立場からの視点で偏りがないか判断することが大切であることを理解させる。
- ※ある視点からは公平であっても，視点を変えると不公平と感じる場合があることに気付かせる。

② **ステップ3**【スキルトレーニング／体験活動】
- ●公正・公平な態度の具体的な行動様式を身に付けさせる。
- ※ふだんの生活で，公正・公平である，またはそうでないと感じる場面の具体例を出し合い，様々な視点から偏りがないかの判断をし直す。

ステップ4【日常実践／活用】
- ●身に付けた行動様式を日常場面で実践し，確かめさせる。
- ※ふだんの学習や生活において，公正・公平を意識させる。
- ※日常の中で見られる言動についても指導する。また，不公平だと思ったことは，お互いに注意するようにさせる。

① **ステップ5**【まとめ／評価】
- ●学習の意義と成果を振り返らせる。
- ※公正・公平ということに関する自分の意識の変化，実践できたことを振り返らせる。

●はねらい，※は学習活動・手だてを示す。

解　説
★公正・公平であることの意味を，子どもに具体的に教えることが大切である。「ステップ3」では，ロールプレイを用いて心情的に迫るとともに，ケーススタディを用いて公正・公平ということに敏感に反応できるようにさせたい。また，子どもは，公正・公平の意味を漠然と理解していても，判断するときに多くの人の立場で考えられていないことがある。日常実践の中では，自分の言動を振り返らせるとともに，お互いに注意し合えるような関係づくりが重要である。

★公正・公平な判断をするために，多くの人の立場で考えることが，「差別や偏見の解消」につながることをおさえる。

評価の観点
◆社会の中の出来事に対し，多くの立場からの視点で偏りがないか判断することが大切であることが理解できたか。
◆公正・公平に判断し，行動することができたか。

板書例
（ステップ1・2）

公正・公平な態度	
○公正・公平とは？	◎ステップ1の文章を読んで
○公正でない，公平でないと感じたこと	
・	◎今までの自分の行動を振り返ろう

131

教科書 p.66〜67　　自治的活動領域　●社会的判断・行動能力

34　実社会での法やきまり　実社会での法やきまり，条例／社会規範を守る行動

【ステップ1】
「あなたにかかわりのある法律やきまりについて考えてみよう。」
〈法やきまりの予想されるイメージは？〉
・法やきまりは，何だか窮屈な気がする。
・きまりに縛られているみたい。
・規則やきまりだからと言われると，反発したくなる。
・きまりがあるから安心だ。
・みんなのためにある。　など

「教科書に提示されている法について考えてみよう。」
○日本国憲法
○生活保護法
○教育基本法
＊平易な憲法の本などを使って簡単な解説をすることで，理解が深まる。

「そのほかに知っている法やきまりには，どのようなものがあるだろう。」
○法律
○校則
○クラスのきまり
○部活動のきまり
○町のきまり
○家のきまり
○門限
○交通ルール　など

【ステップ1】
わたしたちの生活は，様々な法律とかかわりがあることに気付かせる。
学校生活・給食・教科書など，生活のあらゆることが法によって規定されていることに気付かせる。

〈六法とは〉
・憲法　・民法　・刑法　・商法
・民事訴訟法　・刑事訴訟法
＊現在は，生活にかかわる多くの法律をまとめて「六法」に掲載している。

【ステップ2】
「法の下に平等」「法は，社会生活の秩序と規律を守るもの」などのことから，権利と義務で社会は保たれていることを理解させる。

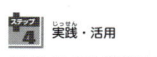

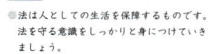

【ステップ4】
法を守る意識で生活させるとともに，日常のニュースを法に関連させて考えさせる。
〈例〉選挙
・選挙はどんな法律が関係しているのか調べてみよう。

【ステップ3】
「わたしたちの生活を守っている法やきまりについて調べてみよう。」
〈例〉
○交通に関する法律
○税金に関する法律

〈きまりが定められている意義〉
○交通ルールを守らなかったら
・交通事故が多発。
・安心して生活できない。
○交通法規がなかったら
・自分勝手に行動する人が増える。
・自分流を通そうとする。
・交通事故が多発。
・安心して生活できない。
＊ルールを守らなかったら，ルールがないのと同じであることをおさえる。
＊「もしも○○がなかったら…？」という問いで考えさせてみる。

【ステップ5】
法の必要性や意義，権利と義務についての自分の考えの変容を振り返らせる。

5・6・7年生

ねらい▶▶▶わたしたちを取り巻く法ときまりについての正しい知識をもち，行動することができる。

4時間扱い

ステップ1【課題発見・把握】
① ●わたしたちの生活は，様々な法律とかかわりがあることに気付かせる。
※資料にある日本国憲法や教育基本法だけでなく，身近な法律についても触れておくとよい。

ステップ2【正しい知識・認識／価値／道徳的心情】
① ●すべての法やきまりは，わたしたちの権利を守っているが，それはわたしたちが義務と責任を果たすことを前提にしていることを理解させる。
※義務を果たさない場合のこと，その場合には法が機能しなくなることに気付かせる。

ステップ3【スキルトレーニング／体験活動】
●法律やきまり，条例の意義を理解させ，法を守る意識を身に付けさせる。
② ※法律やきまり，条例の意義や目的を調べさせる。
※もし，きまりや条例がなかったら，自分たちの生活はどうなるのかを考えさせる。

ステップ4【日常実践／活用】
●法を守る気持ちをもって，日常生活をさせる。
※日常の生活の中での法やきまりに関心をもたせ，日常のニュースなど法律に関する事柄に注意させるようにする。

ステップ5【まとめ／評価】
① ●学習の意義と成果を振り返らせる。
※法やきまり，条例の必要性や意義を考えさせる。
※権利と義務について，自分の考えの変容を振り返らせる。

解説
★校則や交通ルール以外にも，身近に守るべき法やきまり，条例があることに気付かせたい。7年生にとっては，やや難しい内容となるが，平易な憲法の本などを資料として活用することにより，日本国憲法を学習する機会とさせたい。
★「交通ルールがなかったら」を話し合わせる「ステップ3」では，ルールを守る人間がいなかったら，ルールがないのと同じ状態になることを理解させたい。
★法の意義を理解させ，社会的な判断や行動がとれるようにするための単元である。裁かれる，罰を受けるから法を守るという意識は，望ましい規範意識ではない。法に守られているという意識をもち，義務を果たす価値観を育てたい。

評価の観点
◆法やきまりが自分たちの権利を守り，それに対して，自分たちには法を守る義務と責任があることを理解できたか。
◆法やきまりを主体的に守る態度が身に付いているか。

参考情報
○「心のノート」（中学校版の関連事項）
「縛られたくないのはみんな同じ」（p.92-95）

教科書 p.68〜69　　　　　　　　　　　　　　　　　　　　　自治的活動領域　●社会的判断・行動能力

35 現代社会の問題　現代社会の問題（青少年問題，環境など）と解決策

【ステップ1】
社会問題が自分の生活にかかわっていることに気付かせる。また，自分の問題としてとらえているか，自分の意識を振り返らせ，課題をもたせる。

内閣府「青少年白書」
現代社会の様々な問題に触れている。その不安定さから，さらに問題が発生している。政府の重要課題と書いているが，政府の課題＝自分の課題ととらえられる社会にしなくてはならないことを教えたい。

【ステップ2】
「問題を知る」ことが，自分の課題としてとらえる第一歩であるということを教える。

【ステップ3】
＊「ステップ2」の後に時間をとって（3日から1週間くらい），新聞記事やニュース内容を各自で探しておくようにする。（家庭学習の課題）
新聞記事やニュースの内容を詳しく調べ，自分の考えをまとめさせる。
＊自分の問題としてとらえさせる。

〈現代社会の問題〉
教科書では，4枚の写真資料提示。
①株価が大幅に下落―日本の経済に関するもの。
②失業し，仕事を求めてハローワークを訪れる―不安定な就労に関するもの。
③医師不足で長時間待たされる外来患者たち―医療問題に関するもの。
④食料輸入が止まった場合に想定される夕食―世界とのつながり・食料問題に関するもの。

＊起きている社会問題を提示することで，子どものこの単元での学習に対する興味関心を高めさせることができる。
＊写真資料・視聴覚資料（ビデオ・DVDなど）・新聞記事などを用意すると，具体的に考えさせることができる。
＊事前に子どもにアンケートをとっておくことも，実態把握につながる。

知らない社会問題を知ることから始めようということを伝えたい。青少年の問題，虐待の問題など，当事者となってしまう子どもがいる問題はふさわしくない。配慮が必要である。

【ステップ5】
社会の問題について，自分の考えをもつことができたかを振り返らせる。また，自分の変容を振り返り，そのよさを確かめる。

【ステップ4】
①調べたことをもとに，意見交換会を開く。
②朝学活でスピーチをする。
③新聞記事をスクラップして，感想を書かせる。
など，各学年・学級で工夫する。

5・6・7年生

▶▶▶ねらい▶▶▶　社会の出来事に関心をもち，自分のすべき態度や行動をとることができる。

4時間扱い

① ステップ1　【課題発見・把握】
● 社会問題は，自分の生活とかかわりがあることに気付かせる。
● 社会の出来事への関心について，自分の意識を振り返り，課題をもたせる。
※新聞記事などを参考に，社会にはどのような問題があり，自分たちとどのような関連があるのかを考えさせる。
※自分の社会への関心について振り返らせ，課題をもたせる。

ステップ2　【正しい知識・認識／価値／道徳的心情】
● 日本の社会問題について，原因を知り，自分なりの考えをもって解決に向かう態度が必要であるということを理解させる。
※いくつか提示されている「現代社会の問題」の中から一つ選び，その原因や解決方法などを考えさせる。（起きている問題の事実を理解させる。）

② ステップ3　【スキルトレーニング／体験活動】
● 社会問題に対する関心を高め，主体的にかかわりをもとうとする意識を身に付けさせる。
※一つの社会問題について，内容・原因に関する情報を事前に収集させ，自分なりの解決策を考えさせる。自分が知りたい社会問題の内容を調べることで，より興味をもって調べることができるが，学級全体で内容の偏りが出ないように配慮することも大切である。

ステップ4　【日常実践／活用】
● 身近に起こるニュースに興味をもって生活させる。
※意見交換会・スピーチ・新聞記事のスクラップなど具体的な方法を提示し，社会問題に目を向けさせるような実践をさせる。

① ステップ5　【まとめ／評価】
● 学習の意義や成果を振り返らせる。
※社会の問題について，自分の考えをもつことができたかを振り返らせる。
※自分の変容を振り返り，そのよさを確かめる。

●はねらい，※は学習活動・手だてを示す。

解説
★新聞やニュースで取り上げられている社会問題について，子どもは会話の中でその言葉を使用していても，内容を理解していないことが多い。将来，一人の社会人として，世の中の出来事に関心をもち，公平な立場で自分なりの考えをもち行動できる基礎をこの単元で育てたい。
★「ステップ3」で社会問題を調べる際，よりどころとした資料によって，意見が異なる場合が考えられる。一つだけの資料に偏らず，より多くの資料で調べることも指導したい。
★現代社会で起こっている問題を知るということを重視したい。その問題の解決策を考えていっても，中学生では解決できない問題が多い。しかし，中学生も含め社会の人々が知って，問題意識をもてば，社会全体が解決に向けて動き出すことを教えたい。

評価の観点
◆現在，社会で問題となっている事柄を，自分の問題としてとらえることが大切であることが理解できたか。
◆問題の背景を理解し，自分なりの考えをもち，行動目標を立てることができたか。

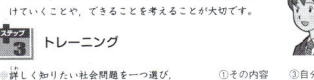

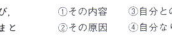

参考情報
○「これで世の中わかる！　ニュースの基礎の基礎」
　（池上　彰　大和書房）
○「池上彰の学べるニュース」（池上　彰　海竜社）
＊新聞を読ませるほかに，教室に置いておくなどしたい。

133

教科書 p.70〜71

文化創造領域 ●文化活動能力

36 自分たちの学校　校風や伝統を重んじた文化的活動の継承

【ステップ1】
「あなたの学校には，どのような行事がありますか。」
・運動会
・日光移動教室
・学芸会
・展覧会
・連合体育大会
・1年生を迎える会
・入学式
・卒業式
・離任式

「この手紙を読んで，どんなことを思いますか。」
・わたしたちも，成功させなければいけない。
・みんなが見て，応援してくれているんだ。
・みんなを感動させたい。

【ステップ2】
それぞれの行事を見てくれている人が必ずいること，また，一人一人の取り組みが学校の伝統をつくるということを実感させる。

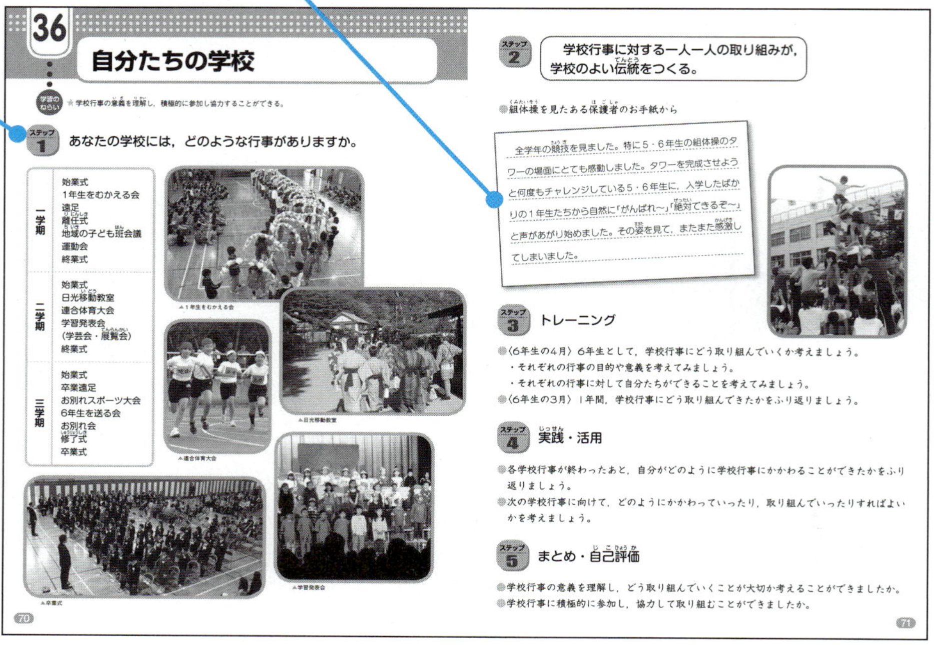

【ステップ3】
「あなたは，それぞれの学校行事にどのようにかかわっていきたいですか。また，どうしてそのように思うのですか。」
ワークシートに記入させる。
・6年生として，一つ一つの行事を大切にしたい。伝統を守り続けたいから。
・運動会や学芸会を絶対に成功させたい。自分の力を出しきりたいから。
・自分たちのよさを，みんなに見せたい。みんなを感動させ，感謝の気持ちを表したい。
・先輩たちを越えたい。伝統を受け継いでいるところを見せたい。

「それぞれの行事には，どんな意味があると思いますか。」
ワークシートに行事名とそのねらいを記入させ，話し合わせる。
・友情を深めるため
・実力を発揮するため
・自分を表現するため
・何かに挑戦するため
・自分を一歩進めるため
・クラスや学校全体を一つにまとめるため

昨年度の先輩たちが活躍する様子，今年度の自分たちの行事に取り組む様子など，実際の写真やVTRがあると，さらに積極的に話し合うことができる。

5・6・7年生

【ステップ4】
「あなたはこれまで，学校行事にどのように取り組んできましたか。」
今までの自分の経験を振り返り，学校行事により積極的にかかわろうとする気持ちや，伝統を守ろうとする思いを高める。

【ステップ5】
それぞれの行事において，自分なりの参加の仕方，協力の仕方があることに気付かせる。（裏方として支えることの大切さに触れること。）

ねらい ▶▶▶ 学校行事の意義を理解し，積極的に参加し協力することができる。

4時間扱い

ステップ1　【課題発見・把握】
●学校行事への参加の仕方について，自分の認識や課題を把握させる。
※楽しかった行事や充実感のあった行事について振り返り，自分の参加の仕方や行事の意味を考えさせる。

① **ステップ2　【正しい知識・認識／価値／道徳的心情】**
●学校の伝統を継承していくためには，一人一人が積極的に参加し，協力することが大切であることを理解させる。
※行事ごとの目標について理解させる。
※伝統や校風について教える。

② **ステップ3　【スキルトレーニング／体験活動】**
●教科書の手順にそって，自分たちの学校や学校行事について考える活動を通して，学校を大切に思う心情を身に付けさせる。
※自分たちの学校のよさについて考えさせる。
※自分たちの学校の伝統や校風について調べさせる。

ステップ4　【日常実践／活用】
●自分たちの学校の校風のよさを大切にする気持ちをもち，学校行事への参加の仕方や日常の生活態度に気を付けて実践させる。
※学校行事へ積極的に参加し，協力させる。

① **ステップ5　【まとめ／評価】**
●学習の意義と成果を振り返らせる。
※自分の参加の仕方について，変容したことを振り返らせる。
※学校のよさを伸ばすことができる活動を実践させる。

解　説

★学校行事を通して，自分たちの学校のよさを意識させる単元である。そのなかで，自分たちの学校のよさに気付かせ，今まで続いてきた学校の伝統を継承し，みんなで協力して校風を大切にさせていくことがこの単元のねらいである。学校の伝統や歴史は，地域の人々や卒業した先輩の学校に対する思いが根底に流れている。これらの人々の思いも理解させ，自分たちの学校を大切にしたいという意識を育てていくことが重要である。

評価の観点

◆自分たちの学校のよさを理解できたか。
◆学校のよさを伸ばすことができる活動を実践することができているか。

参考情報

○自分の学校の今年度の（または昨年度の）行事写真があれば，さらに効果的である。
・入学式
・移動教室
・学習発表会
・運動会
・学芸会
・卒業式　など

●はねらい，※は学習活動・手だてを示す。

教科書 p.72〜73　　　　　　　　　　　　　　　　　　　　　　　　　文化創造領域　●文化活動能力

37　あなたが暮らす日本
日本の文化・伝統に関する理解／伝統文化を継承していく様々な人々の取り組み

【ステップ1】
「あなたが知っている日本の伝統・文化には、どのようなものがありますか。」
　まずは写真を見せずに、自由に考えさせたい。
・お花
・茶道
・歌舞伎
・能
・お琴
・習字
・浮世絵
・相撲
・剣道
・柔道
・百人一首
・お祭り　など

「それぞれの伝統・文化には、どのような共通点があると思いますか。」
・古くから技が受け継がれている。
・上達するには、大変な修業が必要。

「なぜ、そのような伝統・文化が受け継がれてきたのだと思いますか。」
・美しいものだから。
・誇らしいものだから。
・失ってはいけないものだから。
・日本独自のものだから。
・心が鍛えられるから。

【ステップ1】
　写真だけでなく動画も用意しておくと、それぞれの伝統・文化への理解に深まりが出る。また、調べたいという意欲を高めることができる。

【ステップ2】
　それぞれの伝統・文化が世界に誇れるものであること、世界からも尊重されているものであることをおさえる。

【ステップ1】
　伝統・文化の技術の素晴らしさばかりでなく、それを学ぶことにより、集中力、判断力などの心も鍛えていることに気付かせたい。

【ステップ4】
　祭りなどの古くから伝わる行事の意味を理解させ、自ら進んで参加したいという気持ちを培う。

【ステップ5】
　自分がこれまで調べたり体験したりした伝統・文化をワークシートにまとめさせる。

【ステップ2】
　地域の方をゲストティーチャーとして招き、継承するための努力や苦労、思いや願いまで聞けるようにしたい。

【ステップ3】
「日本の伝統・文化について調べてみよう。」
　インターネットや図書館の本を通じて、資料を集めさせる。
　地域の伝統・文化について調べさせ、携わる方々にインタビューしてもよい。

【ステップ3】
「日本の伝統・文化に触れた経験はありますか。どんなことを感じましたか。」
・剣道を習っている。礼儀が厳しい。
・練習には苦労も多いが、やりがいがある。
・祭り拍子を練習している。父親も習っていた。
・歌舞伎を見に行ったことがある。内容がだんだん分かるようになってきた。
・書写を習っている。字がうまくなるし、心も落ち着く。

5・6・7年生

ねらい▶▶▶郷土やわが国の伝統・文化を大切にし、先人の努力を知り、郷土や国を愛する心をもつことができる。

4時間扱い

ステップ1　【課題発見・把握】
①
●日本には様々な伝統・文化があることに気付かせる。
※写真をもとに伝統・文化のイメージをもたせ、そのほかに知っている伝統・文化をあげさせる。

ステップ2　【正しい知識・認識／価値／道徳的心情】
●昔から受け継がれてきたものには、継承していくための人々の努力が隠されていることを理解させ、誇りをもたせる。
※それぞれの伝統・文化に共通することを考えさせる。
※なぜ、受け継がれてきたのかを話し合わせる。
※ゲストティーチャーを招き、その文化に対する思いに触れさせる。

ステップ3　【スキルトレーニング／体験活動】
②
●日本の伝統・文化、地域の伝統行事について尊重し、積極的にかかわろうとする姿勢を身に付けさせる。
※日本の伝統・文化、地域の伝統行事について調べる。

ステップ4　【日常実践／活用】
●日本の伝統・文化や地域の行事に積極的に参加させる。
※百人一首大会、お祭りに積極的に参加させる。家庭でも機会を設けられるように呼びかける。

ステップ5　【まとめ／評価】
①
●学習の意義と成果を振り返らせる。
※自分が調べた伝統・文化について、そのよさや継承していく意味についてまとめさせる。

解説
★日本の伝統・文化を調べたり、実際に体験したりすることにより、そのよさや継承していくことの大切さを実感させることが重要である。そのことにより、先人の努力を知り、日本や自分が住んでいる地域を愛する心をもたせることがこの単元のねらいである。
★百人一首大会などは、小学生と中学生の交流の活動として設定すると、活動の意欲を高めることができる。

評価の観点
◆日本や地域の伝統・文化を知り、そのよさや継承していくことの意味を理解できたか。
◆日本や自分の住んでいる地域を大切にしようとしているか。

板書例
（ステップ1）

あなたが暮らす日本
日本の文化・伝統
お花、茶道、歌舞伎、能、狂言、剣道、柔道、お琴、習字、祭り　など
共通点→
・古くから受け継がれている。
・大変な修業が必要なものが多い。
・集中力が鍛えられる。
受け継がれている理由
・美しいものだから。
・世界に誇れるものだから。
・日本独自のものだから。
日本には、世界に誇れる伝統・文化がある。

●はねらい、※は学習活動・手だてを示す。

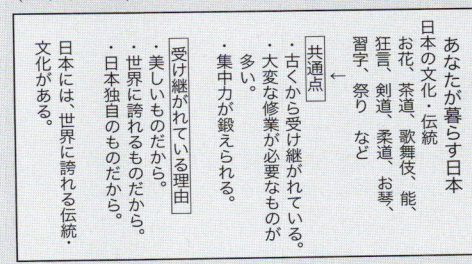

教科書 p.74〜75　　　　　　　　　　　　　　　　　　　　　　　　　　　文化創造領域　●文化活動能力

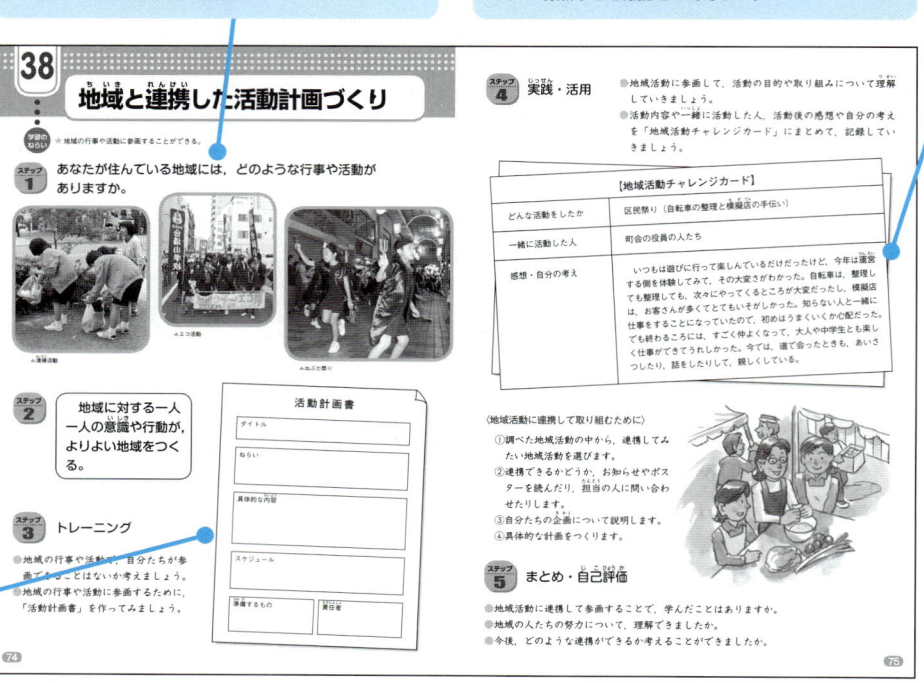

38　地域と連携した活動計画づくり　地域と連携した特色ある活動計画づくり

【ステップ1】
「あなたが住んでいる地域には，どのような行事や活動がありますか。」
・区民祭り
・地域清掃
・ラジオ体操
・区民マラソン大会
・水やりボランティア

【ステップ1】
　地域の行事や活動に参加した経験のある子どもに，そのときの様子や，やり終えた感想を聞く。
・区民祭りに参加して，みんなに喜んでもらった。
・地域の一員であることを実感した。

【ステップ3】
　活動の目的や取り組みについて，しっかりと理解させ，自覚をもって真剣に活動に参画できるようにする。区報を活用し，行事や活動内容を調べさせ，ボランティアの有無などを確認させてもよい。

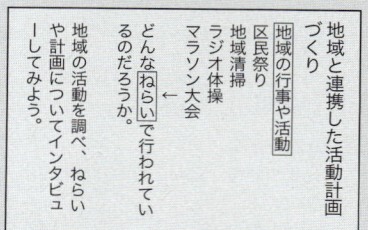

【ステップ4】
　「地域活動チャレンジカード」を作成させることで，地域の一員であるという自覚を高める。また，今後の地域活動に参加する意欲付けをする。
　数回，発表会を開き，チャレンジ状況を確認する。また，参画して学んだことを確認し合う。

「地域の行事は，それぞれどのようなねらいで行われているのだろうか。」
　インターネットやインタビューで，各自に調べさせる。
　地域の行事は，自分たちのまちに誇りをもち，自分たちのまちをよりよくしようとするものであることに気付かせる。

【ステップ3】
　事前に担当者と連携し，子どもたちが活躍できそうな活動場所をあらかじめ用意しておくとよい。

5・6・7年生

【ステップ2・3】
「自分たちが参画できる活動はないだろうか。」
↓
「活動計画書」を作成する。

【ステップ5】
　地域の行事や地域の活動へ参加した経験やその時の気持ちを，作文やワークシートにまとめることで，今後の活動への意欲付けをする。

【ステップ4】
　地域や地域センターに事前に協力を依頼し，密接な連携を図るようにする。

【ステップ4】
　計画したことは，地域の方と打ち合わせを行い，達成感の味わえる活動になるようにすること。

ねらい▶▶▶ 地域の行事や活動に参画することができる。

5時間扱い

ステップ1　【課題発見・把握】
①
●地域の行事に参加した経験を振り返り，計画の大切さに気付かせる。
※地域の行事や地域活動は，どのようなねらいのもとに行われているのかを考えさせる。
※地域の行事や地域活動について調べさせる。

ステップ2　【正しい知識・認識／価値／道徳的心情】
●地域活動に自分たちの力を生かすことの大切さを理解させる。
※自分たちのまちに誇りをもち，自分たちのまちをよりよくしていこうとする人たちと一緒に活動していくことの意義を教える。

③

ステップ3　【スキルトレーニング／体験活動】
●地域の行事に参画するための方法を身に付けさせる。
※地域の行事に参画するために，「活動計画書」を作成させる。
※地域や地域センターに事前に協力を依頼し，密接な連携を図るようにする。

ステップ4　【日常実践／活用】
●地域活動に参画して，活動の目的や取り組みについて理解させる。
※活動したことを「地域活動チャレンジカード」にまとめる。

ステップ5　【まとめ／評価】
①
●学習の意義と成果を振り返らせる。
※地域の行事や地域活動に参画する意義や方法を理解させる。
※地域の行事や地域活動に参画する意欲付けをする。

解説
★地域の行事や地域活動に参画する方法は，いくつか考えることができる。品川区の地域センターが行っている区民祭りには，多くの学校が参加している。ほかにも各地域センターでは，多くの取り組みが行われているので，「49　ボランティア活動の体験をしよう」の学習との連携を図り，指導計画を作成するとよい。
★「活動計画書」を作成させる際の指導のポイントは，「ねらい」を明確にさせることである。

評価の観点
◆地域の行事や地域活動に参画する意義や方法を理解できたか。
◆地域の行事や地域活動に参画することができているか。

板書例
（ステップ1）

地域と連携した活動計画づくり
地域の行事や計画
　区民祭り
　地域清掃
　ラジオ体操
　マラソン大会
地域の活動を調べ，ねらいや計画についてインタビューしてみよう。
どんなねらいで行われているのだろうか。

●はねらい，※は学習活動・手だてを示す。

教科書 p.76〜77　　　　　　　　　　　　　　　　　　　　　　　　　文化創造領域　●文化活動能力

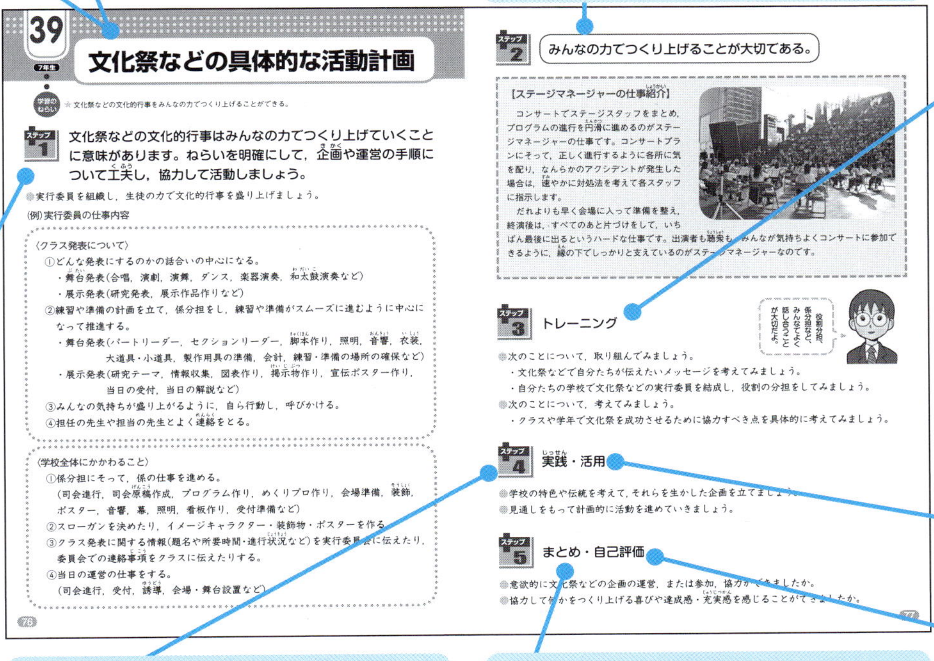

39　文化祭などの具体的な活動計画　文化祭などの具体的な活動計画

6年生までの文化的な行事を思い出させる。その際，特に，どんな役割をしたことがあるか，どのように取り組んだか，行事を通してどんなことを学んだか，振り返らせる。
＊事前にアンケート調査をし，クラス全体の課題として把握させてもよい。
学校により，行事の実施方法は様々である。実態に応じて参加の仕方を考えさせる。

〈行事からの学習〉
①実行委員としての仕事内容を紹介して，企画や運営の仕方を周知させる。
②委員以外の子どもの参加方法を考えさせる。
③想定される問題点や未然防止のための留意点，解決させる方法や心がまえを考えさせる。

〈③解決へのヒント〉
1 ねらいは何か。
2 行事を通して，どんな力を高めるのか。
3 これまでにどんな行事を経て，何を学んできたのか，または何を身に付けてきたのか。

「文化祭」「学芸祭」などは，子どもによる自主的な活動を主要にとらえている場合が多い。「学芸発表会」「学習成果発表会」などは，学習の成果を発表する意味合いが強い。

文化的行事を通して，子どもたちの心に残るものとは何か。文化を創造する喜びや工夫していくことのおもしろさ，全力を尽くして創り上げたときの達成感，その喜びを仲間と共有すること。指導者が味わわせたいことを明確にもち，子どもの意欲を高めることがポイントとなる。

〈企画づくりの学習〉
◎条件を決めて，企画を考えさせる。
・玄関に置くモニュメント
・行事を一つにするスローガン
・アリーナの装飾
・階ада段の装飾（壁面・段の前面部分・天井の斜面）
◎企画の価値付けを考えさせる。
・企画の必要性，売り，よさは何か。
・企画にどんな意味が込められているのか。何を訴えているのか。
・企画の対象は誰か。
・それによって自分たちが成長・発展できるものか。
◎実現に向けた現実性の有無。
・材料や予算の配慮は
・時間的な計画の実現性は

行事の成功を目指して行うことは何か。「さあ，○○しよう！」

行事が終わった当日には，役割をもって活躍した委員や担当の苦労をねぎらい，互いの努力を認め合ったり，たたえ合ったりさせると，次の行事や日常生活の活力になる。

5・6・7年生

行事の企画を考えるには，他校の情報や書籍などの資料を参考にさせるのもよい。
　例えば，展示発表でも，条件が整えば工夫をさせられる。
・展示物の解説を見学者に向けて行う。
・ブースごとに研究や学習した成果を発表する。など

〈振り返り（の例）〉
1 行事への参加の心がまえと役割
2 行事を通して学んだこと
3 困ったことと解決方法
4 次回に向けて臨む気持ち

ねらい▶▶▶ 文化祭などの文化的行事をみんなの力でつくり上げることができる。

6時間扱い

ステップ1　【課題発見・把握】
●中学校の文化的な行事のイメージをもたせ，行事の企画・運営について課題を把握させる。
※今までに体験した文化的な行事への取り組みを振り返らせる。
※事前に調査した文化的な行事を成功させるために大切なこと，学級全体の課題を把握させる。
①※過去の文化的行事のVTRを見て，中学校の行事のイメージをもたせる。

ステップ2　【正しい知識・認識／価値／道徳的心情】
●行事を創り上げるには，一人一人の力を集結させることが大切であることを理解させる。
※文化祭で必要な仕事内容や役割を確かめさせ，参加の仕方や協力の仕方を具体的に考えさせる。

ステップ3　【スキルトレーニング／体験活動】
●文化祭などの学校行事を創り上げるために，必要な企画力や実行力を身に付けさせる。
④※実際の行事の企画を立てさせる。学級や部活動での参加，イベント企画など。
※学校の特色や伝統を生かした企画を考えさせる。

ステップ4　【日常実践／活用】
●具体的な行事として文化祭を取り上げ，それぞれの立場で見通しをもって，文化祭の成功に向けて活動させる。
※計画をもとに取り組ませる。途中で進行状況を確認させることが大切である。

ステップ5　【まとめ／評価】
●学習の意義と成果を振り返らせる。
①※企画をもとに，プロセスから結果までの各段階でうまくいったこと，改善していったことを振り返らせ，成長を確かめる。

解説

★文化祭などの大きな行事の場合，生徒会役員や実行委員など一部の子どもが積極的な取り組みを見せる半面，受け身の子どもも存在する。一人一人の力を合わせることで行事が成功することを，全員に理解させる。

★それぞれの学校には，代々受け継がれてきた行事の特色があるが，「例年どおり」ではなく，自分たちなりの特色を考えながら取り組ませる。

★企画・計画をもとに，日常生活の中で時間を見付けて準備を進めることが基本となる。準備の時に身に付けさせたい力を明確にし，準備の時間も「ステップ3」のトレーニングとして位置付けることも可能である。安易な読み替えにならないように十分注意し，計画的に実施していく。

評価の観点

◆一人一人の意欲的なかかわりが，行事の成功につながることが理解できたか。
◆具体的な文化祭の仕事内容・役割分担を考え，見通しをもった活動計画を立てて取り組むことができているか。

●はねらい，※は学習活動・手だてを示す。

教科書 p.78～79

文化創造領域 ●企画・表現能力

40 楽しい集会の計画を立てよう　学校行事などの企画立案，運営方法と発表の方法

【ステップ2】
楽しく充実した学校行事や集会にするためには，計画，役割分担，アイディアが大切であることをおさえる。

【ステップ3】
議題箱を用意し，ふだんから学級で話し合いたい内容，提案事項，問題点などを募っておくのもよい。集団で問題を解決する力を高めておくことが大切である。

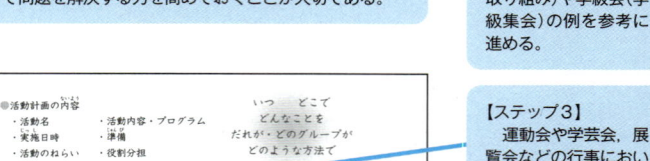

【ステップ1】
「今までどのような学校行事や集会がありましたか。」
・運動会
・学芸会
・日光移動教室
・1年生を迎える会
・ゲーム集会
・七夕集会
・なわとび集会　など

学校行事（学芸会の取り組み）や学級会（学級集会）の例を参考に進める。

【ステップ3】
運動会や学芸会，展覧会などの行事においても，自分たちで何かできることはないか話し合わせる。

【ステップ1】
「楽しい会にするには，どのようにしたらいいと思いますか。」
・会のねらいを明確にすることが大切だ。
・人任せではなく，全員の協力が必要だ。
・会の流れ全体を見通した計画が必要だ。
・綿密な役割分担，台本が必要だ。
・司会・進行役が，大きな声で，分かりやすくルールなどを説明する必要がある。

学級集会を開き，アンケートのとり方，種目選定の仕方，ルールの決め方，役割分担の仕方など，円滑に行えるようにしておく。

【ステップ4】
一度決めたことには全員で協力するという，クラスの受容的な雰囲気を大事にし，司会・進行役に積極的に協力させる。

「盛り上げる工夫」など，ひと手間を加えることで，より楽しい会になることを実感させる。

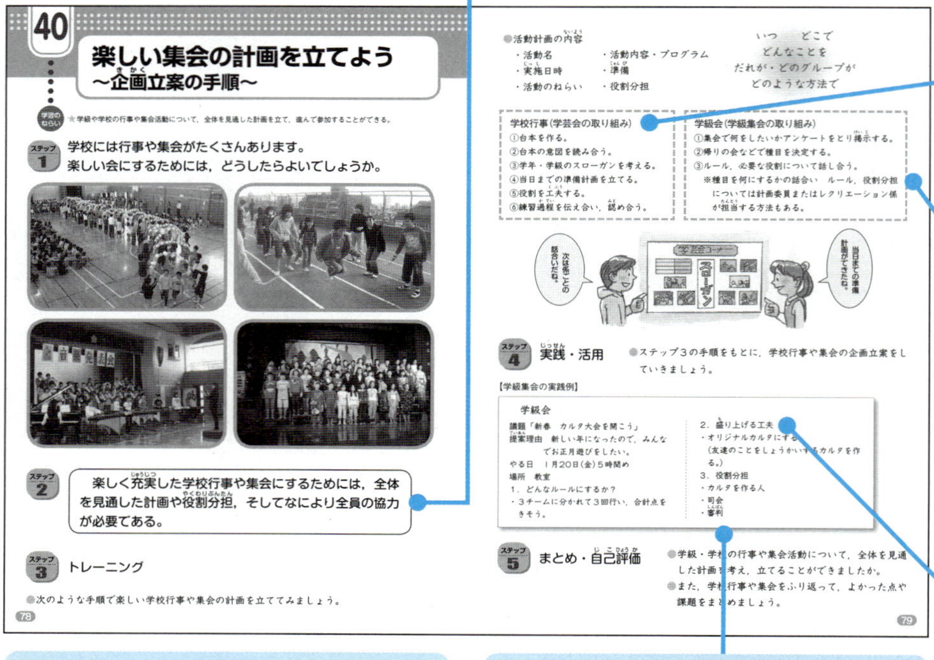

【ステップ5】
それぞれの行事や集会活動で，よかった点，改善が必要な点などを話し合い，次回の意欲付けをする。

司会グループ（司会，副司会，黒板書記，ノート書記）をつくり，輪番制にして多くの子どもに役割をもたせ，参画意識をさらに高める。

ねらい▶▶▶ 学級や学校の行事や集会活動について，全体を見通した計画を立て，進んで参加することができる。

6時間扱い

ステップ1　【課題発見・把握】
●今まで自分たちが行ってきた学校行事や集会を振り返り，課題を把握させる。
※学校行事や集会のねらいや意図に合わせた活動になっていたかどうかに着目させる。

ステップ2　【正しい知識・認識／価値／道徳的心情】
●学校行事や集会を成功させるためには，全体を見通した計画が必要であり，全員の協力が必要であるということを理解させる。
※楽しく充実した学校行事や集会にするためには，計画，役割分担，アイディアが大切であることをおさえる。

ステップ3　【スキルトレーニング／体験活動】
●教科書の手順にそって話し合い，集団行動の企画立案の仕方を身に付けさせる。
※①議題案の募集 ②議題の決定 ③話合いの計画づくり ④話合い
※話合いで決まった企画について，役割を決める。

ステップ4　【日常実践／活用】
●「ステップ3」までの学習を通して身に付けた，集団活動の方法を実践させる。
※計画に従って，各係で協力して集会の準備をし，集会を行う。

ステップ5　【まとめ／評価】
●学習の意義と成果を振り返らせる。
※集会などの企画立案でのポイントをまとめさせる。
※実践を振り返り，改善をさせる。

解説
★学校行事や集会の企画立案の仕方を身に付けさせることが，この単元のねらいである。「ステップ3」においては，話合い活動の手順を踏んで，企画立案を行う方法を学習させる。議題案を考える時の視点や議題の決定の仕方，話合いの計画づくりについては，教師が具体的に示すことが必要である。さらに，具体的に話し合う場面においても，話合いの目的がそれないように，必要に応じて教師が指導を行っていく。

評価の観点
◆集会などの企画立案の方法を理解できたか。
◆企画立案したことを実践し，振り返ることができているか。

板書例

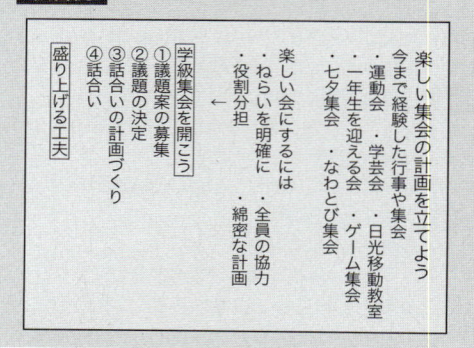

楽しい集会の計画を立てよう
・今まで経験した行事や集会
　・運動会
　・学芸会
　・一年生を迎える会
　・日光移動教室
　・ゲーム集会
　・七夕集会
　・なわとび集会
・楽しい会にするには
　・ねらいを明確に
　・全員の協力
　・綿密な計画
　・役割分担
学級集会を開こう
①議題案の募集
②議題の決定
③話合いの計画づくり
④話合い
←盛り上げる工夫

●はねらい，※は学習活動・手だてを示す。

教科書 p.80〜81　　文化創造領域　●企画・表現能力

◆ 自己アピールしよう　自己アピールの方法

【ステップ1】
「なぜ，自分のことをアピールする必要があるのでしょうか。」
・意思を伝えないと，自分の考えや気持ちを分かってもらえない。
・仕事で企画内容を伝えなければならない。
・せっかく素晴らしいアイディアが浮かんでも，適切に表現できないと，分かってもらえない。

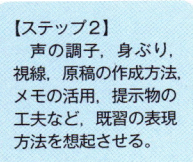

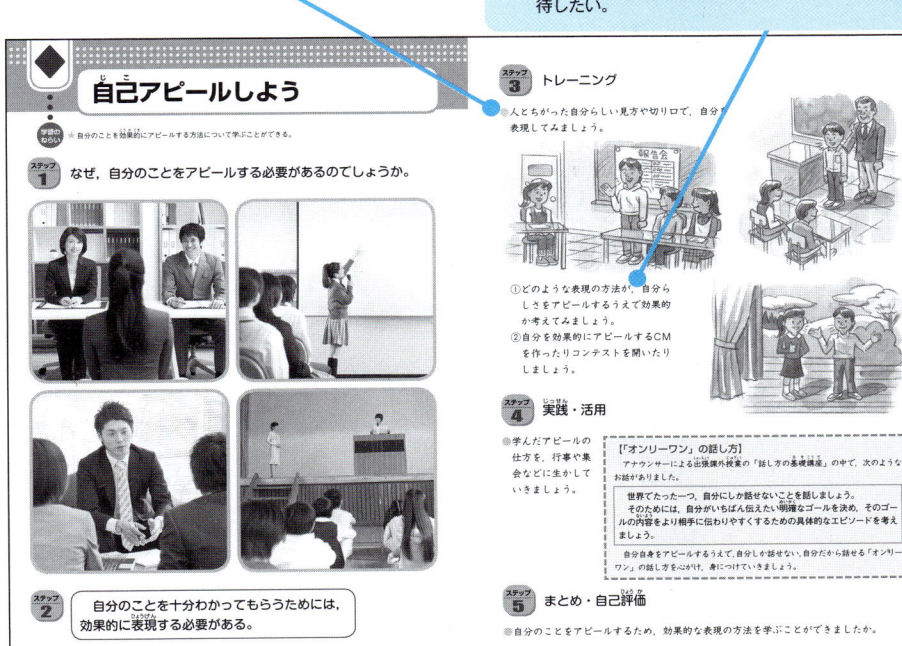

自分らしい表現方法とはどのようなものなのかを考えさせ，工夫させる。そのためには，既習の表現方法を組み合わせる方法や，全く新しい表現方法を考える方法もあることを助言する。

自分らしい見方や切り口とは何なのか，自分に合った表現方法とはどういうものなのかを，じっくりと考えさせる必要がある。
〈例〉紙芝居，ニュースキャスター形式，CM，クイズ番組方式，一人芝居など，いろいろなアイディアを期待したい。

【ステップ3】
自己アピールコンテスト（仮名）を開き，表現する楽しさ，受け入れられた充実感を味わわせる。
子どもが考えやすい題材を用意することも大切である。
〈例〉
・わたしの宝物
・12歳の主張
・先生にひと言
・卒業に向けて
・もしわたしが○○だったら　など

【ステップ3】
コンテストを開く前に，2人組で練習させ，互いのよいところや改善点を相談させると，より説得力のあるスピーチに仕上げることができる。

【ステップ2】
声の調子，身ぶり，視線，原稿の作成方法，メモの活用，提示物の工夫など，既習の表現方法を想起させる。

【ステップ3】
聞き手の受容的な意識を培っておくことが大切である。全教育活動において，学級のあたたかな雰囲気づくりをしておかなければならない。冷やかしたり，失敗を笑ったりする子どもがいると，学級全体の発表に向けた意欲が低下してしまう。

【ステップ4】
説得力のあるスピーチにするために，原稿を推敲することが大切である。「述べたいことを先に，理由を後に述べているか」「体験や具体例を交えているか」などの視点を与えて，自分の原稿を見直させる。

【ステップ5】
効果的なアピールの実践を振り返らせ，今後も工夫を重ねる意欲付けをする。

5・6・7年生

ねらい▶▶▶ 自分のことを効果的にアピールする方法について学ぶことができる。

4時間扱い

ステップ1【課題発見・把握】
● 自分のことをアピールすることの大切さに気付かせる。
※ 社会では，自分のことをアピールしなければならない場が数多くあるということを，写真を手がかりとして実感させる。
※ 伝えられなかった経験を振り返り，自分の考えを知ってもらいたい，表現したいという思いを，誰もが抱いていることに気付かせる。

①

ステップ2【正しい知識・認識／価値／道徳的心情】
● 自分のことを十分分かってもらうためには，効果的に表現する必要があることを理解させる。
※ 声の調子，身ぶり，視線，原稿の作成方法，メモの活用など，既習の表現方法を想起させる。

ステップ3【スキルトレーニング／体験活動】
● 人と違った，自分らしい切り口の表現方法を考え，練習させる。
※「ステップ2」で想起させた表現方法を組み合わせたり，新しい技法を考えさせたりし，自分なりのアピールの仕方を工夫させ，実践させる。

②

ステップ4【日常実践／活用】
● 場や目的に応じて，アピールの方法を工夫し，実践させる。
※ 場や目的に応じた発表，聞き手を意識したアピールの方法を考え，実践させる。

ステップ5【まとめ／評価】
● 学習の成果を振り返り，日常実践への意欲をもたせる。
※ 効果的なアピールの方法を振り返らせ，常に工夫を重ねる意欲をもたせる。

①

解説

★ 人は本来，自分のことを知ってもらいたいという気持ちをもっている。また，社会では，自分自身を，自分の思いや考えをアピールしなければならない場面に数多く直面する。そんな時，臆せずに自分を表現できるよう，その方法を身に付け，備えておくことが大切である。

★ 効果的なアピール方法について学ばせる必要がある。声の大きさ，話すスピード，間のとり方などは，国語の授業で習得しているはずである。市民科では，効果的な表現方法にはどのようなものがあるのか，自ら考えさせ，総合的に実践させていきたい。また，一方的に話すのではなく，場や目的に応じた話し方をすること，聞き手の気持ちに配慮してアピールすることの大切さを，常に意識させておきたい。

★ 全教育活動において，聞き手の受容的な態度，学級のあたたかな雰囲気を培っておく必要がある。冷やかしや苦笑によって，子どもの自己表現への意欲は一気に失われてしまうおそれがある。

評価の観点

◆ 自分のことをアピールすることの大切さが理解できたか。
◆ 自分のことを効果的にアピールする方法を自ら見付け，実践することができたか。

●はねらい，※は学習活動・手だてを示す。

教科書 p.82〜83

文化創造領域　●企画・表現能力

41　発表会を開こう　ねらいをより効果的に伝える方法

【ステップ1】
発表についての事前アンケートをとり，克服したい課題をあげておかせる。「ステップ5」で変容を確認させる。
〈設問例〉
○発表するときに工夫したこと（発表方法）
○発表するときに気を付けていること
○自分の発表する力は10点満点中何点か。また，そのように自己評価した理由は何か。できること，できないことを書いてみよう。
○発表する力を向上させたいか。また，なぜそう思うのか。
＊向上したいかの設問は，「ステップ2」の布石となるため，入れておいた方がよい。

【他単元や行事との関連】
「15　障害のある方やお年寄りと接する」
「38　地域と連携した活動計画づくり」
「★　スチューデント・シティ・プログラム」
行事：ワールドスクウェア〜移動教室〜

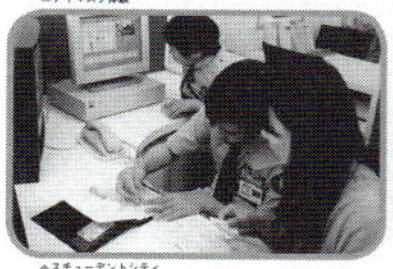

【ステップ3】
それぞれの方法のよさや特徴を知り，発表内容や場・人数を考えて，適した発表方法を選べるようにする。
＊発表方法は組み合わせることもできる。

〈発表会〉
＊市民科の時間で発表会を行う場合は，「ステップ3」のトレーニングとして時数カウントする。
★話し方のポイント
〈聞き手が誰なのか常に意識すること〉
①自分の言葉で話す。
②相手に分かりやすい言葉で話す。
③「私メッセージ」を必ず話す。（引用や聞きかじりの知識だけではだめ）
④自分の経験事例も交えて話す。
⑤聞き手とやりとりするように話す。
⑥「間」を意識して話す。（特に大切なことの前には，間をあける。）

グループで発表を行う場合は，2〜3人がよい。聞き手が一人一人をチェックしやすい。
パソコンで発表を行う場合には，使い方の指導の時間を設定する。

【ステップ2】
言葉や話し方だけでなく，「目から入る」要素が重要であることを，円グラフの資料を使って知らせる。

【ステップ2】
発表力（プレゼンテーション力）は，仕事では重要な力になる。企業で仕事を獲得する，企画を採用させる，オリンピック・ワールドカップ招致など，様々な場面でプレゼンテーションは行われている。

【ステップ5】
友達からの「評価カード」をもとに，自分自身の発表の力を伸ばしていくためには，どうしていけばよいのかを考えさせる。

【ステップ5】
「ステップ1」のアンケート項目について振り返り，自分の変容を確かめさせる。

5・6・7年生

ねらい▶▶▶ 体験的活動や調べ学習などを通して，分かったことや自分の思い・考えを効果的な表現方法を用いて発表することができる。

5時間扱い

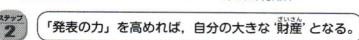

ステップ1　【課題発見・把握】
●学習内容を知るとともに，自己の発表の仕方について課題を把握させる。
※効果的な表現を使って，発表会を開くことを知る。
※今まで自分たちで調べてまとめてきたものについて振り返る。
※今までの発表で，自分の様子を振り返る。

① **ステップ2　【正しい知識・認識／価値／道徳的心情】**
●「発表の力」を高めることは，自分の大きな財産になることを理解させる。
※「発表の力（プレゼンテーション力）」が，社会で仕事をするうえで重要な力であることを教える。
※人前で発表する際，「目から入る要素」が聞き手に大きな影響を与えていることを教える。

③ **ステップ3　【スキルトレーニング／体験活動】**
●発表内容を効果的に伝える工夫の仕方を身に付けさせる。
※発表方法の特性を知り，内容に合った方法を選ぶ。

ステップ4　【日常実践／活用】
●選択した発表方法を使って発表を行い，確かめさせる。
※他の教科等で行う発表の際に活用する。
※「よかったところ」「改善した方がよいところ」を出し合う。

① **ステップ5　【まとめ／評価】**
●学習の成果を確かめさせる。
※友達からもらった「評価カード」をもとに，より効果的な発表の仕方について見直す。
※「ステップ1」のアンケート項目について振り返り，自分の変容を確かめさせる。

解説

★様々なプレゼンテーションの方法の中から最適な方法を選択し，効果的に表現できる力を身に付けさせることが，この単元のねらいである。

★効果的な発表方法について，それぞれの発表方法を具体的に提示することで理解させる。パソコンソフトを活用したプレゼンテーションについては，別途時間を設定し，指導することが必要である。

★他教科や他単元との関連がポイントとなる。他の教科や単元で行った体験活動や調べ学習の発表等に，この単元を関連させる。「ステップ3」の時間に，発表のための資料の作成等の準備を設定することもできるが，時間数については適切に定めること。

評価の観点

◆発表方法の選択，話し方，資料提示の仕方などを理解できたか。

◆効果的な表現方法を用いて，発表（プレゼンテーション）することができたか。

●はねらい，※は学習活動・手だてを示す。

教科書 p.84〜85　　　　　　　　　　　　　　　文化創造領域　●企画・表現能力

42　インターネットの活用　インターネットなどの有効活用

【ステップ1】
「勉強していて，分からないことを調べるときに，どのようにしていますか？」
・辞書で調べる。
・学校の図書館や公立図書館などに行って，本で調べる。
・実際にその場所に行って調べる。（インタビュー・取材など）
・人（先生・友達・親など）に聞く。
・電話やファクシミリなどで問い合わせてみる。
・インターネットで調べる。　など
＊それぞれの方法のよさや問題点を話し合わせる。
＊インターネットでの検索を選ぶ子どもが多いことが予想される。

「インターネットを活用すると便利なことは，どのようなことだろう？」
・すぐに調べることができる。
・情報が豊富である。
・次々に情報を詳しく調べていくことができる。　など

【ステップ1】
持っている本や図書館の本で調べられなかったときに，どうするかについて，事前にアンケートをとっておく。

インターネットの情報の中から，自分が知りたい情報を選び出すことが大事である。（情報選択能力）
他の情報（書物・インタビューなど）と比較して考えることで，より確かな情報になることもおさえたい。

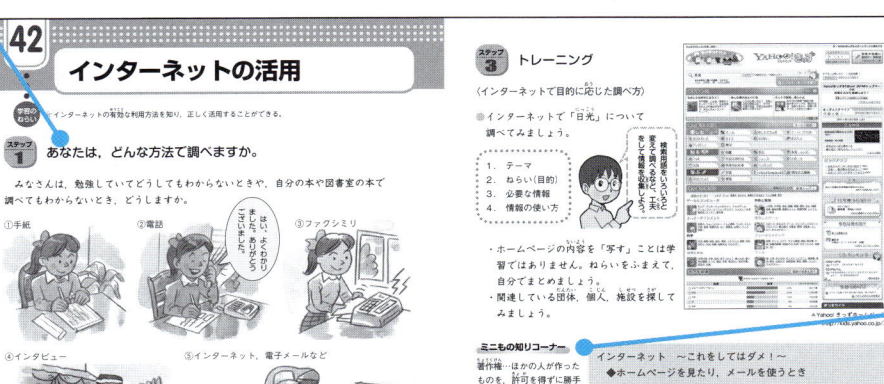

【ステップ3】
「実際にインターネットで調べてみましょう。」
①共通キーワード「日光」で検索して，画面に出てくる情報を確認する。
②必要な情報を選ぶ。（興味のあるもの・調べたいものなどから一つを選ばせる。）
③情報をメモする。（写すのではなく，必要な情報を自分の言葉でまとめる。）
＊ネチケット・著作権・情報公開法についても指導する。「ミニもの知りコーナー」「インターネットでの約束」をおさえる。

【ステップ4】
＊調べ学習や日常生活で活用する。
〈展開例〉
・日光移動教室の事前学習での調べ学習から，「日光の自然」「日光の歴史」「日光の産業」などのテーマから検索させ，調べたことが学習に生かせるようにする。

5・6・7年生

【ステップ2】
インターネットは手段の一つである。早く多くの情報が得られるが，正確な情報なのか吟味が必要。他の方法で真偽を確かめることも大切である。手がかりをつかむためには，とても有効である。

【ステップ5】
インターネット検索の有効性について，実践してみて分かったこと，活用方法で学んだことを振り返らせる。自分の成長を確かめ，今後の活用に意欲をもたせる。

ねらい▶▶▶ インターネットの有効な利用方法を知り，正しく活用することができる。

3時間扱い

ステップ1　【課題発見・把握】
① ●知りたいことを調べるときの手段選択について振り返り，自分の課題を把握させる。
※持っている本や図書館の本で調べられなかったときに，どうするかについて，考えられる手段をあげさせる。（事前アンケート調査）
※それぞれの手段のよい点，問題点などについて，経験をもとに意見を出させる。

ステップ2　【正しい知識・認識／価値／道徳的心情】
① ●インターネットの特徴を理解して活用しなければならないことを理解させる。
※インターネット以外の手段のよさや特徴を教え，何でもインターネットで調べればよいというものではないということを教える。
※インターネットの情報検索は，あくまでも一つの手段であること，実際のものを自分で見て調べることが大切であることを教える。

ステップ3　【スキルトレーニング／体験活動】
① ●インターネット検索の仕方を身に付けさせる。
※インターネット検索での情報収集方法の特徴を教える。
※ネチケット，著作権，情報公開法などについて指導する。

ステップ4　【日常実践／活用】
●他教科の学習や日常生活で，身に付けたことを活用させる。
※調べ学習や日常生活で疑問に思ったこと，興味をもったことについて，インターネットを活用して調べさせる。

ステップ5　【まとめ／評価】
① ●学習の意義と成果を振り返らせる。
※インターネット検索の有効性の理解，目的に応じた使い方について学習したことを振り返り，成長を確かめる。

解説

★3・4年生の「33　インターネットの正しい使い方」では，インターネットでできることとして，検索という手段を教える。また，そこで得られる情報量の多さから，ネット上の情報の正しさを吟味する必要性まで教えている。本単元では，それを踏まえ，検索情報の絞り込み方，情報の著作権について指導する。

★ネチケットについては，「6　情報についての正しい理解〈1〉」との関連を図り，指導する。

★インターネットの情報検索は，あくまでも一つの手段であること，検索した内容はねらいを踏まえてまとめる必要があることなどについて，しっかりと教える。また，インターネットで書物を調べ，その本で詳しく調べるなど，インターネット検索の具体的な活用方法を教えるとよい。

評価の観点

◆インターネットの特徴や有効な活用方法について理解できたか。
◆インターネットを調べ学習などで上手に活用し，役立てることができたか。

●はねらい，※は学習活動・手だてを示す。

教科書 p.86〜87　　　　　　　　　　　　　　　　　　　　　　　　　文化創造領域　●企画・表現能力

43　プレゼンテーション力をつける　ねらいをより効果的に伝える方法

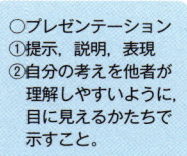

〈プレゼンの特色の類別〉　〈特色別のねらい〉
1　説明する部分・タイプ………理解させる
2　訴える部分・タイプ…………共感させる
3　物語る部分・タイプ…………感動させる
＊一つのプレゼンに1〜3の部分があり，ねらいが異なる。

プレゼンテーションは，聞き手の気持ちをつかむことが重要。そのために，始め方からインパクトのある工夫を考えさせる。
また，聞いている人の集中を継続させる工夫が大切。

〈工夫のいろいろ〉
・クイズを入れる。
・聞き手の体を動かすようにする。
・身ぶり，手ぶりを効果的に入れる。など

○プレゼンテーション
①提示，説明，表現
②自分の考えを他者が理解しやすいように，目に見えるかたちで示すこと。

〈社会の中で目にする表現のいろいろ〉
・商品の売り込み
・企画の説明
・報道番組のニュース解説
・選挙時などの街頭での演説
・街頭での商品販売
・通信販売番組
・落語　・平曲
・講談　・授業
・無声映画の弁士
・学校説明会での説明
・講演，シンポジウム
・弁論，スピーチ
・ディベート
・パネルディスカッション
＊これらの映像資料を用意して，社会では様々な表現方法で聞き手に伝える工夫をしていることを理解させる。
この単元で，理解させるための表現方法を身に付けるという見通しをもたせる。

【ステップ4】
◎市民科の時間に全員が行う方法のほかに，各教科でのプレゼンに積極的に活用させる。
〈教科関連例〉
◆美術の芸術作品を鑑賞したことを発表させる。作者の人生・考え方，作品の技術や工夫，芸術界での価値，自分の感動と理由を織り交ぜて。
◆美術の自分の作品を紹介させる。このテーマにした理由，作品に込めた思い，苦労したこと，仲間へのメッセージなど。
◆理科の研究発表をする。
◆数学で問題の解き方を発表させる。解答していく考え方の流れ，解法選択の理由。　など
【ステップ5】
日常で繰り返していく必要がある。各教科等で実践させるたびに，成果と課題を明らかにしながら高めていく。

プレゼンの原稿を作成させる。
・全体の構成　　・説明のせりふ
・スライドなどの画面の切り替えのタイミング
・その他の工夫など，詳しく計画を記入させる。
＊グループ全員が同じ情報をもつようにさせる。

〈振り返りの項目〉
1　声の工夫：大小，高低，抑揚，スピード，明るさ
2　図・グラフ・絵・写真など資料の活用方法
3　構成の工夫
4　内容の必然性（興味をもてる内容だったか）など

5・6・7年生

ねらい▶▶▶ 自分の考えを他者が理解しやすいように，効果的に説明・表現する方法を身に付けることができる。

4時間扱い

ステップ1　【課題発見・把握】
① ●今までの学習経験をもとに，発表における効果的なプレゼンテーションについて考え，自分たちの発表の課題を把握させる。
※社会の中で行われているプレゼンテーションをあげて，それらのよさを整理し，効果的に伝える方法の工夫に活用させる。
※発表の際に分かりやすく伝える工夫として，コンピュータのプレゼンテーションソフトを利用することを前提としたうえで，自分たちのこれまでの発表について振り返らせるとよい。

ステップ2　【正しい知識・認識／価値／道徳的心情】
●プレゼンテーションは，内容を相手に伝え，理解させることを目的とした表現方法であることを理解させる。
※社会では様々な表現方法があり，相手に理解させるために工夫していることに気付かせる。また，その力が社会で求められていることを教える。
※本単元では，プレゼンテーションのレベルまで高めることを伝える。

ステップ3　【スキルトレーニング／体験活動】
② ●プレゼンテーションの方法を身に付けさせる。
※教科書の手順でプレゼンテーションの練習をする。

ステップ4　【日常実践／活用】
●教科の学習などで活用し，よさを確かめさせる。
※様々な発表の場を活用し，繰り返し実践させる。

ステップ5　【まとめ／評価】
① ●学習の意義と成果を振り返らせる。
※「ステップ4」の機会ごとに振り返り，成果と課題を明らかにしながら高めさせていく。

解説

★調べ学習や問題解決学習において，学んだことを分かりやすく友達に伝えることは大きな意味をもつ。これまでも各教科や市民科において取り組んできてはいるが，この単元では，プレゼンテーションという概念と，実際の方法について改めて学習させる。

★各教科だけでなく，市民科の教科書においても，調べる活動を設定している単元は多い。具体的なテーマを決めて，実際に学習発表会を開く時に，この単元を活用するとよい。

★この単元は，今までの発表に関する学習をレベルアップさせたものである。「ステップ2」では，これから様々な場面で行っていく多くの発表は，相手に理解させるというレベルまで高めたものにしていく意識をもたせたい。「ステップ3」は，今までの単元の繰り返しの部分もあるが，より高いレベルで身に付けることを目標とする。

評価の観点

◆プレゼンテーションの意義と方法を理解できたか。
◆学習発表会などで，工夫してプレゼンテーションすることができているか。

●はねらい，※は学習活動・手だてを示す。

教科書 p.88〜89　　　　　　　　　　　　　　　　　　　　　　　　　文化創造領域　●自己修養能力

44　生き方〜夢に向かって〜　先人から学ぶ

〈追加の参考資料：野球選手〉

松井秀喜選手
「マメは一つの証し。自分が一つずつ目標や夢を実現するために（努力）してきた。それが手のひらに残っている。」（北陸中日新聞2005年1月22日）

「結果よりも大事なのは、努力してきた道のり」（宮本慎也選手）

「夢を持つと生きることが楽しくなります。」（ダルビッシュ有選手）

「夢には、つらい時を乗り切れる力もあります。」（西岡剛選手）

「たとえ自信を失っても、続けることで光は必ず見えてきます。」（川﨑宗則選手）

以上、「夢の向こうに…強い心とやさしい心」（2008年、社団法人日本野球機構発行）より。

【ステップ1】
〈発問例〉
「みなさんは、どんな将来の夢がありますか。」
「夢をかなえるためには、どんな力を身に付けていくことが必要でしょうか。」

【ステップ2】
「名言・名句」も引用し、強い意志をもって小さな努力を積み重ねることの大切さを教える。

【ステップ3】
まだ「職業」としては決まっていない子どもには、「このような人物」という性格・態度としての目標でもよいこととする。

インタビューをしに行ったり、ゲストティーチャーとして招いたりするなど、実際に働いている人から話を聞けるとよい。
その際は、単元のねらいである「日々の積み重ねの大切さ」という視点で話が聞けるように、打ち合わせをする必要がある。

【ステップ3】
小さな努力の積み重ねを続けるには、達成感・成就感がなければ難しい。
日々の努力が目に見えるかたちで表れないことも多い。
小さな成果を確かめる場を自分で設定することも大切であるが、実感できる成果として表れるまで続けさせるために、続けていること自体を評価することも重要である。これは教師や保護者など、周りにいる者の役割である。

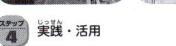

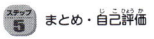

5・6・7年生

【ステップ5】
期間を決めて実行し、振り返ることができるようにする。できたことを評価し、これからも努力していこうとする意欲をもち続けることができるようにする。

【ステップ4】
学校の生活でも評価できる内容があると、実践の様子を確かめることができる。
〈例〉・あいさつをする。　・整理整頓をする。
　　　・進んで仕事をする。　・時間を守る　など

ねらい▶▶▶ 偉業を成し遂げる人の生き方や考え方を知り、夢をもち、夢に向かって一歩一歩努力することができる。

4時間扱い

① **ステップ1**【課題発見・把握】
●偉業を成し遂げる人の生き方や考え方を知り、自分の課題を把握させる。
※資料から、自分の夢を実現させた人物について知り、そのためにどう取り組んだのかを考えさせる。
※自分の夢や希望、それに向かって努力していることなどを振り返らせる。

ステップ2【正しい知識・認識／価値／道徳的心情】
●強い意志をもち、小さな努力を積み重ねることが夢の実現につながることを理解させる。
※「名言・名句」を引用して、強い意志をもち、小さな努力を積み重ねることの大切さを教える。

② **ステップ3**【スキルトレーニング／体験活動】
●自分の夢について考え、その夢を実現させるための生き方や考え方を身に付けさせる。
※夢の実現に向けた計画を立てる。
※計画は、スモールステップで設定し、取り組んでいくことを具体的にする。

ステップ4【日常実践／活用】
●日常で実践させ、よさを確かめさせる。
※計画に従い、今すべきことを実践させる。

① **ステップ5**【まとめ／評価】
●学習の意義と成果を振り返らせる。
※実践を振り返り、自分の成長を感じる小さな積み重ねができたか振り返る。

●はねらい、※は学習活動・手だてを示す。

解説
★自分の夢を実現させるためには、小さな努力を積み上げていくことが大切であることを理解させる単元である。最終的な目標は、何年も先のものになるので、中間目標として、現段階でするべきことを設定し、努力したことの成果に気付かせ、成就感をもたせることが大切である。「将来の夢」がテーマになる時には、将来設計領域の学習（3・4年生「40　未来の自分に向かって〜ゆめに近づくために〜」など）を振り返りながら学習を進めていくと、より効果的である。

評価の観点
◆夢を実現させるためには、強い意志をもって、小さな努力を積み重ねることが大切であるということを理解できたか。
◆夢を実現させるための計画を実践することができているか。

参考情報
○「夢をそだてるみんなの仕事101」（講談社）
○「仕事・職業」（ポプラ社）
○「資格と検定の本」（学研）
○「21世紀こども百科しごと」（小学館）
○「知りたいなりたい職業ガイド」（ほるぷ出版）
○「なりたい職業ガイドブック」（PHP研究所）
○「13歳のハローワーク」（幻冬舎）

教科書 p.90～91　　　　　　　　　　　　　　　　　　　　　　　　　　　　　文化創造領域　●自己修養能力

◆ 偉人や先人から学ぶ～偉人伝～　偉人や先人の生き方

【ステップ1】
偉人の生き方や考え方を発表させる。

【発問例】
「どんな人の伝記を読んだことがありますか。」
「どんな人ですか。」
「何をした人ですか。」

〈野口英世〉
・病原菌と治療の研究のために自分の命をささげた人

〈キング牧師〉
・黒人差別に対して闘った人
・非暴力主義で有名な人

〈マザーテレサ〉
・貧しい人、弱っている人のために尽くした人
・ノーベル平和賞をとった人

〈キュリー夫人〉
・研究のために人生をささげた人
・ノーベル賞を複数回受賞した人

読んだことのある偉人伝から、その人の生き方や考え方を発表させる。

これらの例の人物の伝記のほかにも、学校図書館の伝記コーナーから伝記を用意し、「伝記」やその主人公たちの生き方に興味をもたせるようにする。

【ステップ3】
偉人伝は生き方や考え方の道しるべになることを教え、読書の意欲を高める。
区の図書館の団体貸し出しなどを利用し、いろいろな伝記を読むことができる環境を整える。

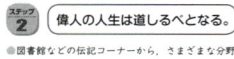

外国の偉人や、様々な分野の人物の伝記を読めるようにする。
そのためにも、じっくりと伝記を読む環境や、ある程度の期間を設ける。

【ステップ3】
読んだ中から、自分がいちばん感銘を受けた人物について、ワークシートに生き方や考え方、感想、自分の生活に生かしたいことを書かせる。

【ステップ4】
期間を決めて取り組み、意識して生活できるようにする。
ワークシートには振り返りの項目を設け、日常的に振り返ることができるようにする。

【取り上げる伝記について】
「伝記」の中でも「偉人伝」について取り上げる。「伝記」というと、現在でも活躍中の人たちの話があるが、今回は過去に生きた人たちの業績や生き方を学ぶ機会とする。

【ステップ5】
「ステップ3・4」のワークシートを使い、自分の成長を振り返らせる。
自分の考え方に影響を与えたことについて発表させる。

5・6・7年生

4時間扱い

ねらい▶▶▶ 偉人や先人の生き方から進取の精神や努力を学び、自分の生き方の参考にすることができる。

ステップ1 【課題発見・把握】
① ●偉人や先人の生き方や考え方に触れさせる。
　※読んだことのある偉人伝から、その人の生き方や考え方を発表させる。

ステップ2 【正しい知識・認識／価値／道徳的心情】
① ●偉人の生き方が自分の生き方の道しるべになることを理解させる。
　※偉人の生き方や考え方と今の自分とを比較させる。

ステップ3 【スキルトレーニング／体験活動】
① ●伝記から、その人物の生き方や考え方を読み取り、自分の生活に生かしていく方法を身に付けさせる。
　※伝記を読んで、ワークシートにその人物の生き方や考え方、感想、自分の生活に生かしたいことを書いて発表させる。

ステップ4 【日常実践／活用】
① ●「ステップ3」のワークシートに書いた「自分の生活に生かしたいこと」を、具体的に実践させる。
　※ワークシートを使って、日常的に振り返ることができるようにする。

ステップ5 【まとめ／評価】
① ●学習の意義と成果を振り返らせる。
　※ワークシートから、自分の生活・行動の成長を振り返る。
　※考え方が変わったことについても発表させる。

解説
★多くの偉人伝を読み、自分があこがれる人物の生き方について知り、自分の生活に生かしていくことがこの単元のねらいである。
★この単元では、数多くの偉人の生き方や考え方に触れさせることが大切である。そのきっかけとして、二宮金次郎、キュリー夫人、ヘレン・ケラー、宮沢賢治らを扱う。

評価の観点
◆偉人の生き方や考え方が、自分の生き方に役立つことを理解できたか。
◆偉人の生き方を知り、「自分の生活に生かしたいこと」を見付け、実践することができているか。

参考情報
【その他の偉人伝】
○田中正造　　○野口英世　　○キング牧師
○シートン　　○エジソン　　○マザーテレサ
○徳川家康　　○モーツァルト　など

●はねらい，※は学習活動・手だてを示す。

教科書 p.92〜93

文化創造領域　●自己修養能力

45 偉大な先輩から学ぶ　先人から学ぶ

【ステップ1・2】
村田兆治さんの手記から、人生観を読み取らせる。

○「攻撃的な精神と意地」
＊人との勝負事の際に必要である、と書いてあることをおさえる。人に向かっていく精神、負けん気のことであり、人を攻める精神であるととらえないように注意する。

○「私には、かならず、この日がくるとの確信があった。」
＊自分を信じて疑わない気持ちはどこからくるのか考えさせる。

○「勇気とは、限界に挑戦する精神と苦難に耐える忍耐力をいう。」
＊挑戦と忍耐を勇気と表現する村田兆治さんの考え方について話し合わせる。

○「人間には、…自然に治す力がそなわっているのだから、…」
＊ここにも自分を信じる考え方がうかがえる。

【単元について】
苦難に出会った時に、乗り越えることができるようにさせたい。5・6年生の将来設計領域「54　その道の達人に学ぶ〈1〉」では、前向きな生き方の大切さを教えている。

本単元では、乗り越えるための精神力はどこから生まれるのか考えさせる。ポイントは、自分を信じることである。自分を信じる力は、乗り越えた経験から形成させる。「ステップ3」では、経験を振り返りながら、考え方を身に付けさせる。

○「自棄的にならずに、その力がふつふつと醸成されるまで、辛抱する忍耐力が欠かせない。」
＊耐え抜けば結果が出ると信じている。今まで様々なことを乗り越えてきた経験からくる言葉。

【ステップ4】
生活の中で目標を決めて、努力を継続する。
【ステップ5】
苦難に出会った時にどうしていくか、考えを書かせる。（学習前と比較して考えさせる。）

【ステップ3】
自分が苦難を乗り越えてきた経験を、「振り返り、話し合い、まとめる」活動を行う。
そのなかで、村田兆治さんの考え方と比較させながら、レベルの違いはあるが、自分も同様に苦難を乗り越えてきたことを感じさせる。苦難を乗り越えられる自分を認知することが大切である。

①振り返る
・苦難を乗り越えたことが思い出せない場合は、できなかったことができるようになった経験でもよい。
②話し合う
・経験をグループで紹介する。困難から抜け出せないでいる時の気持ち、できるようになった時にどうしたか、その時どのような気持ちだったか、できた時の気持ち。
・村田兆治さんの考えと自分の考えを比較して、同じところを見付ける。
③まとめる
・話し合ったことを含めて、困難に出会った時から克服するまでを文章にする。

5・6・7年生

ねらい▶▶▶ 自分を信じて挑戦すること、苦難に耐えて努力することを人生の先輩から学び、自分の生き方に生かすことができる。

4時間扱い

① **ステップ1**【課題発見・把握】
●偉業を成し遂げた背景を、その人物の生き方や考え方から見付けさせる。
※村田兆治さんの手記から、生き方や考え方を読み取らせる。

ステップ2【正しい知識・認識／価値／道徳的心情】
●自分の力を信じ挑戦し続けること、苦難を耐え抜くことが、人生には必要であることを理解させる。
※村田兆治さんの強さは、どんな考え方が背景にあるのか考えさせる。

② **ステップ3**【スキルトレーニング／体験活動】
●自分を成長させるための考え方を身に付けさせる。
※苦しみや試練を乗り越えた経験について、「振り返る、話し合う、まとめる」という活動を通して、自分を信じて挑戦し続けること、苦難を耐え抜くことが大切であるという考え方を確認させる。

ステップ4【日常実践／活用】
●身に付けた考え方を日常で生かし、努力を続けさせる。
※努力を続けることで結果が生まれることを信じ、生活の中で目標を決めて努力し続けさせる。

① **ステップ5**【まとめ／評価】
●学習の意義と成果を振り返らせる。
※苦難に出会った時、自分はこれからどうしていくか、自分の考えを書かせる。

●はねらい、※は学習活動・手だてを示す。

解説

★「諦めない精神」へのこだわり、「歯を食いしばるような努力」の自負。村田兆治さんの手記には、他を圧倒する精神力が感じられる。つらさや苦しさから逃げて楽な道を選んでいないか、自問する時間をもたせたい。また、「頑張る」「努力する」という気持ちを具現化するためには、具体的な目標をもつことが必要であることを理解させる。ただし、努力や行動が伴わず、言葉を掲げるだけでは、今の自分を超えることができないということを理解させたい。

★単元45、46、47が、7年生の自己修養能力の単元として設定されている。どれも苦難を乗り越え、自分を高めていくための努力の必要性を訴えるものである。単元45は自尊心、単元46は指標をもつこと、単元47は目標とする人物をもつことである。それぞれ別の単元として設定しているが、統合した単元として設定し、そのなかで3つの指導項目を扱うこともできる。

評価の観点

◆自分の力を信じ挑戦し続けること、苦難を耐え抜くことが、人生には必要であることが理解できたか。
◆自分自身を向上させるための努力をすることができたか。

参考情報

○村田兆治さんの実績等の情報掲載ページ
日本プロ野球名球会ホームページ
http://www.meikyukai.co.jp/index.html

教科書 p.94～95　　　　　　　　　　　　　　　　　　　　　　　　文化創造領域　●自己修養能力

46　生きていくための道しるべ　生きていくための目的

【ステップ1】
　自分のあり方や生き方について，自分の考えを認識させる。
＊事前調査
①「自分が生き方として心がけていることはありますか。」
②「それを短い言葉で表してみましょう。」
＊一覧にして学級の実態として把握させる。

【ステップ1】
　人生訓や処世訓についての書物の存在に気付かせる。
○論語の内容を学習する。
＊教科書の例以外にも，『論語』の中の言葉を多く提示する。

【ステップ2】
　強い意志をもって生きることが大切であることを教える。
＊子どもたちには，7年生の現在も含めて，人生の中で迷ったり悩んだりすることは誰にでもある，あたりまえのことであるということをまずおさえる。

【ステップ2】
　人生で大切にすべきことは何か，迷ったときに軸となる考え方をもっているかを考えさせる。迷ったりつまずいたりしたときに，頼りにするものとして，自分の生き方の軸をもつことが大切であることを教える。

『論語』には，その軸となる人生訓が多くある。
8・9年生の単元「◆　生き方の座標軸」（格言）に発展させていく。

【ステップ4】
　選んだ言葉を指標として，日々の生活を振り返りながら生活させる。ワークシート等を活用し，定期的に振り返りができるようにする。日記をつけさせてもよい。

【ステップ5】
　指標をもって生活したことで，自分のあり方や生き方についての考え方にどのような変容があったか振り返らせる。事前調査と比較して確かめさせる。

【ステップ3】
1『論語』から，事例以外の多くの言葉と意味を紹介する。
2多くの言葉から自分に合った言葉を選び，なぜ選んだのか，またどのような場面にその言葉がふさわしいか考えさせ，発表させる。
〈選ぶ視点：参考〉
○人生にとって大切なもの，忘れてならないものは？
○人とのかかわり合い方で最優先すべきことは？
○人生の岐路で選択するときの規準・考え方は？
○あなたの心のよりどころとは？

【ステップ3】
＊発展学習として，『論語』に限らず，「スポーツ選手の名言集」や「社会で成功した企業家の名言集」「哲学者の言葉」などから探したり，「格言・金言集」を資料にしたりすることも考えられる。

5・6・7年生

ねらい▶▶▶『論語』から人間の生き方を学ぶことができる。また，自分のあり方，生き方について指標をもつことができる。

4時間扱い

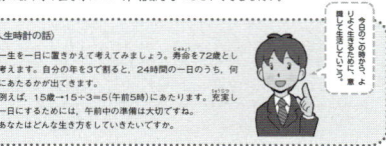

ステップ1　【課題発見・把握】
●自分のあり方や生き方について，自分の考えを認識させる。
●人生訓や処世訓についての書物の存在に気付かせる。
※自分の生き方について，心がけていることを短い言葉で表現させる。
※『論語』について，その成立や内容について学習させる。

ステップ2　【正しい知識・認識／価値／道徳的心情】
●自分のあり方や生き方についての指標をもち，強い意志をもって生きることの大切さを理解させる。
※『論語』が，人のあり方，生き方の指標となっていることを読み取らせる。
※心が迷ったり，悩んだりしたときに，『論語』が自分の生きる方向を定めるうえで役立つことを教える。

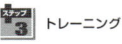

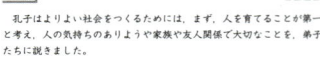

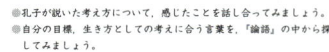

ステップ3　【スキルトレーニング／体験活動】
●『論語』から，自分のあり方や生き方の指標をもたせる。
※自分の考えに合う『論語』の言葉を探し，今の自分の課題に対してどのように生かすことができるのかを考えさせる。
※「よりよい人間関係」「生き方」「職業観」などについて，必要，大切だと思う事柄を短い言葉にまとめさせる。

ステップ4　【日常実践／活用】
●『論語』の中から選んだ言葉を，日々意識して生活させる。
※選んだ言葉を指標として，日々の生活を振り返りながら生活させる。
※ワークシート等を活用し，定期的に振り返りができるようにする。

ステップ5　【まとめ／評価】
●学習の意義と成果を振り返らせる。
※指標をもって生活したことで，自分のあり方や生き方についての考え方にどのような変容があったか振り返らせる。

解説
★『論語』は，日本人の考え方や日本の教育において，大きな影響を与えている中国の書物である。孔子の言葉はなぜ長い年月を経ても色あせないのか，『論語』の言葉により多く触れさせることで考えさせたい。
★『論語』以外にも，子どもが感動し，覚えている言葉などを発表させ，自分の心のよりどころになった人物や書物などに触れさせるのもよい。進路指導で将来への関心などに関連させることも効果的である。
★単元45，46，47が，7年生の自己修養能力の単元として設定されている。どれも苦難を乗り越え，自分を高めていくための努力の必要性を訴えるものである。単元45は自尊心，単元46は指標をもつこと，単元47は目標とする人物をもつことである。それぞれ別の単元として設定しているが，統合した単元として設定し，その中で3つの指導項目を扱うこともできる。

評価の観点
◆自分のあり方や生き方についての指標をもち，強い意志をもって生きることの大切さが理解できたか。
◆自分の「生き方」に対する指標となる言葉を踏まえ，生活や学習に役立てているか。

参考情報
○「論語」に関する書籍を参考にするとよい。

●はねらい，※は学習活動・手だてを示す。

教科書 p.96〜97　　　　　　　　　　　　　　　　　　　　　　　　文化創造領域　●自己修養能力

47　生き方の手本となる人物を見つける　自分の好きな人物の生き方

【ステップ1】
自分のあり方や生き方について、自分の考えを認識させる。
＊事前調査
①「自分が生き方の手本としている人物はいますか。」
②「その人のどんな生き方、考え方を手本にしていますか。」
＊一覧にして学級の実態として把握させる。

【単元について】
単元45,46,47の自己修養能力は、共通して困難を乗り越える生き方を推奨している。その考え方をどう形成するかの違いにより、3つの単元を設定している。本単元は、手本となる人物の設定である。

手本となる人物として3人の例示をしているが、多くの偉業は苦難にくじけなかった結果である。より多くの人物から生き方を学び、自分の人生観を形成していくことが大切である。

【ステップ3】
選んだ人物の伝記を読んで、その人の生き方、考え方を学び取る。
〈学び取る視点〉
1 偉人が人生を変えるきっかけになったことは何だろう。
2 偉人の人生から学んだことは何だろう。
3 自分が今の生活を送るうえで、手本にすることは何だろう。

＊かつて子どもたちにとっての生き方のモデルは、保護者や教師、偉人であった。しかし価値観の多様化に伴い、その対象は多岐にわたっている。だからこそ、価値のある望ましいモデルを子どもたちに伝え、確固とした自己の確立を求めさせることが大切である。

【ステップ1】
生き方の手本となる人物の存在に気付かせる。
・3人の偉人の生き方について学習する。

【ステップ2】
手本となる人物の生き方を学び、強い精神力を身に付け、苦難を乗り越えていくことが大切である。
＊教科書の3人が苦難を乗り越えて生きてきた精神力の源を考えさせる。

5・6・7年生

【ステップ4】
偉人の人生の何をモデルにして自分に生かそうとするのか、これまでの学習を踏まえて考えさせる。
期間を限定して行動目標を決め、校内生活や家庭、地域での活動の中で意識的に行動させる。

【ステップ5】
手本となる人物の生き方を意識したことで、自分のあり方や生き方についての考え方にどのような変容があったか振り返らせる。事前の調査と比較して考えさせる。

ねらい▶▶▶ 偉人伝を読み、苦難を乗り越える生き方に共感することができる。

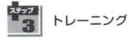

4時間扱い

ステップ1【課題発見・把握】
●自分のあり方や生き方について、自分の考えを認識させる。
●生き方の手本となる人物の存在に気付かせる。
※自分の生き方の手本となる人物とその理由をあげさせる。
※ベートーヴェン、サリバン、棟方志功の生き方に共通する点を考えさせる。

ステップ2【正しい知識・認識／価値／道徳的心情】
① ●手本となる人物の生き方を学び、強い精神力を身に付け、苦難を乗り越えていくことが大切であることを理解させる。
※3人の生き方について詳しく調べ、苦難を乗り越えていくときの行動や考え方の特徴を見付ける。
※困難に直面したときに、彼らはどのように行動しているのか読み取らせる。また、自分自身と比較させ、自分の生き方を考えさせる。

ステップ3【スキルトレーニング／体験活動】
●自分の生き方の手本となる人物の生き方、考え方を見付けさせる。
② ※自分があこがれる人物の生き方を調べる。
※自分のこれからの生き方や考え方に参考になることや、取り入れられることを考えさせる。

ステップ4【日常実践／活用】
●学んだことを意識して生活させる。
※手本となる人物の生き方から学んだことを、自分の生活に生かす。
※ワークシート等を活用し、定期的に振り返りができるようにする。

ステップ5【まとめ／評価】
●この学習の意義と成果を振り返らせる。
① ※手本となる人物の生き方を意識したことで、自分のあり方や生き方についての考え方にどのような変容があったか振り返らせる。

解説

★教科書にあげられた3人は、大きな苦難を乗り越え、自らの努力によって成功を収めた人物である。まず、3人の生き方を学び、共感させることが大切である。

★自分があこがれている人物の生き方を参考にさせるには、図書館と連携して多くの伝記を準備するとよい。また、新聞に掲載された中から、参考になる人を探させる方法もある。

★単元45,46,47が、7年生の自己修養能力の単元として設定されている。どれも苦難を乗り越え、自分を高めていくための努力の必要性を訴えるものである。単元45は自尊心、単元46は指標をもつこと、単元47は目標とする人物をもつことをねらっている。それぞれ別の単元として設定しているが、統合した単元として設定し、その中で3つの指導項目を扱うこともできる。

評価の観点

◆手本となる人物の生き方を学び、強い精神力を身に付けて苦難を乗り越えていくことが大切であることが理解できたか。
◆偉人の生き方を自分の生き方に生かし、目標に向かって努力することができたか。

●はねらい、※は学習活動・手だてを示す。

147

教科書 p.98〜99　　　　　　　　　　　　　　　　　　　　　　　　　将来設計領域　●社会的役割遂行能力

48　一人の力が大きな力に　学校行事などにおける役割と責任の大切さ

【単元について】
本単元は、「将来設計領域」の「社会的役割遂行能力」の向上をねらっている。

よりよい社会の実現のために、自分が果たすべき役割を正しく認識し、相互協力のもと、進んで社会貢献に取り組むことができる子どもの育成を目指している。

学校行事の係を振り返らせ、その責任や役割によって行事が支えられていることに気付かせ、その必要性を理解させる。さらに自分が取り組むべき役割を考えさせながら、日常生活を見直し、改善を図らせていく。

行事の成功は、一部の活躍だけではなく、それを理解し、協力する存在も重要であることを知らせるとよい。

関連して、「50　集団における役割と責任」の単元がある。本単元では、一つの行事を全員が一役担い合って取り組むことによって、行事が成功することを学ばせていく。

5・6・7年生

【ステップ1】
行事で一所懸命に取り組んだこと、努力したことについて考えさせるようにする。実際に子どもが参加した行事の写真を用意し、黒板に掲示するとよい。行事ごとに思い出させ、その時の役割について振り返らせる。

写真から、どのような役割か考えさせる。
＊全校のために活躍する係。責任の重い係。痛い思いをしながらも、下学年の役に立つ係。うまくいってあたりまえ、ミスが許されない係。練習の機会が少なく、緊張する係。高学年生だからこそできる係。

【ステップ3】
学校の行事予定をもとに、これから取り組む行事について、具体的な話し合いをさせるようにする。
＊自分の役割を考えながら、行事の成功に向けて、活動の見通しをもたせ、順序立てて行動していく力を身に付けさせていく。
自分の得意な分野を生かすことも考えられるが、今まで経験しなかったことにあえて挑戦し、新たな自分のよさを見いだすことの素晴らしさにも触れる。
単にリーダーとしての役割の遂行のみならず、フォロワーとしての協力的な役割も重要であることをおさえる。

【ステップ2】
一所懸命を例に、行事に取り組む姿勢を教える。
＊必要に応じて、鎌倉時代の御恩と奉公の関係について説明を加える。
「一人はみんなのために、みんなは一人のために」という言葉にも触れるとよい。

【ステップ5】
自分で立てた目標に対する自己評価を行い、目標を設定し直させ、さらなる成長を目指させたい。
相互評価をさせ、努力した子どもを認める場面を設定し、達成感や次の活動への意欲の高まりを感じられるようにしたい。

【ステップ4】
子どもが決めた目標は、教室に掲示し常に見えるようにし、日常的に評価していく。
帰りの会等で、互いに発表し合ってもよい。

ねらい ▶▶▶ 学校行事などでの役割の大切さを自覚し、進んで役割を引き受けたり、責任をもってやり遂げたりすることができる。

4時間扱い

ステップ1　【課題発見・把握】
●学校行事を振り返り、行事の成功を陰で支えているものに気付かせる。
※自分の経験を振り返り、一所懸命に取り組んだり努力したりした自分や、そうできなかった自分に気付かせる。

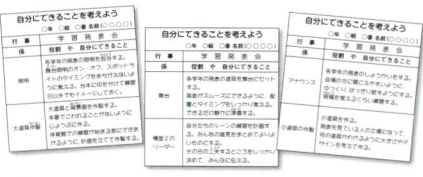

① ステップ2　【正しい知識・認識／価値／道徳的心情】
●一人一人が自分の役割を果たすことにより、大きな成果が得られるということを理解させる。
※「一所懸命」を例に、行事に取り組む姿勢を教える。

ステップ3　【スキルトレーニング／体験活動】
● 教科書の手順にそって、話合いや調べ学習を行い、大きな行事を成功させるために必要なことを身に付けさせる。
② ※役割を分担して取り組むこと、責任を果たすことを教える。
※役割分担の手順を教える。

ステップ4　【日常実践／活用】
●自分が受けもっている係・委員会活動、当番活動について、進んで取り組んでいるか、役割を果たしているかなどを見直させる。
※日々の生活の中で振り返り、取り組みについて改善させていく。

ステップ5　【まとめ／評価】
●学習の意義と成果を振り返らせる。
① ※自分の役割に責任を果たすことの大切さについての理解、毎日の生活の変容について振り返らせる。

解説

★高学年になると、学校行事においては、役割を担う機会が増す。積極的に取り組み、活躍すれば、学校全体への貢献を実感することができる。一方で、その責任の重さと日常生活の多忙さなどから、役割を回避しようとする心情も生じやすくなっている子どももいる。そこで、目的を達成し、大きな成果を得るためには、縁の下の力持ち的な存在が不可欠であることを改めて理解させていく。

★行事に向けての指導だけでなく、日常化を図るために、日々の係活動や委員会活動などの取り組みについて、意図的に振り返らせる場を設定し、責任をもって取り組む姿勢を身に付けさせることが大切である。

★行事や学校生活は、一部の子どもの活躍だけでは成立しないことも事実である。リーダーの役割を理解し、協力し合う存在も必要である。本単元を通して、協力者の役割にも焦点を当て、両者のよりよい役割について理解し、身に付けさせていくことが必要である。

評価の観点
◆役割に対して、責任をもって取り組むことの大切さを理解できたか。
◆毎日の生活の中で実践し、生活を改善し、向上しようと努力することができているか。

148　●はねらい、※は学習活動・手だてを示す。

教科書 p.100〜101　　　　　　　　　　　　　　　　　　　　将来設計領域　●社会的役割遂行能力

49　ボランティア活動の体験をしよう　これからの地域社会へ貢献する意識

【ステップ1】
子ども自身がボランティア活動によって、たくさんの恩恵を受けていることに気付かせる。
・83運動
・近隣セキュリティシステム協力者
・こども110番の家
・地域のお祭り
・ラジオ体操
・町内会活動
・PTA活動
・学校図書館ボランティア　など

人に喜ばれることが自分の喜びになること、自分の興味関心のあることで、人の役に立てることをおさえたい。

ボランティア活動の現状に気付かせる。
・先進国では大勢の人が取り組んでいること
・日本でも4人に1人が体験していること

【ステップ1】
具体的な例をもとにして、ボランティア活動とはどのようなものなのか、様々な取り組みがあることを共通理解させたい。子どもにボランティア活動の経験があれば、その内容、きっかけ、メンバー、その時の感想などを発表させる。

〈ボランティア活動でおさえたいこと〉
①自分の成長のために行う活動であること
②他の人のために役に立つ活動であること
③計画的で責任をもって続ける活動であること
④無償で見返りを求めない活動であること

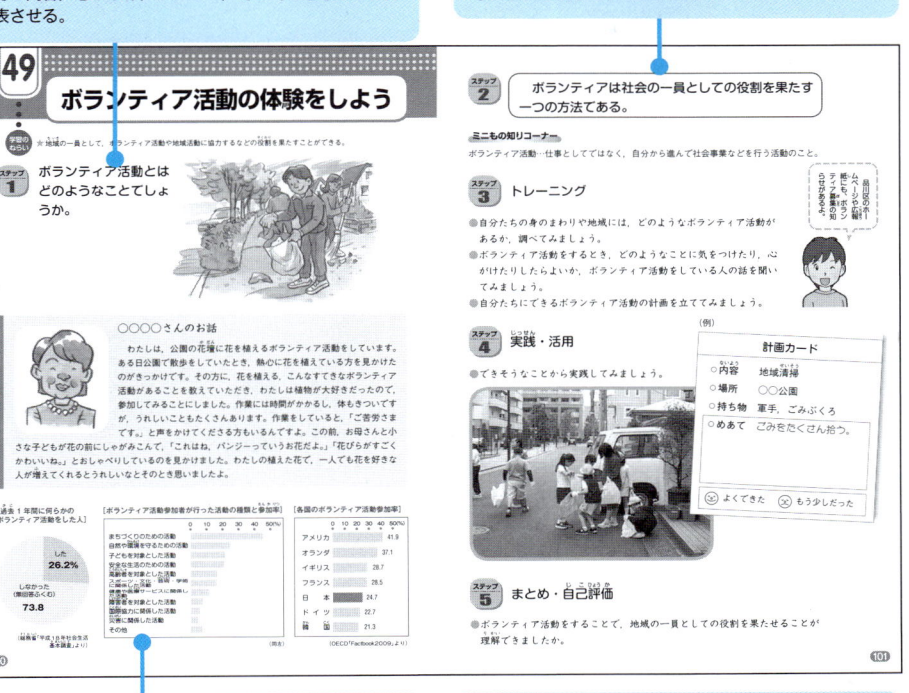

【ステップ4】
〈例〉
・地域清掃
・地域のお祭りの手伝い
・PTA行事の手伝い
・連携校の行事の手伝い　など

＊「お手伝い」という役割であっても、責任もって取り組むことの大切さについて考えさせ、やり遂げさせる充足感をもたせることが大切である。

＊地域清掃においては、素手で拾うには危険な場合もあるので、軍手を着用させ、分別できるよう複数のごみ袋を用意させるとよい。

＊地域で活動させる際は、あいさつやマナー、活動時間、交通安全等にも十分配慮させる。

5・6・7年生

ボランティアの内容・役割は多様であることに気付かせる。自分たちが経験したボランティア活動の内容を振り返らせたり、今まで出会ったボランティア活動がどういう役割を担っていたのか考えさせたりする。

【ステップ5】
・意欲的に取り組んでいた子どもの姿を紹介したり、子どもの活動が誰のために役立っているのかを伝えたりして、達成感を高めたい。
・活動を通して得た感謝や励ましの言葉があれば想起させ、次の活動への意欲につなげさせる。

ねらい▶▶▶ 地域の一員として、ボランティア活動や地域活動に協力するなどの役割を果たすことができる。

5時間扱い

ステップ1 【課題発見・把握】 ①
●各種資料をもとに、ボランティア活動の実態や課題を通して、その内容や役割に気付かせる。
※グラフや統計から、わが国のボランティア活動の現状について気付かせる。

ステップ2 【正しい知識・認識／価値／道徳的心情】 ①
●自主的に社会の一員として役割を果たすことが、ボランティア活動の基本であることを理解させる。
※ボランティア活動についての4項目をおさえる。

ステップ3 【スキルトレーニング／体験活動】 ③
●ボランティア活動についての調べ学習や教材を通して、ボランティア活動に対する正しい考え方や方法などを身に付けさせる。
※自分たちにできることは何か、どのようにすればよいか考えさせ、計画を立てる。

ステップ4 【日常実践／活用】
●計画をもとに実践させ、地域の一員としての気持ちを高めさせる。
※実践をもとに、自分たちが地域社会の一員であることに気付かせる。

ステップ5 【まとめ／評価】 ①
●学習の意義や成果を振り返らせる。
※ボランティア活動の意義や目的への理解、ボランティア活動の計画と実践について振り返らせる。

解説
★ボランティア活動を行わせるためには、まず、その意義や目的をきちんと子どもたちに理解させることが重要である。特に、ボランティア活動は相手があることなので、いいかげんな気持ちで行うと、相手に多大な迷惑をかけることになるということを教師自身が認識しておく必要がある。

評価の観点
◆地域の一員としての役割と、ボランティア活動の意義や目的を理解できたか。
◆身近なボランティア活動に関心をもち、進んで実践することができているか。

参考情報
○品川ボランティアセンター
　http://shinashakyo.jp/volunteer/index.html
○品川区ボランティア総合情報センター
　http://www.city.shinagawa.tokyo.jp/jigyo/volunteer/index.shtml
○東京ボランティア・市民活動センター
　http://www.tvac.or.jp/

●はねらい、※は学習活動・手だてを示す。

教科書 p.102〜103

将来設計領域 ●社会的役割遂行能力

50 集団における役割と責任　学校行事などにおける役割と責任の大切さ

【関連する単元】
○5年生または6年生で学習した「48 一人の力が大きな力に」
・一つの行事に向けて、責任もって役割を果たせば、その行事を成功させることができることを学んだ。
・行事ごとに、自分が取り組むべき役割について具体的に考えさせた。
・日常における係や当番活動等の取り組みについて振り返らせ、改善させた。

【ステップ1】
「移動教室を通して、わたしたちは何を学ぶのでしょう。」
・大自然の素晴らしさ
・伝統工芸、工業、歴史、学習発表
・友達と協力し合って生活すること
・友達のよさを知る

「移動教室の成功とは、どのようなこと(状態)なのでしょうか。」

「どうすれば、それが実現するのでしょうか。」

＊集団生活を通して、成長するということを考えさせる。

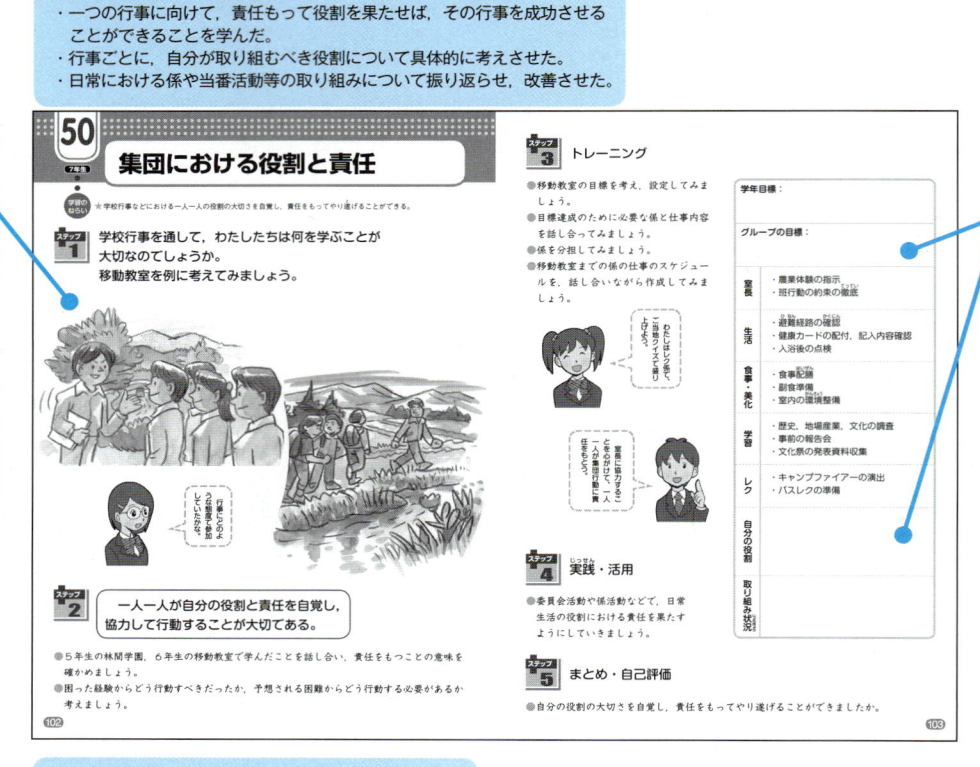

【ステップ2】
○林間学園等について、自分の責任に欠けていた言動について振り返らせ、具体的な場面においてどうすべきだったか考えさせる。
○責任ある言動について想起させ、発表し合わせる。

○それぞれの発表から、移動教室について想定される場面と、望ましい言動について考えさせる。
○一人一人の自覚を高めることが重要である。

【ステップ3】
＊学校行事としての目標と、市民科としての目標とは、観点が異なるので区別して考えさせる。
＊目標が絵に描いた餅にならないようにさせる。
○移動教室の全体の目標を意識させながら、グループや自分の役割を考えさせ、具体的に書き込ませる。
＊途中で進行状況を発表させるのもよい。
○全体の成功に向けて、一人一人が自分の役割を正しく認識し、責任もって取り組ませることが大切である。

【ステップ4】
日々の学校生活を送るなかで、係・委員会活動や当番活動において、自分の役割を自覚して、責任もって取り組むことができているか評価する。

【ステップ5】
移動教室の実行委員会による反省アンケートの作成と、その活用を図る。

5・6・7年生

ねらい▶▶▶ 学校行事などにおける一人一人の役割の大切さを自覚し、責任をもってやり遂げることができる。

2時間扱い

ステップ1 【課題発見・把握】
① ●移動教室に向けて、学習したり、身に付けたりする課題を把握させる。
※移動教室の活動内容の説明を通して、自分が取り組む課題を把握させる。

ステップ2 【正しい知識・認識／価値／道徳的心情】
① ●一人一人が自分の役割を理解し、責任を果たすことの大切さを理解させる。
※林間学園における、自分や友達の責任ある言動について振り返らせ、移動教室における望ましい言動について考えさせる。

ステップ3 【スキルトレーニング／体験活動】
② ●移動教室を例に、学校行事への主体的なかかわり方を身に付けさせる。
※移動教室に向けて、目標を設定し、そのために必要な係と仕事内容を話し合わせ、係の分担をさせる。
※全体の成功に向けて、一人一人が自分の役割について考え、責任もって取り組めるように、具体的なめあてをもたせて実行させる。

ステップ4 【日常実践／活用】
●身に付けたことを日常生活の中で実践させる。
※委員会や係・当番活動等、日常生活の中において役割を果たすよう実践させる。

ステップ5 【まとめ／評価】
① ●学習の意義と成果を振り返らせる。
※役割分担の仕方、係活動に取り組む姿勢について、変容を確かめさせる。

解説

★7年生における移動教室は、6年生の時よりさらにグループで活動する場面が多くなる。係を決めて取り組ませることは、今までもどの学校においても行われていることではあるが、実際には班長に責任の多くが課せられていたり、名前ばかりの係で、責任を果たしていなかったりすることがある。そこで、この単元では、移動教室の成功に向けて、グループで各自の仕事内容をきちんと確認し、個々が責任をもって最後まで取り組む姿勢を改めて身に付けさせたい。

★自分なりに努力した、責任を果たしたということでも、周りから認められるレベルに達していなければ、責任を果たしたとはいえない。責任を果たすということが、どこまでのレベルを求められているのかの基準をしっかり示す必要がある。

評価の観点

◆行事においての一人一人の役割を自覚することができたか。
◆様々な活動の中で、自分の役割と責任を果たすことができているか。

150　●はねらい、※は学習活動・手だてを示す。

教科書 p.104～105　　　　　　　　　　　　　　　　　　　将来設計領域　●社会認識能力

51　現在の消費における問題　現在の消費における問題と原因

【ステップ1】
上の2つは悪質商法の名称ではなく，販売方法の形態。悪質な場合も多い。

他の悪質商法として，アポイントメント商法，霊感商法，ワンクリック詐欺不当請求，架空請求詐欺，ネズミ講，催眠商法，ネガティブ・オプション，点検商法，資格商法，デート商法などがある。

「絶対にお得です」「損はさせません」「あなたが選ばれました」「楽しい集まりがある」「アンケートに協力して」等，言葉巧みであることが多い。

悪質商法ではないが，振り込め詐欺への注意喚起をする。

【ステップ2】
困ったときは，まず相談！　2009年9月，消費者問題から消費者を守るため，消費者庁が設置され，行政の対応が一元化された。
①消費者→相談・通報→②各地の消費者センター→連絡→③消費者庁→指導→④企業→情報→⑤消費者

【ステップ3】
吹き出しの例としては，様々な言葉が入れられる。ロールプレイで用いた言葉を板書し，被害に遭いそうなパターンを認識させる。①本当に必要かよく考え，契約する。②必要がないなら，「いりません」と断る。

【ステップ4】
「いいです」「けっこうです」のような，肯定・否定のどちらにも受け取れる表現を用いたことにより，法的に消費者が不利益を被ることはない。

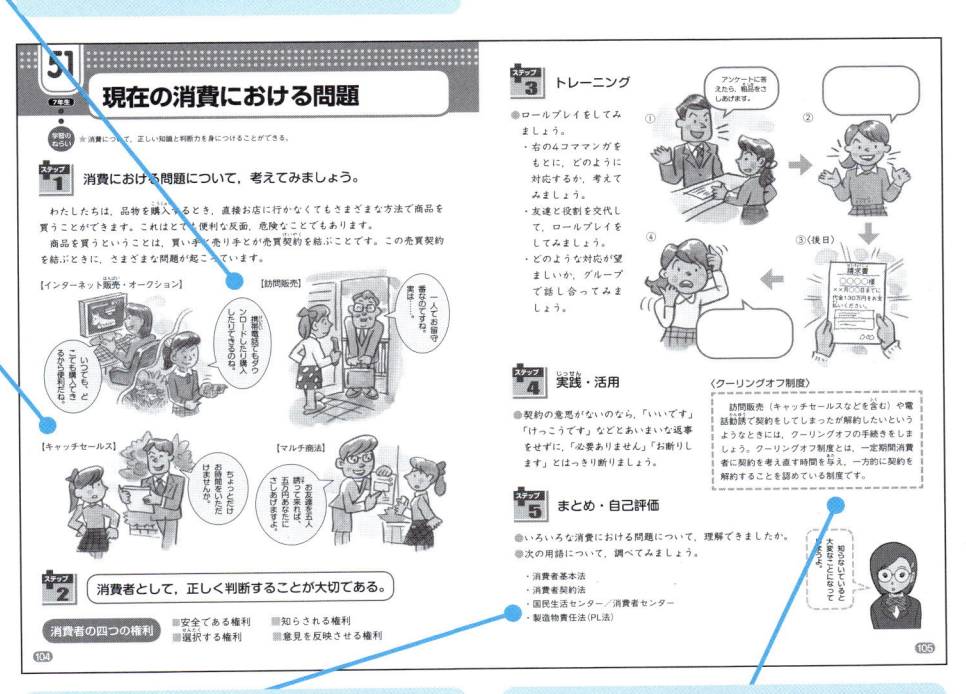

【ステップ5】
〈消費者基本法〉
1968年に消費者を保護するための「消費者保護基本法」が制定されたが，社会状況の変化(規制緩和，高度情報通信社会)等にも対応するため，消費者がより自立するための支援を目的に，「消費者基本法」と改正・改称された。消費者の権利，事業主の責務，行政機関の責務等を規定している。2004年6月施行。

〈消費者契約法〉
消費者と事業者との間の情報の質・量，交渉力の格差を是正するため，事業者の一定の行為により消費者が誤認や困惑した場合，契約を取り消すことができる等，消費者の利益を守り，国民生活の安定向上と国民経済の健全な発展を目的とする。2001年4月施行。

〈製造物責任法(PL法)〉
製品の欠陥によって消費者が被害を受けた時，たとえメーカーに過失がなくても，製造者であるメーカーに被害の救済を義務付けるという消費者の権利を守るための法律。1995年7月施行。

国民生活センターとは，国民生活の安定と向上を図るため，生活に関する情報の提供・調査・研究(消費者問題を扱い，商品テストの実施，苦情処理，危害情報の収集等)を行うことを目的に設置された機関で，全国の自治体に設けられている消費生活センターの中心的役割を担う。

一般に，契約の取り消しには，特定商取引法等によるクーリングオフと消費者契約法との場合がある。両方が可能な場合はどちらを適用してもよいが，無条件の解約という点から，クーリングオフの方が金銭の発生もなく，消費者に都合がよい。

5・6・7年生

ねらい ▶▶▶ 消費について，正しい知識と判断力を身に付けることができる。

3時間扱い

ステップ1　【課題発見・把握】
● 消費生活(物やサービスをお金で買う)について，社会の課題を把握させる。
※イラストをもとに，契約の意味を考えさせ，契約を結ぶ時に様々な問題が起きていることに気付かせる。

①**ステップ2**　【正しい知識・認識／価値／道徳的心情】
● 消費者として，正しい判断と責任をもつことの大切さを理解させる。
※消費者のもつ権利や，消費者基本法や製造物責任法(PL法)について理解させる。
※製造物責任法の制定や消費者庁の設置について理解させる。

①**ステップ3**　【スキルトレーニング／体験活動】
● 消費における問題の対処法を身に付けさせる。
※教科書の手順にそって，ロールプレイをさせる。

ステップ4　【日常実践／活用】
● 身に付けたことを日常で意識させながら生活させる。
※日常生活で学習した場面に出会った場合，態度をあいまいにすることなく，はっきりと断るように，言葉遣いに気を付けて対応させる。

①**ステップ5**　【まとめ／評価】
● 学習の意義と成果を振り返らせる。
※消費における問題の理解と対応方法について，自分の変容を確かめさせる。

解説
★ケネディ大統領が宣言した消費者の権利は，フォード大統領によって，消費者教育を受ける権利が追加された。その後さらに追加され，現在では，8つの権利をあげている。日本では，1968年に定められた消費者保護基本法が改正・改称され，2004年6月に消費者基本法が施行された。

★子どもに消費者として，正しい知識と判断力，および責任をもたせることが必要である。そのために，契約をめぐる様々な問題に対する理解とその対応方法の習得が大切である。

評価の観点
◆消費における様々な問題について理解することができたか。
◆消費に関することに対して，正しく対応することができているか。

参考情報
○家庭科(7年生で学習)および社会科公民的分野(9年生で学習)の教科書に，悪質商法，消費者問題，クーリングオフ等の記載がある。
○品川区ホームページの「暮らし」の中の「消費生活」の「消費生活相談」には，「訪問販売のトラブル」，「クーリング・オフ制度」，「さまざまな悪質商法」が記載されている。
○品川区消費者センター(大井1-14-1　大井1丁目共同ビル)では，消費生活についての相談，援助，啓発などを行っている。

●はねらい，※は学習活動・手だてを示す。

教科書 p.106

将来設計領域　●社会認識能力

★　スチューデント・シティ・プログラム　スチューデント・シティ・プログラム

【事前1】人はなぜ生きていくことができるのか
●社会と自分のかかわりを認識させ，人が生きていける仕組みを理解させる。
※「モノ」や「サービス」によって生活ができていること。
※「必要なもの」と「欲しいもの」という基準があること。
※Aを取ればBは取れなくなる。取れなくなるBについてもよく考えて判断する必要があること。（オポチュニティ・コスト）

【事前2】生活とお金の関係，銀行の役割
●「生活」と「お金」の関係について理解させる。
※「働く力」「モノやサービス」「お金」の関係と仕組み，その中における「銀行」の役割等，社会の循環の仕組みを理解させる。
※仕事選びの準備は宿題とする。

【事前3】仕事をする意味，仕事選びと会社の仕組み
●共存社会を保つために，仕事をする意義と責任があることを理解させる。
※人が仕事をすることで「モノやサービス」が生み出され，生活を支え合っている。社会はお互いが仕事を通じて助け合っていることを教える。

【事前4】価格・コスト・利益の関係
●モノやサービスの価格の決定について，コストと利益の概念から理解させる。
※売上＞コストでないと利益は出ないことを理解させる。
※コストの計算，販売単価の決定の練習をする。

【事前5～6】ビジネスプラン作り
●自分の会社のビジネスプランを作成させる。
※各会社のビジネスプランを作成させる。
※ビジネスコストは銀行で借りることになる。

【事前7～8】スチューデント・シティへ行く準備
●スチューデント・シティでの仕事の内容や，電子マネーの使い方を理解させる。
※ブースごとのグループになり，当日の確認を行う。
※電子マネーの使い方，当日の流れを説明する。

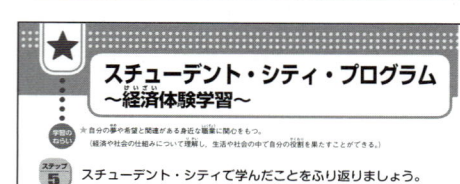

【ステップ4】の扱い
スチューデント・シティが疑似体験ではなく，本物の体験活動と考え，事後の振り返りを行った後に，学んだことを生かして実践させるようにするとよい。

※スチューデント・シティでは，仕事と消費の両方の立場を体験する。仕事による報酬，そのお金を使って「モノやサービス」を買う。これは，会社としても個人としても同様である。

【当日9～14】スチューデント・シティ
●具体的な場面において，個人・集団としての意思決定の力を身に付けさせる。
※スチューデント・シティ内では，社会人という意識で仕事，生活をさせる。
★保護者ボランティア・引率教員のかかわり
・子どもたちは社会人として生活をしている。社会のルール，マナーについても，社会人の先輩としてかかわる必要がある。
・ブースでの運営については，できるかぎり子どもたちの主体性を生かす。
・活動は3つのピリオドに分かれている。上手に会社を運営していくことが大切なのではない。回を重ねるごとに自分たちで課題を発見し，対応策を考え，協力して克服していくことが大切である。社内会議を通し，集団での意思決定の力を育成していることを意識する。

【事後15】スチューデント・シティで学んだこと
●学習の成果と意義を振り返らせる。
※社会や経済の仕組み，「共存」の意味などについてまとめる。
・社会の仕組みについて
・自分の将来の仕事について
・自分と社会のこれからのかかわり方について
・働くことの意義について
これらのことについて振り返らせる。

5・6・7年生

ねらい ▶▶▶ 自分の夢や希望と関連がある身近な職業に関心をもつ。（経済や社会の仕組みについて理解し，生活や社会の中で自分の役割を果たすことができる。）

15時間扱い

ステップ1　【課題発見・把握】
●社会と自分のかかわりを認識させ，人が生きていける仕組みを理解させる。
※「モノ」や「サービス」によって，生活することができることを理解させる。

ステップ2　【正しい知識・認識／価値／道徳的心情】
●社会の経済活動について認識させる。
※「生活」と「お金」の関係について理解させる。
※共存社会を保つために，仕事をする意義と責任があることを理解させる。
※モノやサービスの価格の決定について，コストと利益の概念から理解させる。
※会社のビジネスプランを作成させる。
※スチューデント・シティでの仕事の内容や，電子マネーの使い方を理解させる。

ステップ3　【スキルトレーニング／体験活動】
●具体的な場面において，個人・集団としての意思決定の力を身に付けさせる。
※スチューデント・シティ内で，社会人として仕事，生活をさせる。

ステップ4　【日常実践／活用】
●学習したことを生活の場面で活用させる。
※スチューデント・シティで学んだ集団での協力や意思決定，社会のマナーなどを，生活の場面で活用させる。

ステップ5　【まとめ／評価】
●学習の意義と成果を振り返らせる。
※社会や経済の仕組み，「共存」の意味などについてまとめる。

解説
★将来設計領域の社会認識能力に設定された社会体験プログラムである。子どもたちは，自分が選んだ仕事を通じて，会社の営業活動や会計処理を行ったりする一方，消費者にもなって計画的にモノを買ったりと，立場の違う活動を同時体験する。その体験活動を通して，生活は人々がそれぞれの役割を分担し，お互いに支え合い，補い合う共存社会の中で成り立っていること，社会や経済の仕組みを具体的に理解していく。
★社会の仕組みを外から理解するのではなく，中にいるものとして理解させるための体験活動である。子ども自身が意思決定し，自分の責任で活動することで，社会の一員として必要な力を実感できる。当日は，失敗を自分たちの力で乗り越えさせる経験をさせたい。

評価の観点
◆社会や経済の仕組み，共存社会の意味について理解できたか。
◆生活や社会の中で，自分の役割を果たすために行動することができたか。

●はねらい，※は学習活動・手だてを示す。

教科書 p.107　　　　　　　　　　　　　　　　　　　　将来設計領域　●社会認識能力

★ キャップス・プログラム　キャップス・プログラム

【第1時】CAPSを知ろう
～学習の流れ，経済用語の理解～
●キャップス・プログラムのねらいと見通しを伝える。また，学習で使用する用語（売上・費用・利益）などを理解させる。
※視聴覚機器を活用し，体育館等での全体指導も効果的である。
①学習の概要をつかませる。
○学習内容と進め方，目標を伝える。
②自己評価レポートを確認する。
○身に付ける力を伝え，自己評価していく視点を確認する。
・意思決定の重要性の理解
・ディスカッションの方法
③ディスカッションの方法を身に付ける。
○意思決定の流れ
○ディスカッショントレーニング

【第2時】意思決定をする（知る）
～仕入れ，売上，費用，利益の関係～
●第1回目の意思決定を行うためのディスカッションを行う。

【第3時】意思決定をする（試す）
～仕入れと注文数の関係，宣伝広告費～
●第2回目の意思決定を行うためのディスカッションを行う。

【第4時】意思決定をする（確かめる）
～宣伝広告費の分析と刺繍代への投資～
●第3回目の意思決定を行うためのディスカッションを行う。

【第5時】意思決定をする（深める）
～経営戦略の深化～
●最終の意思決定を行うためのディスカッションを行う。時間の許すかぎり意思決定を繰り返す。最後の単元のまとめを実施する。

第1時で「意思決定の重要性の理解」「ディスカッションの方法の習得」というねらいを確実におさえておく。また，各時間において，ディスカッションの重要性，意思決定の意義を適宜繰り返し触れていくようにする。

第2時から第5時において，ディスカッションの結果をその都度発表させることで，ディスカッションの深め方のヒントとなる。また，各自の役割に対する責任を意識させることができる。

意思決定には，結果責任が伴う。何かを選択するということは，反対に何かの機会を放棄していることでもある。

ディスカッションの結果のデータを指導者が入力し，業界レポートと業績レポートを各グループ（＝商店）に配付する。

単元の振り返りでは，意思決定の重要さと結果責任，様々な意見の尊重，自分と社会のかかわりについて振り返らせる。
学習したことを日常に生かしていくように伝え，学習を終える。

5・6・7年生

ねらい ▶▶▶ 商店経営体験を通して意思決定能力を育てる。

5時間扱い

ステップ1 【課題発見・把握】
●キャップス・プログラムの学習のねらいや見通しなどを理解させる。
●経済用語の意味を理解させる。
※キャップス・プログラムのガイダンスを実施する。

ステップ2 【正しい知識・認識／価値／道徳的心情】

ステップ3 【スキルトレーニング／体験活動】
●ディスカッションについての基本的なスキルを身に付けさせる。
※ディスカッショントレーニングを実施する。
●意思決定の大切さを理解させ，試させ，確認させ，深めさせる。
※帽子の価格，仕入れる箱の数について意思決定させる。（知る）
※帽子の価格，仕入れる箱の数，宣伝広告費について意思決定させる。（試す）
※帽子の価格，仕入れる箱の数，宣伝広告費，刺繍代について意思決定させる。（確かめる）
※最終の意思決定をさせる。（深める）

ステップ5 【まとめ／評価】
●学習の意義と成果を振り返らせる。
※意思決定の重要さと結果責任，様々な意見の尊重，自分と社会のかかわりについて，学習したことをもとに考えさせる。

ステップ4 【日常実践／活用】
●学習したことを生かして日常生活をさせる。
※社会における様々な経済活動に目を向けさせる。
※日常生活や学習場面において，自分自身による意思決定を意識させる。

解説
★キャップス・プログラムの目的は，経営体験を通して，ディスカッション能力を育成するとともに，意思決定の意味を学ばせることである。データ（業界レポート・業績レポート）をもとに各項目について意思決定を行い，累積利益が最大となることを目指す学習である。キャップス・プログラムでは，異質な意見を受け入れる寛容性，データをもとにした意思決定力，他人と異なる意見を述べるディスカッションスキルを重視する。さらに，経営体験を通して社会や経済の仕組みを学ばせたい。
★キャップス・プログラムは，5時間の連続したプログラムである。5時間目の最後に振り返りを実施する。その後，「ステップ4」を実施することになる。一定の期間をおいた後，その他の将来設計領域とあわせて，自己の変容を振り返る時間を設定してもよい。

評価の観点
◆意思決定の大切さを理解できたか。
◆話合いに必要なスキルを身に付け，意思決定を行うことができているか。

●はねらい，※は学習活動・手だてを示す。

教科書 p.108〜109

将来設計領域　●将来志向能力

52　仕事って何？　働くってどういうこと？　職業についての理解

3・4年生の「40　未来の自分に向かって〜ゆめに近づくために〜」で、得意なことや長所から、将来を見通す体験活動を行い、今何ができるのか決定、実行することを通して、学業の意味を理解し、具体的な努力目標を見付ける力を身に付けさせた。

3・4年生の「41　見つけてみよう、わたしの仕事」で、得意なことや長所から、様々な仕事を見直すことを通して、将来就きたい仕事について関心をもたせた。
本単元では、社会への貢献、仕事に就いてからのことを考える大切さを教える。

【ステップ1】
写真資料を見て、世の中にはいろいろな職業があること、それらが社会の中で人々の役に立っていることに気付かせる。

＊第1次産業から第3次産業まで取り上げるようにする。
・第1次産業
　（農業、林業、漁業）
・第2次産業
　（鉱業、建設業、製造業）
・第3次産業
　（電気・ガス・熱供給・水道業、運輸・通信業、卸売・小売業、飲食店、金融・保険業、不動産業、サービス業）

写真資料をもとに話し合い、これらの人々がどうしてこの職業を選んだのか考えさせる。

働くことの価値について、自分の考えを書かせる。「ステップ5」で変容を確かめさせる。

【ステップ3】
興味関心の高い事柄のほかに、自分の長所や特技などにも着目させ、様々な視点から自分を見つめさせるとよい。

【ステップ4】
あげられた職業の中で、身近にその職業に就いている人がいる場合は、インタビューさせ、その職業を選択した理由、自分の長所・特技・興味がどのように生かされているかなど調べることによって、正しい職業観をもたせることができる。

【名言・名句】
自分が夢中になれることを見付けることの大切さと、そのことに対して一生懸命に取り組むことが、将来に役立つということを伝える。

【ステップ2】
職業を通して自己実現を果たすという観点からも、自分の特技や長所を職業に生かすことは重要である。そのようにして得た夢だからこそ、目標に向かって努力し続けることができるということを理解させる。

【ステップ5】
職業選択について、社会からの必要性、社会貢献という視点を学習した。働くことの価値について自分の考えを書かせ、変容を確かめさせる。

5・6・7年生

ねらい ▶▶▶ 様々な職業があることを理解し、職種や仕事について調べたり、働くことの価値を考えたりすることができる。

4時間扱い

ステップ1　【課題発見・把握】
●社会には様々な職業があり、人々の役に立っていることに気付かせる。
※写真資料から、人々がそれぞれの職業を選んだ理由を考えさせる。
※第1次産業から第3次産業まで取り上げるように配慮する。
※働くことの価値について、自分の考えを書かせる。

ステップ2　【正しい知識・認識／価値／道徳的心情】
①●社会は様々な職業で成り立っていることを理解させる。
●職業を選択する時には、その職業を通して社会の中で何をしたいのかを考えることが重要であることを理解させる。
※社会に貢献すること、社会が必要としているからこそ、仕事として成立する。社会への貢献を考えることが、その仕事の本質を理解することにつながることを教える。
※自分の特技や長所を生かして、将来の夢をもち、努力することが大切であることをおさえさせる。

ステップ3　【スキルトレーニング／体験活動】
②●自分のよさを生かした職業を見付ける方法を身に付けさせる。
※自分を見つめ直し、自分の興味・長所・特技等が生かせる職業を探させる。
※自分が探した職業の仕事内容、社会からの必要性について調べさせる。

ステップ4　【日常実践／活用】
●日常的に、自分が目指す職業を意識して生活させる。
※自分の目指す職業に関する新聞記事を読むなど、情報を集めさせる。

ステップ5　【まとめ／評価】
●学習の意義と成果を振り返らせる。
①※自分の目指す職業について、社会からのニーズ、仕事内容、その職業を目指す理由などを振り返らせ、自分の変容を確認させる。
※働くことの価値について、自分の考えを書かせる。

解説
★職業を「社会的役割の実現」「個性の発揮」に焦点化し、考えさせる。自分を見つめるなかで、職業に対する思いをより確かなものにさせたい。そのためには、「その職業に就いて何をしたいか」「この職業は社会にどのように役立っているのか」「自分のよさを生かすにはこの職業が適しているのか」という視点をもたせることが大切である。また、男女平等参画社会の実現に向けて、性別による職業の固定的な役割分担がないよう十分に配慮する。

評価の観点
◆自分のよさを見付け、それを生かすことの大切さを理解できたか。
◆自分の夢や希望を踏まえて、職業を見付けることができているか。

参考情報
【調べ学習の際に活用できるウェブサイトの例】
○13歳のハローワーク公式サイト
　http://www.13hw.com/
○あしたね
　http://www.ashitane.net/
○Kids net 未来の仕事を探せ
　http://kids.gakken.co.jp/shinro/shigoto/index.html

●はねらい、※は学習活動・手だてを示す。

教科書 p.110〜111　　　　　　　　　　　　　　　　　　　　　　　　　　将来設計領域　●将来志向能力

53　仕事を成功させるために必要な力　なりたい職業に必要な知識・技能・資格

〈仕事と職業の違い〉
「係の仕事」はあるが、「係の職業」はない。仕事は働くこと。職業は生活のために仕事をすること。職業という意味で、仕事ということもある。「働く」とは「端（はた＝まわり）が楽になる」ともいい、職業観の理解に示唆的である。

多くの職業名を挙げさせて、それぞれに必要な知識の分野や技能、資格を答えさせるのもよい。また、一つの職業について必要な知識分野や技能、資格を、理由とともに掘り下げて考えさせるのもよい。技能の中でコミュニケーション力のような能力が、答えとして出てくる場合もある。

上級学校を将来の職業選択と結び付けてとらえさせる機会である。目的意識をもった進路選択の基礎づくりとしておさえる。
① この時期から、高等学校とそれ以外の進学先を並べて扱うことが大切である。高校進学が前提とはしない。
② 大学や大学院、大学校なども扱うことができる。

「仕事に就くための資格」だけでなく、仕事に就いて「長くやり続けられるには何が大切か」、「仕事を通してよい人生を送るにはどうしたらよいか」、「仕事で成功するとはどういうことか」というような職業観を形成する機会となるように、学習を組み立てることが大切である。

学校での諸活動や各教科における学習が、将来の職業の基礎になっていくことに気付かせる。学校行事での協力、達成感、持続力、コミュニケーション力、委員会でのリーダーシップ、企画力、段取り力、数学教科での空間把握力、数的理解力、論理力、他。

必要な力によって、仕事に特色、類型があることに気付かせる。社会人として必要な能力にはどのようなものがあるか、資料や情報を通して気付かせる。それぞれの力が必要な理由を通して、いつ、どのような時に身に付けることができるのか、将来に連続する自分の現状に目を向けさせる。

希望する職業の実現に向けて、学校で意欲的に学ぶこと、学ぼうとすることが、この単元の目指すべきねらいである。今ある自分と将来の自分が連続しているという実感をもたせることで、前向きな生活を送らせたい。

① 自分が目指している職業の特色を調べさせる。その職業に必要な知識分野、技能、資格、能力ごとに、その理由や活用する場面など、仕事ぶりが浮き上がるように詳しい内容を追究させる。
② ①で調べた必要な力が学べる機会、身に付けられる機会にはどのようなところがあるか調べさせる。
＊機会には、学校のような教育機関、方法や手だて、活動の継続などのチャンスなど、幅広い意味がある。
行動目標は、教科学習、委員会や係・当番活動、部活動、校外の活動などに分け、後で成果が点検できるように具体的な事柄を立てさせる。目標設定の理由を明確にさせることで、実現の可能性を高めさせ、自己効力感をもたせる。

実践期間中は、個人ノートで励ますなど努力の継続を支援する。また、小さなステップでも実現や向上を見逃さず認めることや、努力したことそのものにも価値を置くことが大切である。

5・6・7年生

ねらい▶▶▶ 自分の将来の職業に必要な知識や資格について理解し、そのための努力をすることができる。

4時間扱い

ステップ1 【課題発見・把握】
● 職業に就くには、必要な知識や技能、資格を習得する必要があることに気付かせる。
※自分が目指している職業では、どのような知識や技能・資格などが必要なのか、必要な知識や技能・資格などはどうしたら得られるかを考えさせる。

ステップ2 【正しい知識・認識／価値／道徳的心情】
● 仕事には、その内容によって必要な力があることを理解させる。
※職業や仕事に必要な力にはどんなものがあるか、社会人として企業人として望まれる力とは何かを、資料に基づいて考えさせる。
※職業に就くまでのいろいろな道筋（上級学校）を、資料に基づいて考えさせる。
※学校で学ぶことが職業にどのように関係するか、資料に基づいて考えさせる。

ステップ3 【スキルトレーニング／体験活動】
● 自分が目指している職業や仕事に就くために必要な事柄を調べる方法を身に付けさせる。
※教科書の手順にそって、自分が目指している職業には、どのような技能・能力・資格が必要なのかを調べさせる。
※教科書の手順にそって、自分が目指している職業で、必要な技能・能力・資格につながる行動目標と実践計画を立てさせる。

ステップ4 【日常実践／活用】
● 日常的に目標を意識して、計画的に実践させる。
※自分の立てた行動目標と実践計画に従って実践させる。

ステップ5 【まとめ／評価】
● この学習の意義と実践の成果を振り返らせる。
※「ステップ4」での行動実践の様子や今後の目標を発表させる。

解説
★ この単元は、5・6年生で行った「52 仕事って何？ 働くってどういうこと？」を受けて、自分が目指す職業をもったことを前提に学習を展開する。子どもが考えた目指す職業を実現させるためには、具体的にどのようにすればよいのかを明らかにさせることが重要である。ただ、目指す職業を決められない子どももいる。決められないことで劣等感を抱くことのないように、「興味のある職業」として取り組む配慮が必要な場合もある。
★ この単元の学習を十分に行った後に、「55 職場訪問をしてみよう」に入りたい。
★ 「なりたい職業」を追求することは、意欲の啓発として重要であるが、この裏の「やりたくないことはやらなくてよい」という考えに陥るおそれもある。「与えられた立場で自分が生きる工夫や努力ができる」という価値も大切にして進めたい。

評価の観点
◆ 職業に必要な技能・能力・資格があることや、それらを習得する道筋や機会を理解できたか。
◆ 自分の目指す職業に必要な技能や能力の習得のための行動計画を立て、実践することができているか。

参考情報
○ 職業や資格に関する書籍を参考にするとよい。

●はねらい、※は学習活動・手だてを示す。

教科書 p.112〜113　　　　　　　　　　　　　　　　　　　　　　　　　　　将来設計領域　●将来志向能力

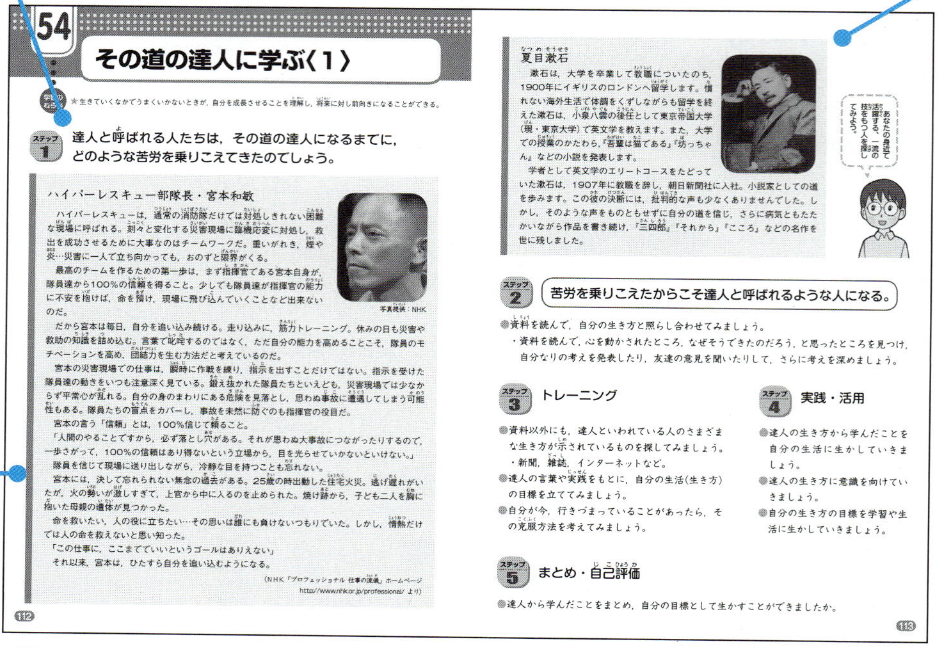

54　その道の達人に学ぶ〈1〉　達人から「自己実現」について学ぶ

達人とは：学術または技芸に通達した人。

〈ハイパーレスキューについて〉
　阪神・淡路大震災の際、消防の救助隊（レスキュー隊）だけでは対応できない状況が生じた。この教訓を踏まえ、災害時に機動力を発揮する特別な技術と能力をもった隊員によって構成される部隊「ハイパーレスキュー」を東京消防庁が発足した。

「宮本さんがハイパーレスキュー部隊長になるまで、どのような苦労があったでしょうか。」
・毎日トレーニングしたり、勉強したりした。
・命を救いたいと願っていたのに、火災で3人の命を失ってしまった。

【ステップ2】
＊尊い夢をもちながら、その夢を実現できなかった絶望感に共感させる。
＊挫折を通して、さらなる努力を続け、自らの能力を高める姿を通して、宮本さんが努力を続けている理由を考えさせる。

5・6年生「52　仕事って何？　働くってどういうこと？」を通して、自分の特性や興味を生かして将来に対する夢を抱き、7年生「53　仕事を成功させるために必要な力」において、目標に向けて取り組むべき事柄を明確に把握している。

思い描く夢が大きいほど、挫折や失敗に遭遇する可能性は大きく、その落胆は深い。本単元においては、「達人」と呼ばれる人も、苦悩の多い過程を経て自己実現を果たしたり、努力し続けた結果、その道で成功したりしたことを知ることで、自分の夢に前向きになれるようにする。

【ステップ1】
「夏目漱石が小説家として大成する前、どのような苦労があったでしょうか。」
・留学先で体調を崩していた。
・大学で教師をしながら、小説を書き続けた。
・批判を浴びても、学者を辞めて小説家になった。
・病気と闘いながら、小説を書き続けた。

＊夏目漱石の様々な体験が、名作に生きていることに気付かせる。

【ステップ2】
＊自分が思い描く夢を実現させるためには、苦労が伴うことがある。しかし、強い願いは、時にそれらを乗り越えさせる力になることに気付かせる。

＊挫折や苦悩は自分を成長させるものでもあり、困難に負けず、努力し続ければ、夢の実現につながることに気付かせたい。

【ステップ3】
自分の生活にあてはめて考えさせ、現在、自分が行きづまっていることに視点を当て、その克服方法を考える機会とする。

【ステップ4】
見付けたり、心に残ったりした名言や名句を教室内に掲示するなどして、日常的に振り返り、目標にできるようにしたい。

ねらい▶▶▶　生きていくなかでうまくいかないときが、自分を成長させることを理解し、将来に対し前向きになることができる。

4時間扱い

ステップ1【課題発見・把握】
① ●資料を通して、達人は挫折から学び、努力し続けて大成したことに気付かせる。
　※2人の資料を読み、達人は挫折や失敗を乗り越えて成功したことに気付かせる。

ステップ2【正しい知識・認識／価値／道徳的心情】
① ●挫折や失敗を成功につなげる生き方が、自分の生き方の参考になることを理解させる。
　※資料を読んで共感した内容を通して、自分の生き方、考え方に照らし合わさせる。

ステップ3【スキルトレーニング／体験活動】
① ●達人といわれる人の生き方を参考に、自分の目標の立て方を身に付けさせる。
　※今、行きづまっていることがあれば、その克服方法を考えさせる。

ステップ4【日常実践／活用】
① ●資料から共感したことや「ステップ2」で学習したことを、日常生活に生かすよう実践させる。
　※「ステップ3」で立てた目標に立ち返り、夢の実現に向けて、行きづまっていることを克服できるようにさせる。

ステップ5【まとめ／評価】
① ●学習の意義や成果を振り返らせる。
　※目標の実現に向けて、困難な事柄に対して、自分で対処方法を考え、乗り越えることができたか振り返らせる。

解説
★資料の2人は、挫折や失敗を乗り越えて、達人と呼ばれるようになった。まずは、その生き方に共感させる。達人といわれる人が、決して順風満帆な人生を送ってきたのではないことに気付かせたい。

★自分が困難や苦難にぶつかったとき、こうした人物の生き方を参考に、挫折や失敗を糧にして前向きに取り組んでいけるよう、自分の生き方の目標をもたせる。

★本単元は、将来志向能力として設定している。将来の目標を立てたり、計画を立てたりする際に、前向きに考えることができる力を身に付ける。自己修養能力の単元45、46、47と関連させて指導する。また、将来の仕事に関しては、将来設計領域との関連を図るようにする。

評価の観点
◆挫折や失敗を成功につなげる前向きな考え方が大切であることが理解できたか。
◆自分の生き方の目標を立て、前向きに行動することができているか。

参考情報
○「プロフェッショナル　仕事の流儀」
○「プロジェクトX」

●はねらい，※は学習活動・手だてを示す。

教科書 p.114〜115

将来設計領域　●将来志向能力

55　職場訪問をしてみよう　職業についての理解

【ステップ2】
　生産された商品が，人を経て消費者に渡るまでの道のり（製造業・卸売業・小売業）や，さらに流通関連業（運送業・倉庫業・保険業・広告業）の必要性にも目を向けさせたい。

【ステップ2】
　存在するすべての職業は，相互に関連し合い，社会を支えていることを理解させる。

【ステップ3】
　＊職場訪問や職場体験をはじめ，子どもが地域へ出て，地域の社会と接する機会が増えてくる。社会一般で通用する礼儀作法をしっかりと指導する必要がある。他の単元を学習する際にも指導が必要となるであろうが，授業時数の面から，同様の指導内容の繰り返しにならないよう，市民科指導計画の全体像をきちんと把握したうえで，計画的かつ重点的な指導が大切である。

　＊発表を通して，「ステップ3」で決めたどの職場にも共通して質問する内容の返答から，それぞれの職業の社会の中における役割や，働く意義について，理解を深めさせる。

【単元について】
　関連する単元として，5・6年生における「52 仕事って何？働くってどういうこと？」がある。
　将来設計領域として，中学校における3年間の進路指導計画との整合性を十分に踏まえて，計画的に指導する必要がある。
　自分に合った職業をしっかり考えるなど，自己の進路選択の情報源となるよう，目的意識を「ステップ1・2」で意識して指導する。

【ステップ1】
　「表の中で分からない職業はありますか。説明できる人は発表しましょう。」
　「就きたい職業はありますか。理由も発表しましょう。」

5・6・7年生

【ステップ1】
　就きたい職業の仕事内容とその理由を書かせておく。「ステップ2」で，その仕事が社会とどのようなかかわりをもつのか考えさせる。

【ステップ5】
　自分の将来像をイメージさせるとともに，その実現に向けての努力目標をもたせる。

【ステップ4】
　職場訪問の機会を得て学習した，あいさつ，敬語の使い方，身だしなみ，礼儀作法，マナーについて，日常においても継続的に評価・指導していく。

ねらい ▶▶▶ 様々な職業があることを理解し，働くことの意義を考えることができる。

6時間扱い

① **ステップ1**　【課題発見・把握】
- 世の中には，様々な職業があることに気付かせる。
- 自分に合った職業を考えさせることで，働くということに興味をもたせる。
※資料をもとに，就きたい職業とその理由を考えさせる。

ステップ2　【正しい知識・認識／価値／道徳的心情】
- 社会には様々な職業があり，それぞれ社会を支え合っていることを理解させる。
※職業選択の参考となる資料を教室に置き，興味をもった子どもが気軽に調べられる環境をつくるようにする。

④ **ステップ3**　【スキルトレーニング／体験活動】
- 地域の職場を訪ね，仕事や働くことについて調べるための，「職場訪問」の計画，実施の方法を身に付けさせる。
- 職場訪問を実施し，望ましい見学・インタビューの仕方を身に付けさせる。
- 見学・インタビューのまとめ方や，発表の仕方について身に付けさせる。
※以下の内容について事前に指導する。
・訪問先の決定　・職場訪問の依頼　・あいさつ，マナー
・インタビューの仕方　・見学・インタビューのまとめ方

ステップ4　【日常実践／活用】
- 自分の興味のある職業について，さらに詳しく調べさせる。
※職場訪問を通して学んだあいさつやマナー等が，日常生活のうえにも意識して生かされているか評価する。

① **ステップ5**　【まとめ／評価】
- 学習の意義と成果を振り返らせる。
※働くことの意義について自分の考えを書かせ，変容を確かめる。

解説

★本単元は，従来から中学校で「進路指導」の一貫として取り上げることが多かった内容である。ここで取り上げた「職場訪問」は，自分の親や身近な大人の仕事内容を紹介する「身近な職業調べ」とともに，「職場訪問」を実施する内容となっている。「53 仕事を成功させるために必要な力」「56 その道の達人に学ぶ〈2〉」などとの関連を図ったり，統合した単元で実施したりするなどして，実際に職場訪問する時間を多く設定するなど，各校の実態に応じて単元構成を工夫することができる。なお，その際には，「ステップ3」で身に付けること，トレーニングする内容を明確にし，子どもがその意識をもって活動できるようにすること。

★地域の中で子どもが活動するため，あいさつや敬語の使い方，礼儀作法や身だしなみなどの自己管理領域の内容も指導する必要があるが，あくまでもねらいは将来志向能力の育成であることを考慮した計画を立てるようにする。

評価の観点

◆社会の中における，それぞれの職業の役割を理解することができたか。
◆働くことの意義について考え，自分自身の将来の仕事について考えることができているか。

●はねらい，※は学習活動・手だてを示す。

教科書 p.116〜117

将来設計領域　●将来志向能力

56　その道の達人に学ぶ〈2〉　達人から「自己実現」について学ぶ

【関連単元】
・単元54では、「挫折と苦悩」の視点で学習を進めた。
【本単元】
・「努力」に焦点を当て、「道を究めることの大切さ」に重点を置く。

【題材】
・子どもが身近な問題としてとらえられるように、地域の人材を通して学習させていく。

【ステップ1】
　伝統を守る職人の仕事、こだわり、努力等を紹介する。

＊ホームページに、それぞれの仕事の解説等が載っている。（記載されている職人は、変更される場合がある。）

＊知っていたり、見たことがあったり、生活の中で活用したりしている伝統工芸について、印象や感想や使用する時の思いとともに発表させると、伝統工芸が現代においても生きづいていることを認識させることができる。

＊現在の自分の生き方と比較させ、感心したところ、見習うべきところを考えさせる。

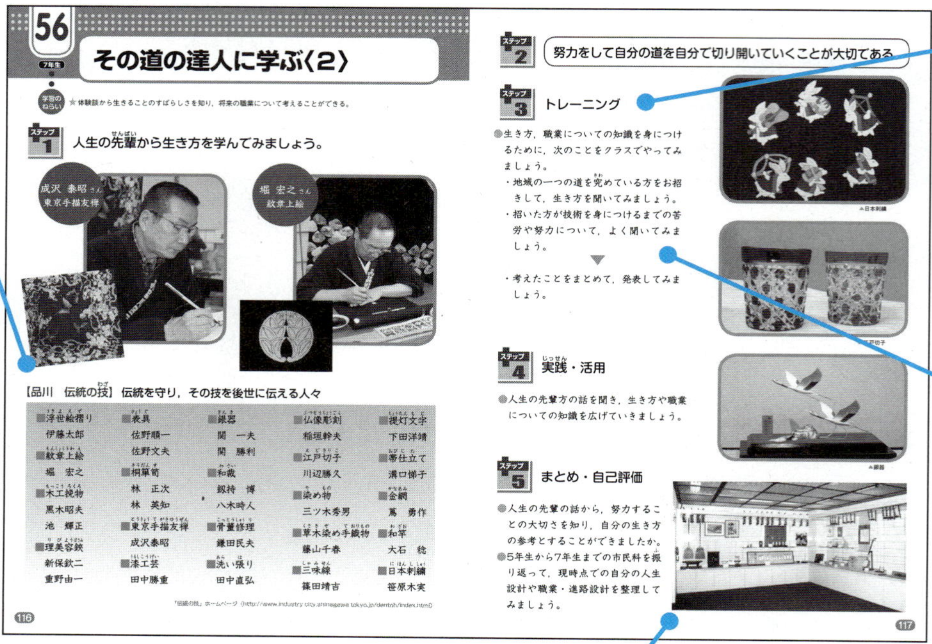

【ステップ2】
　努力を積み重ねているかぎり、必ず何かしらの道は開けてくることを認識させ、前向きな姿勢を保つ大切さを理解させる。

＊「ステップ2・3」の学習では、一流の技術をもった方をゲストティーチャーに招くように計画するとよい。

【ステップ3】
　高度な技術や作品の精緻さと、それを身に付けるまでの年月、過程等を通して、職人としての生き方や職業観に触れさせ、自分の生き方、将来の夢に照らして考えさせる。
　話を伺うにあたっては、職業の内容からも伝統の価値や素晴らしさが伝わるが、努力の尊さ等から的がずれないよう、事前に教員が打ち合わせをしたり、子どもからの質問を精選したりする必要がある。

【ステップ4】
　自分の周囲にも、努力を重ね、一つの道を究めている人について考えさせる。
　また、それを発表する機会を設定したい。

【ステップ5】
　5〜7年生の将来設計領域の総括である。自分なりの人生観や職業観をもたせ、自分自身の将来について見つめ考えさせ、具体的努力目標を含めて設計させる。8・9年生においても活用できるワークシートを用いたい。

・品川区立中小企業センターの1階に「しながわ産業PRコーナー」がある。「品川区伝統工芸保存会」の会員の伝統工芸品が展示され、パンフレットも置いてある。
・その展示場では、毎月2週目の金・土曜日に実演がある。

ねらい ▶▶▶ 体験談から生きることの素晴らしさを知り、将来の職業について考えることができる。

4時間扱い

ステップ1　【課題発見・把握】
●伝統を守り、その技を伝える人々の功績に気付かせる。
※資料をもとに、伝統を守る人々の職業観、人生観に気付かせる。

ステップ2　【正しい知識・認識／価値／道徳的心情】
① ●一つの道に努力し続けることの重みを理解させる。
●努力をすれば、道は必ず開かれることを理解させる。
※地域で一つの道を究めている方を招いて、技術を身に付けるまでの苦労や努力や仕事に向けての思い、願いについて聞く。

ステップ3　【スキルトレーニング／体験活動】
●夢の実現に向けて努力し続ける生き方や、職業観を身に付けさせる。
② ※地域で一つの道を究めている方を招いて、技術を身に付けるまでの苦労や努力や仕事に向けての思い、願いについて聞く。
※招いた方の技術を見たり、体験をしたりして、努力の価値を感じる。
※体験を通して自分の生き方を振り返り、どのように生きたらよいか考えをまとめ、発表し合う。

ステップ4　【日常実践／活用】
●人生観や職業観について、自分の考えを深めさせる。
※自分の周りの人生の先輩から、生き方や職業についての話を聞き、自分なりの人生観・職業観をもたせる。

ステップ5　【まとめ／評価】
●学習の意義と成果を振り返らせる。
① ※一つの道を究めている方や人生の先輩の人生観、職業観を通して、自分の夢の実現に向けて、望ましい人生観・職業観をもたせる。
※自己実現に向けて、努力し続けることの大切さを理解させ、取り組ませる。

解説
★自分の将来について考え始める時期であり、あこがれの職業に関心をもったり、夢を現実に向けて近付けていったりするころでもある。人生の先輩でもあり、地域において一つの道を究めている方から話を聞くことによって、職業に対する考え方や生き方について学ばせることをねらいとしている。

★本単元は、5〜7年生の将来設計領域の総括ともいうべき単元でもある。自分自身の将来について、しっかりと見つめ考えさせ、具体的な努力目標も含めて設計させることができるように、単元の組み立てを工夫していく。また、ワークシートには、5〜7年生の将来設計領域のまとめを書かせ、8・9年生での学習につなげたい。

評価の観点
◆一つの道を究めている人や人生の先輩の体験談を聞き、努力することの大切さを理解できたか。
◆自分なりの「人生観」「職業観」をもつことができているか。

参考情報
○毎年1月には、品川区において「技と味　しながわ」展が開催され、約20名の会員による実演に触れることができる。

●はねらい、※は学習活動・手だてを示す。

8・9年生

●8・9年生の目標

〔市民意識の醸成と将来の生き方〕

①市民の一員として社会の出来事に関心をもち，問題解決に向けた思考力や判断力を高めるとともに，職業体験やボランティアなどの活動を通し，積極的に社会に貢献する態度を形成する。

②将来の自己の生き方について展望をもち，社会の中で自己実現に向けた望ましい職業観・勤労観などを育成する。

8・9年生単元構成表

★は参考資料を載せている必修単元, ◆は選択単元を示す。
　　　　　は特別支援学級の市民科学習で扱う指導項目を含む単元。

領域	能力	教科書ページ・単元番号・単元名			指導項目
自己管理	自己管理	p.2～3	1	自分の生活における課題	課題に対する冷静な分析と判断の仕方
		p.4～5	◆	克服するということ	自己実現を目指す生き方の探求
	生活適応	p.6～7	2	社会の現象と自分のかかわり～これからの社会の変化の中での生き方～	社会とのかかわりと自分の役割／これからの社会の変化への対応の在り方と生き方
	責任遂行	p.8～9	3	人権についての理解	人権についての理解
		p.10～11	4	社会マナーとルール	社会の中で生きることの意味／社会マナーの習得
人間関係形成	集団適応	p.12～13	5	集団の一員として	学校や学級, 地域における自分の役割と責任／地域社会の一員としての自覚
	自他理解	p.14	6	信頼し合うということ	友情を深め, 信頼できる友人や仲間づくり
		p.15	7	福祉への取り組み	地域における福祉と自分ができること
	コミュニケーション	p.16～17	8	互いを尊重した対応	互いを尊重した対応の仕方
		p.18～19	9	主張する技術	主張する技術
自治的活動	自治的活動	p.20～21	10	リーダーシップ	これからの地域リーダーとして必要な力
		p.22～23	11	自治組織	自治組織の作り方と運営方法
		p.24～25	12	地方自治への施策提案	これからの地方自治についての施策提案
	道徳実践	p.26～27	13	社会における正義	社会における善悪や正義などの問題に対する正しい批判力・社会的な正義
		p.28～29	14	法やきまりの価値	法やきまりの価値
	社会的判断・行動	p.30～31	15	日本社会の動向への関心	日本社会に見られる問題点と原因追求
		p.32～33	16	積極的なボランティア・地域活動	自分でできる社会的行動／地域ボランティア参加の意義
		p.34～35	17	異文化理解と尊重	異文化理解と尊重
文化創造	文化活動	p.36～37	18	わたしたちのまちの伝統と文化	地域の伝統・文化を守り育てるための方策
		p.38～39	19	家庭における伝統文化	日本の家庭に残る伝統・文化の認識
	企画・表現	p.40～41	20	企画力と実行力～文化祭を企画し, 運営してみよう～	学校行事などの企画立案, 運営方法と発表の方法
		p.42～43	21	学校をアピールする	学校のよさや伝統を伝える活動計画
		p.44～45	22	日本文化を守る	日本文化を継続するための提言
	自己修養	p.46～47	23	自己実現のために	学び続けることの大切さ／自己実現を図る生き方
		p.48～49	24	人生を振り返る	人生における選択と決断
		p.50～51	◆	生き方の座標軸	生き方の座標軸づくり
将来設計	社会的役割遂行	p.52～53	25	地域社会への貢献	地域リーダーとして役立つ行動・実践／中学生としての社会とのかかわり方
		p.54～55	26	社会の一員としての活動	これからの地域型社会と自分のかかわり方
		p.56～57	◆	育児に関する理解	育児に関する理解／子育ての大切さ
	社会認識	p.58～59	27	職場体験〈1〉	職場での体験活動
		p.60～61	28	職場体験〈2〉	職場での体験活動
		p.62～63	29	経済と雇用の関係	経済と雇用の関係
	将来志向	p.64～65	30	社会が求める資質と能力	社会が求める資質と能力
		p.66～67	31	進路選択	進路の選択
		p.68～69	32	進路計画	進路の選択／自己の将来プランづくり
		p.70	★	ファイナンス・パーク・プログラム～生活設計体験学習～	ファイナンス・パーク・プログラム

教科書 p.2〜3　　　　　　　　　　　　　　　　　　　　　　　　　　　自己管理領域　●自己管理能力

1　自分の生活における課題　課題に対する冷静な分析と判断の仕方

【ステップ1】
「事故だと分かった後，自分でどのようなことが考えられるだろうか。」
・自分の身体にはけが等がないか。周囲の人にけがは見られないか。
・車が事故を起こして，線路をふさいでいる。
・電車には大きな損傷はない。線路があけば動くかもしれない。
・かなり遅れそうであるが，学校に連絡する方法があるだろうか。

「このような状況をどのように収めたらよいだろうか。」
・お互いを引き離し，冷静になるように促す。
・お互いの論点を整理してみて，どこがいちがっているのかを明らかにする。
・自らの意見は言わないようにする。

「意味の分からないメールが来たら，どうしたらよいだろう。」
・友達に聞いてみる。
・保護者に相談する。
・携帯電話の会社に相談する。

【ステップ1】
「自分はどのような方法で学校に行くだろうか」と，自分がその状況に立ったこととして考えさせる。
・どのような事故かを判断して，歩いて行く。
・どのようにしたら行けるか，別の交通手段を考えてみる。

【ステップ1】
〈なりすましメールについておさえる〉
　携帯メールでは，自分のメールアドレスではなく，友達のメールアドレスを使って他人になりすましてメールを送ることができるソフトがある。このソフトにより，他人になりすましていじめや中傷を行うケースがある。

【ステップ1】
〈チェーンメールについておさえる〉
　同じメールを不特定多数の人に送るメールである。幽霊や恐怖などで不安をあおる内容になっており，受信者に転送を促す。

【ステップ3】
　友達と話し合わせることで，一つの課題に対して様々な考え方があることに気付かせる。そして，多面的な意見を聞きながら，友達の意見を自らの考えの中に取り込みつつ，自らの考えを明らかにさせる。

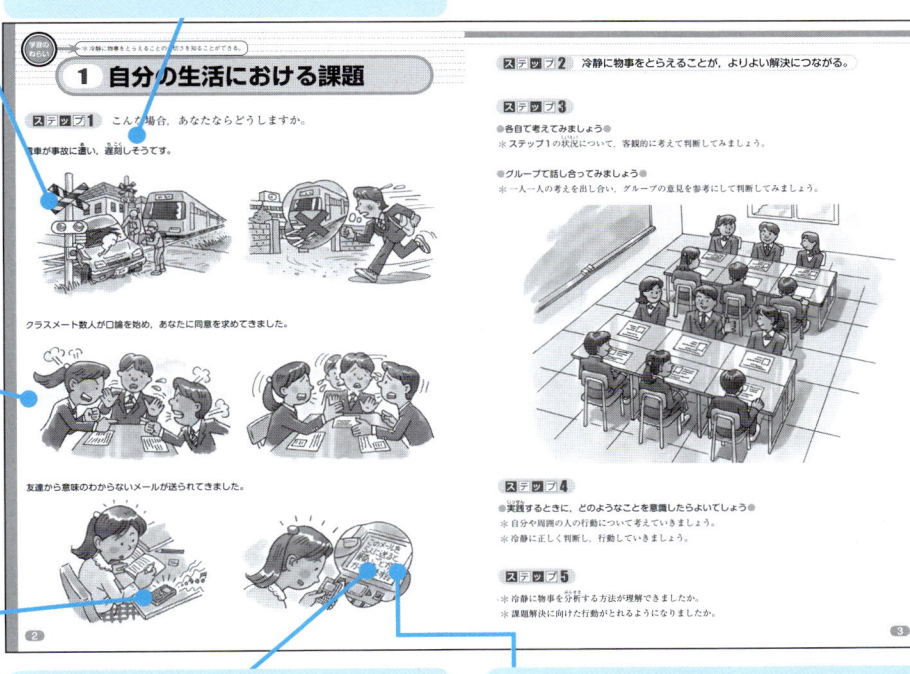

【ステップ2】
　誰しも課題に直面した場合，冷静な分析を行おうとするが，情報不足のため，その場で冷静な判断を下すのは難しいことを理解させる。

　課題に対する冷静な分析と判断の仕方には，例として6つの段階があるとされている。
①課題が生じないように予防する。
②課題が生じたときに，まずは情報を把握する。
③それらの情報を集めて，プラス面とマイナス面を考慮する。
④プラス面とマイナス面を考えて，今後，自らができることを計画する。
⑤具体的に行動する。
⑥自らの判断を振り返る。
＊実際の行動の前に，判断の結果を想像することも大切である。

【ステップ4】
　自分の考え方の傾向から，意識することを決めさせて実践させる。

【ステップ5】
　日常生活の中で振り返りをさせ，どの場面で冷静に判断し行動できたのか振り返らせる。

8・9年生

ねらい▶▶▶　冷静に物事をとらえることの大切さを知ることができる。

3時間扱い

ステップ1　【課題発見・把握】
●様々な状況における判断の仕方について，自己の課題を把握させる。
※イラストの状況において，自分がどのような判断をするか考えさせる。
※一人一人の考えをもたせるため，時間を十分確保する。

ステップ2　【正しい知識・認識／価値／道徳的心情】
●課題解決のためには，課題を冷静にとらえることが大切であることを理解させる。
●人によって状況の判断が異なっていることを理解させる。
※課題を正確にとらえる方法や考える手順について，事例をもとに教える。

ステップ3　【スキルトレーニング／体験活動】
●冷静に判断するための方法や考える手順を身に付けさせる。
※「ステップ1」の事例について，様々な可能性を考えながら判断させる。
※グループで話し合い，さらに様々な可能性から判断することの大切さに気付かせる。

ステップ4　【日常実践／活用】
●日常生活の中で様々な状況や条件を考えて，冷静に物事を判断するように実践させる。
※日常生活の中で起こった出来事をワークシート等に記録させていくなどの活動を行う。

ステップ5　【まとめ／評価】
●学習の意義と成果を振り返らせる。
※日常の実践において，多面的に課題を分析できた場面について発表させる。

●はねらい，※は学習活動・手だてを示す。

解説
★現代社会で直面する様々な課題に対して，多面的・客観的に考えることで，そのときの状況や課題を正確に把握することができる。そのことが課題を解決していくうえで大切であるということに気付かせる。特に状況把握不足が判断を誤らせることに気付かせ，まずは様々な方向から考え，把握に努める必要があることを理解させる。また，自らの判断の傾向を知ることで，判断ミスを減らすことができることを理解させる。

評価の観点
◆様々な課題に対して，冷静に分析するためには，客観的に状況や課題を把握することが大切であることを理解できたか。
◆物事を決めるときに，条件や状況を分析し，正しい判断ができているか。

参考情報
○危機管理マニュアル
○「ソーシャルスキルトレーニング」，「ライフスキルトレーニング」に関する書籍を参考にするとよい。

161

教科書 p.4～5

自己管理領域　●自己管理能力

◆ 克服するということ　自己実現を目指す生き方の探求

【ステップ1】
〈導入〉
　濃野さんについて紹介する。品川区出身の方であり，ただ一人の日本人闘牛士であることを説明する。

【ステップ1】
　濃野さんの夢とはどのようなものだったか，資料から読み取らせる。読み取ったことをまとめさせる。
　一人の人間の人生について考えるということを意識させる。

「濃野さんが立ち向かった壁とは，どのようなものだっただろう。」
　夢と立ちはだかった壁について答えさせる。

濃野さんのホームページにアクセスし，詳しく調べてみる。
　闘牛や闘牛士になるための道のりについて説明する。

【ステップ1】
〈導入〉
　「夢をもっているか」「夢をかなえた人を知っているか」「夢をかなえるためにはどんなことが必要か」など質問し，自分と夢について考えさせる。

【ステップ2】
　濃野さんを例にとり，目標達成のためには克服しなければならない困難があることを理解させる。

スペインの地理上の位置の確認をする。日本から遠く離れたところで，頼る人も少ないなか，困難を克服し夢を追い続けた人生について，自分に置きかえて考えさせる。

【ステップ2】
　「この競技は何だろう。」
　車いすバスケットボールなど，肉体的なハンディキャップをもちながら，スポーツに取り組む人たちがいることを説明する。
　VTRを利用し，実際の車いすバスケットボールやパラリンピックの様子を見させるとよい。

【ステップ3】
　「ステップ1」でとらえた自己実現のために必要なことについて話し合わせ，自分ならどうしたかについても考えさせる。

【ステップ4】
　どんな人でも，人生では様々な困難に遭い，克服していることを理解させる。
　生きることの大切さ，夢をもつことの大切さを強調する。

【ステップ5】
　自分と向かい合う時間を設定し，自分が克服していきたいこと，克服しなければならないと思っていることを考えさせる。日々心がけていくことの大切さを理解させる。

8・9年生

ねらい ▶▶▶ 自己実現のための様々な方策を考えることができる。

3時間扱い

ステップ1　【課題発見・把握】
① ●自己実現を図るためには，強い意志と行動力が必要であることに気付かせる。
　※資料を読み，日本人闘牛士の濃野さんの自己実現を支えたものが何であったのかを考える。

ステップ2　【正しい知識・認識／価値／道徳的心情】
① ●自己実現のためには，様々な困難を克服しなければならないことを理解させる。
　※車いすバスケットについて考えさせる。
　※障害をもつ人たちがバスケットをやるために克服しなければならないことにはどのようなことがあるかを考えさせる。

ステップ3　【スキルトレーニング／体験活動】
① ●濃野さんがどのようにして生活を改善し，困難を克服してきたかを考えさせる。
　※資料から読み取ったことを話し合う。
　※感想をまとめ，自分の意見を確認する。

ステップ4　【日常実践／活用】
●身近な人たちから自己実現のために必要なことについて学ばせる。
　※家族や地域の方々など，身近な人たちから話を聞くことで，努力の様々なかたちを知る。

ステップ5　【まとめ／評価】
① ●学習の成果と意義を振り返らせる。
　※自分を生かすためには，強い意志や努力が必要であることを確認する。
　※自分が克服していく課題をもたせ，常に意識させる。

解説

★自己実現を図るためには，様々な問題を克服していかなければならない。そのためには，強い意志をもち，努力を続けていくための自己管理の仕方を身に付けることが大切である。海外で活躍した日本人の足跡を知ることにより，自らの将来を考え，自分を改善していくことの大切さを理解させる。
★この単元は自己管理能力での設定である。自分の生き方として，困難を乗り越えていく，克服していく生き方を教えたい。「ステップ5」では長期的に克服していく課題をもたせ，常に意識していくようにさせたい。

評価の観点

◆自己の課題を克服していくことの大切さが理解できたか。
◆自己実現を図るために，自分の目標に向かって生活を改善することができているか。

参考情報

○濃野 平さんのホームページ　http://www.tairanono.com/

●はねらい，※は学習活動・手だてを示す。

教科書 p.6～7　　　　　　　　　　　　　　　　　　　　　　　　　　　自己管理領域　●生活適応能力

2　社会の現象と自分のかかわり
社会とのかかわりと自分の役割／これからの社会の変化への対応の在り方と生き方

【ステップ1】
資料で示されている4つの例について、自分の知識を確認する。
新聞資料については、見出しから内容を推測させる。
・少子化
・医師不足
・世界経済（新興国の台頭）
・地球温暖化

写真で示されているのは、以上の4つの課題であることを説明する。

少子化と医師不足は日本が直面する大きな課題であり、新興国の台頭、地球温暖化は世界全体で取り組まなければならない問題であることを説明する。

【ステップ1】
社会問題と自分の生活との関連について考えさせ、当事者意識がないのではないか、誰か他人が解決する問題としてとらえていないか、振り返らせる。

【ステップ1】
「今の社会で問題となっていることは何だろう。」
導入として、現時点で考えられる「現代社会の問題」とは何か発表させる。

「これは何のポスターだろう。」
英文を読むことを含めて、何を訴えているのかを推測させる。
日本人にとって身近なマグロですら、国際的な問題となっていることを認識させる。

【ステップ2】
自分の身近に起きている出来事で、世界的な傾向として見られることであったり、日本全体で見られたりすることはないか考えさせる。
その問題について、社会の人々が無関心でいるとどうなるか考えさせ、解決のために全員が当事者の一人として考えていくことの大切さに気付かせる。

【ステップ3】
資料でそれぞれテーマとなっている事柄に関し、関連する事柄について話し合わせる。
それぞれの事柄の原因となっていることを考えさせ、発表させる。
発表させた後、それぞれについて解説を加える。
このような課題があった場合、世の中がどのように変わり、その結果、我々はどのような生活を送ることが必要となってくるのか考えさせる。

【ステップ5】
調べたことをレポートにまとめさせる。その際、社会問題と自分の関連、当事者意識について触れさせるようにする。

【ステップ4】
社会的に話題となっていることを長期的に調べさせ、時間をおいて発表させる。
新聞記事を取り上げ、社会問題に関心をもたせる。

8・9年生

ねらい ▶▶▶ 現在の社会が向かっている方向を知り、対応を考えることができる。

4時間扱い

ステップ1　【課題発見・把握】
①
● 現代社会における課題を知り、自分の課題意識について課題をもたせる。
※ 新聞記事を読み取らせたり、自分の知っている社会問題について発表させたりする。
※ 自分との関連について考えさせる。

ステップ2　【正しい知識・認識／価値／道徳的心情】
● 社会の様々な現象や問題を、自分の生活と関連付けて考えることの大切さを理解させる。
※ 自分の身近に起きている出来事で、世界的な傾向として見られることであったり、日本全体で見られたりすることはないか調べさせる。
※ 社会の人々が無関心でいるとどうなるか考えさせる。

ステップ3　【スキルトレーニング／体験活動】
②
● 現代社会の課題についての当事者意識を高めさせる。
※ 新聞やニュース、インターネットなどを活用し、課題をつかむ。
※ 今後の社会の状況や自分たちにできることについて話し合わせる。

ステップ4　【日常実践／活用】
● 積極的に社会の課題に関心をもち、自分の将来や今の生活とのかかわりを考えさせる。
※ 新聞に興味関心をもたせ、日常的に注目させる。

ステップ5　【まとめ／評価】
①
● 学習の意義と成果を振り返らせる。
※ 日常で調べた社会問題の概要と自分との関連についてまとめさせる。

解説
★ 中学生にとって、社会の現状や社会が抱える課題について知り、課題解決のための対応方法や自分たちにできることなどを考え、話し合わせることは重要である。この単元では、現在の社会問題についてとらえさせ、どのように生きていけばよいのかを考えさせる。

★ 人は誰でも、自分に目に見えた不利益がないことには無関心になりがちである。その意識が問題を大きくしていくことに気付かせたい。

★ 日ごろから新聞やニュースに注目し、社会の現状や課題について考える習慣を身に付けさせる。

★ 自分が社会の形成者の一人である意識をもたせることが大切である。

評価の観点
◆ 現在の社会問題について認識を深めることができたか。
◆ これからの社会の中で、自分たちはどのように生活していけばよいかを考えることができているか。

● はねらい、※は学習活動・手だてを示す。

教科書 p.8〜9　　　　　　　　　　　　　　　　　　　　　　　　　自己管理領域　●責任遂行能力

3　人権についての理解　人権についての理解

人権課題「障害者」
障害者向けの公務員試験を実施している都道府県が20にとどまっている。（2009年12月現在）
・誰でも平等に機会を与える具体的な対策がとられていない現実があることに気付かせる。

【ステップ1】
新聞記事から、現代社会の人権問題について考えさせる。不当な扱いを受けている人々がいるという事実に気付かせる。

世界人権宣言
昭和23（1948）年12月10日、国連第3回総会（パリ）において、「すべての人民とすべての国とが達成するべき共通の基準」として、世界人権宣言が採択された。

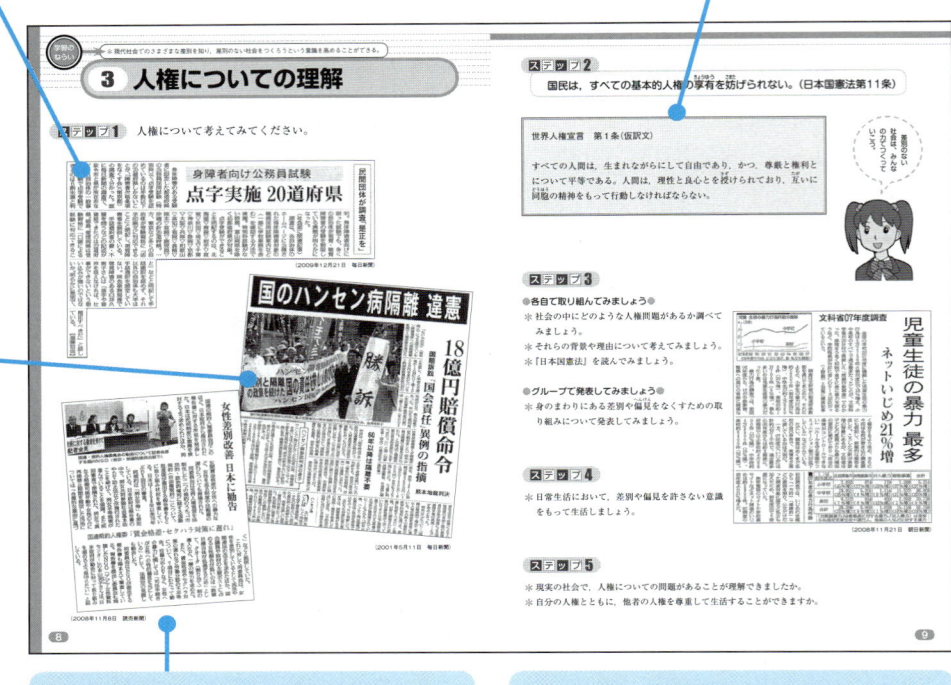

【ステップ2】
○日本国憲法、世界人権宣言を取り上げ、すべての人々の人権は守られるべきものであることを理解させる。
○自分の大切さとともに、他の人の大切さを認めさせることが大切である。

人権課題「HIV感染者・ハンセン病」「ハンセン病（らい病）訴訟」
1907年から1996年までの90年にわたり、ハンセン病患者・元患者の方々は、国の強制隔離・患者撲滅政策の対象とされ、「人間」として享受すべき人権を奪われてきた。
＊HIVも事例にあげ、人々が病気のことを理解していないために、患者の方々が不当な扱いを受けている事実に気付かせる。

【ステップ3】
東京都の人権課題
・女性　・子ども
・高齢者　・障害者
・同和問題
・アイヌの人々
・外国人
・HIV感染者等
・犯罪被害者やその家族
について調べられるように、資料を整えておく。（人権教育プログラム参照）
　自分たちのできることを具体的な行動としてまとめさせる。

【ステップ1】
人権問題が発生してしまう理由を考えさせ、正しい認識をもたないことや、差別してしまう人の心の課題に気付かせる。

人権課題「女性」
男女が互いの違いを認めつつ、個人として尊重される男女両性の本質的平等の理念を理解させる。職種・業務内容等の差別を扱うようにする。

【ステップ5】
様々な人権課題の学習を通して、自らの権利と義務、自由と責任についての認識を深めさせる。他者の人権を尊重し、その精神を生活の中に活かしていくよう指導する。

【ステップ4】
「ステップ3」でまとめたことを日常で実践させる。

8・9年生

ねらい▶▶▶ 現代社会での様々な差別を知り、差別のない社会をつくろうという意識を高めることができる。

3時間扱い

ステップ1　【課題発見・把握】
●現代社会には様々な人権侵害が存在していることに気付かせる。
※資料から、現代社会における人権問題の実態について考えさせる。
※人権侵害が発生してしまう理由について考えさせる。

①

ステップ2　【正しい知識・認識／価値／道徳的心情】
●基本的人権の意味や価値について正しく認識させ、権利があると同時に義務があることを教える。
※世界中で人権を守る価値観については認められているにもかかわらず、人権問題が起こる現状について考えさせ、一人一人の義務を教える。

ステップ3　【スキルトレーニング／体験活動】
●周りの人の人権を守る具体的な行動を考えさせる。
※身の回りや新聞の報道などから、社会の中にどのような人権問題があるのかを調べ、その背景にはどのような人間の意識があるのかを考えさせる。
※身の回りにある差別や偏見をなくすための取り組みから、自分たちの行動としてまとめさせる。

①

ステップ4　【日常実践／活用】
●日常生活の中で、差別や偏見を許さない意識をもって生活させる。
※「ステップ3」でまとめたことを、学校や家庭で実践させる。
※家庭でも人権について話し合うようにはたらきかける。

①

ステップ5　【まとめ／評価】
●学習の意義と成果を振り返らせる。
※人権について学んだこと、感じていることを作文に書かせる。

解説

★憲法で人権は保障されているが、現実の社会では依然として様々な差別や人権侵害が存在している。現実にある人権上の問題を取り上げ、話し合わせることにより、差別や人権侵害を許さず、自らが常に人権意識を高めていくことの大切さを理解させる。また、様々な人権問題を調べることで、現実社会の問題点の解決について考えさせていきたい。

★人権問題には、すぐに解決できない深い問題もあるが、その多くの原因は人間の心にあることを理解させる。人の意識が変化すれば、問題解決の糸口が見えてくることも確認しておきたい。

評価の観点

◆現実の社会や身近なところで、様々な人権問題があることを理解できたか。
◆他者の人権を尊重する態度で周りの人に接することができているか。

参考情報

○「人権教育プログラム（学校教育編）」（東京都教育委員会）

164　●はねらい、※は学習活動・手だてを示す。

教科書 p.10〜11

自己管理領域　●責任遂行能力

4　社会マナーとルール　社会の中で生きることの意味／社会マナーの習得

【ステップ1】
現代社会には、どのようなルールやマナーがあるのだろうか。
マナーポスターなどを参考にして考えてみよう。
また、それらがどうして必要なのか考えてみよう。
〈参考例〉
・地下鉄のマナーポスター
・交通安全標語
・喫煙マナーポスター

自分が意識できていることとそうでないことをあげさせる。
〈例〉
・お年寄りに席を譲る。
・自転車の2人乗りをしない。
・公園のごみを拾う。
・携帯電話をマナーモードにする。
・電車でマナーを守る。
・劇場でマナーを守る。

「写真のようなルールやマナーが守られていない例はあるだろうか。」
〈例〉
・ごみの不法投棄
・タバコのポイ捨て

このポスターはなぜ作られたのか、理由を考えさせる。
このようなポスターが必要なくなるためには？

生活の中で、このようなマナーの呼びかけはほかにないか？
〈例〉・地下鉄マナーポスター
・マナー川柳

各地区の条例を調べさせる。
〈例〉・品川区　ポイ捨て防止条例
・千代田区　路上喫煙禁止条例
・大田区　清潔で美しい大田区を作る条例
・港区　みなとタバコルール　など

【ステップ3】
自由と責任は裏返しの関係である。
〈例〉
・喫煙の自由／携帯灰皿、喫煙所でのルールを守る義務

自由がある裏側には責任があり、それを理解してこそ自由が存在することを理解させる。

「自分たちの学校でのマナーポスターを考えてみよう。」

【ステップ4】
〈ルール・マナーについて〉
ルールは条文化しているもの。マナーは文字化していないが、みんなが気を配っていること。

マナーが存在することで、みんなが気持ちよく生活を送ることができる。

【ステップ4】
特に自分が意識するルール・マナーを決めさせて実践させる。

【ステップ2】
「なぜ、このようなマナーやルールを訴える必要が出てきてしまったのだろうか。」
ルールやマナーはお互いの自由や権利を守るための取り決めであることを理解させる。
意識の低下の実態と改善の必要性に気付かせる。

【ステップ5】
意識して取り組めたことについて振り返らせる。

8・9年生

ねらい▶▶▶ 社会の中にあるマナーやルールを守り、正しく行動することができる。

3時間扱い

ステップ1　【課題発見・把握】
●現在の社会で訴えられているルールやマナーを知る。
●生活の中のルールやマナーを守ることについての自分の意識を確かめさせる。
※写真資料やポスターを見て、なぜ必要なのか、何が問われているのかを考えさせる。
※よりよい社会をつくるためのマナーやルールの重要性に着目させる。

ステップ2　【正しい知識・認識／価値／道徳的心情】
●自由と責任、権利と義務について、意識面と行動面から正しく理解させる。
●自分の行動をコントロールすることの大切さを理解させる。
※生活の中にルールがなかったり、守らない人が多かったりした場合のことについて考えさせる。

ステップ3　【スキルトレーニング／体験活動】
●ルールやマナーを守っている具体的な行動を教え、身に付けさせる。
※マナーや自分の生活と関連のある条例について調べさせる。
※社会の中で生きていくうえで、どのような自由と責任、権利と義務があるのかを考え、話し合わせる。

ステップ4　【日常実践／活用】
●日常生活の中で、マナーやルールを守り、社会の一員としての自覚をもって他者に迷惑をかけないように行動させる。
※ルールやマナーの中で、特に自分が意識すべきことを決めさせて実践させる。

ステップ5　【まとめ／評価】
●学習の意義と成果を振り返らせる。
※ルールやマナーを守ることについて、自分が特に意識して取り組んだことを振り返らせる。ルールやマナーを守ることについての自分の認識の変化を振り返らせる。

解説
★自己中心的な言動が見られる現代社会であるからこそ、よりよい社会や自らの生き方のためにも、自分の立場を踏まえ、周囲の人の迷惑とならないことが大切であることを理解させる。自由に対する責任、権利に対する義務について、正しい認識をもたせたい。
★ルールやマナーを守ることに関する単元は、今までも何度も学習してきている。8・9年生では、現在、問題となっていることについて、自分の課題として考えさせていきたい。自分の権利を主張することは、他人の権利を大切にしてこそ成り立つことを理解させたい。

評価の観点
◆義務やマナー、ルールが、社会生活にとって重要であることが理解できたか。
◆マナーやルールを守って生活・行動することができているか。

参考情報
○地下鉄のマナーポスター
○各地区の条例（ホームページなど参照する）
○マナー川柳

●はねらい、※は学習活動・手だてを示す。

教科書 p.12〜13　　　　　　　　　　　　　　　　　　　　　　　　　人間関係形成領域　●集団適応能力

5　集団の一員として
学校や学級，地域における自分の役割と責任／地域社会の一員としての自覚

【ステップ1】
　教科書の写真は，区民まつりの模擬店の手伝い，小中合同運動会の応援，小学生の実験教室の補助の様子である。
　このような取り組みがない場合には，その他の学校行事，地域での活動，日常の集団活動などをもとに振り返らせる。
　集団活動を振り返らせることにより，どの活動においても役割と責任があることに気付かせる。

〈振り返らせる視点〉
・自分の役割
・役割を果たそうとする意識の高さ
・成功のためのポイント

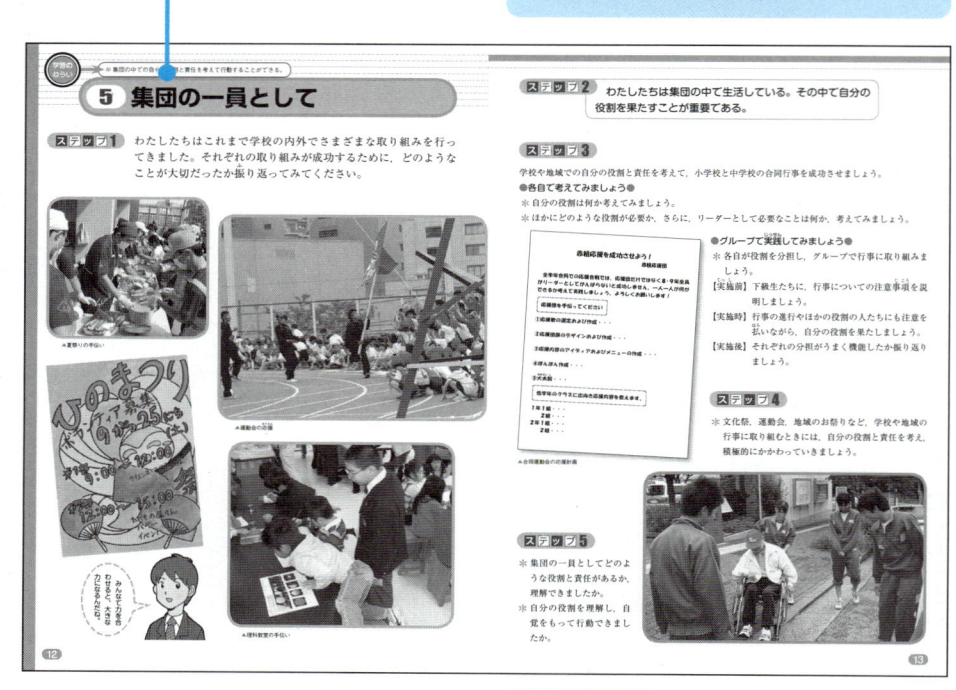

学校・学級・地域社会など，社会生活のあらゆる場面における集団の一員としての役割について学習することを初めにおさえておきたい。

【ステップ2】
　それぞれが自分の役割を果たすことが，集団での活動を成功させることにつながることに気付かせる。
　人と人がかかわり合えば，そこにはお互いに責任を果たすことが求められることを教える。

【ステップ3】
　実際に自分たちが取り組む行事について，自分にはどのような役割があるか考えさせる。
〈例〉
小中合同運動会の場合
①応援団として
②応援団をサポートする最上級生として
③実際に応援に取り組む場面で
など，自分たちがやるべきこと，気を付けることをまとめ，前向きに取り組むための実践につなげる。

＊分担する際には，役割と責任を明確にさせる。

　実際にその行事が終わった後に，集団における自分の役割について責任が果たせたかを振り返らせる。

【ステップ4】
　これまでの活動のほかにどのような場面が考えられるか確認し，実際に行動できるようにしたい。

【ステップ5】
　集団活動における役割と責任について振り返らせ，今後の日常生活において，活かしていく場面を具体的に考えさせる。

8・9年生

ねらい ▶▶▶ 集団の中での自分の役割と責任を考えて行動することができる。

3時間扱い

ステップ1　【課題発見・把握】
●集団の中での自分たちの役割と責任について課題を把握させる。
※小中の合同行事や地域の活動等の集団活動を振り返らせ，成功させるためにどのようなことが大切だったかを考えさせ，話し合わせる。

ステップ2　【正しい知識・認識／価値／道徳的心情】
●学校・地域などにおいて，人は集団の中で生活していることを改めて確認し，一人一人が役割を果たすことが大切であることを理解させる。
※学校や地域，家庭のどこにおいても，人と人はかかわり合って生きていることを教え，お互いに責任を果たすことが社会を成立させることに気付かせる。

ステップ3　【スキルトレーニング／体験活動】
●集団の中での自分の役割を確認し，責任をもって遂行させる。
※学校内外の行事の取り組みについて，誰が，何を，どこまで行うか，その責任を明確にした役割分担をさせる。

ステップ4　【日常実践／活用】
●集団における自分の役割と責任を意識して行動させる。
※集団活動での役割と責任について，「ステップ3」までの学習と学校行事の取り組みで学んだことを生かし，日常の集団活動や次の行事に取り組ませる。

ステップ5　【まとめ／評価】
●学習の成果を振り返り，日常実践への意欲をもたせる。
※集団活動における役割と責任について振り返らせ，今後の日常生活において生かしていく場面を具体的に考えさせる。

解説
★8・9年生は，地域での活動やボランティア活動のリーダーとして活動することを望まれているが，実際に活動する機会は限られており，地域のリーダーとしての意識付けは難しい。この単元では，まず，異学年交流を中心とした学校行事などの身近な取り組みを通して，集団の一員としての役割について考えさせたい。集団の一人一人が役割と責任をもち，それぞれの能力が生かされて大きな力を生み出すことを理解させる。
★地域リーダーとしての役割を考えさせる単元として，将来設計領域・社会的役割遂行能力「25　地域社会への貢献」がある。

評価の観点
◆学校や地域などにおいて，人は集団の中で生活していることを改めて確認し，一人一人が役割を果たすことが大切であることが理解できたか。
◆集団における自分の役割と責任を意識しながら行動できたか。

●はねらい，※は学習活動・手だてを示す。

教科書 p.14　　　　　　　　　　　　　　　　　　　　　　　　人間関係形成領域　●自他理解能力

6　信頼し合うということ　友情を深め，信頼できる友人や仲間づくり

【ステップ1】
〈導入〉
　中学生の友情に関するアンケート結果を見る前に，あらかじめ学級で同じアンケートをとり，自分たちの現状を把握させる。

【ステップ1】
　つらいときに友達に助けてもらった体験，友達の大切さを実感した体験は，どの生徒にもある。反面，友人とのトラブルに心を痛める生徒も多い。アンケートの結果を話し合わせるときも，相談相手の友達の数が多いことが一概によいとはいえないことに注意する。

　自分たちの友人関係を振り返らせる際に，友人関係を見つめ直すことは，すべてをリセットして考えることではないことをおさえる。いたずらに現在の人間関係を壊すことがないように配慮する。

【ステップ1】
　アンケート結果については，できるかぎり新しいものを準備し提示するとよい。

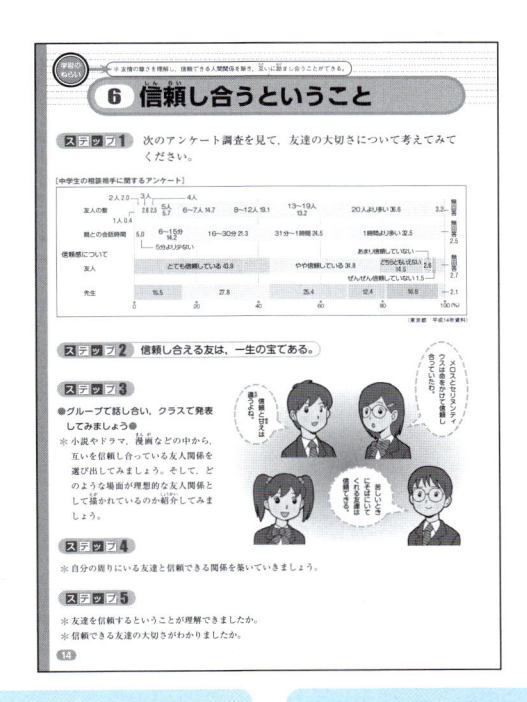

【ステップ3】
　世の中には，友情をテーマにした小説やドラマ，漫画は多い。
　ここでは，自分たちの友情について現実的な問題を挙げるのではなく，共通してイメージできる作品を取り上げ，その中での友情のあり方を考えさせる。
　例えば「走れメロス」は，8年生の国語の教科書に載っている作品だが，メロスとセリヌンティウスの友情に感動する生徒は多い。
　また，全員が知っている漫画の登場人物同士の関係などをグループで一つ取り上げ，分析し発表し合わせる。
　楽しい雰囲気の中で，信頼できる友達，理想の友情について考えを広げたい。

【ステップ4】
　「ステップ3」で話し合わせた内容を，改めて自分の友人関係にあてはめて考えさせてから実践させることが大切である。

【単元について】
　中学校で出会った友達が，一生付き合う友となることに思いが及ぶようにする。教員自身の体験を伝えたい。

【ステップ5】
　自分と友達の関係をもう一度振り返り，よりよい友情を築けるようにする。
　自分から友達のことを思う行動がとれたか振り返らせる。

8・9年生

ねらい▶▶▶ 友情の尊さを理解し，信頼できる人間関係を築き，互いに励まし合うことができる。

3時間扱い

① **ステップ1**　【課題発見・把握】
●友人関係についての実態と課題を確認させる。
※アンケート結果から，自分にとっての友人の存在について振り返らせる。
※信頼についてのとらえ方や考え方について話し合わせる。

① **ステップ2**　【正しい知識・認識／価値／道徳的心情】
●困難に直面したときや課題を克服する際に，信頼できる友達の存在が大きな支えになることを理解させる。
※一生の友達になりたい人とは，自分にとってどんな存在か考えさせる。

① **ステップ3**　【スキルトレーニング／体験活動】
●信頼できる友達関係を築く態度を身に付けさせる。
※グループで一つずつ，小説やドラマ，漫画の中の友人関係を取り上げ，どのような点がよいか，どのような点が問題か分析し，発表させる。
※理想の友情関係を築くまでの過程を考え，必要な行動をまとめさせる。

ステップ4　【日常実践／活用】
●日常生活の中で，信頼できる関係を築けるように生活させる。
※「ステップ3」で話し合わせた内容を，自分自身の友人関係づくりに活かして取り組ませる。

① **ステップ5**　【まとめ／評価】
●学習の成果を振り返り，日常実践への意欲をもたせる。
※自分から友人のためを思った行動ができたか振り返らせ，自己の変容をまとめさせる。

解説

★8・9年生の年ごろにとって，友達はとても大きな存在であるが，友人関係でトラブルが起き，修復するのに悩んだ体験をもつ者も多い。友人と表面的に付き合うのではなく，信頼し相談できる友人を得て，人間関係を築いていくことが，自分の生き方にもよい意味で深い影響を与えるということを理解させる。そのためにこの単元では，「信頼し合える関係づくり」について考えさせたい。また，あわせて友人を大切にする心を養いたい。

★自分のことを支えてくれる友人を探すのではなく，自分が友人の支えになるように行動することが信頼関係づくりで大切であることを教えたい。

評価の観点

◆友情の大切さ，信頼できる友達とはどういう存在なのか理解できたか。
◆信頼できる友達関係になるためのかかわり方が自分からできたか。

●はねらい，※は学習活動・手だてを示す。

教科書 p.15

人間関係形成領域 ●自他理解能力

7 福祉への取り組み 地域における福祉と自分ができること

【ステップ1】〈導入〉
年をとるということはどういうことか考えさせる。
人間は誰でも年をとるものであり，加齢にはよい面もあることを理解させる。
「老」という文字を使った熟語を考えさせる。老練，老成，老獪，老醜など，よい意味，悪い意味があることを説明する。

【ステップ2】
「相手のペースで」が，最も大切なことであることを強調する。

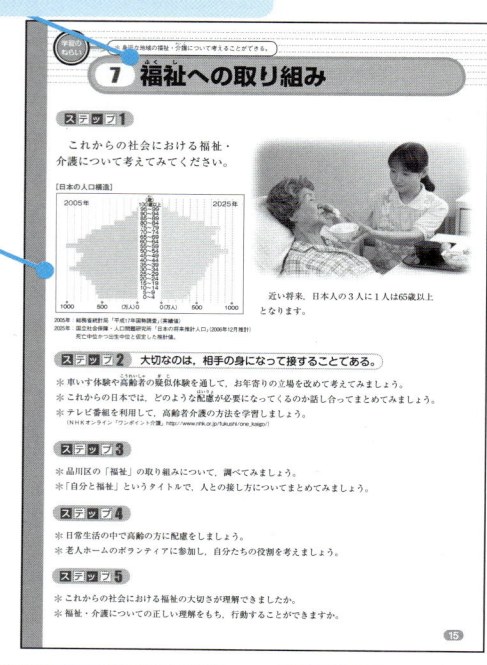

【ステップ1】
年金，後期高齢者医療等のニュースを題材に，わが国が直面する重要な問題であることを理解させる。

グラフを読み取らせ，高齢者が増えることで起きる社会の変化について考えさせる。

【ステップ1】
高齢化の問題を社会問題としてとらえることと同時に，個人として高齢者とのかかわり方について課題をもたせることが重要である。
高齢者を理解し，かかわることができる力を身に付けることが，今までの時代以上に強く求められていることに気付かせる。

【ステップ2】
疑似体験用具を用いて体験させ，高齢者になると体が動かなくなることを理解させる。

どのような配慮が必要か話し合わせる。

「ワンポイント介護」を見て，介護の実際を知らせるとよい。

老人ホームの訪問を実践するなど，実際に体験させるとよい。
体験を通して学んだことや感じたことについて意見を出し合い，自分たちはどんな配慮をすることができるかについて話し合わせる。

【ステップ3】
身近な「福祉」について調べさせ，福祉の取り組みについて理解を深めさせる。また，調べたことをもとに，自分ができることについて文章にまとめさせる。

【ステップ5】
社会全体にとって直面する重要な問題であると同時に，個人の介護をどうするかという問題であることも理解させる。

【ステップ4】
近隣のデイサービスなどと連絡を取り訪問し，働いている人から高齢者との接し方と考え方を学ばせる。また，「ステップ3」で考えたことを実践させる。

8・9年生

ねらい ▶▶▶ 身近な地域の福祉・介護について考えることができる。

6時間扱い

ステップ1 【課題発見・把握】
① ●「福祉」についての認識と実態を確認させる。
　※福祉について知っていることを発表させる。
　※写真資料をもとに，介護について考え，話し合わせる。

ステップ2 【正しい知識・認識／価値／道徳的心情】
① ●「福祉」が高齢者や障害のある人の幸福を意味していることを理解させる。また，「福祉」の取り組みで大切なのは，相手の身になって接することであることも理解させる。
　※疑似体験用具を用いて体験させ，高齢者になると体が動かなくなることを理解させる。
　※新聞資料や「ワンポイント介護」を活用し，相手のペースでやることの重要性を認識させる。

ステップ3 【スキルトレーニング／体験活動】
③ ●身近な「福祉」「介護」について理解を深めさせる。
　※品川区の「福祉」の取り組みについて調べる。
　※「自分と福祉」についても，考えたことをまとめる。

ステップ4 【日常実践／活用】
●老人ホームの訪問や，ボランティア活動の場で実践させる。
　※実際にホームを訪問し，ボランティア活動を実践する際に，「自分と福祉」でまとめたことを実践する。

ステップ5 【まとめ／評価】
① ●学習の意義と成果を振り返らせる。
　※訪問や実践のまとめとして，発表やレポート作成を行う。

解説
★この単元は，自他理解能力を育成することをねらいとしている。高齢化の問題を社会問題としてとらえるだけではなく，高齢者を理解し，配慮したかかわり方ができるようにさせることが大切である。そのため，「ステップ2」に体験活動や介護について学ぶ時間を設定し，高齢者を理解したうえで，配慮の大切さを実感させたい。
★地域における「福祉」についての実際を知ることにより，これからの社会が抱える問題点を身近に感じさせる。そこで，自分たちの役割について認識させたい。

評価の観点
◆「福祉」の意味と重要性を理解できたか。
◆これからの「福祉」のあり方について理解し，人とかかわるときの配慮の仕方を身に付けることができたか。

参考情報
○NHKオンライン「ワンポイント介護」

●はねらい，※は学習活動・手だてを示す。

教科書 p.16〜17　　　　　　　　　　　　　　　　　　　　　　　人間関係形成領域　●コミュニケーション能力

8　互いを尊重した対応　互いを尊重した対応の仕方

【ステップ1】
2つのイラストは，ともに学校生活の中でよく見かける場面である。それぞれの立場の生徒がどのような気持ちでいるか，想像し，発表させる。
自分では悪意がない言動が，相手をとても嫌な気持ちにさせることもあることに気付かせたい。

【ステップ2】
自分の気持ちや考えがうまく伝わらず，結果として誤解されてしまった経験は誰にでもある。誤解した相手に問題があったのではなく，自分の伝え方に問題点や不十分な点がなかったかをまず考えさせる。
自分の気持ちを抑えるだけでなく，相手に理解を求めるだけでもない。その両方をとることができるコミュニケーションの方法を考えさせたい。

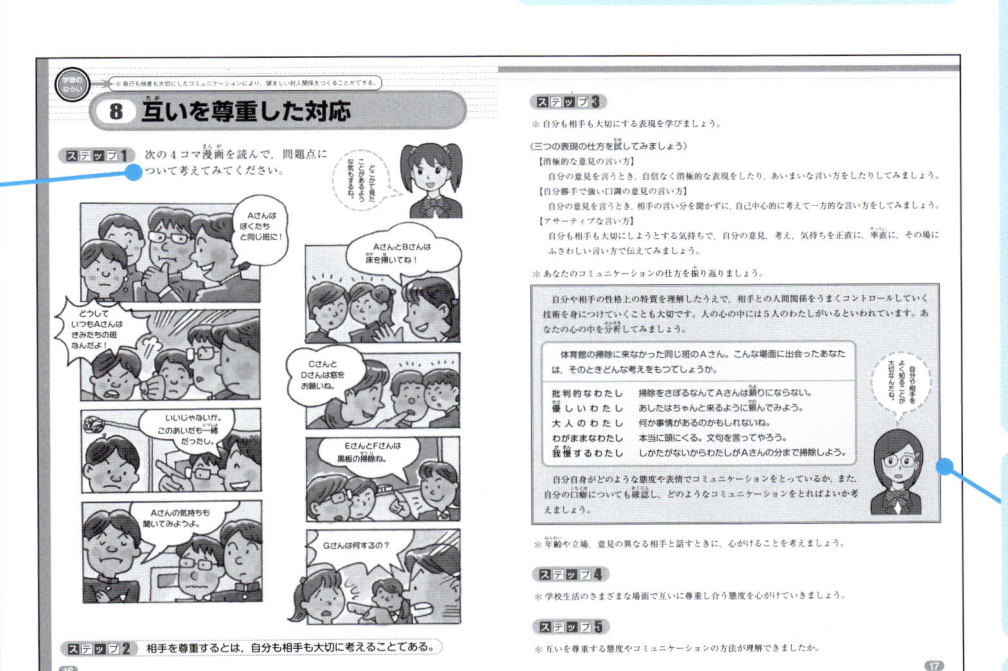

【ステップ3】
ロールプレイをするときには，1対1のやりとりをするだけでなく，第三者の立場でどのように感じるか，評価する役割をつくるとよい。

【ステップ2】
言い方が乱暴だったり，相手の気持ちを思いやることがなかったりする人は，結局自分に対しても同じような言動が返ってくることを認識させる。

【ステップ5】
個々の具体的な実践を学級全体に広めることで，様々な場面での活用方法をイメージさせ，今後に活かせるようにする。

【ステップ3】
いくつかの場面を設定し，アサーショントレーニングを行う。
〈例〉
友達に遊びに誘われたが，その友達とはあまり遊びたくない。
〈消極的な意見の言い方〉
「え〜っと，遊んでもいいけど，その日はだめかもしれないし…」
〈自分勝手で強い口調の意見の言い方〉
「やだ。おまえとは遊ばない。」
〈アサーティブな意見の言い方〉
「誘ってくれてありがとう。残念だけどその日は遊べないんだ。」

エゴグラムといわれる自己理解のプログラムを参考にしている。自分の日常的な態度を振り返り，よりよいコミュニケーションを目指すものである。

【ステップ4】
日常生活の中で，自分の態度に気を付けて生活するように改めて確認する。
具体的なめあてとなる場面を想定させておくこと。

8・9年生

ねらい▶▶▶ 自己も他者も大切にしたコミュニケーションにより，望ましい対人関係をつくることができる。

4時間扱い

ステップ1　【課題発見・把握】
● 日々のコミュニケーションについての実態と課題を確認させる。
※イラストの場面における意見の対立について考え，問題点を話し合わせる。

ステップ2　【正しい知識・認識／価値／道徳的心情】
① ● 人間関係において，相手の立場に立ち，対等・公平な態度で接することの大切さを理解させる。また，そのような接し方が，相手を尊重する対応であることを理解させる。
※表面上の理解にならないように，自分のこれまでの態度をしっかり「ステップ1」で振り返り，自分の課題として考えさせる。

ステップ3　【スキルトレーニング／体験活動】
② ● よりよいコミュニケーションの方法を身に付けさせる。
※教科書の手順にそって，アサーショントレーニングを行う。
※エゴグラムを使って，自分自身のコミュニケーションを振り返らせる。

ステップ4　【日常実践／活用】
● 自己中心的にならずに，他者を尊重する態度で日常生活を送らせる。
※学級や学年の中でトラブルが起きたときに，ここで学んだスキルを思い出させて，話合いの場をもつ。

ステップ5　【まとめ／評価】
① ● 学習の成果を振り返り，日常生活への意欲をもたせる。
※具体的な実践を発表させ，学級全体に広めることで，日常の様々な場面で活用することができるようにする。

解説

★日常生活の中で，周囲の人間と意見が対立することがある。その際，無意識に自己中心的な態度や他者の意見を聞き入れない態度になってはいないか。そのような態度では，望ましい人間関係を築くことがないことを理解させる。

★アサーションやエゴグラムのコミュニケーショントレーニングを活用し，自分のコミュニケーションを振り返りながら，具体的なめあてをもって，コミュニケーションの方法を身に付けさせたい。

評価の観点

◆望ましい人間関係を築くためには，自分も他者も大切にしたコミュニケーションが大切であることが理解できたか。
◆互いを尊重する態度でコミュニケーションをとることができたか。

参考情報

○「アサーション」，「エゴグラム」に関する書籍を参考にするとよい。

●はねらい，※は学習活動・手だてを示す。

教科書 p.18～19　　　　　　　　　　　　　　　　　　　　　人間関係形成領域　●コミュニケーション能力

9　主張する技術　主張する技術

【ステップ1】
〈導入〉
　教科書を読ませる前に，3つの場面のイラストを拡大したものを黒板に貼り，相手を判断する要素を考えさせる。
「○年前の入学式の日，教室で誰と言葉を交わしたか，覚えていますか。初めてクラスメートに会った時，あなたはどんな要素でその人を判断しますか。考えてみましょう。」

【ステップ1】
　自分との相性や自分に対する態度でその人物を判断することが多いが，面接試験の場面では，あいさつや表情，服装などが重要な判断要素となることが分かるだろう。

【ステップ1】
　ここに挙げている要素のほかにも，様々なものが考えられる。生徒は「その人の雰囲気」と答えるであろうが，その雰囲気とはどのような要素からなっているか考えさせる。

【ステップ3】
　表情全体が映る大きさの鏡（A5程度）を用意し，自分の表情を確認しながら進めたい。自分がいつもどのような表情をして周囲に接しているか，友達に確認してもらう。

【ステップ2】
　人は，ちょっとしたあいさつや笑顔の表情で，相手を感じがよいと評価することが多い。自分自身も人からそのように評価されていることに気付かせる。

【ステップ4・5】
　感じのよい笑顔を身に付けることが，これからの生活のどのような場面で活用できるか確認する。

【ステップ3】
　この年ごろの生徒は，髪型や服装など自分の容姿を気にするが，自分の表情をつくるために鏡に映して見ることは案外少ないと思われる。
　笑顔の表情を鏡で映すことには抵抗があるだろうが，活動を始めると和やかな雰囲気で授業を進めることができる。

【ステップ3】
　入学試験で行われる自己PRを想定して
・自分の長所，短所
・中学校で頑張ってきたこと，特技
・今興味をもっていること
などの項目を提示してPR内容を考えさせる。

8・9年生

ねらい▶▶▶　相手に与える自分の印象をよくする技術を身に付けることができる。

5時間扱い

ステップ1　【課題発見・把握】
●人が相手を判断する要素について気付かせる。
※教科書のイラストの3つの場面で，自分はどのような要素で相手を判断するか考え，話し合わせる。

ステップ2　【正しい知識・認識／価値／道徳的心情】
●表情や態度もその人の評価を決める大きな要素となっていることを理解させる。
※初対面に近い人ほど，あいさつや言葉遣い，表情など，ちょっとしたことで相手を評価していることに気付かせる。自分が人の第一印象を判断する材料について考えさせてもよい。

ステップ3　【スキルトレーニング／体験活動】
●相手に与える印象をよくするための表情や態度を身に付けさせる。
※鏡を用意し，自分の表情を映しながら，感じのよい笑顔・知的に見える笑顔（ほほえみ）を練習する。
※自己PRの内容を用意し，自分がこう見られたいと思う表情や態度を意識して練習する。

ステップ4　【日常実践／活用】
●毎日の生活においても実践させる。
※練習した笑顔や態度を意識して，職場体験や上級学校訪問を行う。

ステップ5　【まとめ／評価】
●学習の成果を振り返り，日常実践への意欲をもたせる。
※職場体験や上級学校訪問での相手側の評価を集めておく。

解説
★8・9年生では，職場体験や保育体験，上級学校訪問など，校外での活動が多くなる。この単元はそのような活動の前後に計画し，自分の日常の場面における表情や態度を振り返り，さらに相手に与える印象をよくするための技術を練習させる単元である。
★相手によい印象を与えるために表情や態度を操作するというと，生徒たちの中には，自分を偽るように感じる場合もあるだろう。しかし，相手によい印象を与える技術を身に付けることができれば，これからの生活にプラスである。ぜひ明るい雰囲気で取り組ませたい。

評価の観点
◆人は表情やあいさつなどの態度で，相手を判断したり，相手に判断されたりすることを理解できたか。
◆相手に与える印象をよくするための表情や態度を練習し，身に付けることができたか。

参考情報
○ビジネスマナーに関する書籍を参考にするとよい。

●はねらい，※は学習活動・手だてを示す。

教科書 p.20〜21　　　　　　　　　　　　　　　　　　　　　　　　　　　　自治的活動領域　●自治的活動能力

10　リーダーシップ　これからの地域リーダーとして必要な力

【ステップ1】
単元の初めに「リーダーシップ」という言葉だけを板書し，想像できる内容を自由に話し合わせる。生徒たちの考えるリーダー像を把握する。

【ステップ2】
「人に命令することができる存在がリーダーではない」ということを理解させたい。

【ステップ3】
有意義な話合いをするためには，グループの組み方も大きな要素となる。人数（6人以上は多すぎる）や司会の生徒の能力を考慮し，グループを構成する。

【単元について】
災害などの非常時の場合，自然発生的に集団を統率するリーダーが生まれるという。世界的にも有名になったナホトカ号重油流出事故におけるリーダーを題材に，リーダーの必要性について考えさせる。

【ステップ2】
リーダーの役割について話し合わせ，リーダーの条件，すべきことを挙げさせる。

集団で活動するときには，メンバーが共通の目的意識をもつことが大切であることは，今までの学習で扱ってきている。

リーダーとして目的意識を統一するためには，何をすればよいか。リーダーとしてどんな力をもっていればよいか考えさせる。

【ステップ3】
ここではブレーンストーミング法で話合いを実施する。
ブレーンストーミング法とは，問題解決のため，アイディアを出し合うのに有効な手段の一つである。一般的に，
①批判はしない
②とにかくたくさんアイディアを出す
③自由に発言する
④多くのアイディアが出されていく過程で，アイディアを組み合わせ，改善し，より発展させていく
の4つの原則で実施する。司会と記録を決め，記録役は模造紙や黒板に提案された内容をすべて書き出す。

【ステップ5】
日常生活に生かせるように，学習したことを日常場面にあてはめながら整理させる。

【ステップ4】
自分たちの生活を振り返って，改めてリーダーについて考えさせたい。

8・9年生

ねらい▶▶▶　地域において，進んでリーダー的役割を担うことができる。

4時間扱い

① **ステップ1　【課題発見・把握】**
●リーダーの必要性について把握させる。
※資料を読んで感想をもち，リーダーの役割について思ったことを発表し合う。
※非常時の人々の行動について，生徒が興味をもつ他の事例があれば補足する。

ステップ2　【正しい知識・認識／価値／道徳的心情】
●リーダーシップとは，組織や集団を目標達成に近づけていく能力であり，具体的には強い意志と行動力であることを理解させる。
※自分たちの生活を振り返って考えさせる。
※リーダーの条件，すべきことを考えさせる。

② **ステップ3　【スキルトレーニング／体験活動】**
●リーダーの役割と態度について話し合いながら，考えをまとめさせる。
※教科書の手順にそって，三国町を例にとり，非常時におけるリーダーの役割と態度についてグループで話し合わせる。
※司会・記録を決めたうえで，ブレーンストーミングなどの発想法を活用し，意見を出し合うようにする。
※自分自身を振り返りながら，リーダーにとって必要な力をまとめる。

ステップ4　【日常実践／活用】
●地域のリーダーになるために必要な能力を身に付けさせる。
※これからの地域を支えていくリーダーとしての自覚をもち，生活するように促す。

① **ステップ5　【まとめ／評価】**
●学習の成果を振り返り，日常実践への意欲をもたせる。
※学習したことをまとめ，毎日の学校生活の中でも意識して生活させる。

解説
★集団が機能していくためには，リーダーの存在は欠かすことができない。リーダーがなぜ必要なのか，リーダーとはどのような人材なのかを，ナホトカ号重油流出事故でのボランティア組織を通して考えさせる。最終的には，各自が様々な活動の中でリーダーシップを発揮する存在になることを理解し，その意識をもって学校生活の中で活動させたい。
★この単元は，自分たちでアイディアを出し合い整理し，話合いの技術も高めることをねらいとしている。中学生にとっては難しい課題であるかもしれないが，話合いを仕切ることもリーダーとして大切な力であることを理解させ，取り組ませる。

評価の観点
◆リーダーの役割と意義について理解することができたか。
◆集団活動において，進んでリーダーの役割を担うことができたか。

参考情報
○ブレーンストーミング法など，話合いや討論の方法に関する書籍を参考にするとよい。

●はねらい，※は学習活動・手だてを示す。

171

教科書 p.22〜23

自治的活動領域　●自治的活動能力

11　自治組織　自治組織の作り方と運営方法

【ステップ1】
　品川区の防災組織図から、地域にも協力して活動するために自治組織が存在することに気付かせる。

〈品川区防災組織〉
＊災害が起こったときに対応できるように組織されている。
・13の地域センターごとに地区防災協議会という組織がある。
・206の町会ごとに防災区民組織がある。
＊町会長が本部長を務めている場合が多い。
・防災区民組織には8つの部があるが、町会の大きさによって、2つの部会が一緒になっている場合がある。

　町会の方をゲストティーチャーとして迎え、防災区民組織について役割を含めて説明してもらってもよい。

【ステップ2】
　自治組織を機能させるためには、一人一人の積極的なかかわりが必要であることを理解させる。
・生徒会の組織を品川区の防災組織と比較させる。

　学校では生徒会組織の下に委員会組織、その下に各学級とはなっていないが、全体の方向性を決定する組織があり、それをもとに実行するための組織があるというところは組織の基本形としておさえてよい。

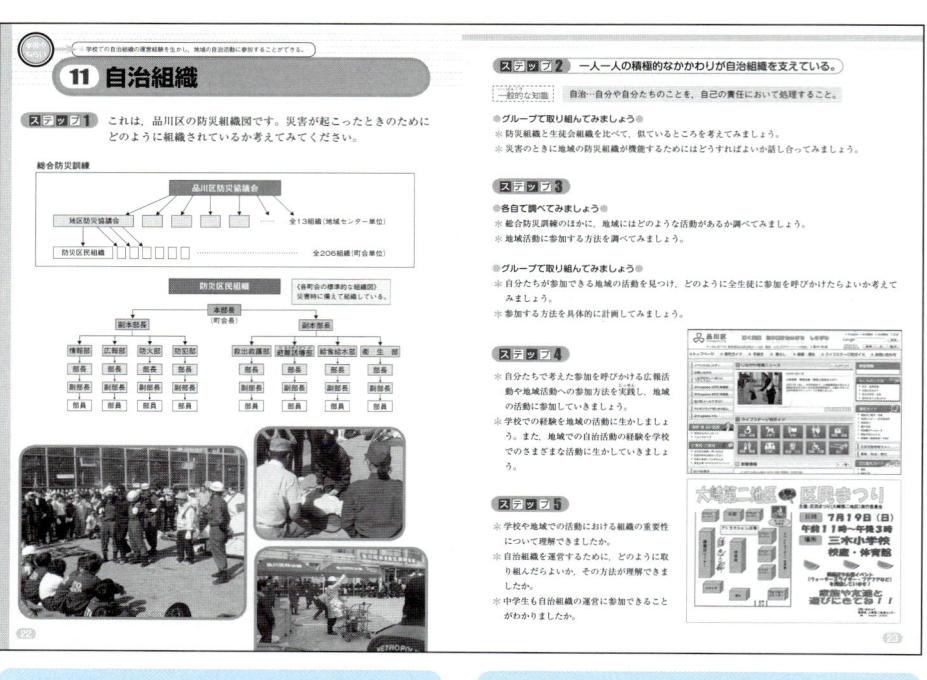

【ステップ4】
　実際に参加する際には、自分たちの計画を実行するだけでなく、地域の人たちの一生懸命に活動する姿から役割に対する責任などを学ぶように意識させる。

【ステップ5】
　自分の変容を振り返らせる。
　組織の一員としての意識の変化、役割を果たすことの大切さなどを振り返らせる。

【ステップ2】
　上部組織では、情報の集約、方向性の確定等を行う。実働するための組織でも、長を中心に方針にそって活動が行われる。一人一人が方針を理解し、支えていかなくては、組織は機能しない。
　結局は一人一人が組織の一員であることを理解し、責任を果たしていかなくてはならない。

【ステップ3】
　総合防災訓練のほかに参加できる地域の活動を調べさせる。
・区民まつり
・地区運動会
・地域清掃　など
　学校として参加できるものを決めておくこと。
　また、地区総合防災訓練への参加を目標にしてもよい。
　参加する計画を立てさせる。
＊事前に地域と、生徒の役割や参加できる範囲を調整しておく必要がある。

8・9年生

ねらい▶▶▶ 学校での自治組織の運営経験を生かし、地域の自治活動に参加することができる。

8時間扱い

ステップ1【課題発見・把握】
①
●地域にも協力して活動するために自治組織があることに気付かせる。
※品川区では災害が起こったときのために、どのような防災組織をつくっているか教える。

ステップ2【正しい知識・認識／価値／道徳的心情】
①
●地域の方一人一人の積極的なかかわりが自治組織を支えていることを理解させる。
※品川区の防災組織と生徒会組織を比較し、似ているところを考える。
※防災組織が機能するためにはどうすればよいか話し合う。

ステップ3【スキルトレーニング／体験活動】
⑥
●地域の活動に参加するための計画を立てさせる。
※防災組織のほかに、地域の自治組織で活動している取り組みを調べる。
※地域活動に参加する方法を調べ、計画を立てる。

ステップ4【日常実践／活用】
●計画をもとに地域の活動に参加し、地域の自治組織を学ばせる。
※自分たちで作成した計画をもとに、地域活動に参加する。
※地域の方の動きから、組織の一員としての意識を学ぶようにさせる。
※学んだことを学校生活で生かす。

ステップ5【まとめ／評価】
①
●学習の成果を振り返り、日常実践への意欲をもたせる。
※自治活動への参画意識の変容を振り返らせる。

解説

★本単元では、学校での自治活動の経験を生かして地域の活動に参加することと、地域の自治組織から学び、再度自分たちの自治活動への参画意識を見直し改善することをねらいとしている。

★各中学校にはDポンプが配備され、学校として地区総合防災訓練に参加しているところも多い。総合防災訓練から地域の自治組織、自治活動を学び、その他の地域の活動に参加するという単元構成にしている。

★学校や地域の実態に応じて、地区総合防災訓練への参加を目標として単元を構成することもできる。

★実際に地域の行事などに参加する際には、自分たちの計画を実行するとともに、地域の方の運営方法や参画意識などにも注目させ、学び取るようにさせたい。そして、学んだことを生徒会活動の組織づくりや様々な行事の中で積極的に生かすようにさせる。

★自分たちの町を自分たちでつくる気持ちも高めるようにしたい。

評価の観点

◆自治組織の運営には、一人一人の積極的なかかわりが大切であることが理解できたか。

◆積極的な意識をもって地域の活動に参加することができたか。

教科書 p.24〜25　　　　　　　　　　　　　　　　　　　　　　　　　自治的活動領域　●自治的活動能力

12　地方自治への施策提案　これからの地方自治についての施策提案

【ステップ1】
○広報紙やポスターを収集させ，そこから施策について調べさせる。特に広報紙については，地域センターなどに行けば収集できることを伝えておく。また，ホームページを参照してもよい。
○品川区の基本構想を貫く3つの理念のうち，「区民と区との協働で，『私たちのまち』品川区をつくる」の「協働」とは，区民と区とが互いに知恵や力を出し合うことを意味する。
・自助は，自分でできることは自分でする。
・共助は，皆で助け合う。
・公助は，税で役所が行う，という意味である。
・「協働」とは，自助・公助をきちんと行いながら，共助をはぐくんでいこうという考え方である。

「施策」とはどういう意味かを理解させてから，授業に入る。「しさく」と読むのが正しい。政治の世界で「せさく」と読んでいるのは，「試作」と区別するためらしい。「私立」「市立」を区別するために，「わたくりつ」「いちりつ」と読んで相手に伝えるのと似ている。

【ステップ3】
http://www.city.shinagawa.tokyo.jp/
品川区ホームページに予算配分などの計画があるので，それを参照させるとよい。

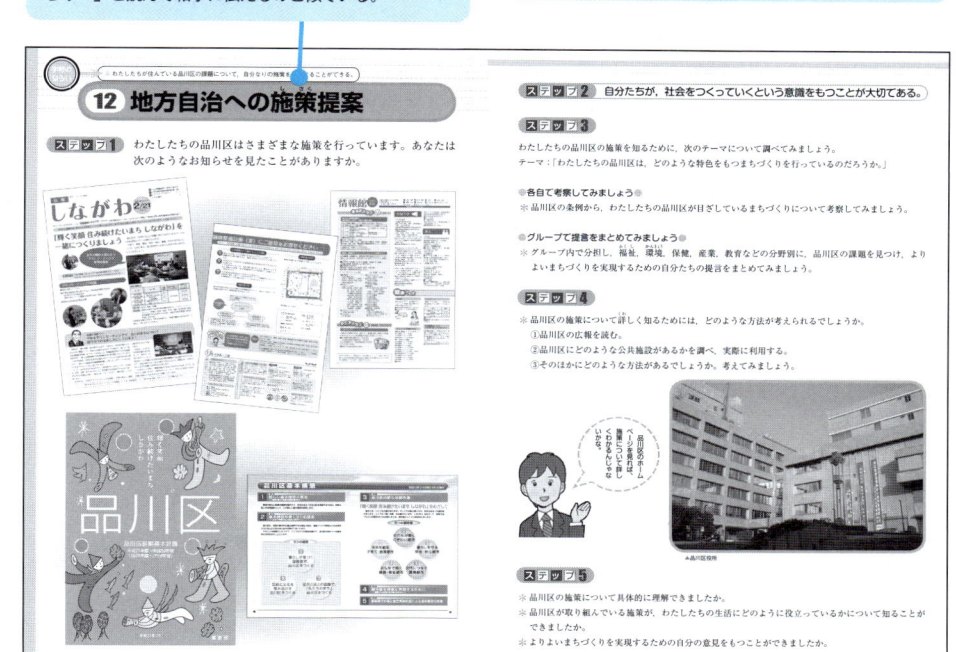

【ステップ3】
品川区の施策の特徴を知るためにも，他の区の施策についても調べ，その違いを列挙させる。そこから，品川区のよいところと，改善すべきところを考えさせる。

条例はホームページを参照する。

【ステップ4】
自分たちの住んでいる品川区の政治を，日常から知ろうとしていることが大切である。区の広報紙などを継続して教室に掲示するなどしておくとよい。

【ステップ5】
一人一人が施策のどの部分を知ることができたのかを明らかにさせる。
自分の生活に役立っていることが理解できた部分について発表させる。

日ごろ生活をしていて課題だと思うことを挙げさせ，その改善策が施策にあるかどうか調べると，より意欲を引き出すことができる。

区民として区政に関心をもつことが，よりよいまちづくりに重要であることをおさえたい。興味をもつこととは，広報紙を読む，HPを確認するなど，具体的な行動につなげられるようにする。

8・9年生

ねらい▶▶▶ わたしたちが住んでいる品川区の課題について，自分なりの施策を提案することができる。

4時間扱い

ステップ1【課題発見・把握】
① ●自分たちのまちでは，どのような施策が行われているのかを確認させる。
　※自分たちのまちの施策に関する知識について，実態と課題を考えさせる。
　※自分たちの生活に関連したものを取り上げさせる。

ステップ2【正しい知識・認識／価値／道徳的心情】
① ●自分たちが社会をつくっていくという意識をもつことが大切であることを理解させる。
　※「品川区基本構想」で目指す考えについて，話し合わせる。
　※予算配分，計画などの情報を提供する。

ステップ3【スキルトレーニング／体験活動】
① ●教科書の手順にそって，自分たちのまちの施策を知る。また，その方法を身に付けさせる。
　※個人やグループによる調べ学習をさせる。
　※よりよいまちづくりを実現するための自分たちの提言をまとめさせる。

ステップ4【日常実践／活用】
① ●自分たちのまちの施策と自分たちの生活とのつながりを知る。
　※日常的に区の広報紙を読ませる。

ステップ5【まとめ／評価】
① ●学習の成果を振り返り，日常実践への意欲をもたせる。
　※調べた施策が日常生活に生かされていることについて発表させる。
　※区の施策を知るために行ったことを，日常でも続けていくことが大切であることを教える。

解説

★自分たちの住むまちの一員として，まちの施策について正しい知識や理解を深め，よりよい市民としての態度を養うことが大切である。日常的に行政の取り組みについて興味・関心をもたせ，よりよいまちづくりの実現のために自分の意見をもつなどの積極的な姿勢をもたせたい。

★関心をもつことが，まちづくりに参加する第一歩であることを教える。関心をもつことの大切さだけでなく，それが具体的な行動に表れなければならない。その方法を身に付けるために，調べ学習，施策提案を材料に学習を進めていく。

評価の観点

◆品川区の施策について具体的に理解できたか。
◆品川区が取り組んでいる施策が，自分たちの生活にどのように役立っているか理解できたか。
◆よりよいまちづくりを実現するための自分の意見をもつことができたか。

参考情報

○品川区ホームページ
○広報しながわ

●はねらい，※は学習活動・手だてを示す。

教科書 **p.26～27**　　　　　　　　　　　　　　　　　　　　　　　　　　　　自治的活動領域　●道徳実践能力

13　社会における正義
社会における善悪や正義などの問題に対する正しい批判力・社会的な正義

【ステップ1】
「社会の出来事や人に対するあなたの正義とは、また公正かつ公平な態度とは、どういうことをいうのでしょうか。」
・社会のルールを守っていること。
・法律や条例等に違反しないこと。
・周りの人に迷惑をかけないこと。
＊一つの意見に偏らないで、いろいろな意見から自らの意見を述べられること。

「身近に不正な行為を見かけたら、あなたはどうしますか。」
・やった人に対して注意する。
・心の中はモヤモヤしているが、見ないふりをする。
・周囲の人と悪口を言い合う。
・自分に関係がないなら、気にもとめない。
・不正に対して解決してくれる人（警察、先生、保護者等）に相談する。

「割り込みをされたときにどのような気持ちになりましたか。また、された場合どのような気持ちになりますか。」
・嫌な気持ち　・怒りの気持ち　・悪口を言いたくなる
・怖い気持ち　・イライラする

【ステップ3】
ブレーンストーミングなどを使って、数多くの不正の場面を出させる。出た不正に対して、いくつかを選び、自分ならどのような対応をするかについて、自らの意見をもたせてディスカッションさせる。

〈例〉
・電車内での携帯通話
・路上の喫煙
・お年寄りに席を譲らない
・いじめ
・人を差別する
・場所にかかわらず大声で騒ぐ
・犯罪行為　など
不正行為の中には、ルール違反、マナー違反、思いやりの欠如が挙げられる。

「雪印食品偽装問題」の概要
　2002年に起こった食品偽装問題である。BSEにかかった疑いのある牛肉を国が買い取るという「国産牛買い取り事業」を悪用して、雪印食品の職員が取引先であった西宮冷蔵で輸入肉を国産と偽り、不正請求を行った。西宮冷蔵の内部告発で発覚し、メディアでも大々的に取り上げられた。
　なお、雪印食品は解散させられ、西宮冷蔵も営業停止処分と資金繰りで一時解散になったが、水谷洋一社長が中心となりカンパを募るなどして、2004年から営業再開している。この事件に関する映画も存在する。

【ステップ2】
不正を見たとき、感じたときに、自分が正義感をもって行動できるかを考えさせる。思いを行動にする勇気をもつことこそ大切であることを教える。

【ステップ4】
日常生活の中で、不正に対して正義感をもって対応した事例を心にとめられるように意識させながら行動させる。

8・9年生

ねらい ▶▶▶ 日常生活において公正かつ公平な気持ちをもち、その場に対応した正しい行動ができる。

3時間扱い

ステップ1　【課題発見・把握】
●正義や公平・公正といったことに対する自分の価値観を確かめさせる。
※イラストから、様々な違法行為やマナー違反について感じていることを話し合わせる。
※差別や偏見、いじめなどについても触れさせる。

① **ステップ2**　【正しい知識・認識／価値／道徳的心情】
●誰に対しても公平・公正であり、不正を許さない態度をもち、それを表現することが大切であることを理解させる。
※不正を見たとき、感じたときに、正義感をもって実際に行動することができるかを考えさせる。

① **ステップ3**　【スキルトレーニング／体験活動】
●不正や不公平を見たときの正しい行動の仕方を身に付けさせる。
※社会や学校の中で起きている問題について話し合い、どのような態度・行動をとるべきかを考えさせる。

ステップ4　【日常実践／活用】
●日常の生活の中で正義感をもち、何事に対しても公平・公正に対応するようにさせる。
※日常生活の中で、公平・公正な対応をした生徒を評価し、学級に広める。

① **ステップ5**　【まとめ／評価】
●学習の意義と成果を振り返らせる。
※自分の正義に関する意識の変容を振り返らせる。

解説
★社会全体において、自己中心的な行動が多く、正義感や規範意識が低下しているといわれている現代にあって、「公平」や「公正」の重要性を再確認させることは重要である。多くの人が正義感をもって勇気のある行動をとることが、よりよい社会をつくっていくうえで必要であることは理解できる。しかし、具体的な行動に結び付かなかったり、誰かが先頭に立ってくれるのを待っていたりすることが多い。不正を見かけたら、見付けた自分の責任として、勇気をもって行動させる気持ちを育てたい。このことが普通の状態になれば、集団では不正は起きないことを理解させ、そのような社会を目指す気持ちをはぐくみたい。
★正義に対する感覚は人によって違いがあり、自分の正義だけを人に押し付けないということも教えていきたい。

評価の観点
◆正義感のある態度をとることの大切さについて理解できたか。
◆違法行為や迷惑な行いに対して、自分なりに正義感をもって対応することができているか。

参考情報
○「モラルスキルトレーニング」、「ソーシャルスキルトレーニング」、「ブレーンストーミング」に関する書籍を参考にするとよい。

174　●はねらい，※は学習活動・手だてを示す。

教科書 p.28〜29　　　　　　　　　　　　　　　　　　　　　自治的活動領域　●道徳実践能力

14　法やきまりの価値　法やきまりの価値

【ステップ1】
「わたしたちの生活に法やきまりがなくなってしまったら、暮らしや社会はどうなってしまうでしょうか。」
・無秩序になってしまい、様々な犯罪が増えてしまう。
・流通や生産活動が行われないから、安全な水や食料が手に入らなくなってしまう。
・周りの人々のことを信じられなくなってしまう。

「生活の中で、路上駐車や放置自転車で困ったことを挙げてみましょう。」
・家の前に車が停まっていて、出入りに困った。
・路上駐車の車の脇から道路を渡ろうとしたら、急にほかの車が来てひかれそうになった。
・路上駐車や放置自転車で道路が狭くなり、歩きづらくなった。
・放置自転車の撤去を地域の方々が行っているが、放置自転車はいっこうに減らない。
・放置自転車が倒れてきて、けがをした経験がある。

【ステップ3】
　路上駐車に関しては、駐車位置によっては道路交通法違反となる。それ以外に、①道路を自動車の保管場所にすること、②道路上に継続して12時間以上駐車すること、道路上に夜間8時間以上駐車することは、「自動車の保管場所の確保等に関する法律」上の違反行為となる。

【ステップ2】
〈日本国憲法における権利〉
○平等権
○自由権（身体の自由・精神の自由・経済活動の自由）
○社会権（生存権・教育を受ける権利・労働基本権等）
○基本的人権を守るための権利（参政権・請願権等）

【ステップ3】
　放置自転車に関しては、「自転車の安全利用の促進及び自転車等の駐車対策の総合的推進に関する法律」違反となる。この法律に基づき、各自治体は、条例をつくり対策に乗り出している。東京都も「自転車安全利用総合推進プラン」を作成し、進めている。

【ステップ2】
〈日本国憲法における義務〉
第26条…普通教育を受けさせる義務
第27条…勤労の義務
第30条…納税の義務

〈少年犯罪の類型〉
　ここでいう少年とは、満20歳に満たない少年を示す。
　家庭裁判所の審判に付される少年は、
①犯罪少年（満14歳以上で罪を犯した少年）
②触法少年（満14歳未満で①に該当する行為を行った少年―満14歳未満の少年については刑事責任を問わない）
③虞犯（ぐはん）少年（保護者の正当な監督に服しない性癖があるなど、その性格または環境に照らして、将来、罪を犯し、または刑罰法令に触れる行為をするおそれがあると認められる少年）
に区別される。

　家庭裁判所は、犯罪少年のうち、死刑、懲役または禁錮にあたる罪の事件について、調査の結果、その罪質および情状に照らして刑事処分を相当と認めるときは、検察官送致決定をする。
　その他の犯罪少年、触法少年、虞犯少年については、知事・児童相談所長送致の処分を受ける場合がある。

8・9年生

ねらい▶▶▶ 自他の権利を重んじ、義務を果たしながら社会の秩序と規律を守ることができる。

4時間扱い

① **ステップ1**【課題発見・把握】
● 社会の中で必要とされる法律や条例の必要性について認識させる。
※身近な生活から法がなくなってしまった場合のことを自由に考えさせ、多様な意見を出させる。

① **ステップ2**【正しい知識・認識／価値／道徳的心情】
● 社会秩序を守るために法やきまりがあり、その法によって人権や義務が担保されていることを理解させる。
※人権や義務の概要を簡単につかませる。

② **ステップ3**【スキルトレーニング／体験活動】
● 社会秩序を守るための法やきまりの必要性とその意義について、理解を深めさせる。
※「路上駐車」や「放置自転車」などの身近な課題をテーマにして話し合い、法によってどのような罰則規定があるのかを考えさせる。
※図解などを行い、少年犯罪の類型を分かりやすく提示する。

ステップ4【日常実践／活用】
● 自分の権利とともに、他人の権利も考えさせながら、法律やルールを守って日常生活を送らせる。
※「義務」と「権利」の言葉と意味を想起させながら行動させる。

① **ステップ5**【まとめ／評価】
● 法の下で社会の秩序が保たれていることを理解させる。
※日常生活のどのような場面で「法」を意識したのか発表させる。
※法やきまりの必要性について、自分の認識の変化を発表させる。

解説
★現代社会において、憲法、法律や条例によって社会の秩序は保たれている。一方で、生徒にとっては憲法、法律や条例等は遠い存在であり、進んで大切にしようとする意識は低い。そこで、生活と法のつながりをつかませ、法を守ることで自分たちの社会秩序を維持していく意識を培う。そのなかで、違法行為やルール違反から起こりうる危険性について理解させる。
★法に触れたときの罰則についても触れるものとするが、罰があるから法を守るのではなく、自分の利益や都合のために誰かに不利益を与えるようなことはしないという価値観をはぐくみたい。

評価の観点
◆法やきまりの必要性を理解できたか。
◆学校やふだんの生活の中で、法やきまりを守った行動ができているか。

参考情報
○「モラルスキルトレーニング」、「ソーシャルスキルトレーニング」に関する書籍を参考にするとよい。

●はねらい、※は学習活動・手だてを示す。

教科書 p.30〜31

自治的活動領域　●社会的判断・行動能力

15　日本社会の動向への関心　日本社会に見られる問題点と原因追求

【ステップ1】
〈導入〉
　現在の日本社会の課題について，それぞれがイメージしているものを発表させ，学級全体としての社会の動向に対する関心度をつかませる。

【ステップ2】
　過去の流行語を例にとり，それぞれの時代に解決すべき問題があることを示す。
　自分も社会を構成する一員として関心をもつことの大切さを教える。

【ステップ3】
　流行語が生まれてきた背景について考えさせる。
　調べさせてもよい。あらかじめ資料を用意し，解説を加える方法もある。
・少子高齢化
・長引く不況
・日本人の価値観の変化
等は日本が直面する課題であることを説明する。

　少子高齢化の問題と考え合わせ，日本が直面する大きな問題であることを理解させる。

　調べさせる場合と資料で説明する場合とが考えられるが，いずれの場合も，社会の動向を知るための方法は指導する。この方法を活用し，「ステップ4」で実践させる。

【ステップ1】
　流行語の意味を考えさせる。
　あらかじめ意味を記したプリントを用意して，それぞれがどの言葉を表しているか答えさせる。
　プリントの配付前に，言葉の意味が分かるか答えさせる。
　意味をおさえた後，それぞれの流行語が選ばれた社会的な背景について考えさせる。

　それぞれの写真が，上の言葉のどれにあたるのか推測させる。
　独自に写真資料や新聞資料を用意して，それぞれの言葉がどのような状況を示しているのか，より確実に理解させる。

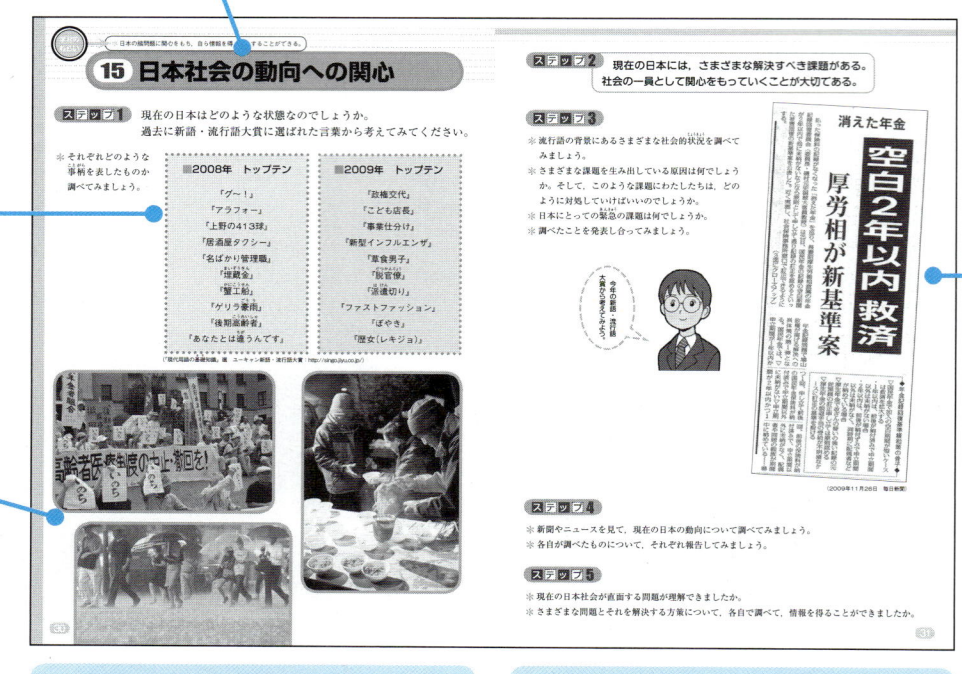

ゲリラ豪雨：地球温暖化との関連をおさえる。
炊き出し：非正規労働者の増加が大きな問題となっていることを理解させる。
高齢者の医療：少子高齢化は様々な問題を含んでいることを理解させる。

【ステップ5】
　「ステップ4」で調べたことを発表させる。また，「ステップ1」の時と比較し，自分の社会への関心のもち方について，自己の変容を確かめさせる。

【ステップ4】
　新聞やニュースで知ったことは，インターネットなどを使い，背景や関連する問題について調べるとよい。

8・9年生

ねらい▶▶▶ 日本の諸問題に関心をもち，自ら情報を得ようとすることができる。

3時間扱い

ステップ1　【課題発見・把握】
●日本社会の現状を知る。また，自分の社会への関心のもち方を振り返らせる。
※流行語大賞を参考にして，現代の日本の社会の中にある様々な問題について発表する。
※自分の日本社会への関心のもち方を振り返らせる。

ステップ2　【正しい知識・認識／価値／道徳的心情】
●社会の中で起きている問題について，自分も社会を構成する一員として関心をもつことが大切であることを理解させる。
※社会問題と自分の生活や将来とのかかわりを考えさせる。

ステップ3　【スキルトレーニング／体験活動】
●社会の問題に対して，自分の問題としてとらえることができるようにさせる。
●社会の動向をつかむための方法を身に付けさせる。
※様々な社会的な課題の原因を調べ，解決の方法を考える。
※流行語大賞で示されている言葉の背景にある社会的な状況を調べる。
※自分たちにできることを話し合わせる。
※社会問題を調べた方法を共有し，情報収集の仕方としてまとめる。

ステップ4　【日常実践／活用】
●日常的に，新聞やニュースの記事に関心をもたせ，日本社会の動向をつかませる。
※新聞やニュースを読み，情報を集め，整理する。

ステップ5　【まとめ／評価】
●学習の意義と成果を振り返らせる。
※日常で集めた情報を発表させ，クラスに広める。
※社会への関心のもち方について，自己の変容を確かめる。

解説

★これからの日本を担っていく存在として，現代の日本社会の状況や問題に関心をもたせることが重要である。また，情報化が進んだ現代社会で，様々な情報の中から正しい情報を取捨選択し，自分の考えをつくり上げていく力を身に付けさせる。

★現在，問題となっている社会問題について解決策や自分たちにできることを考えることで，自分たちの問題としてとらえるようにさせたい。

★ニュースを見ていれば，何が起こっているかは知ることができる。しかし，それだけでは動向をつかむことはできない。この単元では，報道されている問題について調べさせたり，教えたりすることを通して，報道されている課題の背景までとらえようとする姿勢を育てたい。

★日本の将来を自分の責任として考えていけるようにする。

評価の観点

◆社会の中で起きている問題については，自分も社会を構成する一員として関心をもつことが大切であることが理解できたか。

◆日本社会の動向について関心をもち，日常的に情報収集することができたか。

教科書 p.32〜33　　　　　　　　　　　　　　　　　　　　　　　自治的活動領域　●社会的判断・行動能力

16　積極的なボランティア・地域活動
自分でできる社会的行動／地域ボランティア参加の意義

【ステップ1】
まずは、現在の自分の考え方に気付かせる。ボランティア活動に参加するときの気持ち、ボランティア活動に対する考え方を振り返らせる。

この作文から、清掃活動のボランティアの効果について考えさせる。
・地域の人々のコミュニケーション
・自分自身の生活に対する意識の変化
に着目させる。

自分たちの住む町がこのような状態だったらどう思うか、意見を発表させる。また、解決策も発表させる。清掃事業者に掃除を依頼するという意見も想定できる。ボランティアとの違いを考えさせる。

【ステップ1】〈導入〉
顕著なボランティア活動について解説する。
〈例〉「ナホトカ号事故」(「単元10」)
ロシア船が座礁し大量の原油が海岸に打ち寄せた。回復は不可能かと思われたが、全国から集まったボランティアにより、見事に美しい海岸を取り戻した。

【ステップ2】
地域社会への参加という観点から、ボランティア活動の重要性を理解させる。自分たちが地域社会を構成する一員であることを理解させる。

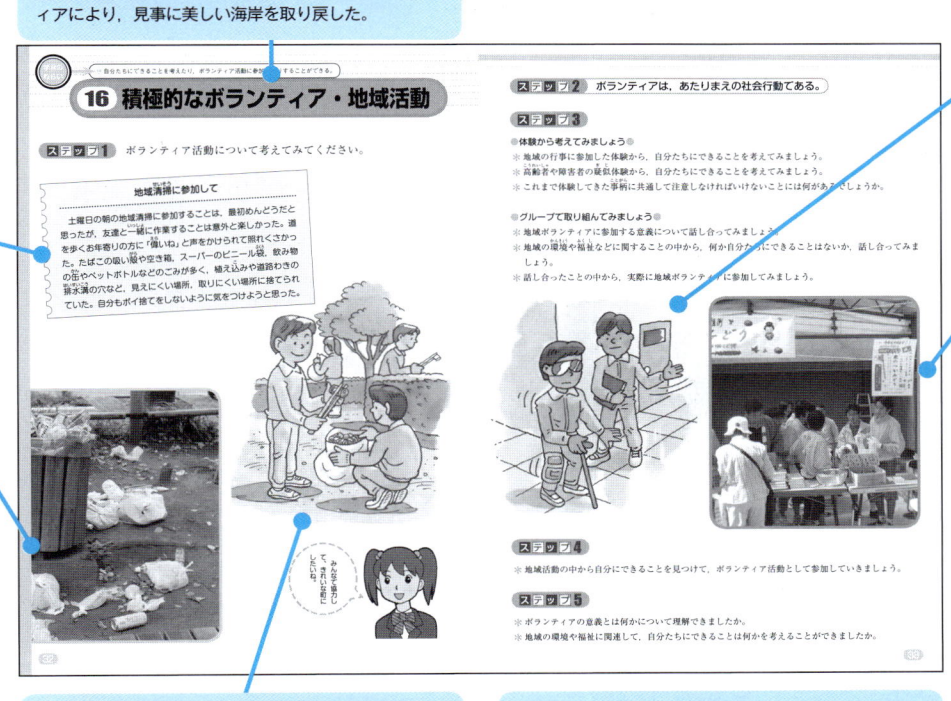

身近なボランティアとして、清掃活動の意義を理解させる。地域社会への積極的な参加の重要性をおさえる。

【ステップ5】
ボランティア活動に対する自分の考え方の変化に気付かせ、自分の成長としてとらえさせる。

【ステップ3】
疑似体験で分かったことを確認し、自分たちが実行可能なことを考えさせる。
老人ホームを訪問してボランティア活動をすることだけではなく、日常的に席を譲ったり、荷物を持ってあげたりすることがより重要であることに気付かせる。

各学校で行っている地域活動への参加など、生徒の体験を発表させ、どんなことが可能か考えさせる。

【ステップ4】
小さなことでもよい。参加することが大切である。

【ステップ5】
他人任せにせず、参加しようとする態度が重要であることを理解させる。

8・9年生

ねらい▶▶▶ 自分たちにできることを考えたり、ボランティア活動に参加したりすることができる。

6時間扱い

① **ステップ1** 【課題発見・把握】
●ボランティア活動に対する自分の考え方に気付かせる。
※ボランティア活動や、ボランティアの精神について考えさせる。
※ボランティア活動に参加するときの自分の気持ちや、ボランティアに対する考えを振り返らせる。

ステップ2 【正しい知識・認識／価値／道徳的心情】
●ボランティアは、お互いに支え合ううえであたりまえの社会活動であることを理解させる。
※ボランティア活動の例を通して、お互いにかかわり合うことでよりよい社会がつくられることを示す。

④ **ステップ3** 【スキルトレーニング／体験活動】
●困っている人を助けるときに配慮すべきことを身に付けさせる。
※福祉・介護をテーマに体験活動を行わせ、その体験を通して自分たちにできることは何かを考えさせる。また、地域ボランティアの意義や自分たちにできることを話し合わせる。

ステップ4 【日常実践／活用】
●ボランティア活動を実践させる。
※地域活動の中から自分にできることを見付け、ボランティア活動を行う。

① **ステップ5** 【まとめ／評価】
●学習の意義と成果を振り返らせる。
※ボランティアの意義をまとめさせる。
※ボランティア活動に参加する気持ちや自分の考え方の変容を確かめさせる。

●はねらい、※は学習活動・手だてを示す。

解説

★ボランティア活動は、現代社会で市民に求められている社会行動である。高齢者や障害をもつ人々に対するボランティア以外にも様々なボランティアがあることを知り、ボランティアの基本的な精神を理解するとともに、自らの意思で地域社会貢献できる実践力を身に付けさせる。

★自分の家が汚れていたら掃除する。自分の部屋でなくても、生活している家であり、家族の一員であるから当然である。地域社会にあてはめて考えると、自分はその社会を構成する一員であるのは理解できるが、自分がやらなくても他の誰かがやってくれると考えてしまいがちである。まずは自分から始めようとする気持ちを育てたい。

評価の観点

◆ボランティアの意義や具体的な活動について理解できたか。
◆相手の立場に立ち、自分にできることを進んで行動することができているか。

177

教科書 p.34～35

自治的活動領域　●社会的判断・行動能力

17　異文化理解と尊重　異文化理解と尊重

【ステップ1】
　最初の質問を踏まえて，自分たちの日常生活と写真との違いを比較しながら，それぞれの特徴をとらえさせる。
〈衣〉
・どんな服を着ているのか。
〈食〉
・何を食べるのか。
・どんな食べ方をするのか。
〈住〉
・どんな建物に住んでいるのか。
・どんな部屋に住んでいるのか。
など，それぞれの特徴を読み取らせる。
　社会科の既習事項である気候や地理上の位置について触れ，自然条件から影響を受けていることも教える。

【ステップ1】
〈導入〉
　資料について質問する前に，「ふだんの生活」はどのようなものか質問し，日本文化，日本らしさについての概念をもたせる。

【ステップ2】
　いくつかの例を挙げて，文化の違いについて意見を出させる。「食事を手づかみでする風習」が話題として扱いやすい。
　相手を受け容れることの重要性に気付かせる。

【ステップ2】
　文化の違いから自分の行動が受け容れられないときの気持ちを想像させる。

【ステップ3】
　いくつかの国の衣食住について調べさせ，その特徴を発表させる。

【ステップ3】
　現代社会においても，宗教が人々の生活に深くかかわっていることを説明する。
　日本の葬式について質問し，宗派によってやり方が異なることを説明する。日本の中でも様々な文化が存在することを理解させる。
　初詣について質問し，どこに，どのようなやり方で参拝したかを思い出させる。
　エルサレムの位置を示し，新聞資料を用意し，現在もパレスチナ問題として対立が続いていることを説明する。異なる文化間の対立を防ぐためには何が必要か考えさせる。

8・9年生

【ステップ4】
　ニュースから文化に関連することを探し，発表する。インターネットを活用し，ニュースになっている背景や文化について調べる。

【ステップ5】
　相手を広く受け容れることが重要であることを理解させる。
　学習のまとめとして，異文化理解に対する自分の考え方を作文に書かせてもよい。

ねらい▶▶▶ 世界には様々な習慣・文化があることを理解し，互いの生き方を尊重することができる。

3時間扱い

ステップ1　【課題発見・把握】
① ●衣食住を含め，世界には様々な習慣・文化があることに気付かせる。
　※資料から特徴を読み取らせる。

ステップ2　【正しい知識・認識／価値／道徳的心情】
① ●習慣・文化や伝統は，それぞれの地域の歴史の中ではぐくまれてきたものであり，お互いに尊重し，理解し合うことが重要であることを理解させる。
　●国際化には異文化の正しい理解が重要であることを理解させる。
　※文化の違いから自分の行動が受け入れられないときの気持ちを想像させる。

ステップ3　【スキルトレーニング／体験活動】
●国際社会において，異なる文化の人々が共に生きるために必要なことを理解させる。
① ※資料を読み取り，世界各地で異なる宗教が生まれていることを教える。
　※エルサレムを例にとり，文化的な対立が武力による対立につながっている場合もあることを理解し，共存のために必要なことは何かを考える。
　※写真資料のほか，歴史の教科書などを使い，民族の対立を調べる。

ステップ4　【日常実践／活用】
●世界の国々に関する情報を収集し，異文化に対する理解を深めさせる。
　※新聞やニュースなどから，継続的に情報を集めさせる。

ステップ5　【まとめ／評価】
① ●学習の意義と成果を振り返らせる。
　※「ステップ4」で知った情報を発表させ，様々な国の様子や文化を知る。
　※学んだことをこれからの生き方にどう生かしていくか，作文に書かせる。

解説

★現代の社会は国際化が著しく進んでいる。それぞれの国には，それぞれの生活や習慣に合った生活様式や文化が存在している。そのような習慣・文化の違いを正しく認識し，様々な習慣・文化の存在を尊重することの重要性を理解させる。

★宗教はそれを信仰する人にとって生き方，考え方，人格形成の根本に位置付いていることも多い。それだけに，文化や宗教を尊重することは，その人を尊重することと同じように重要なことであることをしっかり教える必要がある。

評価の観点

◆世界の国々にある様々な習慣・文化を尊重することが重要であることを理解できたか。
◆世界の文化を尊重する気持ちをもつことができたか。

178　●はねらい，※は学習活動・手だてを示す。

教科書 p.36〜37　　　　　　　　　　　　　　　　　　　　文化創造領域　●文化活動能力

18　わたしたちのまちの伝統と文化　地域の伝統・文化を守り育てるための方策

【ステップ1】
写真をもとに、伝統文化のイメージをもせ、身近な伝統文化を調べさせる。

今ある身近な伝統やわたしたちの文化は、大切に守られ、時には多くの人たちの努力によって受け継がれてきたものであることを理解させる。

輪島塗（わじまぬり）：
石川県輪島市で生産される漆器のこと。厚手の木地と、下地を何層にも厚く施したじょうぶさに重きを置いて作られている漆器である。

薩摩焼（さつまやき）：
鹿児島県内で焼かれる陶磁器で、「白もん」と呼ばれる豪華絢爛な色絵錦手の磁器と、「黒もん」と呼ばれる大衆向けの雑器に分かれる。

南部鉄器（なんぶてっき）：
岩手県奥州市、盛岡市で作られる鉄器のこと。

【ステップ1】
身近な伝統文化を学習させたいため、地域の伝統文化、祭りなどを事前に調べ、その調べ方やインタビュー先などを調整しておく。

京友禅（きょうゆうぜん）：
京都の伝統工芸品の一つで、元禄時代に扇絵師の宮崎友禅斎によって考案された染物。

【ステップ2】
日本の伝統文化の継承に関する問題を提示し、伝統文化を受け継ぐことを、自分自身の課題として自覚させるようにする。また、品川区のことについても触れる。

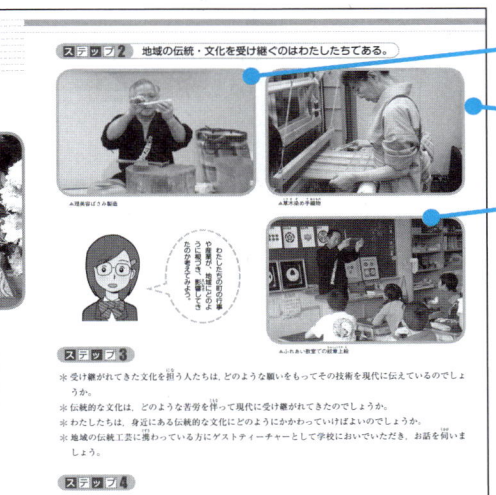

【ステップ5】
地域の行事に参加して感じたことを書かせ、多くの人の理解と努力と協力がなければ続けられないし、守ることができないことに気付かせる。

【ステップ2】
町の行事や産業が地域にどのように根付き、影響してきたのか考えさせる。

品川区伝統工芸保存会
　理美容鋏製造
　　新保鉄二さん

　草木染手織物
　　藤山千春さん

　ふれあい教室
　紋章上絵
　　堀宏之さん

【ステップ3】
伝統文化や産業を受け継いできた方をゲストティーチャーとして招いたり、インタビューをしたりして、受け継いでほしいという思いを感じ取らせる。
そのことを通し、自分にできることを考えさせ、地域の行事等に参加する意欲をもたせる。

【ステップ4】
地域のお祭りに参加させる。地域の方と連携を図り、役割を担えるようにするとより効果的である。

8・9年生

ねらい▶▶▶ 地域の行事に興味をもち、進んで参加し、地域の一員として行動することができる。

4時間扱い

ステップ1【課題発見・把握】
- 伝統文化や産業は、多くの人たちが大切に守ってきたものであることに気付かせる。
① ※自分たちの住んでいる地域の伝統的・文化的な行事や産業、歴史について調べ、時代や人々の暮らしについて考えさせる。
※伝統的・文化的な行事で、身近なものや他地域のものなどを紹介する。

ステップ2【正しい知識・認識／価値／道徳的心情】
- 地域の様々な伝統や文化から歴史を学ぶことは、地域の一員として大切であることを理解させる。
※伝統や文化はなぜ引き継がれていくのか考えさせる。

ステップ3【スキルトレーニング／体験活動】
- 地域の伝統的・文化的な行事や産業が、どのように守り育てられているのかを調べさせる。
② ※地域の伝統的・文化的な行事や産業に携わる人々にインタビューをして、努力や苦労、現在の課題について理解させる。
※地域の伝統的・文化的な行事に対する自分のかかわり方について考えさせる。

ステップ4【日常実践／活用】
- 自分も伝統と文化を次の世代に伝える担い手であることを自覚させる。
※地域の一員であるという意識をもって、地域のお祭りなどに参加させる。

ステップ5【まとめ／評価】
- 学習の意義と成果を振り返らせる。
① ※地域の伝統的・文化的な行事や産業への理解
※地域の一員であるという意識
※地域行事への主体的な参加

解説
★次の時代の地域を担う若い世代として、自分たちの地域の伝統的・文化的な行事や産業、歴史についての関心を深め、地域をより深く理解させることが大切である。また、自ら地域の伝統行事に参加することにより、文化を支えている人々の努力について学ばせる。

★地域の行事などについては、地元の町会などに協力をしてもらい、学校として毎年行う活動として位置付ける必要がある。

評価の観点
◆地域の伝統的・文化的な行事や産業、歴史について理解できたか。
◆地域の一員としての意識をもって、地域行事に進んで参加できているか。

参考情報
○品川区ホームページ／文化観光ガイド／伝統の技／品川の伝統工芸
○品川区職人組ホームページ　http://www.scmg.jp/

●はねらい、※は学習活動・手だてを示す。

教科書 p.38〜39

文化創造領域 ●文化活動能力

19 家庭における伝統文化　日本の家庭に残る伝統・文化の認識

【ステップ1】
家庭の行事を発表させていく際，カレンダーを掲示したり，季節に合った絵を貼ったりして，考えさせる。

「ほかにもいくつかあげてみよう。」

・注連（しめ）飾り
・鏡餅
（大晦日の前日までに飾りをする。大晦日の飾りは縁起が悪いとされる。）
・初詣
（1年の無事息災を祈り，神社へお参りに行く。）
・書き初め
（その年の吉方（恵方）に向かって，その年初めて文字を書く。）
・鏡開き
（鏡餅を割り食すことで，歳神様の力を身に付けることができる。）
・お中元，墓参り，お月見　など

行事で使う道具やしぐさにも注目する。

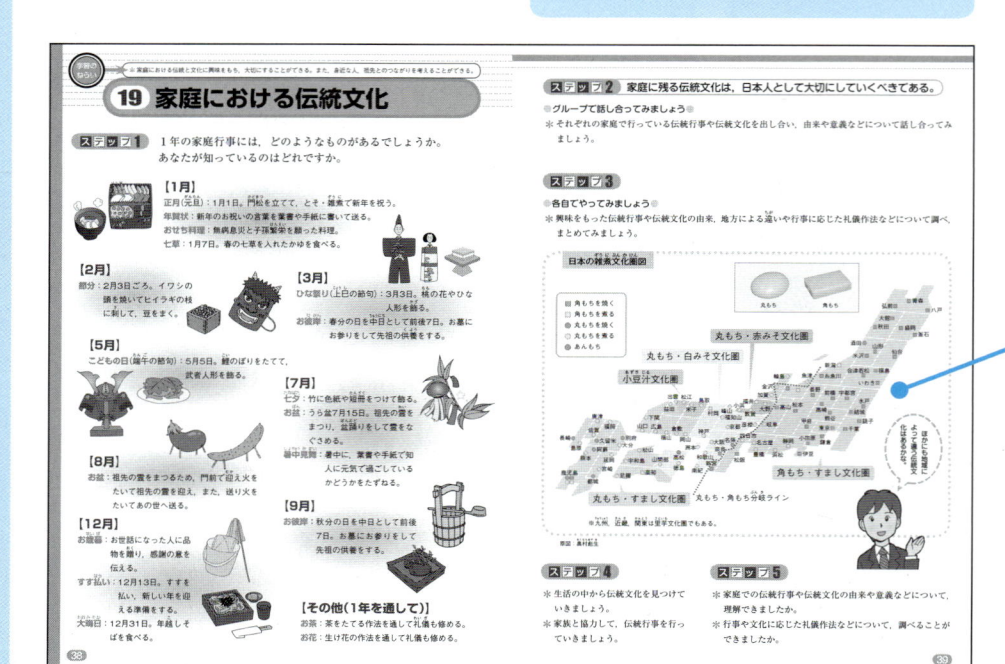

8・9年生

【ステップ2】
家庭生活で残っている伝統的な行事などは，日本人として大切にしていきたいものであることを理解させる。それぞれの行事の意味を考えさせ，日本らしさを感じさせる。

【ステップ2】
同じ地区に住んでいても，出身や生活習慣の違いなどから，家庭内の行事は異なることがある。それぞれの家庭で行っている行事を話し合わせることで違いを感じ，その意味について考える。
様々なことに感謝の気持ちを表現する日本人の感性に触れさせる。

【ステップ3】
食習慣の面から見ても，地域によって文化が区分できることが分かる。
その他の事例でもよいが，一つの事例を深く調べることで，伝統文化に興味をもたせることが大切である。

【ステップ4】
家庭で行っている行事を調べ，その意味を知り，大切にしていこうとする気持ちをもって取り組ませる。

【ステップ5】
家庭生活での行事について調べたり，行ってみたりしたことを通して，日本人らしい礼儀作法や感謝の気持ちの表現方法などを大切にする意欲を高める。

ねらい ▶▶▶ 家庭における伝統と文化に興味をもち，大切にすることができる。また，身近な人，祖先とのつながりを考えることができる。

3時間扱い

① **ステップ1**　【課題発見・把握】
●日本の家庭で行われている伝統行事や伝統文化には，四季折々に様々なものがあることを理解させる。
※自分の家庭での行事を発表させる。

① **ステップ2**　【正しい知識・認識／価値／道徳的心情】
●家庭生活の中にも今も残されている伝統行事や文化のもつ意味を理解させる。
※家庭生活での伝統行事を出し合い，由来や意義について話し合わせる。
※様々な行事がなぜ受け継がれているのかを考えさせる。

① **ステップ3**　【スキルトレーニング／体験活動】
●家庭に残る伝統文化から，礼儀作法や感謝の気持ちを表現するよさに誇りをもたせる。
※興味をもった伝統行事や伝統文化の由来，地方による違いや行事に応じた礼儀作法などについて調べ，まとめさせる。

ステップ4　【日常実践／活用】
●日本の伝統・文化に関心をもち，伝統行事を行うようにさせる。
※調べた由来や意義を表現できるかたちで実施できるように，家庭に協力を依頼する。

① **ステップ5**　【まとめ／評価】
●学習の意義と成果を振り返らせる。
※礼儀作法，感謝の表現の仕方など，日本人らしさについて振り返らせる。

解説

★ここでは特に，家庭生活の中に残る伝統行事や伝統文化について気付かせる。家庭は自分たちの人格がつくられる大きな教育の場である。その家庭内の様々な行事にも，伝統や地域の文化が影響していることを理解させる。また，家事を手伝い，家庭生活の中での工夫を知ることで，自分たちが文化を受け継いでいることを理解させる。
★日本らしさに触れさせることで，伝統や文化に誇りをもてるようにすることが大切である。

評価の観点

◆家庭に残る伝統行事や伝統文化の由来や意義を理解できたか。
◆日本に残る生活文化を尊重する態度ができているか。

180　●はねらい，※は学習活動・手だてを示す。

教科書 p.40〜41

文化創造領域　●企画・表現能力

20　企画力と実行力　学校行事などの企画立案，運営方法と発表の方法

【ステップ1】
学校行事の企画・運営についての課題を把握させる。

【ステップ1】
文化祭では，各学級の実行委員，生徒会が中心となって全体の計画を立てる。
その場合は，実行委員，生徒会の組織で本単元の学習内容を活かす。
授業で行う場合は，実行委員会から提案され分担された係ごとの集団で企画・運営することを前提に学習させる。

【ステップ2】
「ステップ1」での振り返りをもとに，計画・実行・確認・改善を繰り返しながら進めていくことが大切であることをおさえる。
分担表をもとに，それぞれの係がよりよいものを作っていくためには，係ごとにPDCAを繰り返していくことが大切であることをつかませる。

【ステップ3】
各学校の実態に合わせて，係ごとに仕事の工夫について企画させ，詳細な分担をしたり，PDCAを含めたスケジュール表を作成したりさせる。

【ステップ3】
個人としてもPDCAのサイクルを活用し，自分の役割を振り返りながら進めることができるようにさせる。

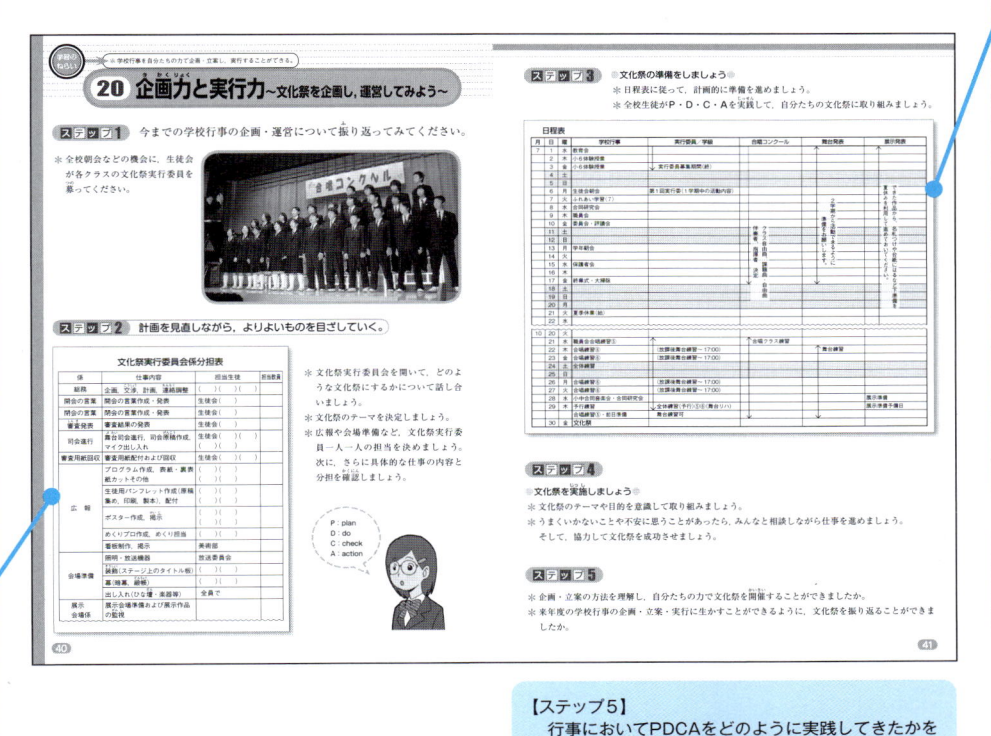

【ステップ3】
行事予定，実行委員の仕事，同時に進行される関連行事，合唱コンクールや展示発表，舞台発表等，全体の流れや関係が分かるように工夫し，複数の役割を自己管理できるようにさせる。
当日を想定させ，ハプニングを未然に防ぐ観点でチェック（C）させることも大切である。当日のハプニングが想定された範囲のものであったときに，チェックのよさを体感できる。
実行委員や各係の進行管理役になった者は，進行状況を把握しながら，行事の目的がブレないように調節していく。

【ステップ4】
行事の当日も，確認，改善を繰り返しながら実施させる。
状況を把握し，修正を繰り返していくPDCAのよさを実感させる。

【ステップ5】
行事においてPDCAをどのように実践してきたかを振り返らせる。このサイクルを繰り返しながら進めていくことが成功につながることをおさえ，今後の活用の意欲を高める。

8・9年生

ねらい▶▶▶ 学校行事を自分たちの力で企画・立案し，実行することができる。

6時間扱い

ステップ1　【課題発見・把握】
① ●学校行事の企画・運営についての課題を把握させる。
※昨年度の文化祭や今年度の学校行事を振り返らせ，よりよい企画・運営をするためにはどのようにすればよいか考えさせる。

ステップ2　【正しい知識・認識／価値／道徳的心情】
① ●企画・運営するために，PDCAサイクルを活用することの大切さを理解させる。
※役割分担とそれぞれが責任を果たすことだけで行事が成功するかどうかを考えさせる。PDCAサイクルを繰り返し，修正を加えていくことの大切さを教える。

ステップ3　【スキルトレーニング／体験活動】
●企画・運営に必要な手順を身に付けさせる。
③ ※役割分担ごとに，工夫することを企画させ，詳細な分担表と作業スケジュールを作成させる。
※自分の役割を確認させ，自己管理にもPDCAを活用させる。

ステップ4　【日常実践／活用】
① ●文化祭等の学校行事を実施させる。
※当日も修正をさせながら活動させ，PDCAのよさを実感させる。

ステップ5　【まとめ／評価】
① ●学習の意義と成果を振り返らせる。
※PDCAサイクルをもとに確認，改善しながら，取り組んだことのよさについて振り返らせる。

●はねらい，※は学習活動・手だてを示す。

解説

★文化祭については7年生でも扱う。7年生では文化活動能力で実施し，文化的な活動のよさを実感させることが重要である。この単元では，PDCAのサイクルを繰り返しながら運営していくことのよさを学ばせたい。また，7年生の企画・表現能力では役割分担と協力の大切さを教えているので，それを一歩進めた力として身に付けさせるために本単元が設定されている。

★9年生で実施する場合は，学校行事の取り組みを通して，学校や行事などの企画立案ならびに運営・振り返りまでの方法を学習させる。また，行事に対して，参加者の立場ではなく主催者側の立場を意識させることで，主体性や積極性を伸ばすようにする。

評価の観点

◆企画立案・運営の方法（P・D・C・A）のよさを理解できたか。
◆行事の中で企画立案し，実行することができたか。

181

教科書 p.42～43

文化創造領域　●企画・表現能力

21　学校をアピールする　学校のよさや伝統を伝える活動計画

【ステップ2】
「○○中学校といえば，こういう学校」というのが校風であるといえる。世間の多くの人に学校のことを知ってもらうことで，伝統が確かなものになり，継承されていくことにつながる。

【ステップ3】
まずは，学校全体のアピールではなく，行事や部活動など自分の好きなトピックについて，地域の方々にアピールできるように準備をさせる。

【ステップ3】
それぞれのトピックごとにグループを作り，グループで一つのプレゼンテーションを作らせる。そのプレゼンテーションを学級もしくは学年全体で共有し，最終的に学校のアピールができるようにする。

プレゼンテーションする場については，各学校の実態に応じて設定する。
【留意点】
・プレゼンテーションを行う際に，聞き手の立場に立ち，どのようなことに留意したらよいのかを生徒自らに考えさせる。
・プレゼンテーションの素材として，写真やグラフなども準備させる。
・時間を設定し，原稿作りを丁寧に行わせる。
・相互評価シートを準備しておく。

【ステップ1】
学校パンフレットや要覧，ホームページなどを見て，自分の学校をアピールする方法について分析，考察させる。
学校を紹介する資料を集めておく。
・学校ホームページ
・学校情報誌
・学校説明会資料
　　　　　　など
また，新入生に向けた部活動や委員会紹介の資料なども用意しておくとよい。

自分たちの学校の特徴は何かを一人ずつ考えさせ，挙げさせる。
他の学校のパンフレットやホームページを見て，自分の学校の伝統や校風は何か考えさせる。

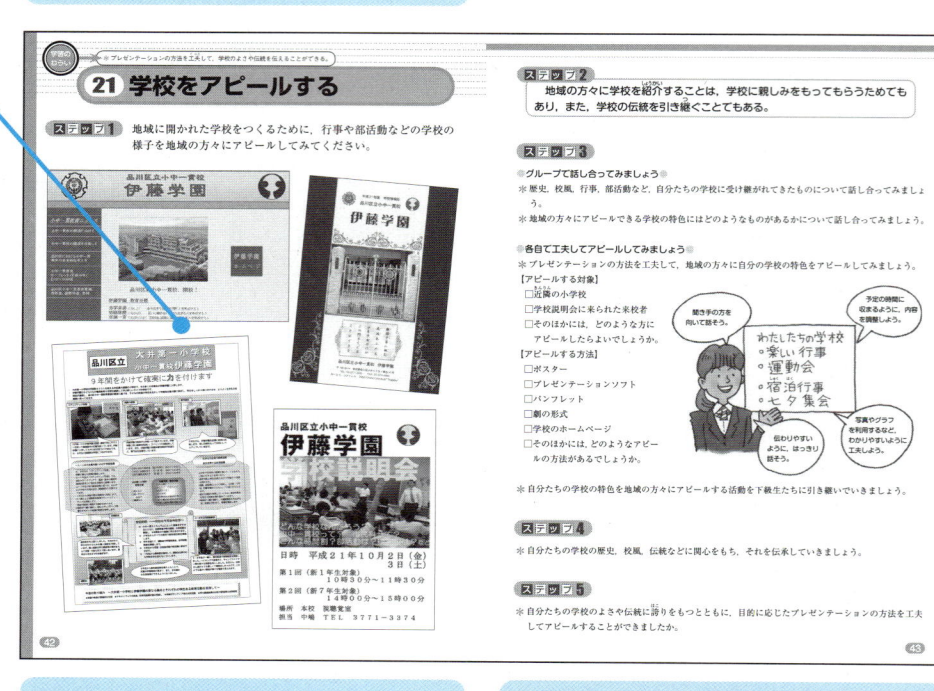

8・9年生

【ステップ5】
単元の振り返りとして，学校に対する愛着や誇り，これからの生活に生かしていくことなどについて考えを書かせる。

【プレゼンテーションの場の例】
地域の方々を招待して，自分たちの学校をアピールさせる。
新入生保護者説明会や小中交流行事などで，自分たちの学校のアピールをさせる。

【ステップ4】
プレゼンテーションで工夫したことは，他の学習でも生かす。発表の場など，具体的に生かす場面を設定しておく。

ねらい▶▶▶ プレゼンテーションの方法を工夫して，学校のよさや伝統を伝えることができる。

6時間扱い

ステップ1　【課題発見・把握】
●校風や特色のアピール方法についての現状を把握させる。
●地域の人々に誇れる学校にしようという気持ちをもたせる。
※自分たちの学校の伝統や校風，特徴について考えさせ，自由に発表させる。
※発表で出された意見の中で，地域の方々や新入生に伝えたいことについて考えさせる。

① ### ステップ2　【正しい知識・認識／価値／道徳的心情】
●地域の方々に学校を紹介することは，学校に親しみをもってもらい，学校の伝統を引き継ぐために大切であることを理解させる。
※自分たちの今の活動が学校の歴史をつくり，伝統をよいかたちで引き継がなければならない。そのためには，しっかりしたかたちで広報し，多くの人に理解される必要があることを教える。

ステップ3　【スキルトレーニング／体験活動】
●学校の特色をアピールする方法を身に付けさせる。
④ ※教科書の方法を参考にして，プレゼンテーションの工夫をさせる。
※伝えたいことを明確にし，効果的に伝える方法をグループで考え，計画させる。

ステップ4　【日常実践／活用】
●自分たちがプレゼンテーションした学校の歴史，校風，伝統などを意識して生活させる。また，プレゼンテーションの方法を他の学習に活用させる。
※校風は学校目標に集約される。知徳体を意識して，責任ある行動をさせる。

① ### ステップ5　【まとめ／評価】
●学習の成果を振り返り，日常実践への意欲をもたせる。
※単元の学習を振り返り，今後の生活や学習に生かすことをまとめさせる。

解説
★自分が在籍している学校の伝統・文化について考えさせる。自分たちの学校のパンフレットや要覧を確認し，伝統を引き継ぐことの大切さに気付かせる。また，その伝統・文化を伝える方法を考え，実践させることで，効果的にプレゼンテーションする力を身に付けさせる。
★地域の伝統・文化についても関心をもたせ，そのよさを継承させるようにする。
★文化創造領域の企画・表現能力に位置付いている単元である。協同的に企画・立案・運営を行うというねらいがあるため，アピールする内容を計画するときにはグループ活動を取り入れたい。学校の伝統や大切にしたい校風を考えていく活動を通して，文化を継承しようとする態度を育てたい。

評価の観点
◆学校や地域の伝統に気付き，継承していくことの意義を理解できたか。
◆プレゼンテーション方法を工夫し，学校のよい伝統を伝えることができているか。

●はねらい，※は学習活動・手だてを示す。

教科書 p.44〜45

文化創造領域 ●企画・表現能力

22 日本文化を守る　日本文化を継続するための提言

【ステップ1】
「文化」とは何かについてイメージするものを発表させ，文化について大まかな概念をつかませる。

文化の例として，日本独自の「能」や，身近な例として「書き初め」もあることを理解させる。

様々な有形・無形の文化だけでなく，日本語や漢字も日本固有の文化であることに気付かせる。

「18　わたしたちのまちの伝統と文化」では，地域の文化活動に参加することで，文化活動を行っていく力を育成することをねらっている。本単元では，日本全体の問題として，文化を継承していくための提言をさせることで，文化活動を大切にする気持ちを育てる。

【ステップ2】
2枚の写真資料を読み取らせ，「修理と継承」の必要性に着目させる。伝統文化の継承者問題，文化財の保護等，現状について資料を提供し，どのようなことが行われているか理解させる。

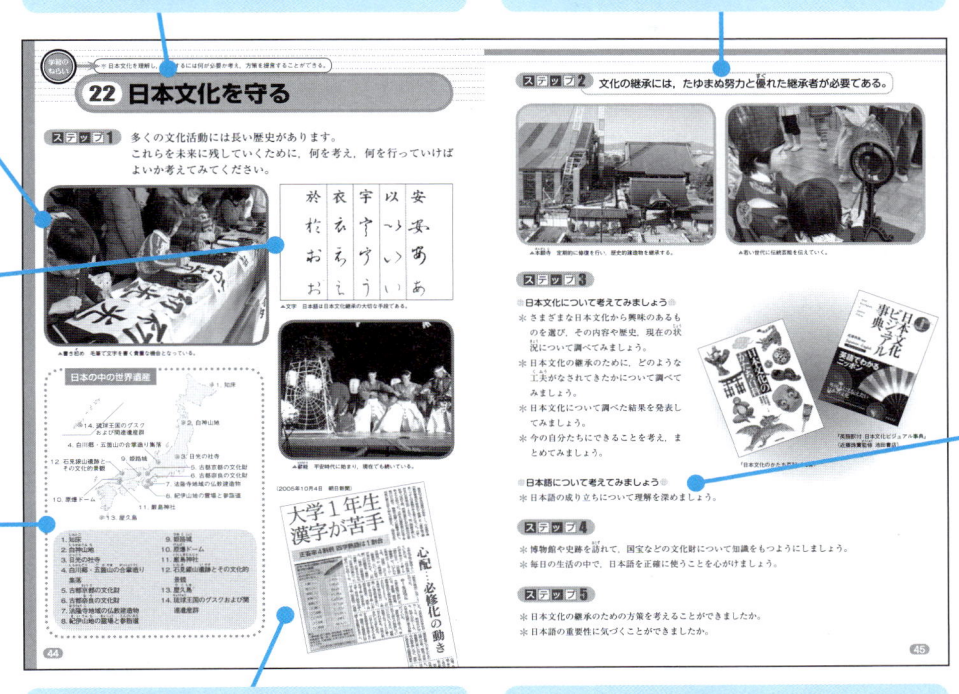

【ステップ3】
各自の興味のある日本文化について以下のように調べ，まとめさせる。
・その文化が抱えている現状や課題をつかませる。
・継承するために必要なことは何か考える。
・自分にできる具体的な方法を提言としてまとめて発表させる。

日本にある文化財について確認する。
白神山地など，資料にある文化財に関連する映像教材を用意するなどして，イメージをもたせるようにするとよい。

この記事が日本のどんな課題を示しているのか考えさせる。漢字を使うこと自体が身近な文化継承である点に気付かせる。
正しい日本語を使うことも重要な文化継承であることを理解させる。

【ステップ5】
まとめとして，「文化とその継承」について感想文を書かせ，文化の継承者としての意識をもたせる。
学習前と比較させ，自分の意識・行動の変容にも触れさせる。

かな文字や四字熟語を例にとり，日本語に対する理解を深める。

【ステップ4】
長期休業などを利用して，博物館などの訪問をすることを促す。
訪問後，感想を書かせ，文化に対する意識を定着させる。

8・9年生

ねらい▶▶▶ 日本文化を理解し，継承するには何が必要か考え，方策を提言することができる。

4時間扱い

ステップ1　【課題発見・把握】
●日本文化について知り，継承すべきものであることに気付かせる。
※資料から，文化にはどのようなものがあるか考え，言葉も文化であることを理解させる。

ステップ2　【正しい知識・認識／価値／道徳的心情】
●日本文化を継承していくためには，受け継いでいく人と努力が必要であることを理解させる。
※伝統文化の継承者問題，文化財の保護等，現状について資料を提供し，どんなことが行われているか理解する。

ステップ3　【スキルトレーニング／体験活動】
●文化を継承していくために必要なことを具体的に考えさせる。
※様々な日本文化の内容や歴史，現在の状況などについて調べさせる。
※日本文化を継承するために，どのような工夫がなされてきたのかを調べ，課題をまとめさせる。また，その方策を考え，提言としてまとめて発表させる。

ステップ4　【日常実践／活用】
●日常的に日本文化に関心をもたせる。
※博物館や史跡を訪ねるなどする。
※日常の生活の中で，正確な日本語を使うことを心がける。

ステップ5　【まとめ／評価】
●学習の意義と成果を振り返らせる。
※日本文化を継承していくことについて，自分の意識の変容，具体的な日常での行動の変容について考えさせる。

解説
★歌謡曲や洋楽など，現代の文化に取り囲まれる生徒たちだが，市民科の時間を使って日本古来の文化に触れさせ，古いものの中にあるよさや価値に気付かせる。
★正しい日本語を受け継いでいくことの大切さを理解させ，日常生活の中で正確な日本語を使うよう促す。
★品川区にも，大井囃子や権現太鼓のような古来の芸能が残っている。それらを紹介することで，日本の文化をより身近なものとしてとらえさせる。
★「18　わたしたちのまちの伝統と文化」との関連を図る。本単元は，企画・表現能力として設定している。日本文化継承についての課題を把握し，方策を考え提言としてまとめることをねらいの中心とする。

評価の観点
◆日本古来の伝統文化のもつ価値を理解し，継承していくために必要なことを理解できたか。
◆文化を継承していくための方策を提言としてまとめることができたか。
◆日本文化を守り，継承していくための一員であることを自覚し，日常の行動を変えていこうとすることができたか。

参考情報
○『日本文化のかたち百科』（丸善）
○『英語訳付 日本文化ビジュアル事典』（池田書店）

●はねらい，※は学習活動・手だてを示す。

教科書 p.46〜47

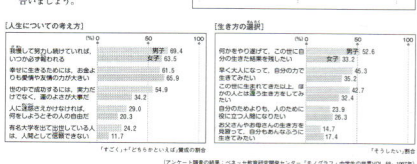

文化創造領域　●自己修養能力

23　自己実現のために　学び続けることの大切さ／自己実現を図る生き方

【単元について】
これまで，市民科の学習において，数々の先人の生き方を取り上げてきた。今回は，「学び続ける」姿勢をキーワードとして2人の人物を紹介する。

【ステップ2】
生徒にとって身近な大人である教師自身の生き方も貴重な教材である。教師自身の言葉で，生徒に語るようにしたい。

【ステップ3】
「自分がどのような夢をもっているか」「自己実現のために自分には何が必要か」などという問いかけは，生徒たちにとって苦手とする内容かもしれない。
自分の将来のイメージがもてないことや，目の前に迫った進路選択に気をとられることなどが原因であると考えられる。
「いつまでも元気でいたいので，健康に気をつけたい」など，どのようなことでも自分の夢として実感させたい。

【ステップ1】
生徒の実態によって，この資料を読むだけでは，興味をもって話合いができないことも考えられる。
その場合，
「文章を読みながら，印象に残る部分に線を引き，その場所について発表し合う」
「この人のどこが素晴らしいか考えながら読み　発表し合う」
など，読む視点を限定するとよい。

ここに取り上げた2人の人物に限らず，指導者が尊敬する偉人・先人や，生徒が尊敬する偉人・先人を紹介するとよい。
今までの学習で取り上げた人物を，「学び続ける」という視点でとらえ直すようにしてもよい。

【ステップ3】
教科書の項目についてアンケート調査を実施し，自分たちの結果と比較して考えさせてもよい。
自己実現のための自己の課題について，日常生活において取り組むことの大切さについても考えさせる。

【ステップ1】
偉人・先人について紹介できる内容のものがあれば，ビデオ，DVDなどで映像として見せるのもよい。

【ステップ5】
学ぶことについての自分の考え方，行動の変容を振り返らせる。また，日常生活で取り組んできたこと，友達の実践から学んだことを発表させる。

【ステップ4】
周りの友達が考えていること，日常で取り組んでいることなどを知り合う機会を設定するとよい。

8・9年生

ねらい ▶▶▶ 学び続けることの大切さを知り，自己実現のための目標をもつことができる。

4時間扱い

ステップ1 【課題発見・把握】
● 「学ぶ」ことに対する自分の考えの現状を把握させる。
※北里柴三郎，田中耕一さんについての資料を読み，これらの人物の生き方から感じたことや考えたことを話し合わせる。
※生徒の実態に応じて，補充資料や他の偉人・先人の伝記などを課題として読ませる。

① ステップ2 【正しい知識・認識／価値／道徳的心情】
●学ぶということは，学校などで勉強するという狭い意味合いではなく，人生の中で自らの目標に向かって取り組むうえで大切な活動の一つであるということを理解させる。
※教科書の資料やその他の人物の伝記などから，学ぶことに対する考え方を読み取らせる。

② ステップ3 【スキルトレーニング／体験活動】
●自分はどのように生きていくのか，その夢に向かってどのように努力していけばよいかを考えさせる。
※中学生の意識調査の結果から，感じることや考えたことを話し合わせる。また，自分の夢や人生観を紹介し合う。

ステップ4 【日常実践／活用】
●「ステップ3」で考えた自分の夢や課題を意識して生活させる。
※中学生主張大会の発表を聞き，同じ年ごろの生徒たちの具体的な考えに触れるのもよい。

① ステップ5 【まとめ／評価】
●学習の成果を振り返り，日常実践への意欲をもたせる。
※「学ぶ」ことについての自分の考え方，行動の変容を振り返らせる。

解説
★生徒は，数学や英語を学習する必要性を考えても，「学ぶ」ということについて深く考えることは少ない。この単元で偉人・先人といわれる人の生き方を改めて学習するなかで，社会の中で強く生きている人々には，その人なりの学び続ける目標があり，常に前進していることを理解させたい。

★これからの自分がどのように生きていくのか，自己実現について考え，具体的な目標を意識させる。未来の自分のために必要な学習であることを認識させたい。

★「◆　克服するということ」の単元では，自分の課題を克服することが自己実現に向けて大切であることを学ぶ。本単元では，「学ぶ」ということをとらえ直し，人生は学びであり，吸収し続けようとすることが，自己実現のために大切であることを学ばせる。

評価の観点
◆人生において，学び続ける意義について理解することができたか。
◆自己実現のための自己の課題や目標を意識して生活することができたか。

184　●はねらい，※は学習活動・手だてを示す。

教科書 p.48〜49　　　　　　　　　　　　　　　　　　　　　　　文化創造領域　●自己修養能力

24　人生を振り返る　人生における選択と決断

【単元について】
　義務教育修了前に、今までの自分、これからの自分を考えさせる単元である。卒業関係の行事と関連させ、感謝の気持ち、これからの希望を高めて実施したい。

【ステップ3】
　教科書の項目について考えさせ、作文を書く前の構成材料として活用する。一つ一つに対して15年間を振り返り、考えさせる。

【ステップ1】
　この表をワークシートとして用意し、書き込みできるようにする。
　「○○年誕生」だけでなく、「0歳の時、よく泣く赤ん坊で、近所のおばさんにいつも抱っこしてもらった」など、より具体的なエピソードを書かせるようにする。小学校入学・中学校入学などの節目だけでなく、自分自身の成長にかかわる出来事を思い出すように促す。
　その年ごろの自分の写真を貼り付けられるようなワークシートを準備するのもよい。楽しい雰囲気で学習が進むようにしたい。

＊小学校の卒業アルバムなども準備させておくとよい。

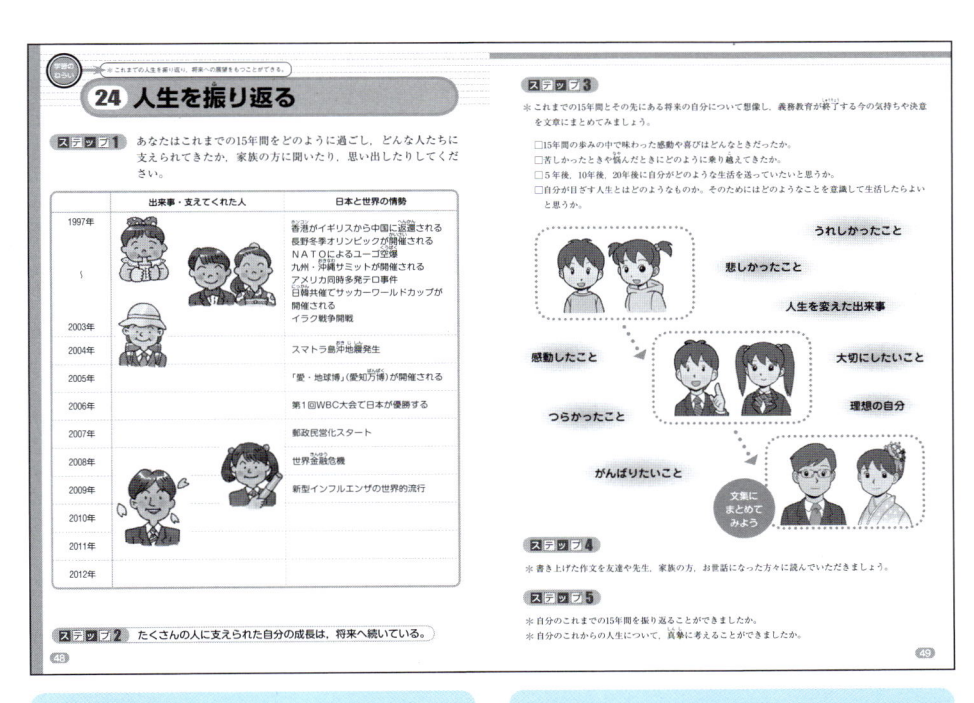

【ステップ3】
　卒業文集のためのものに限定しなくてよい。
〈例〉
・卒業式の日に保護者に手紙を渡す。
・卒業式前に発表の場を設定する。
＊誰に読んでもらうのか、どのようなかたちで発表するのか等、学習計画を明確にしてから取り組む。

【ステップ3】
　将来の展望として、進学や就きたい職業だけでなく、自己の在り方や生き方について触れられるようにする。
　「ステップ1」から通して、自己の在り方や生き方についての視点ももって単元を展開していく必要がある。

【ステップ2】
　これまでの自分が、たくさんの人とかかわって生活してきたことに思いが及ぶようにさせる。
　家庭と協力し、支えてくれた人について話し合っておくとよい。

【単元について】
　5年後、10年後の自分を思い浮かべることは、生徒たちにとって大人が思う以上に難しい。この単元にいたるまでの市民科の取り組みで、将来の自分を前向きに考える姿勢を身に付けさせておきたい。

【ステップ4・5】
　作品を読んでもらったり、発表したりした後は、感想をもらうようにする。さらに、自己の在り方や生き方を考えるきっかけとさせたい。

8・9年生

ねらい ▶▶▶ これまでの人生を振り返り、将来への展望をもつことができる。

4時間扱い

① **ステップ1**　【課題発見・把握】
　●自分の成長を支えてくれた周囲の人の存在に気付かせる。
　※今まで自分が経験した喜び、悲しみ、努力、選択や決断、困難や挫折はどのようなものであったか、それらの出来事にどのように対応してきたのかを書き出させる。

① **ステップ2**　【正しい知識・認識／価値／道徳的心情】
　●自分の成長はたくさんの人に支えられ、そして将来の自分につながっていることを理解させる。
　※「ステップ1」の活動から、今後の人生においても、困難を乗り越えていくことが大切であることをつかませる。

② **ステップ3**　【スキルトレーニング／体験活動】
　●これまでの人生について、自分の考え方、生き方を振り返らせる。
　※これまでの15年間の歩みのなかで、感動や喜び、努力についてまとめる。
　※また、5年後、10年後の自分の生活の希望について考える。
　※文集や決意の手紙にして、発表させる。

ステップ4　【日常実践／活用】
　●今までの自分の生き方、これからの希望や展望を意識して生活させる。
　※「ステップ3」でまとめた文章を周りの人に読んでもらったり、説明したりすることで、自分が今考えていることを生活の中で強く意識させる。

① **ステップ5**　【まとめ／評価】
　●学習の成果を振り返り、日常実践の意欲をもたせる。
　※人生を振り返り、自分自身のことを見つめ直したことで気付いたことや考えたことなどをまとめる。

解説

★卒業をひかえたこの時期に、一つの節目として自分の人生をしっかりと振り返らせることは重要である。様々な経験や人とのかかわりのなかで成長してきた自分を自覚させるとともに、多くの人に支えられてきたことに感謝の気持ちをもたせたい。

★卒業文集など、自分のこれからの生き方をたくさんの人に伝える場を設定する。

★本単元は、自己修養能力での設定となっている。自分自身の在り方や生き方を考えさせることがねらいになる。将来への展望をもたせるときには、将来の職業や夢だけではなく、自己の在り方、生き方、人生観について考えさせていきたい。

評価の観点

◆自分の成長の軌跡を確かめることができたか。
◆周囲の人たちに感謝の気持ちをもち、これからの人生を前向きにとらえるような文章が書けたか。

●はねらい、※は学習活動・手だてを示す。

教科書 p.50〜51

文化創造領域　●自己修養能力

◆ 生き方の座標軸　生き方の座標軸づくり

【ステップ1】
　人間とは弱いものであり，人間の行動を支えるためには何が必要か考えさせ，意見を発表させる。

　格言とは，人間の行動を支える座標軸になることを説明する。

　資料の問題を解かせ，答え合わせをする。

　それぞれの格言は何を戒めたり，どのような生き方を教えたりしているのかを考えさせる。

【ステップ1】
　教師の生き方の座標軸としている言葉を紹介するなど，教師自身の経験や生き方を語れるようにする。

【ステップ2】
　人は忘れる動物であり，心は常に変化するものである。自分の生き方や考え方の軸をもつことの大切さを教える。

【ステップ2】
　格言は経験をもとにした先人の知恵であることを理解させる。プロ野球の小久保裕紀選手の言葉「すべて自分に起きることは，必要で必然である。」を例にとり，どのような知恵が隠されているのかを考えさせるとよい。

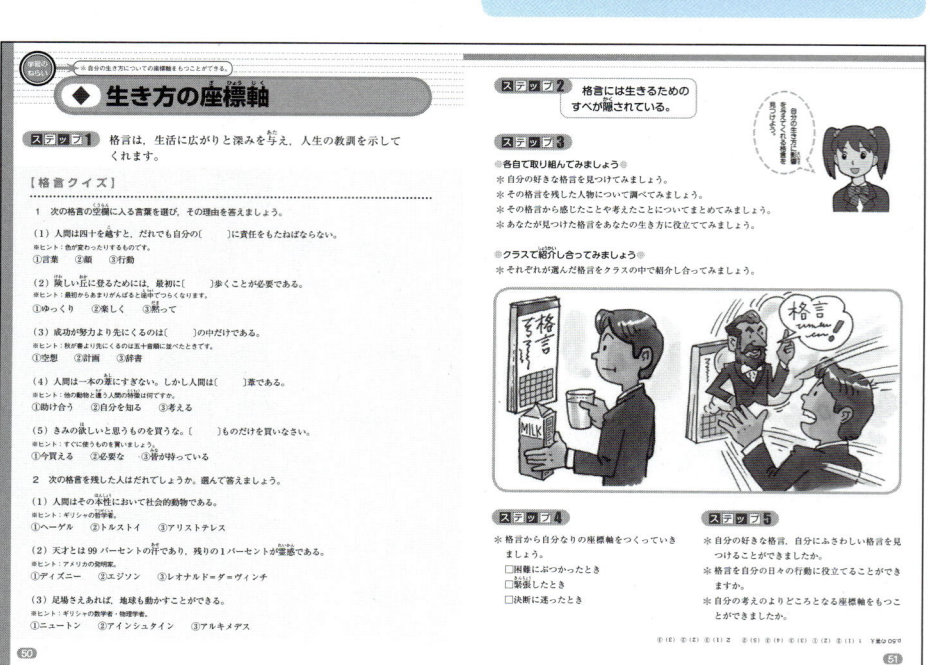

【ステップ3】
　格言について各自で調べさせる。

　各自が調べた格言が，どのような人物によって創られたかを調べさせ，発表させる。

　例として，「ステップ2」であげた小久保選手の解説をする。

　膝の靱帯断裂の大けがを負った時の言葉であり，けがを悔やむことなく，リハビリに取り組み，見事復活したことを話す。

【ステップ4】
　「ステップ3」で調べた格言について，自分の生活で生かすとどのような行動になるか，考えさせておく必要がある。

【ステップ5】
　自分を律していくことが大切であることを理解させる。生き方の座標軸として常に意識していくとともに，その人物の著書を調べ，さらに深く知るようにさせるとよい。

8・9年生

ねらい ▶▶▶ 自分の生き方についての座標軸をもつことができる。

4時間扱い

① **ステップ1**　【課題発見・把握】
●格言から自分の生き方を考えるという学習課題を把握させる。
※資料として示されている言葉の意味や伝えたいことは何かを考えさせる。
※格言クイズを解く。
※格言を残した人物についての基礎知識をもたせる。

① **ステップ2**　【正しい知識・認識／価値／道徳的心情】
●格言から生きるための術を見付け，自分に活かしていく有効性を理解させる。
※多くの格言が今もなお残っていることの意味を深く考えさせ，文言の裏に隠された「生きるための術」について理解させる。

② **ステップ3**　【スキルトレーニング／体験活動】
●格言の意味や誕生の背景について理解を深めさせる。
※自分の好きな格言について，その格言を残した人物について調べさせる。
※その格言から感じたことや考えたことをまとめさせる。

② **ステップ4**　【日常実践／活用】
●日常生活において，自分の好きな格言を考えや行動の軸として活かして生活させる。
※常に心にとめておく言葉を選び，定期的に実践の報告，感想を発表し合う。

① **ステップ5**　【まとめ／評価】
●学習の意義と成果を振り返らせる。
※格言のもつ意味を理解し，実践を行う。

解説
★格言を知識として覚えるのではなく，自分にとって「よいと感じる言葉」としてとらえさせ，自分の考え方や行動などに役立てることをねらいとする。
★格言を残した人物の生き方を調べることで，強い意志をもち継続して努力することの大切さを理解させる。
★名言や格言を残した偉人の著書などを紹介し，その人物について深く理解させていくようにすると効果的である。

評価の観点
◆偉人や先人の残した格言から，その意味や広がりを理解できたか。
◆学習や生活の中で克服すべきことに出合った時，格言を活かすことができているか。

参考情報
○名言および格言集ホームページ　http://www.oyobi.com/

●はねらい，※は学習活動・手だてを示す。

教科書 p.52～53　　　　　　　　　　　　　　　　　　　　　　　　　将来設計領域　●社会的役割遂行能力

25　地域社会への貢献
地域リーダーとして役立つ行動・実践／中学生としての社会とのかかわり方

【ステップ1】
「地域リーダー」が何か思い付かない生徒も、学校・生徒会で取り組んでいる地域清掃や区民まつりの手伝いに参加していることが多い。学校も地域社会の中で活動していることを確認させたい。

【ステップ1】
生徒によっては様々な地域の活動に参加している者もいる。
自由に発言させることで、改めて地域社会とのかかわりを考えられるとよい。

本単元は、社会的役割遂行能力として設定している。
地域社会への貢献について、自分の意識を振り返り、課題をもたせるようにする。

【ステップ1】
〈導入〉
「貢献」という言葉の意味についても、ここでおさえておきたい。
貢献：物事や社会に力を尽くして、よい結果をもたらすこと。

【ステップ3】
地域清掃・区民まつりへの参加のほか、ミニポンプ隊（消防団）、防災訓練への参加、保育園・老人ホームの手伝いや連携行事など、様々な活動が考えられる。

【ステップ3】
小中学生で参加する地域の活動も多い。その場合、8・9年生が必然的にリーダーの役割を担うことになる。充実した活動にするために、どのようなことに留意すればよいか、体験したことのある生徒を中心に具体例を挙げさせる。

【ステップ4】
〈品川区福祉課より〉
この言葉は、実際に区の福祉課の方にお話を聞いた時のものである。

家の周りを掃除する、エコキャップ運動に学校全体で参加するなど、自分たちでできる身の回りのちょっとしたことが、地域を支える態度につながることを理解させる。
毎日なにげなく行っていたこと（道端のごみを拾う、暑い日に水まきをするなど）も、地域への貢献であることを意識して生活させる。

【ステップ2】
自分が生活する地域を住みやすい環境にするための取り組みが、地域への貢献であることを確認する。
自分も地域社会の一員として責任があることを教える。

【ステップ5】
地域社会へ貢献することについての、自分の意識の変化などを振り返らせる。

8・9年生

ねらい▶▶▶ 学校や地域社会のために活動する自己に存在意義を見いだし、進んで貢献しようとすることができる。

5時間扱い

ステップ1　【課題発見・把握】
①
●地域への社会貢献について、自分たちの現状と課題を把握させる。
※生徒会などで行っている行事で、地域への貢献につながるものを挙げさせ、どのようにかかわってきたのかを発表させる。また、個人的に参加している地域の活動があれば、紹介させる。
※地域に支えられている中学校の生徒として、自分たちにできることを考えさせる。

ステップ2　【正しい知識・認識／価値／道徳的心情】
●地域社会に貢献する意識をもち、進んで行動することの大切さを理解させる。
●社会貢献が共存社会において重要であることを理解させる。
※「ステップ1」の活動を通し、地域社会の一員として責任があることを教える。

ステップ3　【スキルトレーニング／体験活動】
③
●地域貢献する姿勢を育て、具体的な行動を考えさせる。
※中学生として参加できる地域の活動、近隣の中学校の取り組みの様子など、グループで調べたことを発表させる。
※個人・学級・学年で取り組める活動を決め、実践してみる。

ステップ4　【日常実践／活用】
●自分も地域社会の一員であることを自覚させ、自分たちでできることを実践させる。
※日常的にできることを実践させる。

ステップ5　【まとめ／評価】
①
●学習の成果を振り返り、日常実践への意欲をもたせる。
※地域社会に貢献することについての自分の課題について振り返らせる。

解説
★生徒たちは日常生活や家庭生活で、地域とのかかわりを意識していることは少ない。しかし、実際には、地域の中で互いが支え合いながら生活や活動をしていることに気付かせていく。そして、自分自身も地域社会の一員であることや、その役割を自覚させ、自分たちにできることを実践できるようにさせる。
★自分も活動のリーダーとなる機会があることを自覚させ、リーダーとしてとるべき態度や行動についても考えさせたい。
★「5　集団の一員として」「10　リーダーシップ」との関連を図る。本単元は、社会的役割遂行能力として設定している。社会貢献の意識を高めることがねらいの中心となる。

評価の観点
◆地域社会の中で、中学生としての役割や活動を理解できたか。
◆地域社会における自分の役割を自覚し、実践しようとしているか。

●はねらい、※は学習活動・手だてを示す。

教科書 p.54〜55　　　　　　　　　　　　　　　　　　　　　　　将来設計領域　●社会的役割遂行能力

26　社会の一員としての活動　これからの地域型社会と自分のかかわり方

【ステップ2】
生徒会活動などを例にして，所属する一員として課題や活動内容について知ることは当然であることを想起させ，区でも同様であることに気付かせる。

【ステップ3】
品川区議会の仕組みを調べさせる。品川区ホームページの区議会のページには，役割や仕組み等が掲載されている。

【ステップ3】
年間4回の本会議，各種委員会への付託，本会議での議決など，調べただけでは理解が難しい。
指導者があらかじめ区議会の仕組みを整理したものを準備しておくとよい。

【ステップ1】
区議会の取り組み，区の施策について知っていることをあげさせ，自分たちの認識を確認させる。
また，区の取り組み，施策について知らせる。

【ステップ1】
品川区議会だよりを拡大して黒板に貼り，生徒にも配付する。
品川区議会だよりの中から，気になった記事を一つ取り上げて調べさせてもよい。

【ステップ3】
議会の仕組みや議員の役割を理解すると，議員を選出する選挙の重要性が理解できる。
区民として区の施策を理解し，それに対する議員の考え方を知って投票するのが正しい姿である。
区のホームページを活用して，施策について調べさせ，テーマを決めて討論させる。

【ステップ4】
「ステップ1」で関心をもったことについて，区のホームページや区議会だより，広報紙などから情報を集めさせるとよい。

【ステップ5】
自分たちができる社会貢献は何か考えさせる。その社会貢献を実際に行い，フィードバックをして，よりよい社会貢献を実現させていく。

8・9年生

ねらい▶▶▶ 社会に対して，自分がかかわれることに積極的に取り組み，社会貢献の意識をもつことができる。

4時間扱い

ステップ1　【課題発見・把握】
- ●区議会では，どのような話合いや取り組みが行われているのかを把握させる。
- ●区議会の役割，区の施策について，自分たちの認識を確かめさせる。
- ※「区議会だより」を読み，自分たちの生活とのつながりについて考えさせる。

ステップ2　【正しい知識・認識／価値／道徳的心情】
- ●自分が暮らす地域や自治について知ることは，社会へのかかわりの第一歩であることを理解させる。
- ●区民の生活をよりよくしていくための地方自治の取り組みについて理解させる。
- ※生徒会活動などを例にして，所属する一員として課題や活動内容について知ることは当然であることを想起させ，区についても同様であることに気付かせる。

ステップ3　【スキルトレーニング／体験活動】
- ●地方自治の仕組みを理解させ，社会貢献の方法について考えさせる。
- ※品川区議会の議会運営の仕組みを調べ，地方自治と社会貢献について考えさせる。

ステップ4　【日常実践／活用】
- ●地方自治の取り組みについて，関心をもって生活させる。
- ※学習を通して調べるなかで，興味をもったことについて，品川区議会だよりや区の広報紙，区議会議事録等から情報を収集する。
- ※自分たちにできる社会貢献を実践する。

ステップ5　【まとめ／評価】
- ●学習の成果を振り返り，日常実践への意欲をもたせる。
- ※区議会や区の取り組みについて理解が深まったことや，社会貢献に対する自分の意識の変容を振り返らせる。

解説

★品川区議会に関する学習をはじめ，これまでの市民科学習や生徒会活動の取り組みのなかで学んだ自治的活動の知識や技能を生かし，自分たちの生活している品川区や地域について考えを深めさせていく。また，地域社会への視野を広げさせ，地域の自治活動とそれにかかわる自分の行動について考えさせる。

★「12　地方自治への施策提案」との関連を図る。単元12は自治的活動能力として設定している。本単元は社会的役割遂行能力として設定しており，社会貢献の意識を高めることをねらいの中心としている。

★「ステップ3」の活動では，仕組みを調べることも大切だが，区の課題について自分たちで討論することを重視したい。区の課題について考えさせることで社会貢献の意識を高めていく。

★社会貢献の意識からよりよい社会を自分たちでつくるという意識に高めるようにする。

評価の観点

◆地方自治の役割と取り組みについて，自分の生活とつなげて理解することができたか。
◆社会貢献の意識をもつことができたか。

参考情報

○品川区ホームページ　品川区議会　等
＊区議会だよりのバックナンバーも掲載されている。

●はねらい，※は学習活動・手だてを示す。

教科書 p.56～57　　　　　　　　　　　　　　　　　　　　　　　　　　将来設計領域　●社会的役割遂行能力

◆ 育児に関する理解　育児に関する理解／子育ての大切さ

【ステップ1】
育児に関する社会問題について認識させる。

イラストでは主に，育児に関して不安を感じるケースを取り上げているが，最近は自身の育児生活をブログで紹介したり，若い母親たちが育児サークルを作ったりと明るい話題も多いので，そのような内容を紹介してもよい。

育児に関して，生徒たちがどのような印象をもっているか話し合わせるなかで，マイナスの事象ばかりにならないように注意したい。

育児に関する様々な問題や課題，喜びや楽しさなどについて知るとともに，自分の育児に関する関心度や知識の量について認識させておく。

「ステップ5」での変化について振り返らせることで，学習の意義を確かめさせる。

保育実習で話題になったこと，実際に触れた親子の様子などを振り返らせたい。

【事前】
ここでの学習内容についても実習の視点としておく必要があるため，事前に家庭科と関連させて単元を構成する必要がある。

【ステップ2】
将来，自分自身も親になるであろうことを認識させる。また，実習を振り返り，子育ての楽しさや苦労を考えさせ，社会全体の理解やサポートが大切であることを教える。

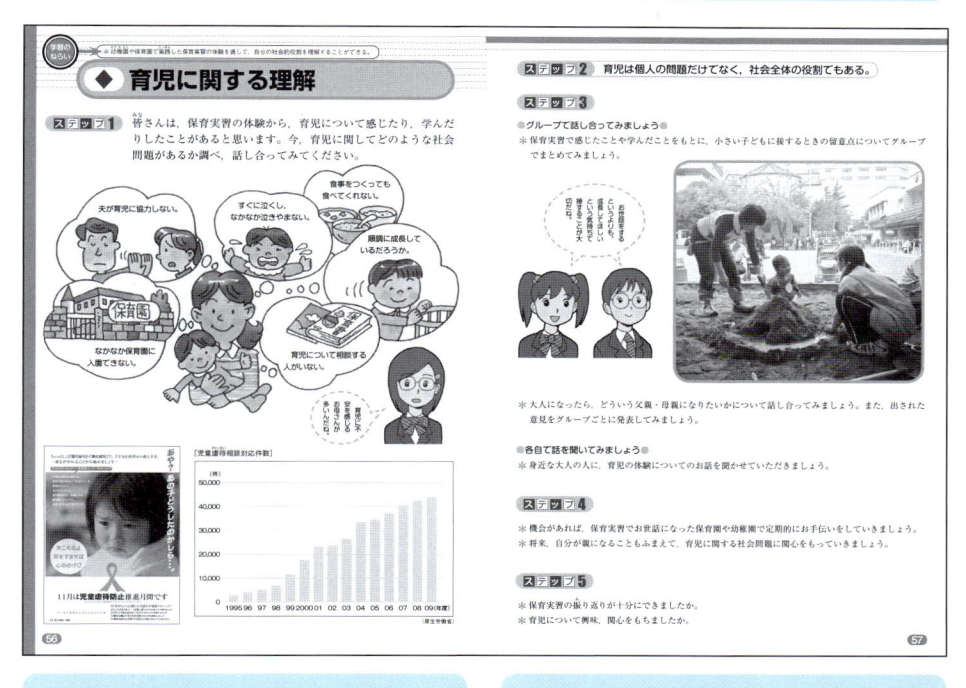

【ステップ3】
育児について考えを広げさせることをねらいとしている。

子どもにとって都合のよいだけの親になっていないか，大切にすること，かわいがることと，育てるということについて考えさせる。

育児の責任について重視するが，それ以上に喜びがあることを感じさせたい。

親や身近な大人に育児体験を聞くときには，喜びの部分もしっかり聞けるようにさせたい。
＊グループで話し合う前に，この視点でインタビューさせておいてもよい。

【ステップ4】
保育実習で行った保育園と連携し，継続してかかわりがもてるようにしておくとよい。

育児に関する社会問題については，教師が情報提供していくことも必要である。

【事前】
実際に虐待に相当する家庭環境の生徒がいることも考えられる。クラスの状況をよく把握してから授業に入る必要がある。

【ステップ5】
育児への関心や獲得した知識について，自分の変容を振り返らせる。

8・9年生

ねらい▶▶▶ 幼稚園や保育園で実践した保育実習の体験を通して，自分の社会的役割を理解することができる。

4時間扱い

ステップ1　【課題発見・把握】
●育児に関する社会問題について，課題を把握させる。
※教科書のイラストや最近の新聞記事から，育児に関する社会問題を挙げさせる。

ステップ2　【正しい知識・認識／価値／道徳的心情】
①
●育児は個人の問題だけでなく，社会全体の役割でもあることを理解させる。
※将来，自分自身が親になり，子どもを育てる時が来るであろうことを認識させる。
※実習を振り返り，子育ての楽しさや苦労を考えさせ，社会全体の理解やサポートが大切であることを教える。

ステップ3　【スキルトレーニング／体験活動】
②
●育児について考えを広げさせる。
※保育実習で先生方に指導されたことや，体験を通じて気を付けたことなどを話し合わせる。
※将来，自分がどんな親になりたいか，どんな親になればよいのかを話し合わせて発表させる。グループごとに出された内容を全員で確認する。

ステップ4　【日常実践／活用】
●学習したことを活かし，実践させる。
※育児について理解を深めることが大切である。小さい子とかかわりをもったり，育児に関することに関心をもち，情報を集めたりする。

ステップ5　【まとめ／評価】
①
●学習の意義と結果を振り返らせる。
※育児への関心や獲得した知識について，自分の変容を振り返らせる。

解説

★平成24年度より家庭科での保育実習が必修内容となる。この単元は，保育実習後に設定することを想定している。
★この単元は選択単元であり，家庭科との関連のなかで扱いを決めて実施することが可能である。家庭科のねらいである「子どもと地域とのかかわり」をこの単元と関連させることで，家庭科の実習時間を確保して充実させることもできる。
★「将来，子どもは産まない」「責任の重い親にはなりたくない」という生徒もいる。育児について前向きな気持ちになるような，明るい話合いにしていく。

評価の観点

◆育児は個人の問題だけでなく，社会全体の役割でもあることを理解することができたか。
◆小さい子と積極的にかかわったり，関心をもって情報を集めたりすることができたか。

●はねらい，※は学習活動・手だてを示す。

教科書 p.58～59

将来設計領域　●社会認識能力

27　職場体験〈1〉　職場での体験活動

【ステップ1】
協力して仕事をしていることに気付かせると同時に、自分の勤労観についても考えさせておく。
「大人にとって仕事とは何だろう。ひと言で表してみよう。また、そう考えた理由も考えてみよう。」
・義務　　・夢
・やりがい　・金稼ぎ
・生活　　など
職場体験後と比較し、勤労観の変容を読み取りたい。

〈写真について〉
・店の外観（店のイメージにつながる）
・レジ（接客）
・フロア、店内（商品の整理、接客）
・倉庫（在庫の整理）
・納品、発注、売り上げ等の会計、事務

【ステップ1】
受け入れ側の気持ちに必ず触れる。現場に中学生が入るだけで、かなりの負担である。快く受け入れてくれる事業所に対して、感謝の気持ちを抱かせるようにする。

【ステップ1】
「これは一つのお店です。どんな仕事をしているか、あげてみよう。」
同じ店内でも、場によって仕事内容が違う。その違う場が協力し合って、一つの仕事や職場として成り立っていることに気付かせる。

【ステップ2】
働くということのなかでも、協力については特に重視すること。お金のためだけ、生活のためだけというような勤労観では、協力は生まれないことを教える。

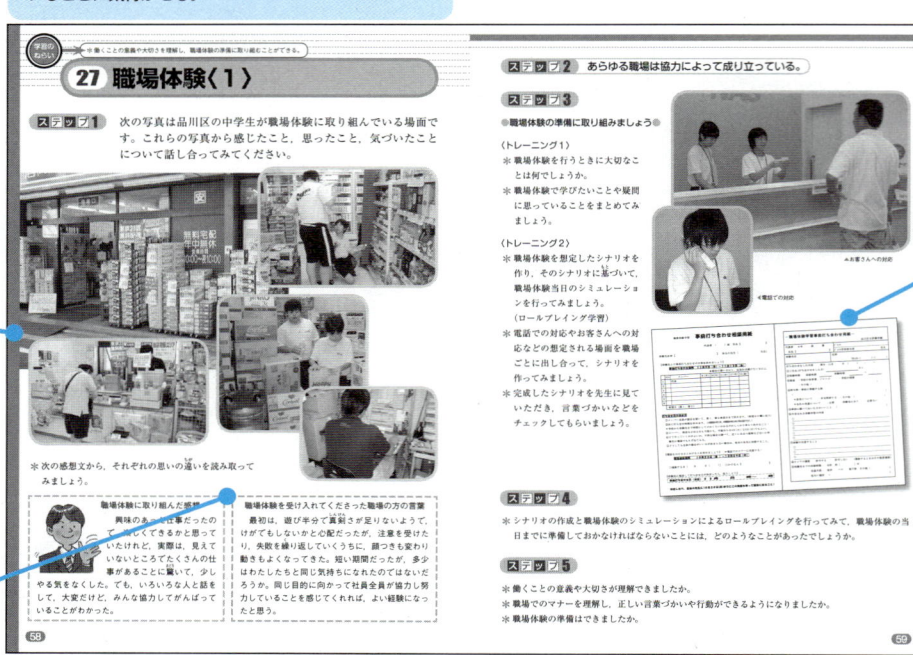

【ステップ3】
職場体験で学ぶこととして、働いている人の価値観、仕事への責任感、協力することなどがあげられる。このことを学ばせるために、質問したいことなどを考えさせておく。

職場体験を行う前に、体験先に連絡をし、マナーなどを学習しておくことが大切である。
その際、打ち合わせ内容のワークシートを用意するとよい。

【ステップ4】
打ち合わせした内容について、各自が準備を進める。

【ステップ5】
職場体験で学ぶことを確認すること。
・働いている人の価値観
・仕事への責任感
・協力すること　など

8・9年生

【ステップ1】
自分の勤労観について考えさせ、これから実施する職業体験で、働くということの価値を学んでいくということをおさえる。

【ステップ5】
〈職場体験当日のマナー〉
・時間厳守　・あいさつ　・服装、身だしなみ
・言葉遣い　・全員で取り組む姿勢
・トラブルは担当の方に必ず報告・相談　など

ねらい▶▶▶ 働くことの意義や大切さを理解し、職場体験の準備に取り組むことができる。

6時間扱い

① **ステップ1**【課題発見・把握】
●自分の勤労観についての自己認識を深めさせる。
※働くことの価値について考えさせ、学習前の自分の勤労観を把握させる。
※一つの店で他にどのような作業が考えられるか発表させ、協力について気付かせる。

① **ステップ2**【正しい知識・認識／価値／道徳的心情】
●あらゆる職業が協力によって成り立っていることを教える。
※働くということのなかでも、協力については特に重視する。お金のためだけ、生活のためだけというような勤労観では、協力は生まれないことを教える。

④ **ステップ3**【スキルトレーニング／体験活動】
●職場体験の準備に取り組ませる。
※職場体験の目的、心がまえ、シナリオ作成とシミュレーションによるロールプレイング。

ステップ4【日常実践／活用】
●シミュレーション後、事前打ち合わせを行い、当日までの確認をさせる。
※受け入れ先に失礼のないように、言葉遣い、服装など、よく打ち合わせをしておく。

① **ステップ5**【まとめ／評価】
●職場体験で学習することを確認させる。
※職場体験のねらいの確認
※職場でのマナーの理解
※職場体験準備の確認

解説

★この単元を通して、今まで漠然と思い描いてきた将来についてより現実的にとらえ、学んできた職業や社会の仕組みの理解を深めさせることで、自分の進路選択へとつなげさせたい。
★職場体験の学習で、店長と連絡をとったり、接客をしたりさせる。また、お礼の手紙を書く際に、今まで市民科で身に付けてきたコミュニケーション能力や社会認識能力などを活かすようにさせることが大切である。
★自分の勤労観について考えさせる機会とすることが重要である。

評価の観点

◆職場体験で学習することを理解することができたか。
◆働くことについて、自分の考えをもつことができたか。
◆自分の将来像について関心をもっているか。

●はねらい、※は学習活動・手だてを示す。

教科書 p.60～61　　　　　　　　　　　　　　　　　　　　　将来設計領域　●社会認識能力

28 職場体験〈2〉 職場での体験活動

【ステップ1】
この単元は職場体験終了後に学習するので，生徒から感想などを引き出しながら，個々の振り返りをする。受け入れ先の気持ちを感じ取るようにして，礼状を作成していく。

【ステップ1】
資料をもとに，就業についての現状に気付かせる。
働く意義，お金だけではないやりがいや生きがいの大切さを学んだが，現実の厳しさがまだ見えていない。
職業選択の権利はあるが，勤労の義務があることにも触れ，働かなくてはならないという前提でよりよい職業選択をするためにどうするかを考えさせる。
年齢が低いほど，自分の希望に合わせる傾向がある。
働くことや生きていくうえでの現実の厳しさを読み取らせる。

【ステップ1】
受け入れ側の感想を想像させることで，自己満足では仕事として成り立たない厳しさを伝える。

【ステップ2】
勤労の義務，職業選択の自由，職業適性を視点に，働くということ，職業を選ぶということについて考えさせる。

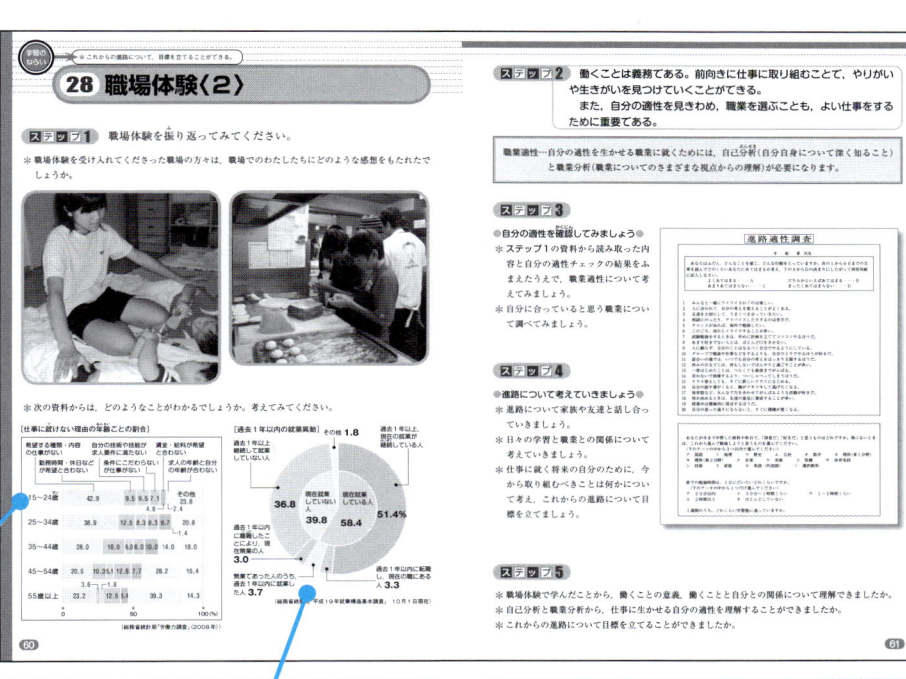

様々な理由が考えられるが，約4割の人が就業していない現状がある。

【ステップ5】
職場体験を通して，働くことの意義，やりがいや生きがい，現実の厳しさ，自分の適性などを学んだ後，生徒の気持ちが来年の進路決定に向かうような方向付けをしていく。

【ステップ3】
HPなどを活用し，職業適性検査を実施してもよい。
適性は大切であるが，絶対ではない。それよりも，前向きに仕事をすることで適応してくると考えさせたい。
自分に合っていると思う職業について調べさせ，進路にも目を向けさせる。

【ステップ4】
今まで学習したことを踏まえ，家庭でも職業や進路について考えさせる。
日常の学習などに前向きに取り組む大切さを指導し，実践させる。

【ステップ5】
「27 職場体験〈1〉」の「ステップ1」の学習で考えた自分の勤労観と，学習後の勤労観を比較し，変容や成長を感じさせる。

8・9年生

ねらい▶▶▶ これからの進路について，目標を立てることができる。

5時間扱い

ステップ1 【課題発見・把握】
① ●職場体験を振り返るとともに，就業の現状を理解させる。
※就業問題について考えさせ，国の問題や個人の問題など様々な原因があることに気付かせる。

ステップ2 【正しい知識・認識／価値／道徳的心情】
① ●働くことは義務であること，前向きに仕事に取り組むことで，やりがいや生きがいを見付けていくことができること，また，自分の適性を見きわめ，職業を選ぶことも，よい仕事をするために重要であることを理解させる。
※勤労の義務，職業選択の自由，職業適性を視点に，働くということ，職業を選ぶということについて考えさせる。

ステップ3 【スキルトレーニング／体験活動】
② ●職場体験の経験を踏まえて，自分の適性や目標となる職業について考えさせる。
※職業適性検査を実施したり，職業調べをさせたりする。

ステップ4 【日常実践／活用】
●今までの学習を日常に活用させる。
※今からやっておくべきことは何かを考え，進路について目標を立てさせる。
※家庭でも進路や職業について話し合う機会をもたせる。

ステップ5 【まとめ／評価】
① ●職場体験学習の意義と成果を振り返らせる。
※働くことと自分とのつながりや，自分の進路に対する目標について振り返らせる。

解説

★職業に就くことは，個人の生活設計の基本となる。職業に就くことが困難な現状において，一生懸命働くことでやりがいや生きがいが見付かるという勤労観をもたせたい。そのうえで，適性に合った職業を選択することのよさを教えたい。

★1年ほどで4割の人が離職してしまう現状を知り，適切な進路選択ができるよう，自分の特性を理解し，今のうちから目標をもって，しっかりとした進路計画を立てておくことが重要であることを理解させる。

★進路について目標をもたせることで，日常の学習や生活での意欲を高めていく。

評価の観点

◆働くことの意義や自分の適性を見付けていくことの大切さを理解できたか。
◆自分の進路について，目標を立てることができているか。

参考情報

○中高あびHP　職業・資格適性診断
　http://www.man-abi.com/chukou/job/index.html

●はねらい，※は学習活動・手だてを示す。

教科書 p.62〜63

将来設計領域　●社会認識能力

29　経済と雇用の関係　経済と雇用の関係

【ステップ1】
　経済は日々変化を遂げており，経済の変動から世の中の動きが見えてくる。

GDP（国内総生産）の意味は：
Gross
Domestic
Product
　一定期間内に国内で生み出された付加価値の総額を表す数値。

正規雇用とは：
　特定の企業（使用者）と継続的な雇用関係において，雇用者が使用者のもとで常勤で従業する期間を定めない雇用形態を指す。

非正規雇用とは：
　期間を定めた短期契約で職員を雇う雇用形態。パートタイマー，アルバイト，契約社員，派遣社員が含まれる。
　時間当たりの賃金が安く，退職金や社会保険料を払わないことも多いため，使用者側にとっては人件費を抑制しやすいが，被雇用者にとっては不安定な雇用形態である。

【ステップ1】
　GDPの推移の意味，非正規雇用の推移，その後の変化をあわせて調べさせて参考にする。

金融機関／日本銀行／銀行の役割
金融危機の起こる背景／世界恐慌が起きた理由
株式／株価の変動／株主
円高・円安の意味／現在の為替レートの様子／最近の変動を参考にさせる。

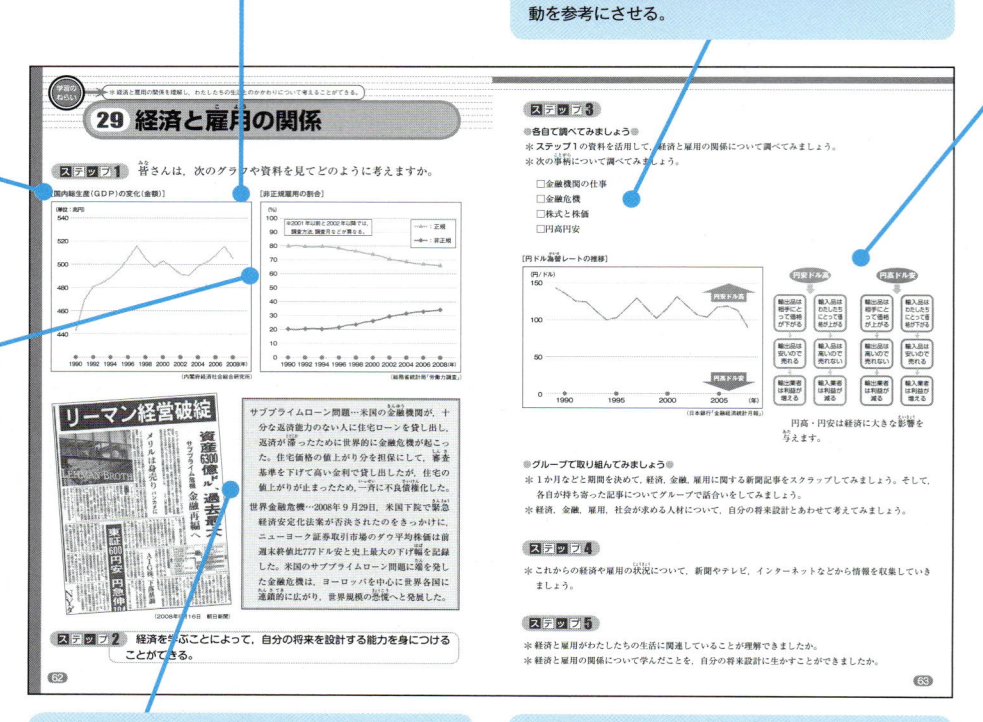

【ステップ3】
　社会の公民分野での学習内容を参考にさせていく。

　円高・円安は，現在の為替レートを確認し，あてはめて考えさせるとよい。

　円が1ドル100円以下（円高）になった理由は，2008年の世界恐慌の影響である。ドルの価値が急激に暴落したため。

　新聞の経済欄，日本経済新聞などを活用して，経済の動向を中学生に分かりやすい側面で調べさせる。

　新規大学卒業生の採用数の推移，どのような分野で採用が多いか，社会がどのような人材を求めているか調べさせる。

【ステップ4】
　自分の将来設計に経済のことは大いに影響があるが，自分が何をやりたいかという思いは大切である。社会情勢に関心をもち，自分が身に付けていくべき力を考えさせていきたい。

8・9年生

　リーマンショックや世界恐慌になった前後でのデータを比較してみて，経済が世界にどのような影響を与えたかを知る。
【ステップ2】
　経済と雇用のつながりをまとめ，就職に直接影響していることを教える。

【ステップ5】
　日本や世界の経済状況を知り，自分の考えがどのように変容したか確認し，身に付けていこうとする力についてまとめさせる。

ねらい▶▶▶　経済と雇用の関係を理解し，わたしたちの生活とのかかわりについて考えることができる。

4時間扱い

ステップ1　【課題発見・把握】
●経済と雇用の関係は密接なつながりがあることに気付かせる。
※グラフから分かったこと，気付いたことや考えたことなどを発表させる。
※「国内総生産(GDP)」「正規・非正規雇用の割合」「リーマンショック」など，グラフを読み取るうえで必要な基礎知識を与える。また，関連する資料を用意する。

ステップ2　【正しい知識・認識／価値／道徳的心情】
●今の日本社会の経済の状況について学ぶことは，自分の将来設計をするうえで大切であることを理解させる。
※経済と雇用のつながりをまとめ，就職に直接影響していることを教える。

ステップ3　【スキルトレーニング／体験活動】
●日本や世界の経済状況や雇用について知る方法を身に付けさせる。
※教科書の資料等を活用して，現在の景気と雇用の関係等について調べ，グループで情報交換させる。
※世の中が求める人材とはどのようなものか，なぜそのような資質・能力が求められているのかを話し合わせる。

ステップ4　【日常実践／活用】
●経済の状況の情報を収集し，社会が求めている人材について考えさせる。
※経済の状況に関心をもたせ，情報を収集させる。
※自分が身に付けていく力を考えさせる。

ステップ5　【まとめ／評価】
●学習の意義と成果を振り返らせる。
※日本や世界の経済状況を知り，自分の考えがどのように変容したか確認し，身に付けていこうとする力についてまとめさせる。

解説
★この単元は，社会科の授業と関連させながら，自分の生活や将来への認識を高めることにつなげていく。この単元では，少子高齢化が進む日本において，自分たちの生活や社会保障，労働条件や企業のあり方，国の経済活動など，多面的に「経済」を考える力を育成することが大切である。
★現在の日本や世界の経済状況を知ると，厳しい現実が見えてくる。将来設計をするうえで社会の動向を知っておくことは重要であるが，雇用状況のよい職業を選ばせるということにならないように配慮して指導する。社会が求めている人材について知り，自分を高めていく気持ちをもたせることが大切である。
★日本や世界の経済状況の理解，そこから考えた自分の将来設計や身に付けていきたい力などをまとめさせ，入試面接にも活用していくようにするとよい。

評価の観点
◆経済と雇用の関係とわたしたちの生活のつながりを理解できたか。
◆経済についての基礎的な知識をもち，自分の生き方を関連付けて考えることができたか。

参考情報
○厚生労働省ホームページの統計データ
○日本経済新聞のホームページ

教科書 p.64〜65

将来設計領域　●将来志向能力

30　社会が求める資質と能力　社会が求める資質と能力

【ステップ1】
〈導入〉
職業に就くまでの流れを具体例としてあげ、学習の見通しをもたせるとよい。

【ステップ1】
職業に必要な資質や資格を知るとともに、将来設計に対する自分の認識を確かめさせ、学習する意義をもたせるようにする。

「13歳のハローワーク」のホームページでは、最新の人気職業ランキングが見られるので、参考にするとよい。

自分たちのなりたい職業をあげさせ、それについて調べさせる。

いくつかの職業に関する必要な資格や資質について調べさせるとよい。

どのような人にその仕事が向いているか。

身近な方に、その職業に必要な資格についてインタビューさせてもよい。

【ステップ2】
資格だけでなく、職業にかかわらず、人として大切なことを磨いていく姿勢についてはしっかりおさえておく。

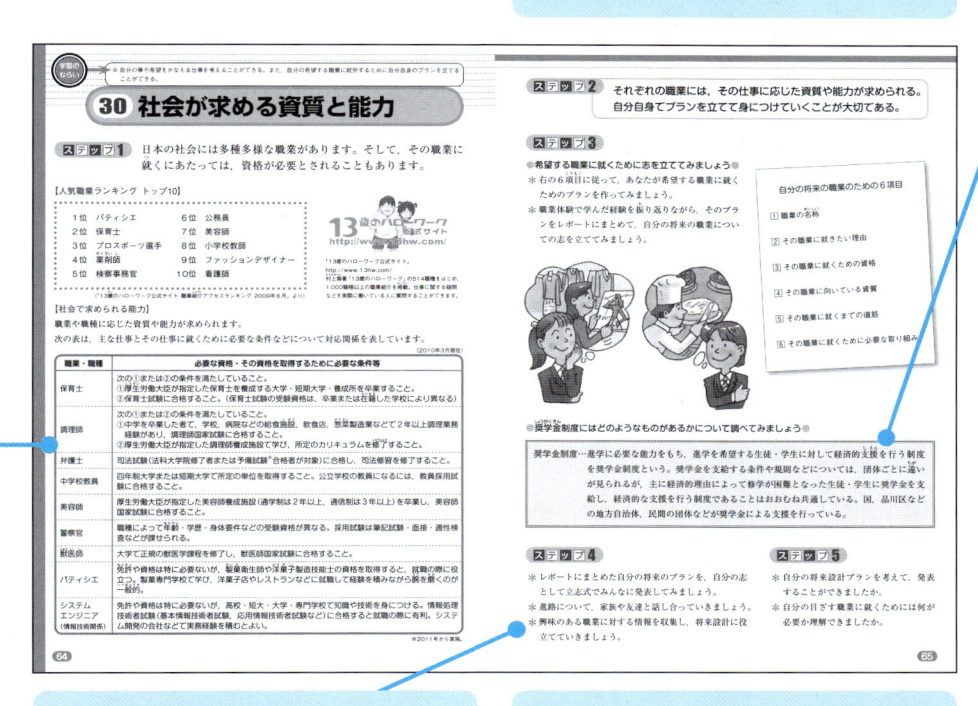

NHK出版「プロフェッショナル」
様々な職業人の苦労と感動の物語などを参考にするのもよい。

【ステップ3】
希望する職業または向いていると思う職業についてのレポートを作る。シミュレーションさせることで、希望が変わったとしてもプランニングできるように、その方法を教える。

【ステップ4】
立志式を目標とすることで、活動に対する意欲を高めさせる。自分の生き方を含めた将来設計を発表できるようにさせる。

経済的なことが理由になり将来設計ができないということにならないよう、情報提供する。

【奨学金制度の例】
○品川区奨学金制度
〈対象者〉
品川区内に在住し
①高等学校、高等専門学校、専修学校（高等課程）に在学
②経済的な理由で就学が困難
③他の制度から同種の奨学金を受けていない
〈平成22年度の例〉
公立学校　月額
在学資金（月額）
13,000円
入学準備金
70,000円
などのようになっている。
終了後1年間の据え置き期間後、15年以内で返還する。

【ステップ5】
自分の将来設計に関する考え方の変容を振り返らせ、今後の日常生活で自分を磨いていく意欲を高めさせたい。

8・9年生

ねらい ▶▶▶ 自分の夢や希望をかなえる仕事を考えることができる。また、自分の希望する職業に就労するために自分自身のプランを立てることができる。

4時間扱い

ステップ1　【課題発見・把握】
●希望する職業に就くために必要なことについての自分の認識を把握させる。
※自分が希望する職業をあげさせ、必要な資格や試験、求められる資質について調べさせる。

ステップ2　【正しい知識・認識／価値／道徳的心情】
●職業には、その仕事の内容に合った資質・能力が求められることを理解させる。
●自分自身で計画的に力を付けていくことが大切であることを理解させる。
※「ステップ1」で調べたことをまとめ、情報交換させ、それぞれの職業に必要な資質や能力が求められることに気付かせる。
※資格だけでなく、社会の中の個として必要な常識や資質・能力があることを教える。

ステップ3　【スキルトレーニング／体験活動】
●希望する職業に就くためのプランを立てることができるようにさせる。
※自分の将来の職業に関する資格や、そのための知識、技能、進学先などについて、より具体的に調べさせる。

ステップ4　【日常実践／活用】
●自分の将来の職業や生き方について深く考えさせ、イメージさせる。
※希望する職業に関する情報を収集させる。
※自分の目指す方向について、家族や友人と話し合ったり、アドバイスを受けたりする。

ステップ5　【まとめ／評価】
●学習の意義と成果を振り返らせる。
※自分の将来設計に必要なことに対する認識や考え方の変容について振り返らせる。

解説
★自分が将来就こうとする職業について、正確な情報を得ることで、具体的な将来設計を立てられるようにさせる。
　職業に就いてからでも資格を取得することはできるが、資質や能力は自分で意識して磨いていかなければならない。資格を得るための将来設計だけでなく、社会人として必要な常識や資質・能力についても考えさせたい。

★具体的な将来像が描けない生徒に対しても、この学習をきっかけに自分の目標とする職業を見付けさせ、将来設計に必要な情報を与えることで、自分自身のプランが立てられるようにさせる。

評価の観点
◆職業には、その内容に合った資格や資質・能力が求められることが理解できたか。
◆職業に必要な力を計画的に身に付けていかなければならないことが理解できたか。
◆自分の職業や生き方についての将来設計プランを立てることができているか。

参考情報
○「13歳のハローワーク」公式サイト
○職業に就くための本「なるにはBOOKS」（ぺりかん社）
○「プロフェッショナル　仕事の流儀」（NHKブックス）
など

●はねらい、※は学習活動・手だてを示す。

193

教科書 p.66〜67

将来設計領域　●将来志向能力

31　進路選択　進路の選択

【ステップ1】
　自分の進路について，決めていること，判断材料にしていることをあげさせ，自分の現状や課題を把握させる。
　品川区にある都立高等学校を例に，上級学校訪問を考えてみる。
・都立小山台高等学校
・都立八潮高等学校
・都立大崎高等学校
・都立産業技術高等専門学校

【ステップ2】
　過去の上級学校訪問のデータを参考にして，訪問の際にどんなことを見てきたかを具体的に考えさせるとよい。卒業生から高校の話を聞く会を催して，生徒の意識を高めるのもよい。

以前行った上級学校訪問レポートなどを参考にして，イメージをもたせる。

上級学校訪問で質問することをグループで考えて，順番を付けておくとよい。

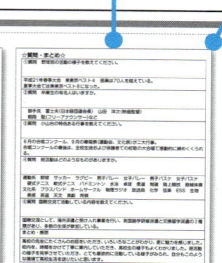

〈質問事項〉
・教育方針
・生徒会活動
・学習内容の特徴
・行事の特色
・部活動
・施設の特色

【ステップ3】
　上級学校に関する資料を集める。上級学校の学習内容の種類は，様々なものがある。
〈例〉
普通科／専門学科／工業／商業／農業／総合学科／ビジネスコミュニケーション科　など

　電話のかけ方，服装，言葉遣い，質問などのシミュレーションを学級で行い，それを互いに見合って意見交換し，自分たちの資料に活かしていく。

　上級学校訪問は，今後の進路決定に大きなかかわりがあり，マナーの練習，言葉遣いの練習，服装の確認などの面で役立てたい。

【ステップ4】
　学習したことを生かし，進路選択の基準について再考させる。また，習慣にしたいマナーについて取り組ませる。
　身だしなみについてもマナーの一つととらえさせ，気を付けさせる。

【ステップ3】
　上級学校のパンフレットや学校のホームページなどを見て，知識を深めて質問事項などを考えさせる。

【ステップ5】
　上級学校訪問の計画については，報告会を開き，説明や感想を発表させるなかで互いに評価させてもよい。

〈訪問の際のやりとり例〉
「○○区立○○中学校の○○です。本日はご多用のところありがとうございます。どうぞよろしくお願いいたします。」
「本日は学校の紹介をしていただきまして，どうもありがとうございました。自分たちのこれからの進路選択に役立てたいと思います。」

8・9年生

ねらい ▶▶▶ 上級学校を訪問し，その体験を進路計画に生かすことができる。

12時間扱い

ステップ1　【課題発見・把握】
●自分の進路計画の現状や課題を把握させる。
※自分の進路について，現在，決めていること，その進路先について知っている情報をあげさせる。

ステップ2　【正しい知識・認識／価値／道徳的心情】
① ●中学校卒業後の進路選択は，将来につながる重要なものであることを理解させる。
※中学校卒業後の進路は，自分で選択することができる。その選択は，将来につながる一つの分かれ道であることを教える。
※選択するとは，その決定に責任を負うことであることを教える。

ステップ3　【スキルトレーニング／体験活動】
⑩ ●進路選択に必要なことを身に付けさせる。
※教科書の手順にそって，上級学校訪問を実施する。

ステップ4　【日常実践／活用】
●進路を選択するうえで大切にすべきことをまとめ，自分の進路を考えさせる。
●上級学校訪問で学んだ態度や言葉遣いを，日常から使えるようにさせる。
※上級学校訪問で集めた情報をまとめ，自分の進路選択について考えさせる。

ステップ5　【まとめ／評価】
① ●学習の意義と成果を振り返らせる。
※自分の進路選択について，考えが深まったことや広がったことについて振り返らせる。

解説
★生徒は卒業後の進路を上級学校への進学ととらえがちである。進路について，自分の将来や職業に関心を向けさせ，計画的に進路選択を考えさせる。その際，自分の特性を考慮することや，必要な情報が何かを考え，得た情報を適切に生かすことも学ばせる。
★自分の決めたところに進むことが目的ではない。進路先で，何のために，何を学ぶのかをしっかりもつことが大切であることを理解させる。
★上級学校訪問を「ステップ3」に位置付けている。上級学校訪問の準備と実施を通して身に付けたことを，進路計画に生かすことがねらいである。上級学校訪問自体が目的にならないように気を付ける。

評価の観点
◆中学校卒業後の進路選択の意味について理解できたか。
◆自分に合った進路を主体的に調べたり，考えたりすることができたか。

参考情報
○受験案内などの高等学校紹介の本
○高等学校のホームページ

194　●はねらい，※は学習活動・手だてを示す。

教科書 p.68〜69

将来設計領域　●将来志向能力

32　進路計画　進路の選択／自己の将来プランづくり

【ステップ1】
イラストの人物の今までの道のりを考えさせ，学校や資格，経験などを想像させる。
自分の将来像をイメージさせ，簡単な進路計画を立てさせる。

【ステップ2】
進路計画は生き方の指標になることを教える。
指標とするためには，具体的なものにしていかなければならないことに気付かせる。（目標達成のための行動がイメージできなければ，指標にならない。）

【ステップ4】
計画の中から，直近の目標と取り組みを設定させて実践させる。

【ステップ5】
「わたしの進路計画」を見直し，身に付けていく力について，より具体化させる。また，日々の生活の指標としていく意欲を高める。

【ステップ1】
〈導入〉
指導者自身の今までの生き方，進路について話をし，単元の学習内容をつかませるようにしてもよい。

【30歳の自分】
仕事，家族構成，住まい，暮らし，やりがい等についてイメージさせる。それだけでなく，身に付いている資質・能力，マナーや考え方なども記述させる。

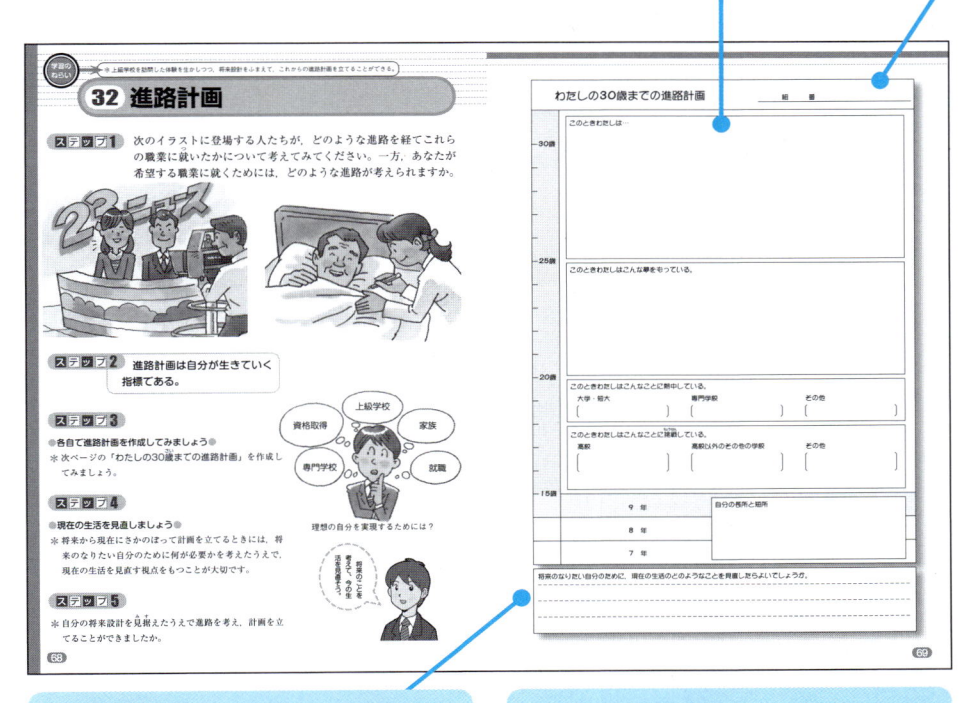

将来に向けて取り組んでいくことについては，「ステップ4」で取り組む内容も記入させるようにする。

【ステップ5】
市民科の7つの資質，15の能力はすべて，将来のために必要なものであるといえる。市民科学習のまとめとして，資質や能力について確認させてもよい。

【自己認知の手段】
適性検査などのデータを参考にできるとよい。

【自己実現とは】
アブラハム・マズローの自己実現の図

5　自己実現の欲求
4　承認欲求
3　所属と愛の欲求
2　安全と安定の欲求
1　生理的欲求

自己実現は高次元の欲求である。生き方として，ぜひ目標としたい。

仕事に就いている身近な人，自分がインタビューできる人，社会で活躍している人々の人生を参考に，表にしてみるとよい。

自分の長所・短所や適性検査の結果など，資質や特性を知り，自分に適した仕事を知ることも必要である。

8・9年生

ねらい▶▶▶ 上級学校を訪問した体験を生かしつつ，将来設計を踏まえて，これからの進路計画を立てることができる。

4時間扱い

ステップ1　【課題発見・把握】
●今の自分と将来の自分について考え，現在の自分をとらえさせる。
※イラストの人物の今までの道のりを考えさせる。
※今の自分と将来の自分像をイメージさせる。

ステップ2　【正しい知識・認識／価値／道徳的心情】
① ●進路計画を立てることは，これからの学習や生活などにおける具体的な目標となることを理解させる。
※進路計画とは漠然とした到達目標ではなく，具体的に身に付けていく力を計画することであることを教える。
※身に付けていく力を具体的なものにしておけば，それは日常生活の指標になることに気付かせる。

ステップ3　【スキルトレーニング／体験活動】
② ●指標としての「わたしの進路計画」を立てさせる。
※今までの市民科学習を振り返らせ，身に付けていく資質・能力，マナーや考え方などを具体的に記述させる。

ステップ4　【日常実践／活用】
●計画をもとに，今の自分が身に付けるべき力に向けた実践をさせる。
※計画の中から，直近の目標と取り組みを設定させて実践させる。

ステップ5　【まとめ／評価】
① ●学習の意義と成果を振り返らせる。
※「わたしの進路計画」を見直し，身に付けていく力について，より具体化させる。また，日々の生活の指標としていく意欲を高める。

●はねらい，※は学習活動・手だてを示す。

解説
★将来に対して不安を感じている生徒も多いなか，この時期に将来の自分の姿を思い描きながら進路計画を立てさせることは大切である。この単元で，改めて自己実現という言葉の意味を理解させ，目的をもって将来に向かっていこうとする主体性，積極性，実行性を身に付けさせたい。

★生きていくための指標としての進路計画にするためには，進学先や取得する資格などを考えさせるだけでなく，身に付けていく資質や能力，実際に取り組むことを具体的にしていく必要がある。市民科で学習したことを振り返らせ，どんな進路でも，市民科で学習した資質・能力は共通することであることを教え，日々の研鑽を大切にさせたい。

評価の観点
◆進路計画を立て，自己実現を目指すことの大切さを理解できたか。
◆具体的な進路計画を立て，目標に向かって努力することができているか。

参考情報
○「13歳のハローワーク」など職業に関する書籍を参考にするとよい。

195

教科書 p.70　　　　　　　　　　　　　　　　　　　　　　　　　　　将来設計領域　●将来志向能力

★ ファイナンス・パーク・プログラム　ファイナンス・パーク・プログラム

【事前1】豊かな生活と将来設計
○ファイナンス・パークの学習内容の概要をつかませる。
・勤労と収入、生活と支出について考えさせる。
・ファイナンステストを実施する。
＊テストを通して用語に慣れさせる。正解することが目的ではない。

【事前2】大人のお金の使いみち
○生活費について理解させる。
・必要な費用であることを理解させる。

【事前3】支払いの秘密
○現金以外の支払い方法を理解させる。
・デビットカード、クレジットカード、ローンについて理解させる。
・利点と問題点があり、先を見通した決断(意思決定)が必要であることを理解させる。

【事前4】時間はあなたの味方です?!
○支払い計画を考えるうえで有効な方法を知る。
・貯蓄、ローン、投資について、それぞれの利点や難点を理解させ、支払い計画を立てるうえで有効に活用できるようにする。

【事前5】賢い生活費計画
○生活費における固定費と変動費について理解させる。
・収入が同額の3人の支出を比較させ、生活の違いを考えさせる。
＊生活の中で重視したい項目に費用をかければ、その部分について希望するように生活を変えることができる。しかし、そのぶん、他で省かなければならない。省き方にも限度があることを学ぶ。そのことを意思決定するためには、オポチュニティコストを考えなくてはならない。
＊オポチュニティコスト(機会費用)の用語にとらわれすぎず、意思決定の際の考え方と意味を理解させる。AをとればBはとれない。Aを選択するときには、犠牲にするBをよく考えて判断する必要があることを理解させればよい。

【事前6～7】生活費計画を立てよう
○ファイナンス・パークでの活動をグループで練習し、当日の活動を確認させる。
・当日は意思決定のトレーニングに重点を置くため、作業における疑問点は事前に解消していく。

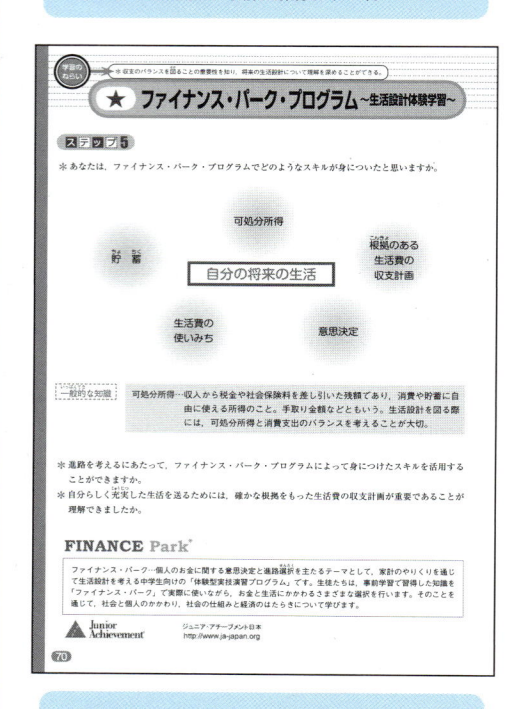

【事前8】ファイナンス・パークでの活動
○ファイナンス・パークでの実際の活動を説明し、当日、スムーズに活動できるように準備する。
・ブース配置図をもとに、活動をイメージさせる。

【当日9～14】ファイナンス・パーク当日の体験
○学んだ知識・技能を生かして、生活設計体験させる。
活動1：必要経費の算出(条件提示)
活動2：ブースに出かける(情報収集)
活動3：検討する(生活費計画作成)
活動4：ブースでの支払い(最終意思決定)

＊サイトマネージャーの指示に従うことは徹底しておく。
＊ボランティア、引率教員は、生徒が意思決定のトレーニングをしていることを十分理解したかかわりをすること。事前の学習を振り返るきっかけを与えるようにし、自分の価値観を伝えることは避ける。
〈例〉
○…オポチュニティコストを学習したでしょう。Aをとると、何を犠牲にすることになるか考えてごらん。
×…これは絶対、必要でしょう。なぜなら……

【事後15】ファイナンス・パークの振り返り
将来の進路選択
○自分に合った職業を探す手立てとして、自分の能力、関心、仕事に対する好みや価値観について考えさせる。
・ワークブックの学習のまとめは、家庭学習として取り組ませてよい。それも活用し、事後学習を行う。

★15時間終了後に、「ステップ4」(日常実践・活用)を行うようにするとよい。
＊「ステップ3」の体験活動が日常場面を想定しているため。

8・9年生

ねらい▶▶▶ 収支のバランスを図ることの重要性を知り、将来の生活設計について理解を深めることができる。

15時間扱い

ステップ1 【課題発見・把握】
●ファイナンス・パークでの学習の概要を説明し、豊かな生活と将来設計について考える学習であることをつかませる。
※勤労と収入、生活と支出について説明する。
※ファイナンステストを実施する。

ステップ2 【正しい知識・認識／価値／道徳的心情】
●生活にかかわるお金の使い方について、正しい知識をもたせる。
※生活費の考え方やクレジット、ローンについて正しい知識を教え、お金を使うことは、意思決定を伴うことを理解させる。

ステップ3 【スキルトレーニング／体験活動】
●生活設計の体験活動を通し、意思決定の力を身に付けさせる。
※ファイナンス・パーク・プログラムを体験し、自分が与えられた設定で予算項目について情報を集め、収支計画を立てる。

ステップ4 【日常実践／活用】
●情報収集と意思決定の方法について、日常生活で活用させる。
※お小遣いの使い方や日常生活での自分の行動について、意思決定の方法を意識して生活させる。
※体験活動が生活場面に即して行われるため、「ステップ4」を「ステップ5」の後に実施するとよい。

ステップ5 【まとめ／評価】
●自分に合った職業を探す手立てとして、自分の能力、関心、仕事に対する好みや価値観について考えさせる。
※ワークシートをもとに、自分の性格や能力、職業などについて考えさせる。

解説
★ファイナンス・パークは、個人のお金に関する意思決定と進路選択を主たるテーマにしている。お金と自分にかかわる様々な選択を行う。生活に関する基礎項目を学び、お金についての様々な意思決定を体験する。いくつかのビジネスブースが設置され、生徒はそれぞれの人物像の中で(例：30歳既婚 子ども1人 年収650万円など)、予算項目について情報収集と意思決定を行う。いくつかの選択肢から、自分にふさわしいかたちや、収入と支出のバランスを考える。

★生きていくということは、意思決定の連続である。実際の生活を想定した場面での意思決定を体験させることで、自分にとって必要な力であることを強く認識させることができる。

★プログラムを通して、自分の将来、生き方について考えを深めるようにするため、生き方を学ばせているという意識で指導していくことが大切である。

評価の観点
◆豊かな生活のためには、正しい判断と意思決定が大切であることを理解できたか。
◆確かな根拠をもった収支計画を立て、充実した生活設計を立てることができたか。
◆身に付けたことを活用して、自分理解、進路計画につなげることができたか。

＊詳細については、ファイナンス・パーク指導者マニュアルを参照すること。

●はねらい，※は学習活動・手だてを示す。

市民科学習充実のために

この資料は，児童・生徒が，
どのように発言することが大切なのか，
どのように話合いを進めていくことが大切なのか理解し，
よりよい方法を考えるためのヒント集です。
発言する力・話合いの力は，市民科学習のすべての領域に生かされるものです。

必要に応じて，児童・生徒に配付し，
発表の仕方や，意見が対立したときの解決方法などについて
学び合うための資料として活用してください。

また，インタビューや取材の仕方など，市民科学習だけではなく，
各教科に活用できる資料も掲載しました。

児童・生徒の発想を広げ，論理的に考えて解決したり，批判的な思考で考え方を
深めたりしながら展開する活気あふれる授業づくりに役立ててください。

目　次

発言の仕方………………………………………………………	①
話の聞き方………………………………………………………	②
話合いを深める話型（3〜7年生）…………………………	③
グループで話し合うときの司会台本（1・2年生）………	④
グループで話し合うときの司会台本（3〜7年生）………	⑤
学級会の進め方（1・2年生）………………………………	⑥
学級会の進め方（3〜7年生）………………………………	⑦
発表するときの話型（1・2年生）…………………………	⑧
発表するときの話型（3・4年生）…………………………	⑨
発表するときの話型（5〜7年生）…………………………	⑩
インタビューをしよう（1・2年生）………………………	⑪
取材・インタビューの仕方（3〜6年生）…………………	⑫
訪問先に電話をする練習をしよう！…………………………	⑬

はっぴょうの しかた

★「はい。」と へんじを しましょう。

★みんなに 聞こえる 声に 話しましょう。

・「～です。」

・「わたしは、～と 思います。」
　(それは ・・・だからです。)

・「わたしも ○○さんと 同じで ～です。」

・「わたしは ○○さんと ちがって ～です。」

・「○○さんに つけたします。」

・「わたしは ～を ・・・に したらよいと 思います。わけは、～だからです。」

話の聞き方

賛成の立場で

○そのとおりだ。
　・・・だから
　・・・になるのだな。
○なるほど。
　・・・を説明したいのだな。
○わたしもその意見に賛成だ。
　つまり・・・
　ということなのだな。

と確かめるように。

つけ加えてあげたい立場で

○なるほど。
　でも・・・という方法にしたら
　もっとよくなるかもしれない。
○・・・は説明が足りないな。
　まだ・・・のことが説明されていないな。

と問いかけるように。

反対の立場で

○少しちがうな。
　・・・ということは同じだけど、
　・・・ということがちがうぞ。
○どうもすっきりしないな。
　・・・のときはよいけれど、
　・・・の場合はどうするのだろう。
○賛成できない点が多いな。
　・・・を・・・すれば、もっと
　よくなるのだけれど。

と問題を見つけるように。

理解を深めたい立場で

○なるほど。
　○○さんは・・・と言ったのだな。
○つまり・・・がいちばん大切と
　いうことなのだな。
○確かに・・・だ。
　その方法ならうまくいきそうだ。

と納得するように。

話し合いを深める話型　（三～六年生）

提案するとき
・〜〜〜を・・・のようにしたらどうですか。
　理由は、◁◁◁だからです。

同意・賛成のとき
・わたしは、〜さんと同じ意見で○○○だと思います。
　理由は、◁◁◁だからです。

異なる意見・反対のとき
・わたしは、〜さんの意見とは別の考えで、○○○だと思います。
　理由は、◁◁◁だからです。

補足をしたいとき
・〜さんの意見に賛成（反対）のうえ、ほかに理由はありませんか。

質問するとき
・〜さんに質問です。○○○について、もう少しくわしく教えてください。

確かめるとき
・〜さんの意見は、○○○ということですね。

つけたすとき
・〜さんの意見につけたしです。そこに、○○○を加えるとよりよいと思います。

比べるとき
・○○○さんの意見と、○○○さんの意見を比べると、□□□だと思います。
　理由は、◁◁◁だからです。

似ているがちがうとき
・〜さんの・・・と同じですが、・・・を◁◁◁にしたらよりよいと思います。
　理由は、◁◁◁だからです。

初めと考えが変わったとき
・わたしは初め、○○○と思っていました。
　〜さんの意見を聞いて、□□□さんの考えに変わりました。
　理由は、◁◁◁だからです。

意見が二つに分かれたとき
・①案の・・・と②案の・・・を合わせて、○○○にしたらどうですか。

理由が言えないとき
・〜さんの・・・ということの意見と同じです。だからわたしも賛成（反対）です。

結論を出すとき
・○○○という意見が多いので、○○○と決めたらどうですか。

グループで話し合いとその台本　（1・2年生）

① 「今日は○○○について話し合います。
　みんなで楽しく話し合いましょう。」

② 「はじめに、自分の考えた意見と理由を言いましょう。
　〜さんからどうぞ。」

③ 「〜さんの意見について、わかったことを言ってください。」

　　（★せつもんをあつめましょう。）
　　（★自分の考えと理由もしっかりつたえます。）

④ 「○○さんどうですか。」

※②〜④をグループぜんいんで行う。

⑤ 「つぎに友だちの意見にしつもんがある人はいますか。」

〈話し合うためのアドバイス〉

◆にているい見があったらまとめましょう。

◆どんないけんが出たか、みんなにはっぴょうできるようにまとめましょう。

まとめるための話し方

「○○さんの（○○という）意見に、つけたしはありませんか。」

「みんなの意見で、にているところはありませんか。」

「同じような意見は、ありませんか。」

グループで話し合うときの司会台本　（三〜六年生）

① 「今日は○○○○について話し合います。
　　みんなで協力して話し合いましょう。」

② 「まずはじめに、順番に自分の意見と理由を言ってもらいます。
　　○○さんからどうぞ。」

③ 「友達の意見で、もう一度聞きたいことや、質問はありますか。」

④ 「次にそれぞれの意見に似ている意見はありませんか。」

⑤ 「みんなの意見をふまえて、もう一度案を出せる人に話してもらいます。」

※②〜⑤をグループ全員で行う。

〈司会のためのアドバイス〉

◆似ている意見があったらまとめよう。

◆どんな意見が出たか、みんなに発表できるようにまとめよう。

| まとめるための話か型 |

「○○さんの（○○という）意見に、つけたしはありませんか。」

「みんなの意見で、似ているものはありませんか。」

「同じような意見は、ありませんか。」

学きゅう会の すすめ方　（一・二年生）

はじめ(10分)	1	はじめの ことば	これから 学きゅう会を はじめます。
	2	やくわりの しょうかい	司会の ○○です。ふく司会の ○○です。黒板記ろくの ○○です。ノート記ろくの ○○です。よろしく おねがいします。
	3	ぎだいの たしかめ	今日の ぎだいは、・・・・・です。
	4	ていあん理ゆうの たしかめ	ていあんの 理ゆうを ていあんしゃの ○○さんに 言って もらいます。今の ていあんに しつもんは ありませんか。
（　：　）	5	話合いの めあて	今日は、・・・・と いう ぎだいで、・・・・・を きめます。みんなで きめる ことが できるように、い見を たくさん 出して ください。
中(20分)（　：　）	6	話合い	はじめに、・・・・に ついて、話し合います。い見は ありませんか。
	○	しつもんが あるかを たずねる	・・・に ついて、しつもんは ありませんか。
	○	つけたしが あるかを たずねる	・・・の い見で、ほかに つけたしは ありませんか。
	○	まとめる	い見を まとめると、・・・・と ・・・・と いう い見に なります。
	○	きめる	・・・と いう い見が 多いので、・・・・に きめます。はんたいの 人は いませんか。
（　：　）	7	きまった ことの はっぴょう	今日 きまった ことを ノート記ろくの ○○さんに はっぴょうして もらいます。
おわり(10分)	8	司会グループから	今日の 話合いで よかった ことを ふく司会の ○○さんに はっぴょうして もらいます。今日の 話合いの ふりかえりを カードに 書きましょう。
	9	先生から	先生の お話です。
	10	おわりの ことば	これで 学きゅう会を おわります。

学級会の進め方　（三～六年生）

順序	話し方
1　はじめの言葉	これから、学級会を始めます。
2　役割のしょうかい	司会の○○です。副司会の○○です。 黒板記録の○○です。ノート記録の○○です。
3　議題の確かめ	今日の議題は　□　です。
4　提案理由の発表	○○さん（または　□　グループ）、提案理由を説明してください。
5　話合いのめあて	今日の話合いは　□　を決めます。 　□　という気持ちで話し合いましょう。
6　自分の考えをもたせる	1分間で、議題に対する自分の考えをまとめてください。
7　話合いの順番 ①意見を求める ②質問を求める	話合いは①　□　②　□　…の順番で行います。 では①について話し合います。意見を言ってください。 ○○さんの意見について、質問や意見はありませんか。

話合いのとちゅうで	
賛成の人に	○○さんの意見に賛成の人、ほかに意見はありませんか。
反対の人に	○○さんの意見に反対の人は、どこが問題か、何を変えればいいか意見を言ってください。
話題がそれたら	話がそれています。今日は○○について話し合っていますので、よく考えて発言しましょう。
意見が出ないとき	意見が出ないので○分間考えてください。近くの人と静かに話してもよいです。

③意見を整理する	みなさんの意見を整理すると　□　と　□　になります。 これを1つにまとめたいと思います。 意見のある人はいますか。 　☆似ている意見をまとめてみる。 　☆いくつかの意見のいいところをあわせてみる。 　☆意見が変わった人の理由を聞いてみる。 　☆反対意見の中にも生かせるところがないか考える。 話合いの結果　□　に決まりました。
8　終わりの言葉	今日の話合いでわかったことを副司会の○○さんに発表してもらいます。 これで、学級会を終わります。

はっぴょうするときの話し方　(1・2年生)

はじめ

これから（　　　　　）のはっぴょうを はじめます。

中

①さいしょに、（　　　　　）に ついて 話を します。

②つぎに、（　　　　　）に ついて 話を します。

③さい後に、（　　　　　）に ついて 話を します。

おわり

しつもんや かんそうは ありませんか。

これで（　　　　　）のはっぴょうを おわります。

発表するときの話型　（三・四年生）

	ポイント	話の内容	話し方
はじめ	テーマを伝えよう。	これから □ について話します。	○これから □ について話します。 ○みなさんは □ について知っていますか。
中	聞き手にわかりやすく話そう。	① □ こと ② □ こと ③ □ こと	○次の三点について話をします。 　一点めは（まず） □ です。 ○二点めは（次に） □ です。 ○三点めは（最後に） □ です。
終わり	自分の考えを伝えよう。	いちばん伝えたいことは □	○わたしがいちばん伝えたいことは、 □ です。 ○感想や質問はありますか。 ○これでわたしの発表を終わります。

> 聞いてもらいたいことは、写真や物をじゅんびして、相手に見せながら話をしよう。

発表するときの話型　（五〜七年生）

	ポイント	話の内容	話し方
序論	聞き手をひきつける切り出し方をしよう。	はじめに言って…（吹き出し）	○　　　　という言葉があります。 ○みなさんは　　　　についても知っていますか。
本論	聞き手にわかりやすく話そう。	①体験談や具体的な事例（写真・実物を見せながら）をあげる。 ②　　と ③　　と （話の冒頭から、事実を提示したり、言葉を引用したりして、聞き手をひきつけよう。）	○これを見てください。（写真や実物を提示）これによると、　　　　 ○ところで、　　　　について考えたことはありますか。 ○最後に、
結論	自分の考えを伝えよう。	自分の考えや思いを簡潔に述べよう。	○わたしは、　　　　と｛思い／考え｝ます。 ○これでわたしの発表を終わります。

インタビューを しよう （1・2年生）

先生に インタビューの やくそくを して もらいながら うかがいましょう。

あいさつ	こんにちは。（おじぎをします。）
自こしょうかい	○○小学校の （名前）です。
目てき	おしごとに ついて おしえて ください。
しつもん	（何時から おしごとを して いるのですか。） （いちばん うれしいのは どんな ときですか。） （どうして この おしごとを はじめたのですか。） （この お店の 名前に したわけを 教えて ください。） （いちばん 大へんな ことは 何ですか。） ★ ていねいな ことばで 大きな 声で しつもん しましょう。 ★ あい手の 目を 見て 話しましょう。 ★ メモを とりましょう。
おれい	おいそがしい ところ ありがとう ございました。
あいさつ	さようなら。

取材・インタビューの仕方　（三〜六年生）

約束をしてから取材・インタビューをしましょう。

あいさつ	こんにちは。
自己しょうかい	○○小学校○年の（名前）です。
目的①	昔の道具についてお話を聞かせていただきたいのですが、今もよろしいでしょうか。
目的②	この地域の行事や活動についてお話をうかがいたいのですが、今、お時間はありますか。
約束	（都合が悪い場合は、都合のよい日時を聞きます。） ↓ それでは、○月○日の○○時にうかがいます。 よろしくお願いします。

インタビュー当日

あいさつ	こんにちは。（お世話になります。）
自己しょうかい	○○小学校○年の（名前）です。
目的① 目的②	昔の道具や生活の様子について質問させてください。 地域の行事や活動についてお話を聞かせてください。
質問	（どのような行事や活動があるのですか。） （わたしたちも参画できる活動はありますか。） ★聞きたいことは、まとめておきましょう。 ★ていねいな言葉で、わかりやすく質問しましょう。 ★あいづちを打ちながら、メモを取りましょう。 ★相手の目を見て、話しましょう。 ★写真やビデオをとりたいときは、許可を得ましょう。
お礼	おいそがしいところ、ありがとうございました。
あいさつ	さようなら。

勉強が終わったら、お礼の手紙を書きましょう。

訪問先に電話をする練習をしよう!

訪問先に電話をかける場合、電話に出る人は、こちらの思いどおりの順番や言葉で話を進めてくれるとはかぎりません。用件をしっかりと頭に入れ、どういう順序になっても、慌てることなく、要領よく話ができるように練習しましょう。

～方法～
① 一人が訪問先の人の役になり、電話をかけるくんロールプレイ(役割演技)をします。
② 他のグループの人は、二人の話をよく聞き、あとでアドバイスをしてあげます。

★ポイント★
・聞き取りやすい速さ・声の大きさで話しているか。
・言葉づかいは適切か。(丁寧すぎるかえって不自然になることもある。)
・無駄な言葉がなく、すっきりとわかりやすく伝えられているか。
・相手の質問に対して、慌てずに答えられているか。

訪問先の人の役をする場合

左の表現を参考に、電話の相手をしましょう。
(順序は不自然にならない範囲で自由に変えてみてください。)

「はい。こちらは〇〇会社(職場名)でございます。」
「七年生ということは、何年生のことですか。」
「来られる生徒さんの人数を教えてください。」
「申し訳ありませんが、こちらは、そういった職場訪問はお取り扱っておりません。」
「担当の者におつなぎしますので、少々お待ちください。」
「お電話替わりました。〇〇と申します。ご用件はどのようなことでしょうか。」
「そういう場合は、中学校の方から正式な申込書が必要になります。」
「訪問の日時を、もう一度教えてください。」
「あいにくその日は、定休日になっております。」
「学校関係の訪問・見学は午前中の受付になっておりますが。」
「担当の先生のお名前を教えてください。」
「訪問にはどのくらいの時間を予定されていますか。」
「事前に学校から、職場訪問についての説明などを送っていただけますか。」
「当日は、受付で『職場訪問に来た』と言ってくだされば、係が案内します。」
「場所はおわかりですか。FAXでお送りしましょうか。」

電話のやりとり（例）

職場の方　　はい。△△商店でございます。

わたし　　　私、品川区立〇〇中学校七年の〇〇と申します。
　　　　　　十一月〇日に職場訪問をさせていただきたいのですが、担当の方をお願いできますでしょうか。
　　　　　　（不在の場合は、後日かける）

職場の方　　はい。しばらくお待ちください。
担当者　　　はい。お電話替わりました。担当の〇〇です。

わたし　　　私、品川区立〇〇中学校七年の〇〇と申します。
　　　　　　十一月〇日に職場訪問をさせていただきたいのですが、ご都合がよく、伺わせていただけますでしょうか。

担当者　　　はい。では、お伺いします。
　　　　　　（前くー分の　　　から選んで質問をする。）

わたし　　　（質問に応じて答える。）

担当者　　　では、十一月〇日にお待ちしています。
　　　　　　（※申し訳ありませんが、お時間が取れません。）

わたし　　　よろしくお願いします。お忙しいなか、ありがとうございました。
　　　　　　失礼します。
　　　　　　（※わかりました。お忙しいなか、ありがとうございました。失礼します。）